Wilfried Härle, Jörg Augenstein,
Sibylle Rolf, Anja Siebert

WACHSEN GEGEN DEN TREND

Wilfried Härle, Jörg Augenstein,
Sibylle Rolf, Anja Siebert

WACHSEN GEGEN DEN TREND

Analysen von Gemeinden,
mit denen es aufwärtsgeht

EVANGELISCHE VERLAGSANSTALT
Leipzig

Die Deutsche Bibliothek – Bibliographische Information

Die Deutsche Bibliothek verzeichnet diese Publikation in der Deutschen Nationalbibliographie; detaillierte bibliographische Daten sind im Internet über ‹http://dnb.ddb.de› abrufbar.

© 2008 by Evangelische Verlagsanstalt GmbH, Leipzig
Printed in Germany · H 7219
Alle Rechte vorbehalten
Gedruckt auf alterungsbeständigem Papier
Satz: Steffi Glauche, Leipzig
Umschlaggestaltung: Georg Design, Münster
Druck und Binden: Druckhaus Köthen GmbH

ISBN 978-3-374-02611-1
www.eva-leipzig.de

Vorwort

Da diesem Band neben den Berichten über die einzelnen wachsenden Gemeinden auch ein Inhaltsverzeichnis, eine Übersichtskarte, eine Einführung, eine Auswertung und ein Register beigegeben sind, denen alles Wissenswerte zu entnehmen ist, kann sich das Vorwort im Wesentlichen auf die angenehme Aufgabe des Dankens beschränken.

Danken möchte ich zunächst dem Präsidenten des Kirchenamtes der Evangelischen Kirche in Deutschland, Dr. Hermann Barth, für die ermutigende Art und Weise, mit der er die Idee dieses Projektes aufgenommen, begleitet und gefördert hat. Dazu gehörte auch, dass er unserem Projektantrag den Weg zum Sozialwissenschaftlichen Institut der Evangelischen Kirche in Deutschland gebahnt hat. Diesem Institut, seinem Vorstand und seinem Direktor, Prof. Dr. Gerhard Wegner, danke ich für die unbürokratische Art der Finanzierung und Unterstützung unseres Projektes.

Sodann möchte ich ganz herzlich dem Team danken, das teils nebenamtlich, teils ehrenamtlich mehr als ein Jahr lang mit einem außerordentlichen Einsatz an Zeit und Kraft in einer großartigen, kooperativen Atmosphäre an diesem Projekt mitgearbeitet und alle seine Lasten (und Freuden) mit mir geteilt hat: Herrn Kirchenrat Dr. Jörg Augenstein, Frau Dr. Sibylle Rolf, Frau Anja Siebert und als studentische Hilfskräfte Frau stud. theol. Elisabeth Mayer und Frau stud. theol. Christiane Banse. Mein Sekretär, Herr Willi Schmitt, stand uns beim Schreiben der Texte sowie bei der Erstellung der Druckvorlage mit seinem Können in gewohnter und gerade deshalb dankenswerter Hilfsbereitschaft bei.

Danken möchte ich ferner allen Gemeinden, die sich an diesem Projekt beteiligt haben, insbesondere denen, bei denen wir zu Besuch sein konnten und deren Gastfreundschaft und Auskunftsbereitschaft wir genossen haben.

Schließlich möchte ich der Evangelischen Verlagsanstalt Leipzig in der Person von Frau Dr. Annette Weidhas danken für die spontane Bereitschaft, diesen Band in das Verlagsprogramm aufzunehmen, mit einem ansprechenden Cover auszustatten und zu einem günstigen Preis auf den Markt zu bringen. Dass Letzteres möglich wurde, ist freilich auch den Landeskirchen zu danken, die durch ihre Abnahmegarantien das verlegerische Risiko in Grenzen hielten.

Ich wünsche diesem Band, dass er in den Kirchengemeinden vor Ort als Arbeitsmaterial, Anreger und Ideengeber ankommt und damit den Zweck dieses Projektes erfüllt. Dass er jetzt noch von Gemeinden handelt, die ›gegen den Trend‹ wachsen, muss nicht so bleiben. Er hätte ein wichtiges Ziel erreicht, wenn wir möglichst bald davon sprechen könnten, dass Gemeinden wieder (wie seit den Anfängen der Christenheit und über viele Jahrhunderte hin) *mit* dem Trend wachsen.

Heidelberg, den 31. Oktober 2007   Wilfried Härle

Inhalt

Einführung

Am Lehrstuhl ›Systematische Theologie/Ethik‹ in Heidelberg wurde schon seit Längerem über die Sozialgestalt der (evangelischen) Kirche und ihre derzeitige Verfassung nachgedacht, geredet und gearbeitet. Auf dieser Linie liegt auch das hier vorgestellte Projekt ›Wachsen gegen den Trend‹. Der entscheidende Anstoß für dieses Projekt kam aus dem Impulspapier des Rates der Evangelischen Kirche in Deutschland (EKD) ›Kirche der Freiheit‹ aus dem Jahr 2006. Dort heißt es auf S. 27:

»Die Zukunftschancen einer jeden Institution hängen an ihrer Lernfähigkeit. Aber gerade dort, wo kirchliche Arbeit gut gelingt, wird dies zu wenig beachtet, nicht bewusst ausgewertet und kaum als Anregung zur Nachahmung in Anspruch genommen. Viele Beispiele von überzeugend gelungenem Engagement (good practice) bleiben auf diese Weise ungenutzt. Oft wird mehr Energie darauf verwendet zu begründen, warum diese gelingenden Beispiele nicht übertragbar sind, als der Frage nachzugehen, was man davon lernen kann. Und viel Energie bindet oft auch die Begründung, warum an Zahlen ablesbare Resonanz nicht zur Bewertung von kirchlicher Arbeit herangezogen werden darf.«

Die darin enthaltenen Klagen brauchen, um ihrer Intention gemäß fruchtbar werden zu können, einen Adressaten. Wer, wenn nicht Institutionen und Personen aus dem Bereich der EKD selbst und/oder ihrer Gliedkirchen, sollte sich dieser Aufgabe annehmen?

Diese rhetorische Frage führte im Sommer 2006 zu einer Initiativanfrage von Seiten des Heidelberger Lehrstuhls ›Systematische Theologie/ Ethik‹ an den Präsidenten des Kirchenamtes der EKD, Dr. Hermann Barth, die dort nicht nur auf offene Ohren und großes Interesse stieß, sondern auch auf die Bereitschaft, bei der Beschaffung der dafür erforderlichen Mittel behilflich zu sein. In Heidelberg wurde daraufhin ein Konzept entwickelt, ein Finanzierungsplan erstellt und ein Antrag an das Sozialwissenschaftliche Institut der EKD gestellt. Die beantragten Mittel wurden zügig bewilligt, weitere erforderliche Finanzmittel und die Bereitschaft zu kompetenter neben- und ehrenamtlicher Mitarbeit wurden eingeworben bzw. akquiriert. Nach wenigen Wochen ›stand‹ das Konzept: Unser Interesse richtete sich auf Gemeinden aus dem Bereich der Gliedkirchen der EKD, die in den zurückliegenden Jahren, genauer: in den Jahren zwischen 2003 und 2006, zahlenmäßiges Wachstum bei den Mitgliederzahlen und/oder bei den Gottesdienstbesucherzahlen zu verzeichnen hatten,[1] das nicht alleine

---

1   Dieses Kriterium hatte den Preis, dass Gemeinden, die in *früheren* Jahren Wachstum zu

aus zufälligen äußeren Faktoren (wie z. B. Industrieansiedelung, Wohnungs-
neubau, Änderung von Gemeindegrenzen) zu erklären war. Diese Kirchengemeinden sollten daraufhin befragt und analysiert werden, welche Faktoren für dieses Wachstum ausschlaggebend waren. Die Ergebnisse dieser
Untersuchung sollten (mit Zustimmung der betroffenen Gemeinden) möglichst zeitnah veröffentlicht werden.

Das Projekt und seine Veröffentlichung stehen unter der Überschrift
›Wachsen *gegen* den Trend‹. Diese Formulierung könnte das – in den Medien immer wieder auftauchende – Missverständnis bestärken, es gebe einen
durch *Kirchenaustritte* verursachten Trend weg von der Kirche (›Die Menschen laufen den Kirchen davon‹). Einen *solchen* Trend gab es Ende der
60er/Anfang der 70er Jahre des 20. Jahrhunderts für kurze Zeit. Es gibt ihn
schon lange nicht mehr. Vielmehr ist eine kontinuierliche Tendenz beim
Anstieg der Kircheneintrittszahlen und beim Rückgang der Kirchen-
austrittszahlen zu verzeichnen. Wenn nichts Unvorhergesehenes geschieht,
müssten in einigen Jahren die Eintrittszahlen die Austrittszahlen sogar über-
treffen. Aber das wäre noch lange kein Grund zur Beruhigung; denn der *be-
sorgniserregende* Rückgang bei den Mitgliederzahlen ist nicht durch Austritte,
sondern *demographisch* bedingt, also nicht kirchenspezifisch. Von ihm sind darum auch nicht nur die Kirchen, sondern praktisch alle gesellschaftlichen
(Groß-)Organisationen, ja die Gesellschaft insgesamt betroffen. Aber als einen Teil der Gesellschaft trifft dieser demographische Trend eben auch die
evangelische Kirche. Kirchengemeinden, die (gegen den Trend) wachsen,
sind also solche, bei denen die positive Bilanz zwischen Eintritten und Aus-
tritten *so* günstig ist, dass dadurch sogar die negative Bilanz im Verhältnis von
Geburten zu Sterbefällen wettgemacht wird.

Um einen möglichst umfassenden und gleichmäßigen Überblick über
solche Gemeinden zu bekommen, wandten wir uns am 1. August 2006 an
die Leitungen aller Gliedkirchen der EKD, stellten den Projektansatz vor
und baten um Nennung der hierfür in Frage kommenden Gemeinden. Der
Hauptteil der angeschriebenen Kirchenleitungen beantwortete unsere
Anfrage durch Übersendung der erbetenen Anschriften oder durch Zusen-

---

verzeichnen hatten, seither aber zahlenmäßig stagnierten oder zurückgingen, nicht in die
Untersuchung aufgenommen werden konnten. Zu einer Erweiterung der Kriterien konnten
und wollten wir uns aber aus methodischen und sachlichen Gründen nicht entschließen. Gegen die Empfehlung, auch das Wachstum bei den Mitarbeiterzahlen und beim Spendenaufkommen als Teilnahmekriterien einzuführen, sprach, dass Mitarbeiter und Finanzen zwar zu
den *günstigen Bedingungen* (sozusagen zu den Düngemitteln) für Gemeindewachstum zählen,
aber selbst noch kein Gemeindewachstum sind. Das Ergebnis unserer Untersuchung belegt
jedoch, dass Mitarbeiteraktivierung und erhöhtes Spendenaufkommen fast überall mit Gemeindewachstum *einhergehen*.

dung von statistischem Material oder durch die Mitteilung, dass es in ihrem Bereich keine solchen wachsenden Gemeinden gebe.

Insgesamt erreichten uns die Anschriften von ca. 120 Gemeinden, an die wir umgehend ein Anschreiben samt einem zwischenzeitlich von uns erarbeiteten Fragebogen (mit insgesamt 21 Fragen) versandten. Im Laufe der kommenden Wochen und Monate erhielten wir 41 ausgefüllte Fragebögen zurück sowie von mehreren Gemeinden die Mitteilung, dass es sich in ihrem Fall um kein ›echtes‹ Wachstum im Sinne unserer Kriterien handle und sie deshalb für das Projekt nicht in Frage kämen. Mit einer Rücklaufquote von insgesamt etwas mehr als einem Drittel konnten wir zufrieden sein.

In den folgenden Wochen wurden die Fragebögen von je einem Mitglied des Teams unter der Leitfrage ausgewertet, ob die betreffende Gemeinde tatsächlich die Teilnahmekriterien erfülle und deswegen auch von uns besucht und analysiert werden sollte. Zugleich wurde jeweils eine Liste wichtiger, klärungsbedürftiger Fragen erarbeitet, die möglichst beim Gemeindebesuch gestellt und beantwortet werden sollten. Diese Vorauswahl ergab, dass 32 Gemeinden für einen Besuch und eine detaillierte Analyse in Frage kamen. Später kamen noch zwei Gemeinden hinzu, von denen wir nachträglich erfuhren, dass auch sie die Kriterien unseres Projekts erfüllten und bereit waren, sich via Fragebogen und Gemeindebesuch daran zu beteiligen.

Diese insgesamt 34 Gemeinden wurden in den folgenden Monaten in der Regel von *einem* Teammitglied (in Einzelfällen von zweien) nach Vorabsprache besucht. Dabei lagen die meisten Besuchstermine auf einem Wochenende, so dass es möglich war, auch am sonntäglichen Gottesdienst teilzunehmen und so einen ›Life-Eindruck‹ von der Gemeinde zu bekommen. Die Gespräche mit der von der Gemeinde ausgewählten Gruppe, zu der in jedem Fall die Gemeindepfarrerinnen und -pfarrer gehörten, dauerten in der Regel 2–4 Stunden und wurden – wo möglich – auf einem Tonträger gespeichert. Sofern sich bei dem Gespräch (der Eindruck) ergab, dass es in der Region Spannungen gibt, die mit dem Gemeindewachstum zu tun haben (z. B. den Vorwurf der Abwerbung oder der Konkurrenz), wurde in Absprache mit der Gemeinde Kontakt mit der für diese Region zuständigen kirchenleitenden Person gesucht und diese um eine Stellungnahme zu der Situation oder zu unserem schriftlichen Bericht gebeten.

Diese schriftlichen Berichte, die im Anschluss an die Gemeindebesuche von dem zuständigen Teammitglied auf Grund der Fragebögen, der Gespräche und der beim Besuch empfangenen Eindrücke und Unterlagen angefertigt und ausgearbeitet wurden, wurden zunächst im Team ausführlich besprochen und schließlich gemeinsam beschlossen. Dabei ergab es sich in zwei Fällen, dass eine besuchte Gemeinde doch nicht in die Veröffentlichung der Untersuchung einbezogen werden konnte, weil sich bei genauem Hinsehen zeigte, dass das Wachstum nur auf externen Faktoren basierte. Die zwischenzeitlich einmal auftauchende Idee, in den Fällen, in denen Gemeindesituationen sich sehr stark ähnelten, nur *eine* darzustellen und auf die Daratellung der anderen zu verzichten, verwarfen wir schließlich, weil sie dem Beteiligungsprozess, dem Aufwand und dem Interesse der Gemeinden nicht gerecht geworden wäre.

Die auf diese Weise erarbeiteten und beschlossenen Berichte wurden dann jeweils den betroffenen Gemeinden mit der Bitte um Freigabe übermittelt. Dabei wurden teilweise seitens der Gemeinden geringfügige Ergänzungen oder sprachliche Umformulierungen erbeten, die samt und sonders für uns gut zu akzeptieren waren und darum in die Berichte aufgenommen wurden. In dieser sowohl von der betroffenen Gemeinde als auch vom Projektteam akzeptierten Form werden die Berichte hier zusammen mit einem von der Gemeinde ausgewählten Bild (und teilweise auch mit Graphiken) veröffentlicht.

Schließlich haben wir im Team eine *Gesamtauswertung* der Berichte erarbeitet, in der versucht wird, Auffälliges, Typisches, häufig Wiederkehrendes und damit *Trends* und *Tendenzen* herauszuarbeiten, die uns bei der systematischen Auswertung aufgefallen sind. Obwohl ›nur‹ 32 Gemeinden analysiert werden, konnten und wollten wir keine Vollständigkeit anstreben, sondern haben uns auf charakteristische, praxisrelevante *Schwerpunkte* konzentriert. Dabei wird einerseits die *Spannweite* erkennbar, die es unter den wachsenden Gemeinden gibt,[2] andererseits zeigen sich aber auch mehrere *Häufungen* hinsichtlich des Frömmigkeits- oder Gemeindetyps, hinsichtlich der Auslöser und Verläufe von Wachstumsprozessen sowie im Blick auf spezifische ›Orte‹ und Formen von Gemeindewachstum. Die Auswertung, in der beides vorkommt, die Vielfalt und das häufig Anzutreffende, könnte und sollte für diejenigen, die in diesem Band Anregungen und eine Orientierungshilfe suchen, ein Angebot und vielleicht sogar ein günstiger Einstieg

---

2 Zu dieser Spannweite gehört auch die Tatsache, dass in der Untersuchung teilweise für gleiche oder gleichartige Phänomene je nach landeskirchlicher Zugehörigkeit unterschiedliche Begriffe verwendet werden, z. B. ›Kirchenvorstand‹, ›Presbyterium‹ und ›Ältestenkreis‹, ›Dekan‹, ›Superintendent‹ und ›Propst‹ oder ›Kirchenkreis‹ und ›Dekanat‹. Wir haben in den *Einzelanalysen* bewusst darauf verzichtet, eine terminologische Vereinheitlichung vorzunehmen, sondern haben stattdessen die in der jeweiligen Gemeinde bzw. Landeskirche gebräuchliche Bezeichnung verwendet. In der (zusammenfassenden) *Auswertung* haben wir die oben jeweils an erster Stelle genannten Begriffe, also ›Kirchenvorstand‹, ›Dekan‹ und ›Kirchenkreis‹, verwendet.

Beim jeweils *ersten* Auftauchen von Namen und Begriffen, die möglicherweise nicht allgemein bekannt sind, geben wir in einer Fußnote einen Hinweis darauf, wo Informationen dazu (meist im Internet) zu finden sind. Mit Hilfe des Registers kann man die Stelle im Buch finden, wo ein Name oder Begriff zum ersten Mal auftaucht.

sein. Dieser praxisorientierten Zielsetzung soll es auch dienen, dass jeder Gemeindebericht (s. u. S. 15–300) mit Angaben eröffnet und abgeschlossen wird, denen in knapper Form statistische Daten sowie eine zusammenfassende Charakterisierung (›Fazit‹) zu entnehmen sind.

Was will dieses Projekt und was will diese Veröffentlichung leisten und was nicht?

- Es geht *nicht* um eine *vollständige* Erfassung wachsender Gemeinden, von denen es sicher sehr viel mehr gibt, als hier analysiert werden, die uns aber nicht bekannt geworden sind oder die sich nicht an dem Projekt beteiligt haben.
- Es geht ebenso *nicht* um einen *repräsentativen* Überblick über wachsende Gemeinden im Bereich der EKD; dafür waren schon die uns von den Kirchenleitungen gegebenen (und nicht gegebenen) Informationen zu zufällig.
- Es geht auch *nicht* um die Dokumentation von *misslungenen* oder *gescheiterten* Wachstumsversuchen; dazu gibt es bereits Untersuchungen,[3] und das stand nicht im Fokus unseres Interesses.
- Es geht *nicht* um den Versuch, *geistliche* Prozesse oder *geistliches* Wachstum zu messen; stattdessen beschränken wir uns darauf, das zu beschreiben und zu analysieren, was (für uns) im Sinne von 1Sam 16, 7b »vor Augen ist«.
- Es geht schließlich auch *nicht* um eine *theologische Beurteilung* oder *Bewertung* von Gemeindewachstumsprozessen oder -konzeptionen; dies wollen wir den Leserinnen und Lesern sowie den an solchen Phänomenen interessierten Kirchenvorständen und Gemeinden überlassen.

Das, worum es *tatsächlich geht*, können wir am besten mit den Worten beschreiben, mit denen wir im Herbst 2006 die Gemeinden, die uns genannt worden waren, für das Projekt zu gewinnen versuchten:

»Ansatzpunkt des Projekts ist die Tatsache, dass es zwar an nicht wenigen Stellen innerhalb der EKD Gemeinden gibt, die wachsen, dass davon aber nur wenig auf andere, stagnierende oder rückläufige Gemeinden überspringt oder als Modell für sie anregenden Charakter bekommt. Wir vermuten, dass das weder an der fehlenden Attraktivität der wachsenden Gemeinden liegt noch am Desinteresse der anderen Gemeinden, sondern vor allem am mangelnden *Bekanntheitsgrad* solcher erfreulicher Entwicklungen. Dabei verstehen wir unter ›Bekanntheitsgrad‹ nicht schon die Tatsache, dass man gehört hat, hier oder dort sei eine Gemeinde geradezu ›zu neuem Leben erwacht‹ oder der Gottesdienst ›platze aus allen Nähten‹, sondern dass man genauer kennt und – sowohl theologisch als auch kirchenpraktisch – be-

---

3   Siehe Wolfgang Nethöfel, ›Aus Fehlern lernen? Scheiternde Projekte in einer lernenden Kirche‹, in: epd-Dokumentation, H. 18 vom 2. Mai 2005.

urteilen kann, was dort unter welchen Bedingungen geschieht und was davon unter welchen Voraussetzungen unter Umständen auf die eigene Situation übertragen werden könnte.

Dafür ist die möglichst genaue Kenntnis solcher wachsender Gemeinden erforderlich, ihrer Ausgangslage, der wirksam gewordenen Wachstumsimpulse, des Entwicklungsverlaufs einschließlich eventueller Hemmnisse und ihrer Überwindung, des gegenwärtigen Entwicklungsstandes sowie der zum Einsatz gekommenen personellen und strukturellen Möglichkeiten …

Die Gesprächsergebnisse sollen so ausgewertet werden, dass insbesondere deutlich wird, für welche Gemeindesituationen und unter welchen Bedingungen ein bestimmtes Modell zur Aneignung in Frage kommen könnte … In *jedem* Fall geht es … um eine differenzierte Beschreibung von Versuchen oder Erfahrungen, die zur Übernahme oder Nachahmung einladen könnten. Dabei wird es kaum in irgendeinem Fall möglich sein, eine andere Gemeindeentwicklung einfach zu kopieren, wohl aber könnten Anregungen aufgenommen und eigenständig adaptiert oder weiterentwickelt werden …

Über das Ergebnis des Forschungsprojekts sollen nach seinem Abschluss alle beteiligten Gemeinden und die interessierte Öffentlichkeit in Buchform informiert werden. Wir möchten, dass auf diese Weise ein Band entsteht, der eine größere Anzahl unterschiedlicher Modelle enthält und sich als Handbuch für jede Gemeinde eignet, die für sich nach Möglichkeiten sucht zu wachsen. Dabei soll dem Band auch zu entnehmen sein, bei welcher der wachsenden Gemeinden die Bereitschaft besteht, ihr Modell für andere Gemeinden so zugänglich zu machen, dass bei Bedarf auch Auskunft, Rat und Hilfe eingeholt werden können.

Bei dem ganzem Forschungsprozess wollen wir uns und den beteiligten Gemeinden stets im Bewusstsein halten, dass zwar die Bezeugung des Evangeliums als äußeres Wort uns von Gott als unser menschliches Werk aufgetragen ist, dass aber das Wachstum einer Kirche oder Gemeinde nicht von unseren Bemühungen allein, sondern letztlich vom Geist Gottes abhängt, über den wir nicht verfügen. Das kann gleichermaßen vor Verzagtheit wie vor Hochmut bewahren.«

Dem ist auch nach Abschluss dieses Projektes und bei der Veröffentlichung seiner Ergebnisse nichts hinzuzufügen – außer dass es sinnvoll sein könnte, in einigen Jahren bei den hier vorgestellten und bei anderen Gemeinden eine solche Untersuchung zu wiederholen, um sowohl im Sinne einer Langzeitstudie als auch unter Berücksichtigung kirchen- und zeitgeschichtlicher Veränderungsprozesse neue Daten und Erkenntnisse zu bekommen.

Evangelische Christuskirchengemeinde Bad Vilbel

Ort:	Bad Vilbel
Einwohnerzahl:	34531, davon 12207
	Evangelische (35,4%) in 5 Gemeinden
Bundesland:	Hessen
Landeskirche:	Evangelische Kirche in Hessen und Nassau
Gemeindegröße 2003:	4861
Gemeindegröße 2006:	4958
Wachstum:	2%
Gottesdienstbesuch 2003:	180
Gottesdienstbesuch 2006:	180
Adresse:	Evangelische Christuskirchengemeinde, Grüner Weg 2, 61118 Bad Vilbel
Homepage:	www.christuskirchengemeinde.de

1 ZUR GEGENWÄRTIGEN SITUATION DER GEMEINDE IN DER REGION

Die Kleinstadt Bad Vilbel liegt etwa 12 km von Frankfurt/Main entfernt. Die Bevölkerung von Bad Vilbel besteht zum größeren Teil aus Zugezogenen, während im Ortskern auch Alteingesessene leben. Es gibt auf Grund der wirtschaftlich guten Situation im Rhein-Main-Gebiet wenig Arbeitslosigkeit. Auf Grund der hohen Lebenshaltungskosten ist der Ausländeranteil gering, die meist in Frankfurt Erwerbstätigen sind zu einem großen Teil akademisch ausgebildet und arbeiten als Angestellte. Die Bevölkerungsstruktur in der Christuskirchengemeinde entspricht ungefähr der Bevölkerungsstruktur von Bad Vilbel (gut situierte Mittelschicht): Es dominieren akademisch ausgebildete Beamte und Angestellte. Überdurchschnittlich aktiv in der ehrenamtlichen Mitarbeit in der Gemeinde sind aber Jugendliche und junge Familien.

Das Verhältnis der Region insgesamt zu kirchlichen Institutionen wird als distanziert beschrieben: Traditionell besteht in weiten Teilen der Bevölkerung keine ausgeprägte kirchliche Bindung. Die Kirchengemeinden von Bad Vilbel pflegen keine ausgeprägte Kooperation, verstehen sich aber auch nicht als gegenseitige Konkurrenz. Auch Konkurrenz seitens anderer Konfessionen und Religionsgemeinschaften ist praktisch nicht nachweisbar. Es liegt auch ausdrücklich nicht in der Intention der ehrenamtlichen und hauptamtlichen Gemeindemitarbeiter, mit anderen evangelischen Gemeinden im Raum Bad Vilbel zu konkurrieren. In der Konfirmandenarbeit besteht eine Zusammenarbeit mit der evangelischen Nachbargemeinde Dortelweil, die von Seiten der Christuskirchengemeinde im Sinne einer Tandembildung als durchaus ausbaufähig beurteilt wird.

Die Christuskirchengemeinde gehört mit derzeit 2,5 Pfarrstellen und einer gemeindepädagogischen Stelle und etwa 5000 Gemeindegliedern zu den größeren Gemeinden innerhalb der EKHN und der EKD. Dabei trägt sie die Baulast von zwei Kirchen, von denen eine, die Auferstehungskirche, bis zum Frühjahr 2006 aufwendig renoviert wurde. 250 000 € für die Renovierung der Kirche sind von der Gemeinde in einer umfangreichen Spendenaktion selbst aufgebracht worden.

Neben der gemeindlichen Baulast und den von der Gemeinde zu tragenden Personalkosten vor allem im Verwaltungsbereich, die von der Landeskirche nicht komplett gegenfinanziert werden, stehen starke finanzielle Einschnitte, die dazu geführt haben, dass zahlreiche Gemeindeaktivitäten schon seit 2005 aus Spendengeldern und Rücklagen finanziert werden mussten. Der Betrag, den die Landeskirche zur Verfügung stellen kann, reicht schon zur Deckung der Personalkosten nicht aus, so dass betriebsbedingte Kündigungen ausgesprochen werden müssten, wenn die Finanzierung von gemeindlichen Angeboten nicht anders zu garantieren wäre. Ein 2003 gegründeter Förderverein zum Aufbau der Gemeinde versucht diese Situation aufzufangen und konnte durch Werbung erreichen, dass eine volle unbefristete Stelle für einen Theologen zur Mitarbeit in der Gemeinde geschaffen und aus den Mitteln des Fördervereins finanziert werden konnte. Der Förderverein hat ein jährliches Spendenvolumen von ca. 60 000 €. Die Ausweitung des Sponsorenkreises bleibt vorrangiges Ziel des Vereins.

2 ZUR SITUATION VOR DEM WACHSTUM

Das Wachstum in der Christuskirchengemeinde hat zu Beginn der 90er Jahre des 20. Jahrhunderts begonnen. 1991 ist einer der jetzigen Pfarrstelleninhaber in die Gemeinde gekommen und knüpfte teilweise an die Strukturen, die er dort vorfand, an. Die damalige Situation in der Gemeinde wird von ihm und anderen damals schon in der Gemeinde lebenden Gemeindemitgliedern allerdings im Rückblick als schwierig empfunden – und zwar vor allem deswegen, weil die Gemeinde interne Konflikte nach außen kommunizierte, es gleichzeitig aber nicht in befriedigendem Maße schaffte, die eigene Arbeit so zu vertreten, dass es einladend auf andere wirkte. Es gab keinen Gemeindebrief, die Erwartungen an den Pfarrer und seine Gemeindearbeit werden als »pfarrerzentriert« oder sogar »pfarrherrlich« beschrieben. Die damals noch drei Pfarrer der Gemeinde arbeiteten streng nach Bezirken getrennt: Es gab für jeden Bezirk beispielsweise einen eigenen Konfirmanden-Vorstellungsgottesdienst und einen eigenen Konfirmationsgottesdienst.

Grundlegend für den *Beginn des Wachstumsprozesses* war die Orientierung weg von der Arbeit einzelner Verantwortlicher hin zur Arbeit in Gruppen und Teams. »Entweder es geht im Team oder es geht nicht«, war und ist ein Leitsatz der Gemeinde in Bad Vilbel. Dabei gab es in der Anfangszeit auch eine Offenheit »für neue Wege und Aufbruch« und einen zunächst noch nicht zielorientierten und noch nicht umfassend reflektierten Beginn eines Gemeindeaufbaus, der sich auf vier Aspekte bezog:

1. Konzentration auf die Beziehungsebene
2. Teamorientierung und ehrenamtliches Engagement
3. Öffentlichkeitsarbeit
4. Aufbau neuer zielgruppenorientierter Arbeitsformen

Alle vier Aspekte spielten im Gemeindewachstumsprozess eine konstitutive Rolle, wobei der grundsätzlich impulsgebende Faktor des Gemeindewachstums für die Arbeit der Christuskirchengemeinde in der Arbeit in Teams zu suchen ist.

3 »BETEILIGUNGSGEMEINDE«

3.1 NEUGESTALTUNG DER ÖFFENTLICHKEITSARBEIT

Während es vor dem Wachstumsprozess keinen Gemeindebrief gab, wurde ein solcher gleich zu Beginn der 90er Jahre unter dem Titel ZACK (Zeitung aus der Christuskirche) erarbeitet und etabliert. Gegenwärtig erscheint der Gemeindebrief alle zwei Monate und dient als Kommunikations- und Bekanntmachungsorgan innerhalb der Gemeinde, zugleich aber auch zur Außendarstellung in der Bad Vilbeler Öffentlichkeit. Über ZACK hinaus bestehen Kontakte zur Presse mit Bad Vilbeler Lokalseiten, um auch über diesen Weg der Gemeindearbeit eine Öffentlichkeit zu verschaffen. Die Transparenz nach außen hängt für die Gemeinde mit einer Transparenz nach innen zusammen, die vor allem im gezielten Aufbau von Teams geleistet worden ist. Eine aktuelle Homepage und ein meist wöchentlicher Newsletter ergänzen die Öffentlichkeitsarbeit zeitgemäß.

3.2 DER AUFBAU VON TEAMS

Der Aufbau von Beziehungen und die Gewinnung von Menschen für die Mitarbeit müssen als Konstante für den gesamten Gemeindewachstumsprozess in Bad Vilbel angesehen werden. Gegenwärtig sind in der Gemeinde etwa 280 ehrenamtliche Mitarbeiter in ca. 70 Teams tätig. 15 Ausschüsse (Bau, Diakonie, Ehrenamt, Erwachsenenarbeit, Familie, Finanzen, Gottesdienst, Jugend, Kindertagesstätte, Konzeption, Partnerschaft/Ökumene, Musik, Öffentlichkeit, Technik, Verwaltung), die in der Regel ehrenamtlich geleitet werden, sind den Teams übergeordnet und betreuen und begleiten jeweils mehrere Teams. Der Kirchenvorstand, der als Leitungsgremium über den Ausschüssen steht, erhält Protokolle von jeder Ausschusssitzung und ist so über alle Dinge informiert, ohne alles selbst entscheiden zu müssen. Hierdurch hat der Kirchenvorstand die Möglichkeit, grundsätzliche und geistliche Fragestellungen in der Gemeindearbeit zu bedenken. Diese erstaunliche Anzahl von Mitarbeitenden und die Pflege der Beziehungen der Mitarbeitenden untereinander und mit den Hauptamtlichen ist das grundsätzliche Anliegen der Gemeindearbeit.

Dass es Teams gibt, die das Gemeindewachstum und die Gemeindearbeit in vielen unterschiedlichen Hinsichten – von der Gottesdienstgestaltung über das Austragen des Gemeindebriefs bis hin zu technischen Aufgaben wie kleineren oder größeren Reparaturen – prägen und tragen, hat maßgeblich mit zwei Aspekten zu tun: zum einen mit der *Kommunikation* der Gemeindearbeit in der Öffentlichkeit, zum anderen mit dem Aufbau persönlicher freundschaftlicher *Beziehungen* durch die Pfarrer, die übrigen

Hauptamtlichen und die Kirchenvorsteher zu Beginn des Wachstumsprozesses und bis in die Gegenwart.

Dabei bildet die Öffnung der Gemeinde nach außen die Außenseite eines Öffnungsprozesses nach innen. Der Gemeindewachstumsprozess hat im Rückblick derjenigen, die ihn miterlebt haben und an ihm beteiligt waren, damit begonnen, dass Mitarbeiter für neue Projekte, neue Gottesdienstformen oder neue Kreise gewonnen wurden. Am Anfang dieser Mitarbeitergewinnung standen Besuche der Hauptamtlichen bei Kirchenvorstehern, Besuche bei bereits mitarbeitenden Ehrenamtlichen und Besuche bei Senioren, um ein vertrauensvolles Beziehungsnetz für die ehrenamtliche Arbeit aufzubauen. Inzwischen hat sich dieses Beziehungsnetz zu einer stattlichen Organisationsform entwickelt. Für die Struktur und die Begleitung der Mitarbeiter ist für die Gemeinde der persönliche Kontakt entscheidend, der sich unter anderem darin äußert, dass jeder Mitarbeiter und jede Mitarbeiterin zum Geburtstag und zu runden Jubiläen der Mitarbeit einen Gruß aus der Gemeinde erhält und dass zweimal jährlich für alle Mitarbeiter ein gemeinschaftlicher Abend angeboten wird: ein inhaltlicher Impuls in der Passionszeit und ein geselliges Beisammensein im Advent. Für die Begleitung der Mitarbeiter steht ein hauptamtlicher Gemeindereferent mit einer vollen Stelle zur Verfügung, dessen Stelle ausschließlich aus Mitteln des Fördervereins finanziert wird.

Die zahlreichen Teams ermöglichen es, Arbeit dezentral zu strukturieren und auf viele Schultern zu verteilen. Hierin sieht die Gemeinde eine große Chance: Die Hauptamtlichen sind nicht für alles verantwortlich, müssen nicht jede Entscheidung selbst treffen und erleben dieses große ehrenamtliche Engagement als große Entlastung für die eigene Arbeit. Mit der starken Einbindung von Ehrenamtlichen werden Kräfte freigesetzt, die einzelne Hauptamtliche alleine nicht hätten. Hierin liegt gleichzeitig ein mögliches Problem, dass Hauptamtliche zwar informiert sind, aber unter Umständen Entscheidungen mittragen müssen, die sie selbst anders gefällt hätten. Der Gefahr der Beliebigkeit ist wiederum nur durch Kommunikation und die ständige Reflexion des eigenen Leitbilds von Gemeinde zu begegnen (s. unten, Punkt 3.4). Hier ist die kontinuierliche Aufgabe des Konzeptionsausschusses angesiedelt.

3.3 NEUE GOTTESDIENSTFORMEN

Die starke Teamarbeit ermöglichte eine Ausdifferenzierung des Gottesdienstangebotes: Zusätzlich zum sonntäglichen Hauptgottesdienst wird seit 15 Jahren ein Krabbelgottesdienst für Kinder im Vorschulalter und ihre Eltern/Großeltern/Paten usw. angeboten. Andere Gottesdienstformen kamen hinzu: Für Grundschulkinder und ihre Eltern (»Happy [H]our«) und Konfirmanden (»Jesus Alive Club«) gibt es monatliche Gottesdienstangebote, etwa 3–4 Mal jährlich einen Gottesdienst für Teenager (»Chill Church«), einen Gottesdienst für Jugendliche nach der Konfirmation (»Phoenix«) und im Winterhalbjahr einen Gottesdienst in Bistroatmosphäre und mit Predigt-Anspiel (»Kirche anders«). Darüber hinaus finden wöchentlich samstags Wochenschlussgottesdienste und sonntags Hauptgottesdienste statt. Während der Differenzierung des Gottesdienstangebotes ist die Beteiligung der Gemeinde am sonntäglichen Hauptgottesdienst noch gewachsen. Seit es ein so breites Gottesdienstangebot für unterschiedliche Zielgruppen gibt, ist die Anzahl der Gottesdienstbesucher enorm gewachsen: während 1995 etwa 70 Menschen zum Gottesdienst kamen, waren es 2007 wöchentlich bis zu 400 Besucherinnen und Besucher pro Woche, die an den unterschiedlichen Gottesdienstformen teilgenommen haben. Die im Übersichtskasten genannten 180 Besucher und Besucherinnen geben lediglich eine Durchschnittszahl wieder.

Auch und vor allem für die Gottesdienste wird von der Gemeinde die Arbeit in Teams betont: »Wir feiern gemeinsam Gottesdienste. Darum werden sie auch fast ausschließlich durch Teams vorbereitet und geleitet.« Die starke Rolle, die zielgruppenorientierte Gottesdienste in der Gemeindearbeit spielen, hat zum einen mit der grundsätzlichen Orientierung an Beziehungen zu tun, die für andere einladend zum Glauben wirken wollen, zum anderen damit, dass Gottesdienste von ehrenamtlichen Teams verantwortet und geleitet werden und auf diese Weise den Fokus auf die ausschließliche Leitung durch die Hauptamtlichen in der Gemeinde aufbrechen und neue vielfältige Möglichkeiten eröffnen.

3.4 PLURALITÄT STATT PLURALISMUS – DIE ORIENTIERUNG AN EINEM LEITBILD

Um bei aller Vielfalt der Gefahr der Beliebigkeit bei den vielen Menschen, die in der Gemeinde mitarbeiten, zu entgehen, hat der Kirchenvorstand zusammen mit den Mitarbeiterteams 2003 ein Leitbild für die Christuskirchengemeinde entwickelt:

> Getragen von der Liebe Gottes wollen wir miteinander unseren Glauben in einer lebendigen Gemeinde vielseitig und lebensnah gestalten. Im Auftrag und begleitet von Jesus Christus sind wir für alle Menschen offen und laden sie ein, den Weg des Glaubens mitzugehen. Dabei bringen wir die Vielfalt unserer Erfahrungen mit Gott und unsere jeweiligen Fähigkeiten ein.

Das Leitbild der Gemeinde findet sich sowohl in jeder ZACK-Ausgabe, auf der Homepage als auch in Faltblättern, die über die unterschiedlichen Bereiche des Gemeindelebens informieren und Menschen dazu einladen. Dabei wird die Offenheit der Gemeinde für unterschiedliche Konzeptionen und unterschiedliche Entwürfe von Glauben kommuniziert, aber auch so an Jesus Christus zurückgebunden, dass deutlich wird, dass es dem Kirchenvorstand und den anderen Verantwortlichen der Gemeinde darum geht, eigene Wege im christlichen Glauben zu finden und ein erkennbares christliches Profil in die Bad Vilbeler Öffentlichkeit und in die konkrete Lebenssituation von Menschen hineinzutragen.

3.5 EINLADENDE KIRCHE – LEBENSNAHE VERKÜNDIGUNG DES EVANGELIUMS

Dem Leitbild entsprechend, soll die Arbeit der Christuskirchengemeinde Menschen dazu ermutigen, eigene Wege im christlichen Glauben zu finden. Dazu gehört, dass das Evangelium lebensnah und anschaulich verkündigt und nach neuen Formen gesucht wird, es für viele Menschen neu zu vermitteln. Eine Form, die die Gemeinde für sich selbst gefunden hat, sind etwa die bereits benannten neuen Gottesdienstformen. Aber auch in anderen Bereichen der Gemeindearbeit ist nach neuen Wegen gesucht worden, wie Glauben lebensnah und gemeinschaftsorientiert vermittelt werden kann.

Ein Beispiel dafür ist der Konfirmandenunterricht, der traditionell auf zwei Jahre angelegt war und auf dem Lernen zentraler Texte beruhte. Die Konfirmandenzeit wurde zu Beginn des Wachstumsprozesses auf drei, zeitweise sogar vier Jahre gestreckt und neu auf die Erfahrung von Gemeinschaftserlebnissen fokussiert. Gottesdienste für Konfirmanden entstanden (»Jesus Alive Club«). Für das Ende der Konfirmandenzeit wurde ein mehrtägiger Workshop mit Gemeinschaftserlebnissen entwickelt mit dem Ziel, auf Grund persönlicher Begegnungen zum christlichen Glauben einzuladen. Aus der Erfahrungsorientiertheit des Konfirmandenunterrichts entstand, weil einige der Konfirmanden noch nicht getauft waren, in Auseinandersetzung mit altkirchlichen und ökumenischen Tauftraditionen vor einigen Jahren die Idee, eine Taufe mit Untertauchen in der Nidda zu feiern, was bis heute einmal im Jahr mit den noch nicht getauften Konfirmanden gemacht wird. Auch hierfür ist der zentrale Gedanke, das Evangelium so lebensnah wie möglich zu verkündigen und zu den Menschen zu bringen.

3.6 Der Aufbau eines Beziehungsnetzes durch persönliche Kontakte und Besuche

Von Beginn des Wachstumsprozesses an ging es den Verantwortlichen in der Gemeinde um den Aufbau eines stabilen Beziehungsnetzes und die Pflege und Festigung persönlicher Kontakte. Dafür bietet die ausdrücklich als impulsgebende Veranstaltung für den Wachstumsprozess benannte »Besuchsaktion 2000« ein besonders anschauliches Beispiel. Ziel der Besuchsaktion war es, den etwa 5000 Gemeindegliedern die Gemeinde nicht nur von außen zu präsentieren, sondern persönlich mit ihnen in Kontakt zu treten. Die Abwerbung von Interessierten und Engagierten aus *anderen* Gemeinden im Umkreis war dabei ausdrücklich *nicht* intendiert.

Seit dem Frühjahr 2000 wurden für diese groß angelegte Besuchsaktion 80 Mitarbeiter auf einen Besuch in möglichst allen Gemeindehaushalten vorbereitet. Die Besuche wurden telefonisch vereinbart und fanden insgesamt drei Wochen lang statt. Als Geschenk wurde den besuchten Haushalten ein Buch »Wir sind's«, das engagierte Menschen aus der Gemeinde und die Gemeindearbeit selbst vorstellte, überreicht. Eine Extraausgabe des Gemeindebriefes ZACK bereitete die Aktion vor. Bei den Besuchen ausgeteilte Fragebögen für Kinder und Erwachsene wurden sozialwissenschaftlich begleitet und ausgewertet. Auch wenn der Bezug zur Besuchsaktion nicht direkt nachweisbar ist, haben sich in der folgenden Zeit eine Stärkung und ein Besucherwachstum bei allen Gottesdienstformen ergeben. Die Gottesdienstzeit für alternative Gottesdienstformen für Familien sonntags 11.15 Uhr hat sich vor allem auf Grund der Besuchsaktion konsolidiert, weil Familien in großer Übereinstimmung diese Zeit als günstig für gemeinsame Gottesdienstbesuche bestätigt haben.

Neben diesen beschriebenen Erstkontakten durch Besuche sind gemeinschaftsbildende Angebote in Gruppen und auf Freizeiten gesucht und verstärkt wahrgenommen worden. »Je komplexer die Gemeinde ist, desto wichtiger sind die zuverlässigen Gemeinschaftsangebote.« Bislang gibt es in der Gemeinde acht Hauskreise, die Bildung von mindestens zwei weiteren Hauskreisen wird angestrebt. Die Wochenend- und Sommerfreizeiten für Kinder und Jugendliche, die es in der Gemeinde schon in den 80er Jahren gab, wurden ausgebaut und um Familienangebote ergänzt: Seit 1996 gibt es Wochenendfreizeiten für Väter und Kinder, die gegenwärtig in einem viergliedrigen Modell mit unterschiedlichen Altersgruppen mit großer Resonanz durchgeführt werden. 2005 haben an diesen Wochenenden insgesamt 70 Väter und 100 Kinder teilgenommen, die größtenteils aus der Bad Vilbeler Kernstadt kamen. Aus den Vater-Kind-Wochenenden konnten vermehrt auch Männer für die ehrenamtliche Mitarbeit in der Gemeinde gewonnen werden. Der Erfolg der Wochenendfreizeiten für Väter und Kinder ist in Familienskifreizeiten weitergeführt worden, die inzwischen jährlich Anfang Januar in drei Häusern mit ca. 150 Teilnehmenden stattfinden. Ebenso wie bei anderen Freizeitangeboten werden Andachten und ein geistliches Rahmenprogramm angeboten und von den Teilnehmenden positiv aufgenommen. Dabei steht die Orientierung aller Aktivitäten der Gemeinde am Gemeindeleitbild im Fokus der Gemeindearbeit.

3.7 PRÜFET ALLES … – DIE QUELLEN DER GEMEINDEARBEIT

Die erklärte Offenheit der Christuskirchengemeinde bei der Gewinnung neuer Mitarbeiter korrespondiert mit einer Offenheit für Quellen, von denen die Gemeinde entscheidende Anstöße bekommen hat. Vor allem zwei Quellen sind aber – neben vielen weiteren – als besonders zentral zu nennen:

- die amerikanische Gemeinde Willow Creek,
- der Deutsche Evangelische Kirchentag.

Bei der Rezeption der Gemeindearbeit von Willow Creek, die sich vor allem auf Methoden und Form der Mitarbeit konzentrierte, ist es vor allem der strukturelle Umgang mit der Mitarbeiterschaft, der in der Christuskirchengemeinde relevant gewesen ist: in der Schulung und Begleitung der Mitarbeiter der Gemeinde wird das D.I.E.N.S.T.-Programm von Willow Creek (»Dienen im Einklang mit Neigungen, Stärken und Talenten«) modifiziert übernommen, nach dem Aufgaben in der Gemeindearbeit nach Neigungen und Begabungen besetzt werden sollen, nicht nach gerade zur Verfügung stehenden Personen, und nach dem eigene Stärken und Schwächen einer gründlichen und ehrlichen Reflexion unterzogen werden. »Neues nur mit neuen Teams! Das bedeutet, dass nicht Einzelne Neues aufbauen sollen, dass Neues nicht einfach bei den Hauptamtlichen ›abgeladen‹ werden kann und dass nach Möglichkeit neue Aktivitäten durch zusätzlich gewonnene neue Mitarbeitende durchgeführt werden, um eine ausweitende Gemeindearbeit auf zusätzliche Schultern zu verteilen.« Von der Arbeit der Willow Creek-Bewegung haben die Verantwortlichen in der Gemeinde vor allem gelernt, mit Schwächen und Problemen umzugehen und die Mitarbeiterschaft nach Begabungen zu schulen und einzusetzen, nicht nach der Frage, wo in der Gemeindearbeit gerade ein Mitarbeiter gebraucht wird.

Als eine zweite entscheidende Quelle für die Arbeit in der Christuskirchengemeinde wird der immer wiederkehrende Impuls aus Besuchen auf dem Deutschen Evangelischen Kirchentag benannt, bei dem die Vielfalt und die Erfahrungsorientierung besonders faszinieren.

Als weitere Quellen sind im Gespräch aber auch die Gemeinschaft von Taizé oder Traditionen aus der orthodoxen Kirche benannt worden, wie es etwa an der jährlich stattfindenden Taufe mit Untertauchen in der Nidda zu sehen ist. Grundsätzlich ist in Bad Vilbel eine große Offenheit vorhanden, neue Traditionen zu erproben, sie zunächst aber in Ausschüssen und Teams zu reflektieren und nach dem Ausprobieren zu evaluieren. Dazu tragen auch unterschiedliche ökumenische Partnerschaften vor Ort und in verschiedenen Kontinenten bei.

Fazit: Eine lebendige, vielfältige Gemeinde mit vielen Mitarbeitern und volkskirchlich geprägter Offenheit

Der Christuskirchengemeinde ist es gelungen, trotz beengter Finanzsituation ihre Mitgliederzahl und die Zahl derjenigen zu steigern, die in der Gemeinde mitarbeiten und den Gottesdienst und Gemeindeveranstaltungen besuchen. Dieses enorme Wachstum, das immer noch anhält und an dem programmatisch weiter gearbeitet wird, konnte von der Gemeinde erreicht werden, obwohl zwischen 1991 und 2007 etwa 1000 Menschen durch Wegzug die Gemeinde verlassen haben. Die entwickelte Vielzahl der Gottesdienste für unterschiedliche Zielgruppen hat in diesem Wachstumsprozess eine maßgebliche Rolle gespielt. Für die Gemeindearbeit sollte die Bildung eines kleinen frommen Kreises von Anfang an vermieden werden, weil für die Gemeinde die volkskirchliche Bindung und die Offenheit für viele unterschiedliche Formen von Frömmigkeit entscheidend war. Die Einbindung vieler Menschen in die verbindliche Mitarbeit an der Gemeinde ist aufwendig und erfordert eine immense Begleitungsarbeit, gelingt aber in Bad Vilbel bis in die Gegenwart insofern, als diese Einbindung auch Kräfte freisetzt, die eine ausschließliche Orientierung an Hauptamtlichen wahrscheinlich nicht freigesetzt hätte. Dass für die Mitarbeitenden ein eigener Ausschuss (»Ehrenamt«) zuständig ist und eine Stelle unter anderem zur Begleitung der Mitarbeiter von der Gemeinde selbst geschaffen wurde, erscheint als bemerkenswert und entscheidend für das Gemeindewachstum. »Die Zukunft der evangelischen Kirche liegt nicht beim Einzelkämpfer.« In der Ausdifferenzierung und Begleitung der Teams und Ausschüsse wird diese Aussage durch die Christuskirchengemeinde beeindruckend unterstrichen.

Evangelische Kirchengemeinde Bergisch Gladbach Pfarrbezirk IV: Kirche zum Heilsbrunnen

Ort:	Bergisch Gladbach
Einwohnerzahl des Pfarrbezirks:	ca. 10 600, davon 2914 Evangelische (27,5 %)
Bundesland:	Nordrhein-Westfalen
Landeskirche:	Evangelische Kirche im Rheinland
Gemeindegröße 2003:	2925
Gemeindegröße 2006:	2914 (Veränderung der Grenzen des Pfarrbezirks)
Gottesdienstbesuch 2003:	110
Gottesdienstbesuch 2006:	142
Wachstum:	29,1 %
Adresse:	Im Kleefeld 23, 51467 Bergisch Gladbach; Telefon: 02202/244888
Homepage:	www.heilsbrunnen.de

1 ZUR GEGENWÄRTIGEN SITUATION DER GEMEINDE IN DER REGION

Der Pfarrbezirk IV der Kirchengemeinde Bergisch Gladbach, benannt nach seiner Kirche zum Heilsbrunnen, betreut pfarramtlich das Bergisch Gladbacher Neubaugebiet Hebborn und die zur Kommune Odenthal gehörenden Ortsteile Voiswinkel, Eikamp samt einer Reihe kleiner Ortschaften und Gehöfte. Bei Gründung der Gemeinde 1968 lag der Arbeitsschwerpunkt in den katholisch geprägten Teilorten von Voiswinkel. Die Evangelischen lebten in diesem ländlichen Gebiet weit verstreut. Sie für kirchliche Arbeit zu interessieren war – wie im Grunde heute auch noch – mit großen Schwierigkeiten verbunden. Inzwischen leben durch Neubau und Zuzug in Hebborn fast ebenso viele Evangelische wie in den anderen Teilen des Pfarrbezirks. Der Bau des geräumigen Gemeindehauses mit angegliederter Kirche im Jahre 1987–1989 inmitten Hebborns – die Einheimischen sprechen von »unserem Dorfplatz« – verschob den Schwerpunkt der Arbeit.

Bergisch Gladbach ist von Kleinindustrie geprägt. Größere Firmen gibt es nur wenige. Wirtschaftlich profitiert man davon, dass man im unmittelbaren Einzugsgebiet von Köln liegt. In Hebborn leben meist jüngere Familien, oft im Wohneigentum. Sie weisen gegenüber der Gesamtkommune oft ein höheres Einkommen auf und sind meist besser ausgebildet. Im Odenthaler Bereich leben die Menschen einfacher, die Kaufkraft ist dort auch geringer. Der Ausländeranteil ist verglichen mit dem nahen Köln im Pfarrbezirk IV sehr gering.

2 WACHSTUM IN DER GEMEINDE

Neue Mitglieder hat die Gemeinde durch Taufen (70 aus der eigenen Gemeinde, 16 von außerhalb) durch Übertritte (64) und durch Wiedereintritte (17) im untersuchten Dreijahreszeitraum (2003–2006) gewonnen. Auch profitierte sie von der ungebrochenen Neubauaktivität (ca. 158 Zuzüge). Im untersuchten Zeitraum wurden die Gemeindegrenzen neu festgelegt, so dass das Wachstum durch »Gebietsverluste« ausgeglichen wurde. In vielen Bereichen des Gemeindelebens lässt sich das Wachstum aber deutlich spüren, vor allem im Gottesdienst. Gegenüber 6600 Besuchern im Jahr 2003 zählte man 2006 8555. Doch der Gottesdienst ist nur ein Spiegel bzw. bei dieser Gemeinde eher der Zielpunkt des Wachstums.

3 KONZEPT DER GEMEINDE, EINFLÜSSE UND DER BEGINN DES WACHSTUMS

In einem Begrüßungsflyer setzt sich die Gemeinde ein hohes Ziel: »Kirche sollte der kreativste und lebensbejahendste Ort in jeder Stadt sein.« Wie kreativ und der Zukunft zugewandt diese Gemeinde ist, zeigen ihre unterschiedlichen Entwicklungsphasen in den letzten 15 Jahren. Vieles wurde bewusst initiiert. Manchmal reagierte man auf aktuelle Herausforderungen. Manches wurde auch wieder verworfen.

3.1 DIE SITUATION DER GEMEINDE VOR 15 JAHREN UND DER BEGINN DES WACHSTUMS

Über den Bau des Gemeindezentrums und über die lokalen und inhaltlichen Schwerpunkte kam es zum Streit, an dessen Ende die Neubesetzung der Pfarrstelle stand. Im neuen Gemeindezentrum galt es, einen Neuanfang zu gestalten. Man nahm die Chance des Neuen wahr und öffnete das Gemeindezentrum für viele Gruppenaktivitäten, auch wenn sie keinen christlichen Hintergrund hatten. Es galt in einer Situation, in der die Gemeinde ins Gerede gekommen war, die Schwellenangst zu senken und einen Neubeginn zu signalisieren. Das Prinzip lautete: die durch die Bedürfnisse der Menschen entstehenden Beziehungen zu nutzen, um sie mit Christus in Verbindung zu bringen. In dieser Zeit wurden z. B. ganz gezielt Krabbelgruppen initiiert.

3.2 DIE SAMMLUNG DER MITARBEITENDEN

Ein weiterer Schritt war die Sammlung der Mitarbeitenden. Inhaltlich lebte diese Phase von der Unterschiedlichkeit der Personen und ihrer frömmigkeitstypischen Herkunft. Verschiedene Elemente wurden zu einem ersten Konzept vereinigt. Die Erfahrung in der CVJM-Arbeit und in Missionswerken befruchtete die Jugendarbeit, den ins Leben gerufenen Jugendgottesdienst und die Bibelkreise. Mehr der Kontemplation und der Mystik zugewandte Mitarbeiter brachten ihre Erfahrung in den Bereich der Glaubensvertiefung ein. Letzteres wurde die vornehmliche Aufgabe der Hauskreise. Diese wurden als wesentliches Element des Wachstums erkannt und gezielt gefördert. Die Sitzungen des Presbyteriums waren von den Fragen des Gemeindewachstums geprägt.

3.3 MISSIONARISCHES, ZIELGRUPPENORIENTIERTES GEMEINDEKONZEPT

Mitte der 90er Jahre entwickelte sich ein missionarisches Gemeindeaufbaukonzept. Durch das homogene Neubaugebiet bestand die Möglichkeit, viele Familien in der gleichen Familienphase anzutreffen und bedürfnisorientiert anzusprechen. Gästegottesdienste, Konfirmandenelternabende und Gemeindebriefhelfertreffen wurden mit Aufwand gestaltet. Die Jugendfreizeiten (bis zu drei im Sommer) und monatliche Konzerte fanden großen Zuspruch. 1997 wurde ein Mitarbeiterverein gegründet, der der Finanzknappheit im personellen Bereich und der Jugendarbeitslosigkeit entgegenwirken sollte. Mit Hilfe des Arbeitsamtes und des Stadtkirchenverbandes Köln wurde ein Sozialarbeiter eingestellt, der arbeitslosen Jugendlichen hilft, Bewerbungen zu schreiben und einen Ausbildungsplatz zu finden. Man engagierte sich diakonisch und betonte dabei die missionarische Ausrichtung der Maßnahme: Die Jugendlichen sollen in Kontakt zur Gemeinde kommen.

3.4 RICHTUNGSÜBERLEGUNGEN

Fragen des Glaubens prägten die nächste Phase. Man wollte dem Geist mehr Raum in der Frömmigkeit geben, ohne sich auf bestimmte festgefügte Richtungen festlegen zu lassen. Es kam auch zu personellen Trennungen. Als man sich über die Eingrenzung der charismatischen Phänomene verständigt hatte, wurde der Gedanke eines Gottesdienstes für Suchende aufgenommen und ein monatlicher Willkommensgottesdienst gefeiert. Diese Gottesdienste fanden sofort guten Zuspruch, aber sie brachten auch Konflikte um die Form und die Musik der Gottesdienste. Fortan fanden die neuen Gottesdienste parallel zum Hauptgottesdienst statt. Inzwischen hat man ein System entwickelt, die vielen unterschiedlichen zielgruppenorientierten Gottesdienste zu feiern (s. u.).

3.5 IMPULSE UND ORGANISATORISCHE VERÄNDERUNGEN

Weitere Impulse kamen von außen und unterstützten die eingeschlagene Richtung: Die McKinsay-Analyse der bayerischen Gemeinden bestärkte, weiter am einem Profil zu arbeiten, das der Situation am Ort angesichts des Evangeliums entspricht. Angeregt von der Willow Creek-Gemeinde trieb man die Öffnung gegenüber Distanzierten voran. Wichtiger Ratgeber war in diesem Prozess die Andreasgemeinde in Niederhöchstadt (s. S. 245 ff.).
Nachdem bis Ende 1996 eine Größe von 80 ständigen Gruppen (inkl. Hauskreise) erreicht wurde, entschied man sich, eine strengere Organisationsstruktur aufzubauen. Eine auf wenige Personen zugeschnittene Leitung

machte weiteres Wachstum unmöglich. Man versuchte zunächst ein Gemeindeentwicklungsteam aufzubauen und bot den Mitarbeitenden an, an der Entwicklung und Leitung der Gemeinde Anteil zu nehmen. Die Resonanz war gering. Als sich der Gedanke durchgesetzt hatte, dass Gemeindeaufbau Ziel der gesamten Gemeinde und jeder einzelnen Gruppe ist, wurde das Gemeindeentwicklungsteam zu einem zentralen Forum für alle Verantwortlichen der gemeindlichen Arbeitsbereiche (Koordinatoren, s. u.) umgewandelt. Partizipation an der Leitung und an der Zukunftsentwicklung wurde so auch sichtbar gemacht.

3.6 Der Leitbildprozess

Inhaltliche und organisatorische Änderungen mündeten in einen Leitbildprozess bzw. wurden von ihm begleitet. Die Gemeinde entwickelte vier Visionen für die Zukunft:
Wir wollen

> – Gott ehren und anbeten,
> – das Evangelium weitergeben,
> – echte Gemeinschaft,
> – die Gesellschaft verändern.

Dieser Prozess hatte in der Phase der Veränderung die Funktion der Vergewisserung. Heute ist die Vision die Norm, an der Neuerungen gemessen werden und Altes überprüft wird. So beschloss man vor Kurzem, die Arbeit in den inzwischen 26 Krabbelgruppen und auch die Bastelstube nach und nach einzustellen, weil sie nicht mehr zu dem Leitbild passen. Der Bezug zur übrigen Gemeindearbeit sei diesen Gruppen verloren gegangen, so sagt man. Es wurde also bewusst ein Arbeitsfeld geräumt, das in einer früheren Phase wichtig war. In anderen Bereichen führten die Visionen zu einer Profilierung der Arbeit, so z. B. im Kindergarten oder in der Ganztagsschule (Schülerhort).

Insgesamt zeigt sich über die Jahre ein Wechselspiel von theologischem Nachdenken und organisatorischem Verändern. Trotz des Wandels gibt es Konstanten, die das Wachstum dieser Gemeinde tragen. Von ihnen sollen einige dargestellt werden.

4 DER GOTTESDIENST UND
DAS ›ZWEITE PROGRAMM‹

Anfang der 90er Jahre gab es einen sonntäglichen agendarischen Gottesdienst um 10 Uhr. Versuche, ihn zu verändern, scheiterten am Widerstand
weiter Gemeindeteile. Durch die Ersetzung des alten Orgelpositivs durch
ein hochwertiges Pfeifeninstrument konnte die Qualität der traditionellen
Kirchenmusik gesteigert werden. In dieser Phase setzte man durch alltags-
nahe Predigtreihen Impulse. Die Gottesdienstgemeinde vergrößerte sich.
Diese Konstante ›Sonntagsgottesdienst‹ wurde durch andere Formen ergänzt.

Es entwickelte sich ein Angebot für spezielle Zielgruppen: Jugend, Familien, unterschiedliche Frömmigkeitsstile. Auch sollten Distanzierte mit
niederschwelligen Gottesdiensten an die Gemeinde herangeführt werden
(»Willkommensgottesdienste«). Diese Zielgruppengottesdienste bilden im
wöchentlichen Wechsel das ›zweite Programm‹ am Sonntag nach dem
Hauptgottesdienst oder am Abend. Auszüge aus der Einladung zu diesen
Feiern verdeutlichen ihren Charakter:

– Willkommensgottesdienst: »Am 3. Sonntag im Monat feiern wir um
  11.30 Uhr einen Gottesdienst für alle, die nach Gott suchen oder der
  Kirche enttäuscht den Rücken gekehrt haben. Durch Bilder, Musik und
  Theaterszenen, durch persönliche Lebensbilder und klare Aussagen hel-
  fen wir, die Bedeutung einer persönlichen Beziehung zu Jesus zu erfassen.« Parallel findet ein Kinderwillkommensgottesdienst statt. Kinder
  wie Erwachsene sind anschließend zum Essen eingeladen.
– Spring (Frühling oder Quelle: »soll im Glauben erfrischen und eine
  Quelle tieferer Erkenntnis werden«) und Spirit (Geist Gottes: »Der Spirit
  soll das Wirken des Geistes in unserem Leben deutlich machen«): »Wenn
  Sie anfangen, sich bei uns zu Hause zu fühlen, dann helfen Ihnen der
  Spring – am 2. Sonntag um 20 Uhr – und der Spirit – am 4. Sonntag um
  11.30 Uhr – mehr in Ihre neue Kirchenfamilie hineinzufinden. Durch
  eine klare biblische Lehre, Anbetungslieder, verbindende Gebete und Ihre
  Schlussfolgerungen aus dem Erlebten schöpfen Sie Einsichten und Kraft
  für die Aufgaben des Alltags.« Spring hat durch die Abendzeit eher meditativen, Spirit eher experimentellen Charakter. Beiden ist das persönliche Glaubenszeugnis wichtig.

Spirit und Spring weisen Merkmale eines charismatischen Gottesdienstes
auf. Die Gemeinde kommt falschen Erwartungen zuvor: »Wir glauben, dass
die Verheißungen über den Heiligen Geist und die geistlichen Gaben auch
heute relevant sind. Jeder Christ wird vom Geist Gottes mit Gaben ausge-

stattet. … Es soll keine Zuschauer, keine Konsumenten geben. Mit den außerordentlichen Geistesgaben gehen wir sehr zurückhaltend um. Wir glauben, dass es Heilungen, Prophetie, Sprachengebet und Auslegung des Sprachengebets durch den Heiligen Geist gibt. Aber wir möchten niemanden zu falschen Hoffnungen verleiten. Deshalb werden diese Gaben nicht öffentlich ausgeübt.«

Die Gottesdienste weisen eine große Bandbreite der Gestaltung auf. Auch finden sie nacheinander, bewusst als unterschiedliche Programme statt. Im Heilsbrunnen gesteht man ein, dass sich unterschiedliche Gottesdienstgemeinden entwickeln. Nur etwa ein Drittel ist in mehreren unterschiedlichen Gottesdienstformen zu Hause. Die meisten gehen in den Gottesdienst, der zu ihnen passt – entweder in den agendarischen oder in einen Gottesdienst des ›Zweiten Programms‹. Entfiele ›ihre‹ Gottesdienstform, so kämen sie nicht mehr. Ohne die Zielgruppenorientierung würde man sie also verlieren. »Ideal«, so plant man schon für die Zukunft, »wäre, wenn man jeden Sonntag zusätzlich zum traditionellen Gottesdienst einen Willkommensgottesdienst und Jugendgottesdienst anbieten könnte.« Denn diese Formen integrieren am meisten Gemeindeglieder.

Dass das noch nicht möglich ist, hat bislang das Wachstum nicht behindert. Der Gottesdienst wächst in all seinen unterschiedlichen Formen. Auch wenn die Ausgestaltung der Gottesdienste variiert, sind sie doch inhaltlich nicht so verschieden. Denn der Inhalt der Predigt ist gleich, oft wird im zweiten Gottesdienst eine Variante der Predigt aus dem ersten verwendet. Sie stellt die inhaltliche Klammer dar, die hilft, dass die Angebote eine gemeinsame Ausrichtung haben.

Mit den Jahren hat man festgestellt, dass der Übergang vom Willkommensgottesdienst in andere Formen nicht regelmäßig gelingt. Manche verharren, oder die Teilnahme bricht ab. Bewährt hat sich in der Gemeinde das konkrete Ansprechen dieser Personen auf die Teilnahme im Hauskreis. Erstaunlicherweise fiel vielen der Schritt in den Hauskreis leichter als in eine andere Gottesdienstform. Der persönliche Kontakt, der nach den Gottesdiensten entsteht, scheint das Bedürfnis zu wecken, diesen in den Kleingruppen zu intensivieren.

5 AUSWAHL UND AUSBILDUNG DER MITARBEITER UND IHRE ORGANISATION

Die ca. 225 Mitarbeiter der Heilsbrunner Gemeinde organisieren sich in Teams. Das praktische Motto, das über allem steht, heißt: »In überschaubaren Einheiten kommunizieren«. Die theologische Grundlegung lautet: Die Mitarbeiter »verwirklichen das im Hebräerbrief angesprochene ›allgemeine

Priestertum«, indem sie den Missionsauftrag (Mt 28) und die Bereitstellung von Gaben durch den Heiligen Geist (Eph 4) auf den ihnen anvertrauten Verantwortungsbereich anwenden«.

Jeder Mitarbeitende ist eingebunden in ein Team. Jedes Team hat einen Aufgabenbereich, den es selbständig leitet. Für unterschiedliche Projekte werden mehrere Teams zusammengestellt. Die Teams eines Bereiches, z. B. für Kinder- und Jugendarbeit, haben einen Koordinator. Dieser vertritt den Bereich in der Koordinatorenkonferenz (Gemeindeentwicklungsteam). Diese wiederum ist direkt der Leitung des Pfarrbezirks unterstellt und dieser verantwortlich. Das Presbyterium erfährt dadurch Entlastung und kann sich auf die Aufgaben konzentrieren, für die es gewählt wurde: zusammen mit dem Pfarrer die Gemeinde zu leiten, was hier konkret heißt: Langzeitstrategien entwickeln und eventuelle Konflikte bewältigen.

Die Aufgabe eines Koordinators sind folgende:

– Koordination, Beratung und Stärkung der Gruppen im eigenen Bereich.
– Erstellen eines vierteljährlichen Zustandsberichts mit allen Daten, Aufgaben und Problemen der Gruppen.
– Vertretung des Bereiches im Gemeindeentwicklungsteam.
– Analyse des Entwicklungspotentials im Bereich.
– Entwurf einer Entwicklungsstrategie für den Bereich.
– Aufbau neuer Gruppen im Bereich.
– Schulungsangebote diskutieren und die Gruppenleitenden dafür gewinnen.
– Bei entsprechender Begabung auch Finden und Schulung von neuen Mitarbeitern.

Bei der Bildung neuer Gruppen und bei der Gewinnung neuer Mitarbeitender wird folgender Weg vorgeschlagen:

– Teilung einer bestehenden Gruppe zu gleichen Teilen.
– Sprossung einer Gruppe, indem ein kleiner motivierter Teil eine neue Gruppe aufbaut.
– Neugründung einer Gruppe durch die Initiation eines motivierten und qualifizierten Leitungsteams. Dieser Weg wird vor allem bei neuen Aufgabenstellungen beschritten.

Das Vervollständigen der geteilten oder gesprossten Gruppen erfolgt durch die Einladung der Gruppenmitglieder. Bei einer Neugründung ist wesentlich mehr Öffentlichkeitsarbeit notwendig. Neue Mitarbeitende werden meist durch persönliche Ansprache gewonnen. Jeder, der sich zur Mitarbeit bereit erklärt, soll möglichst ein Seminar durchlaufen, das seine persönliche

Motivation und Voraussetzungen zu klären hilft und seine Gaben analysiert. Dadurch soll das passende Team gefunden werden. Hierbei lehnt man sich an das von der Willow Creek-Gemeinde bekannte D.I.E.N.S.T.-Programm an. So ausgewählt und platziert, wird der Mitarbeitende von der Gruppenleitung ausgebildet. Ergänzt wird dies durch spezielle Seminare. Das entspricht dem alten Schema von Meister und Schüler und auch neuen Coachingkonzepten. Dieses Ausbildungsprogramm vermeidet den Sprung ins kalte Wasser. Die Neuen werden von Beginn an begrenzt eingesetzt und steigern im Laufe der Zeit ihren Wirkungsbereich in Absprache mit der Gruppenleitung mehr und mehr.

Interessant ist die Mitarbeitergewinnung unter Konfirmanden: Nach der Konfirmation bekommen sie das Angebot, eine Aufgabe in der Gemeinde zu übernehmen. Vor allem die Mitarbeit im nachfolgenden Konfirmandenkurs ist äußerst beliebt. Zuerst erhalten sie den Status als Helfer (selbständiges Erarbeiten und Halten von 5-Minuten-Einheiten). Bewähren sie sich, werden sie zu Mitarbeitern befördert (Halten einer Stunde mit anderen Mitarbeitern). Nach einem weiteren erfolgreichen Jahr wird man Leiter. Hier darf man selbständig eine Kleingruppe leiten. Von den 36 Konfirmanden des letzten Jahrgangs konnten 21 als Helfer gewonnen werden.

Eine so große Schar an Mitarbeitern erfordert den Aufbau einer Verwaltung. Sie reicht von Postfächern für die Teamleiter über die Vergabe von Schlüsseln bis hin zur Ablage. Der Informationsfluss ist dabei der entscheidende Punkt. Die Mitarbeiter werden wie jedes Gemeindeglied durch Gemeindebrief, Schaukasten und viele Hausbesuche der jeweils Verantwortlichen informiert. Der Gemeindebrief ist prägnant und sowohl gestalterisch wie auch inhaltlich ansprechend. Darüber hinaus erhalten die Mitarbeitenden einen speziellen Mitarbeiterbrief. Bei den Teamabsprachen spielen Treffen, ein Online-Kalender und intensiver Email-Kontakt eine große Rolle. Eine Datenverarbeitung und die Erfassung aller Gemeindeglieder im Computer machen es möglich, bestimmte Personengruppen gezielt anzuschreiben und sie auf Angebote hinzuweisen, die für sie gedacht sind.

6 JUGENDARBEIT

Auch die Jugendarbeit hat eine Vision, die sich aus der Gemeindevision ableitet:

> Mit Gottes Hilfe wollen wir eine besondere Gemeinschaft von Jugendlichen und Leitern sein, deren Ziel es ist,
> — Glauben und Leben miteinander zu teilen, um das eigenes Leben zu gestalten,
> — andere Jugendliche für Gott zu gewinnen, um sie für das Leben stark zu machen,
> — Raum zu schaffen, wo Gemeinschaft mit Gott und den anderen gelebt wird und wo anderen gedient werden kann,
> — mit ihnen etwas in der Welt zu bewegen.

Wesensmerkmale des Vorgehens sind: Freiwilligkeit, Beteiligung (Partizipation), Selbstorganisation (Jugend führt Jugend).

Lange Zeit waren die offene Jugendarbeit und die verbindliche Gruppenarbeit gleich stark. Man hatte ein Jugendcafé, in dem man sich ganz einfach unverbindlich treffen konnte. Als der Kleingruppen- und Schulungsbedarf die Kapazitätsgrenze der Ehrenamtlichen erreichte, wurde aus Spendenmitteln eine Jugendmitarbeiterin angestellt. Inzwischen sieht man den Schwerpunkt der Arbeit in Glaubenskursen, Kleingruppen und Projektgruppen. Den ›idealen Weg‹ des Jugendlichen in die Gemeinde stellt man sich so vor:

»Phase 1 Einladende Programme bzw. offene Jugendarbeit
Phase 2 Glaubens-/Jüngerschaftsarbeit
Phase 3 Leiterschulung
Phase 4 Mitarbeit gemäß unserer Vision«

Die Jugendmitarbeiterin brachte das praktisch-diakonische Handeln der Jugendlichen in die Jugendarbeit ein. Eine Jugendgruppe versorgt Obdachlose in Köln einmal im Monat mit Essen und betet für sie. Oft kommt man ins Gespräch. Eine weitere Gruppe besucht Menschen und Einrichtungen, die etwas für Mitbürger tun. Sie nehmen Einblick in die Arbeit und werden zu eigenem Engagement angeregt. Oft nehmen Jugendliche an Missionseinsätzen unterschiedlicher Werke teil. Denn diakonische Arbeit sieht man hier im engen Zusammenhang mit Mission.

Fazit: Eine Gemeinde, die ihr Wachstum bewusst plant und immer wieder neue Wege geht

Die Gemeinde hat in den letzten 15 Jahren unterschiedliche Phasen durchlaufen und in dieser Zeit ein abgestimmtes Angebot an Gottesdiensten, Kleingruppen und Projekten entwickelt. Orientierte man sich anfangs besonders an der Zielgruppe Jugendliche und junge Familien – was die Lage als Zentrum in einem Neubaugebiet auch anbot –, hat man nun besonders die jungen Alten in den Blick genommen. Mit einer nebenamtlichen, aus Spenden finanzierten Kraft will man diese Altersgruppe in Zukunft gezielt ansprechen.

Klärung über das eigene Profil brachte ein Leitbildprozess. Jede Gemeindeaktivität wird an ihm ausgerichtet, nicht Stimmiges wird eingestellt. Inzwischen ist dieses Profil über die Stadtgrenzen Bergisch Gladbachs hinaus bekannt. Die Gemeinde zieht auch Menschen aus der Region an. Man ist auf dem Weg, sich zu einer Profilgemeinde zu entwickeln. Trotzdem macht man bei der parochialen Arbeit keine Abstriche, auch wenn der Zuschnitt der Pfarrei nicht gerade günstig ist.

Wachstum wird sehr genau geplant, man nimmt Impulse von außen auf (z. B. Willow Creek) und lässt sich beraten (z. B. Organisationsentwicklung). Konstanten im Wachstum sind dabei die lebendige Jugendarbeit und eine starke Mitarbeiterschaft. Gezielt werden sie ausgesucht, geschult, gefördert und organisiert. Aus ihrer Mitte kommen neue Ideen und Anregungen. Dies ist letztendlich der Grund für die hohe Dynamik, mit der die zahlreichen Angebote entwickelt werden.

Ein nach Anforderungen der Zielgruppen ausdifferenziertes Gottesdienstangebot zieht Menschen an, stellt aber auch die Gemeinde vor die Aufgabe, diese Menschen aus den unterschiedlichen Gottesdiensten zusammenzuführen. Das Problem ist bekannt, ein Lösungsweg wird noch gesucht.

Die Gemeinde hat in der Vergangenheit viel erprobt und hat in vielen Bereichen ihren eigenen Weg gefunden. So manches ist zur Tradition geworden, die davon lebt, dass sie immer wieder durch Neues in Frage gestellt wird. Diese Bewegung trägt die Gemeinde von Aufbruch zu Aufbruch.

Evangelische Kirchengemeinde Bergshausen

Ort: Fuldabrück-Bergshausen
Einwohnerzahl 2006:   3260, davon 1946 Evangelische (59,7%)
Bundesland: Hessen
Landeskirche: Kurhessen-Waldeck
Gemeindegröße 2003:   1965
Gemeindegröße 2006:   1946
Gottesdienstbesuch 2003:   59
Gottesdienstbesuch 2006:   94
Wachstum: 59,3%
Anschrift: Evangelische Kirchengemeinde Bergshausen,
                              Flughafenstr. 24, 34277 Fuldabrück,
                              Telefon: 0561-583339
E-Mail: ruedigergebhardt@aol.com

1 DIE EVANGELISCHE KIRCHENGEMEINDE IN BERGSHAUSEN

Bergshausen, das mit drei anderen Ortschaften die politische Gemeinde Fuldabrück bildet, liegt im nördlichen Hessen vor den Toren Kassels. Mit großem Stolz und viel Enthusiasmus feierten die Bergshäuser im Jahre 2006 das 775. Jahr des Bestehens ihres Ortes an der Fulda, in dem sich seit den 60er Jahren des 20. Jahrhunderts ein großer Wandel von einer begrenzten Ansiedlung von Bauernhöfen hin zu einem beliebten Wohnort im sogenannten »Speckgürtel« von Kassel mit vielen neuen Ein- und Mehrfamilienhäusern und einer gemischten Industrieansiedlung vollzog. Diese Veränderung des Ortes dokumentieren auch die Gebäude der Evangelischen Kirchengemeinde, deren kleine alte Kirche im alten Dorfkern steht, während ihr in den 70er Jahren gebautes funktionales Gemeindehaus einschließlich der Pfarrwohnung ca. 1 km entfernt neben dem neueren Friedhof liegt, der mittlerweile jedoch auch zu klein geworden ist, so dass vor drei Jahren ein neuer Friedhof am Rande des Ortes eingerichtet worden ist. Nach dem Aufschwung der letzten Jahrzehnte ist die Ortschaft nun in einer Phase der Konsolidierung. Das weitere Wachstum in die Fläche kommt zunehmend durch die natürlichen Grenzen Fluss und Wald auf der einen Seite und die einstmals als modern gefeierten, nun jedoch wegen ihres zunehmenden Lärms als Belästigung befundenen Autobahnen und Bundesstraßen zu einem Ende. Viele jener Menschen, die einstmals mit ihren jungen Familien nach Bergshausen zogen, um sich den Traum eines eigenen Hauses erfüllen zu können, gehen mittlerweile in Ruhestand. Nach den Jahren des Wachsens und Aufbaus ist es nun der demographische Wandel, der den Ort und die Kirchengemeinde vor neue Herausforderungen stellt. Das Leben in Bergshausen verbindet die kulturellen Annehmlichkeiten einer Stadt – die Kasseler Innenstadt liegt durch die gute Verkehrsanbindung nur 15 Autominuten entfernt – mit den Annehmlichkeiten eines überschaubaren Gemeindelebens. Der überwiegende Teil der Einwohner Bergshausens gehört der Evangelischen Kirchengemeinde an, die von ihrer Prägung her sehr volkskirchlich ausgerichtet ist und vor Ort ein gutes Ansehen genießt. Im vergangenen Jahr wurde die komplette Renovierung der alten Bergshäuser Kirche notwendig, wofür die Kirchengemeinde einen Teil der Kosten selbst aufzubringen hatte. Die hierfür durchgeführte Spendensammelaktion wurde zu einem großen Erfolg. Selbst nicht der Kirchengemeinde angehörige Bergshäuser beteiligten sich aktiv an ihr. Hierbei wurde zum einen deutlich, dass die Spendenbereitschaft unter den Menschen sehr hoch war, weil sie genau wussten, wofür sie ihr Geld spendeten. Zum anderen zeigte sich, dass die Verbundenheit mit »ihrer Kirche vor Ort« auch unter den Menschen sehr groß ist, die nicht selbst zur Kirchengemeinde gehören. Die

Wiedereinweihung der renovierten Kirche durch den Bischof war dann auch ein großes Ereignis des gesamten Ortes, mit vielen sehr stolzen Bergshäuser Bürgern.

2 DIE VISION: AUF DEM WEG ZU EINER EINLADENDEN GEMEINDE

»Vor allen Dingen habt untereinander beständige Liebe. Seid gastfrei ohne Murren. Und dient einander, ein jeder mit der Gabe, die er empfangen hat«, diese Verse aus dem 1. Petrusbrief (4,8–10) bringen für die Bergshäuser Gemeinde kurz und knapp das auf den Punkt, worauf es ihr in der Kirche ankommt: »Christliche Gemeinde wird erkennbar, wo Menschen einander in Liebe begegnen, wo sie gastfrei ihre Türen öffnen und einander (gabenorientiert) dienen.« Liebevolle Gastfreundschaft ist für sie dabei nicht nur eine christliche Tugend unter anderen, sondern vielmehr der Gottes Wesen entsprechende Lebensstil seiner Gemeinde. Dort, so ist sie überzeugt, wo sich die Gemeinde in diesem Sinne zu einer offenen Herberge und zu einem einladenden Gasthaus entwickelt, hat sie nicht nur die Chance zum Überleben, sondern auch zum Wachsen. Es war die bewusste Entscheidung der Gemeinde, sich auf den Weg zu begeben, ein solches Gasthaus zu werden. In vielerlei Hinsicht steht die Gemeinde noch am Anfang, doch sind »die Ärmel schon hochgekrempelt«, die Gemeinde bewegt sich und der Umbau ist in vollem Gange. Der Traum, der die Gemeinde leitet, ist der Traum von vielen unterschiedlichen Zimmern in einem großen gemeinsamen Haus, von dem sich jeder angezogen und in dem sich jeder willkommen fühlen kann.

3 DIE GEISTLICHE GRUNDSTEINLEGUNG

Der Anstoß zur neuen Ausrichtung der Gemeinde hin zu einer gastfreundlichen, offenen Gemeinde kam mit dem Beginn der Arbeit des neuen Pfarrers, dessen Vorgänger schon gute Grundlagenarbeit geleistet und viele Menschen durch persönlichen Kontakt in die Gemeinde geholt bzw. zur Mitarbeit in der Gemeinde ermutigt hatte. Im September 2003 zog sich der Bergshäuser Kirchenvorstand zu einer Klausur zurück, in der es um die geistliche Grundsteinlegung der Gemeindearbeit ging. »Was ist das Wesentliche unseres Glaubens aus evangelischer Sicht? Evangelisch aus gutem Grund – was sind unsere guten Gründe?«, fragte man sich und versuchte, für die Kirchengemeinde eine Position zu finden und zu formulieren, wie sich ihr evangelisches Christsein, sowohl nach innen in der Gemeinde als auch nach außen in der Kommune, äußern solle. Hierfür entwickelte der Kirchenvorstand ein Leitbild mit fünf Grundwerten der Evangelischen Kirchengemeinde Bergshausen, die lauten:

1. Gott ist die Liebe.
   Er lädt uns ein, mit ihm in einer lebendigen Beziehung zu leben.
2. Deshalb möchten wir auch als Gemeinde so einladend und gastfreundlich wie möglich sein.
3. Wir haben den Auftrag:
   – Gottes Liebe zu feiern,
   – Menschen zum Glauben einzuladen,
   – Ihr Wachstum im Glauben zu fördern,
   – Ihnen tragfähige Gemeinschaft anzubieten,
   – Nächstenliebe zu leben.
4. Mit unseren Angeboten wollen wir Kirchennahe und Kirchenferne in ihrer jeweiligen Lebenswelt aufsuchen.
5. Jeder Mitarbeiter hat an diesem Auftrag teil, indem er sich mit seinen Möglichkeiten, Neigungen und Gaben entsprechend einbringt.

Alle Grundwerte haben selbst ihren Grund in Jesus Christus, welcher der Baugrund ist, auf dem die Gemeinde ihr Gasthaus bauen will. Die vom Kirchenvorstand beschlossenen Grundwerte wurden dann in der Gemeinde kommuniziert und diskutiert, im Gottesdienst und beim anschließenden Neujahrsempfang vorgestellt und auch in den einzelnen Gruppen und in der Konfirmandenarbeit intensiv behandelt. Die kommende Gemeindearbeit richtete sich nun an diesem Leitbild aus. Neben dem gemeinsamen Willen, sich an Zielgruppen zu orientieren, wird die Entwicklung des gemeinsamen Leitbildes von der Gemeinde selbst als einer der wichtigsten Wachstumsimpulse angesehen.

4 MENSCHEN ERREICHEN – ÖFFENTLICHKEITS-ARBEIT UND OFFENE KIRCHE

Die Frage, ob man für eine Kirchengemeinde werben darf, bejahen die Bergshäuser zutiefst und führen den Satz Henry Fords an: »Wenn ich Gold für Blei verkaufe, werde ich es nicht los, wenn ich es niemandem sage«. Der Kirchenvorstand beschäftigte sich daher intensiv mit der Öffentlichkeitsarbeit und auch der Schwerpunktsetzung bezüglich der jeweils gewünschten Zielgruppe innerhalb dieser Arbeit. Hierbei zeigte sich, dass vor allem den Kirchenseiten im wöchentlichen Amtsblättchen eine sehr hohe Bedeutung zukommt. Deshalb werden diese Seiten auch mit viel Aufmerksamkeit und Kreativität gestaltet. Eine Seite informiert jeweils über die kirchlichen Veranstaltungen, eine ganze Seite ist für die Jugendarbeit vorgesehen. Von den Kirchenseiten werden auch jeweils farbige Exemplare in A3-Format für die Schaukästen gedruckt. Weiterhin kümmert man sich sorgfältig darum, dass die Schaukästen nicht nur immer aktuell, sondern auch angenehm dekoriert sind. Grundsätzlich gilt: »Eine Gemeinde, die nicht wirkungsvoll einlädt, ist auch keine einladende Gemeinde. Deshalb legen wir großen Wert auf die Öffentlichkeitsarbeit«.

Nachdem die renovierte Kirche wieder eingeweiht war, hatten viele Bergshäuser, die sich an den Renovierungskosten beteiligt hatten, den Wunsch geäußert, sich die Kirche in Ruhe, »ohne Programm« anzusehen und die schöne Atmosphäre auf sich wirken zu lassen. Die Kirchengemeinde öffnete daher in der Adventszeit jeden Tag für eine Stunde ihre Kirche. Ein Team von Gemeindemitgliedern hatte es übernommen, diese Stunden vorzubereiten, Gäste zu betreuen und Fragen zu beantworten. Erleuchtet wurde die Kirche durch die Kerzen auf dem Altar und den Adventskranz, zu Beginn und Abschluss der Stunde wurde geläutet. Die »Offene Kirche im Advent« wurde mit zunehmender Bekanntheit von immer mehr Menschen besucht und als niederschwelliges Angebot sehr positiv aufgenommen. Die Aktion war so erfolgreich, das sie nun regelmäßig wiederholt werden soll.

5 GOTTES LIEBE FEIERN – DER GOTTESDIENST

Als die Kirchengemeinde begann, sich intensiver mit ihren Gottesdiensten auseinanderzusetzen, kam sie zu einem eindeutigen Ergebnis: »Sehr schnell sind wir zu der Erkenntnis gekommen, dass es ›den‹ Gottesdienst, bei dem sich alle aufgehoben fühlen, nicht gibt«. Die Kirchengemeinde beschloss daher nach eingehender Erörterung des Themas, dass in Bergshausen drei unterschiedliche Gottesdiensttypen etabliert und weiterentwickelt werden sollten:

1. als Grundtyp der klassische Gottesdienst nach Agende 1;
2. ein familienorientierter (Tauf-)Gottesdienst in Zusammenarbeit mit der Kinderkirche »Kirche für kids«;
3. ein monatlicher Abendgottesdienst als Gottesdienst neuer Form.

Die Gottesdienste sollten so gestaltet sein, dass der »Kerngemeinde« ermöglicht wird, sich mit allen drei Gottesdiensttypen zu identifizieren. In der auf diesen Beschluss folgenden Zeit bildete sich eine Arbeitsgruppe, welche die Reform des einfachen Agende 1-Gottesdienstes in Angriff nehmen sollte. Hierbei stand vor allem der Wunsch aus der Gemeinde im Vordergrund, den Gottesdienst feierlicher zu gestalten. Die Gottesdienstgruppe nutzte die von der Agende selbst eröffneten Freiräume und entwickelte so eine eigene Bergshäuser Gottesdienstform. Nach einem Jahr kam man wieder zusammen, um die Erfahrungen mit dem geänderten Ablauf des Gottesdienstes zu sammeln und die Änderungen zu überprüfen. Hier zeigte sich, dass sich nicht alle Änderungen bewährt hatten, so dass einige Änderungen wieder zurückgenommen wurden. Insbesondere der mehrstimmige Gesang und die Aufnahme von Taizé-Gesängen wurden jedoch sehr gut angenommen und beibehalten. Der komplette Prozess der eigenen Liturgie-Findung eröffnete der Gemeinde ein neues Bewusstsein für den Gottesdienst und seiner Liturgie. Die Gemeinde fühlt sich in ihrem Gottesdienst ›zu Hause‹ und angenommen. Bestätigt wird diese Erfahrung durch die Zahlen: Innerhalb der letzten sechs Jahre hat sich der Gottesdienstbesuch von gut 30 auf jetzt ca. 90 Besucher pro Gottesdienst verdreifacht. Zusätzlich resultierte aus den vielen Vorschlägen zur Reform des Gottesdienstes das Angebot, nach dem Gottesdienst Kaffee und Tee auszuschenken und die Gäste zum Bleiben einzuladen. Während des Gottesdienstes wird auch eine Kinderbetreuung angeboten. Um gerade jungen Familien das Mitfeiern des Gottesdienstes zu erleichtern, wird für die Kinder, hauptsächlich während der Predigt, ein kindgerechtes Programm in den Räumen der benachbarten Grundschule angeboten, so dass die Erwachsenen der Predigt folgen können und auch die Kinder Freude am Gottesdienst haben. Nach ca. 30 Minuten werden die Kinder dann wieder in den Gottesdienst gerufen, der dann von allen gemeinsam beendet wird.

6 ZUM GLAUBEN EINLADEN – GRUNDKURS GLAUBEN

Unter dem Motto »Abenteuer Leben« lud die Gemeinde 2002 alle Bergshäuser ein, sich in einer Vortrags- und Begegnungswoche mit dem auseinanderzusetzen, »was im Leben wirklich wichtig ist«. Die Vorträge, die hierbei gehalten wurden, weckten den Wunsch vieler Teilnehmer nach einem »Grundkurs Glauben«, welcher daraufhin unter dem Titel »Abenteuer Glauben« stattfand. An sechs aufeinander folgenden Abenden, jeweils donnerstags, trafen sich mehr als 20 Interessierte im Gemeindezentrum. Nach einem kleinen Imbiss folgte jeweils ein Impuls-Referat zum Thema des Abends. In kleinen Gruppen unter der Leitung von Mitarbeitern der Kirchengemeinde wurde anschließend das Thema vertieft, persönliche

Erfahrungen wurden ausgetauscht und Fragen beantwortet. Viele der Teilnehmer waren in den Kurs gekommen, um ihr Wissen aufzufrischen oder sich erstmalig mit dem Glauben zu beschäftigen. Auf Grund der positiven Resonanz wurde der Glaubenskurs inzwischen ein zweites Mal durchgeführt. Die für das Wachstum der Gemeinde sehr wichtige Frucht der Glaubenskurse war die Entstehung neuer regelmäßiger Haus- und Gesprächskreise, die sowohl dazu dienen, das Wachstum im eigenen Glauben zu fördern, als auch andere Menschen zum Glauben einzuladen.

7 GEMEINSCHAFT ANBIETEN

Als einladende Gemeinde will die Bergshäuser Kirchengemeinde auch eine Gemeinde sein, die jedem, der kommt, eine Heimat bieten kann. Für die ›Verheimatung‹ der Gemeindemitglieder gibt es eine Reihe von Kreisen und Gruppen, die zielgruppenorientiert die Gemeindemitglieder in ihrer spezifischen Lebenssituation ansprechen. Hierzu zählen, angefangen bei den Kleinsten, die Spielkreise, für Kinder und Jugendliche die einzelnen durch den CVJM getragenen Jugendgruppen, für die Erwachsenen die Chöre, insbesonders der sehr beliebte Gospelchor, die Hauskreise, der Seniorenkreis und ein regelmäßiges Frauenfrühstück, zu dem sich seit einiger Zeit auch ein Männerfrühstück gesellt. Um den neuen, aber auch den alten Gemeindemitgliedern als Mitarbeiter eine Heimat in der Gemeinde zu geben, startete die Gemeinde, angelehnt an Willow Creek, das sogenannte D.I.E.N.S.T.-Seminar: »Dienen im Einklang von Neigungen, Stärken und Talenten«. Wurden bis vor wenigen Jahren die Gemeindemitglieder vor allem dort eingesetzt, wo Hilfe benötigt wurde, so fragte man sich nun, wie es ermöglicht werden könnte, dass die Mitarbeiter der Gemeinde so eingesetzt werden, dass es ihrer persönlichen Neigung und ihren Talenten am besten entspricht. So wurde beschlossen, ein Seminar für Mitarbeiter durchzuführen, das drei Zielen verfolgte:

Ziel 1 – Ein neues Bild von Gemeinde

»Die Mitarbeiter entdecken, wie Gott sich die Gemeinde vorstellt: ein Leib mit vielen Gliedern, in den sie sich einbringen. Die Gemeindearbeit ist nicht mehr Sache von ein paar wenigen Angestellten, sondern alle Gemeindemitglieder bringen sich und ihre Fähigkeiten ein.«

Ziel 2 – Ein anderes Bild von sich

»Die Mitarbeiter entdecken das Potential, das in ihnen steckt. Sie lernen drei Merkmale ihrer Persönlichkeit kennen:
– Neigungen (Wo wollen sie mitarbeiten?)
– Gaben (Was sollen sie dort tun?)
– Persönlichkeitsstil (Wie packen sie eine Sache an?)

So finden die Teilnehmer heraus, wo ihre Stärken liegen und was sie gerne tun wollen.«

Ziel 3 – Sich erfüllt einsetzen

»Das Seminar gibt Orientierung und Hilfestellung, das Gelernte in die Praxis umzusetzen. Wenn Mitarbeiter sich entsprechend ihrem Persönlichkeitprofils einsetzen, haben sie mehr Freude an der Arbeit und bringen mehr Frucht.«

Das durchgeführte Seminar mit ausführlichen Fragebögen und Gesprächen brachte auch für langjährige Mitarbeiter neue, manchmal sehr überraschende Einblicke in ihre eigene Persönlichkeit. Neue Mitglieder konnten als Mitarbeiter gewonnen werden, andere haben eine neue Aufgabe in der Gemeinde bekommen. Grundsätzlich wurde dieser Veränderungsprozess innerhalb der Mitarbeit der Gemeinde sehr positiv wahrgenommen, wobei sich zwei Problemkreise ergaben, denen sich die Gemeinde noch stellen will: Zum einen ist es die Frage, wie den Mitarbeitern, die zu den tragenden Säulen der Gemeindearbeit zählen, die nötige Anerkennung und Dankbarkeit entgegengebracht werden kann, so dass sie an ihrer Arbeit nicht die Begeisterung und Freude verlieren, und zum anderen die Frage, wie es strukturell ermöglicht werden kann, dass sich alle Gemeindemitglieder, die wollen, dann tatsächlich auch in die Gemeindearbeit einbringen können.

8 NÄCHSTENLIEBE LEBEN

Die Bergshäuser Kirchengemeinde engagiert sich, ihrem Leitbild entsprechend, auch für andere. Zwei wichtige Stützen dieser Arbeit sind ihr Mobiler Sozialer Hilfsdienst und ihr Besuchsdienst, die vor allem für die älteren Menschen in Bergshausen von großer Bedeutung sind. Der Mobile Soziale Hilfsdienst wird gemeinsam von Ehrenamtlichen und einem Zivildienstleistenden ausgeführt. Ob es nun der kleine Spaziergang ist, ein Behördengang anliegt oder der Einkauf ansteht, jeder, der aus der Gemeinde Hilfe braucht, kann diese kostenlos in Anspruch nehmen. Für diesen Dienst hat die Gemeinde eigens einen eigenen kleinen Bus organisiert, der sich durch Spenden finanziert. Alte, kranke und einsame Menschen innerhalb der Gemeinde können regelmäßig Besuch durch den Besuchsdienst erhalten. Jedes Mitglied des Besuchsdienstes besucht im Rhythmus von ein bis drei Wochen eine bis zwei Personen. Seine wichtigste Aufgabe sieht der Besuchsdienst darin, sich für die besuchten Menschen Zeit zu nehmen und ihnen zuzuhören, auch dann, wenn die Geschichten, die erzählt werden, schon bekannt sind, da sie öfters erzählt werden. In regelmäßigen Abständen trifft sich die Gruppe der Mitarbeiter selbst, um über ihre Erlebnisse und Probleme zu sprechen. Beide Dienste werden in der Bergshäuser Gemeinde gut angenommen und bringen das Selbstverständnis der Gemeinde zum Ausdruck, dass eine einladende Gemeinde auch eine besuchende Gemeinde sein sollte.

Fazit: Eine gastfreundliche Gemeinde, die jedem eine Heimat bietet

Die Bergshäuser Gemeinde befindet sich auf einem Weg hin zu einer gastfreundlichen Gemeinde, die den vielen unterschiedlichen Menschen der Ortschaft Bergshausen eine Heimat geben will. Es war die bewusste Entscheidung der ganzen Gemeinde, sich auf diesen Weg zu begeben, nicht die Entscheidung Einzelner. Sie wird getragen von vielen Helfern, die sich mit ihren spezifischen Gaben in diesen Prozess einbringen. Sowohl die Erarbeitung eines Leitbildes als auch das Seminar zur Erkundung der Fähigkeiten der Mitarbeiter der Gemeinde waren entscheidende Wegmarken auf diesem Weg. Den Beginn dieses Weges markierte dabei die Frage, welche konkrete Bedeutung der Aussage, dass Gott die Liebe sei, für die Situation der Kirchengemeinde in Bergshausen zukomme und welche Auswirkungen sie für die Gestalt und das Leben der Gemeinde habe. Von dieser theologischen Auseinandersetzung her bezieht die Gemeinde immer wieder ihre Kraft, nicht ihr Ziel aus den Augen zu verlieren. Die Begeisterung, mit der die Gemeinde an sich selbst als »Gasthaus« baut, ist dabei überall zu spüren.

Oberpfarr- und Domgemeinde in Berlin

Ort:	Berlin
Einwohnerzahl:	3340000, davon 756866 Evangelische (23%)
Bundesland:	Berlin
Landeskirche:	Evangelische Kirche Berlin-Brandenburg-schlesische Oberlausitz
Gemeindegröße 2003:	799
Gemeindegröße 2006:	1040
Wachstum:	30%
Gottesdienstbesuch 2003:	400
Gottesdienstbesuch 2006:	600
Wachstum:	50%
Adresse:	Oberpfarr- und Domkirche zu Berlin, Am Lustgarten, 10178 Berlin
Homepage:	www.berlinerdom.de

1 DER BERLINER DOM IN SEINEM GESCHICHT-
LICHEN UND GEOGRAPHISCHEN KONTEXT

Man kann die Situation der Oberpfarr- und Domgemeinde in Berlin nicht verstehen und angemessen würdigen, wenn man sie ohne ihren (geschichtlichen und geographischen) Kontext betrachten will. Dabei spielt der Berliner Dom als Gebäude eine herausragende Rolle. In den etwas mehr als 100 Jahren seines Bestehens hat dieser ›Petersdom des Deutschen Protestantismus‹, wie er gelegentlich genannt wird, die Endphase des Preußischen König- und Deutschen Kaisertums, die Weimarer Zeit, das sog. Dritte Reich und die DDR überdauert – wenn auch teilweise in schwer beschädigtem Zustand – und erfuhr erst 1983 (Außenbau) bzw. 1993 (Innenraum) seine Wiederherstellung. Von der weit darüber zurückreichenden Geschichte der Vorgängerkirchen bzw. -dome zeugt die Domkrypta, die als Grablege der Hohenzollern diente, mit ihren zahlreichen Särgen und Sarkophagen. Dass ein solches prominentes kirchliches Gebäude, das von Anfang an das für die protestantischen Länder in Deutschland eigentümliche Bündnis von Thron und Altar widerspiegelte, in hohem Maße umstritten war und teilweise noch ist, kann nicht verwundern. Zudem gab es in den 90er Jahren des 20. Jahrhunderts Bestrebungen, die Oberpfarr- und Domgemeinde, die teils in Westberlin, teils in Ostberlin angesiedelt war, rechtlich vom Dom zu trennen, diesen in eine Stiftung umzuwandeln und ihn damit im Wesentlichen auf die Bedeutung eines historisch und kulturgeschichtlich bedeutsamen repräsentativen Baudenkmals zu begrenzen. Aber gegen die Umwandlung des Doms in ein Kulturzentrum (mit gelegentlichen gottesdienstlichen Veranstaltungen) setzte sich die Oberpfarr- und Domgemeinde beharrlich und schließlich erfolgreich zur Wehr, bis sie es an der Jahrtausendwende endlich erreichte, dass durch eine neue Domordnung die Gemeinde und die Verwaltung des Gebäudes rechtlich dauerhaft wieder zusammengeführt wurden.

Dem ging seit der Deutschen Vereinigung im Jahr 1990 bereits das Bemühen voran, den Ost- und Westteil der Gemeinde wieder zusammenzuführen. Zu dieser Zeit feierten – räumlich getrennt – insgesamt ca. 100 Personen, die dieser Gemeinde angehörten, allsonntäglich Gottesdienst. In den Jahren nach der Wende wurden durch den damaligen zielbewussten und aktiven Domprediger in mehreren Hinsichten Weichen gestellt, die die Geschichte der Domgemeinde bis heute bestimmen: Einerseits begann er, einzelne Bischöfe der EKD zu Predigten einzuladen, andererseits erfolgte eine liturgisch-konfessionelle Umorientierung vom eher reformierten zum eindeutig lutherischen Abendmahl, z. B. auch in Gestalt der *Deutschen Messe*. Das führte am Ende des 20. Jahrhunderts vorübergehend zu einem – auch statistisch messbaren – Aufschwung der Gemeinde, sowohl hinsichtlich der

Mitglieder- als auch der Gottesdienstbesucherzahlen. Durch innergemeindliche Konflikte nach der Abberufung des Dompredigers im Jahr 1998 kam es jedoch erneut zu einem erheblichen Rückgang der Zahlen, dem seit Beginn des 21. Jahrhunderts wiederum ein beachtlicher Aufschwung folgte, der bei den Mitgliederzahlen über 30 %, bei den Gottesdienstbesucherzahlen sogar ca. 50 % beträgt.

Der Dom wurde dadurch wieder zur öffentlichkeitswirksamsten Predigtstätte in Berlin, die nicht nur auf die Mitglieder dieser Personalgemeinde, sondern weit darüber hinaus auf die Mitglieder anderer Kirchengemeinden in Berlin sowie auf Touristen eine große Anziehungskraft ausübt. Das Mitgliederwachstum rekrutiert sich deshalb auch nur zu etwa einem Viertel aus gemeindeinternen Kindertaufen, aber zu etwa drei Vierteln aus Umgemeindungen, Übertritten und Wiedereintritten. Ein ähnliches Bild ergibt sich im Blick auf die Zahl der Gottesdienstbesucher, wobei hier mit ca. 30 % die touristischen Berlinbesucher eine zusätzliche große Gruppe bilden.

Dadurch, dass die Gemeinde nach 1993 als *Personal*gemeinde weiter bestand (wie sie dies bereits seit 400 Jahren war), nahm sie auch unter veränderten geschichtlichen Bedingungen bewusst die Herausforderung an, sich zu der übrigen parochialen Struktur der Landeskirche (und Berlins) quer zu stellen, und das heißt: in ihren Gottesdiensten Mitglieder zu werben, »die noch keine geistliche Heimat gefunden haben«. Da solche ›abgeworbenen‹ Gemeindeglieder sich in ihren bisherigen Gemeinden häufig unwohl gefühlt und dort selten oder gar nicht Gottesdienste besucht hatten, schuf diese Initiative im Allgemeinen keine Spannungen, wenngleich sie in Einzelfällen doch entstanden und entstehen, freilich in der Regel nicht offen ausgetragen werden, sondern eher atmosphärisch spürbar sind.

2 DIE ROLLE DES GOTTESDIENSTES IM WACHSTUMSPROZESS

Das Zentrum der Oberpfarr- und Domgemeinde und ihres Wachstums bildet der *Gottesdienst*. Er wird in zwei Grundformen an jedem Sonn- und Feiertag gefeiert: Um 10 Uhr »als Abendmahlsgottesdienst mit verlässlicher, dem Typus der Deutschen Messe folgender Liturgie«, um 18.00 Uhr als Wortgottesdienst, wobei hierfür mehrmals im Jahr thematische Gottesdienstreihen angeboten werden. Die besondere Ausstrahlung und Anziehungskraft dieser Gottesdienste resultiert vor allem aus drei Elementen:

a) aus einer sorgfältigen Vorbereitung, an der pro Gottesdienst mindestens zehn (an Festtagen über 30) ehrenamtliche Mitarbeitende beteiligt sind, was nicht nur einen hohen Standard der ästhetischen Präsentation sichert, sondern auch die Gottesdienstvorbereitung und den Gottesdienst selbst zum regelmäßigen, intensiven Treffpunkt der mitarbeitenden Gemeindeglieder macht;

b) aus der kirchenmusikalischen Umrahmung und Gestaltung dieser Gottesdienste, für die ein Domorganist, ein Domkantor, die Domkantorei sowie der Staats- und Domchor zur Verfügung stehen, wodurch die Gottesdienste ebenfalls zum ästhetischen Genuss werden;

c) schließlich aus der Tatsache, dass in Ergänzung der hochqualifizierten Domprediger regelmäßig die Bischöfe der Landeskirchen und weitere prominente Persönlichkeiten aus Kirche und Theologie (sowie darüber hinaus) als Prediger eingeladen werden, was naturgemäß seinerseits auf viele Menschen einladend wirkt.

Neben diesem gottesdienstlichen Hauptprogramm wird jeden Samstagabend eine Domvesper mit großem musikalischem Anteil gefeiert, an jedem ersten Donnerstag im Monat ein Taizé-Gottesdienst sowie täglich um 12 Uhr und 18 Uhr eine Andacht gehalten.

Die Finanzierung dieses qualitätsvollen, aufwendigen Gottesdienstangebotes erfolgt über Spenden und Kollekten sowie die Einnahme einer ›Domerhaltungsgebühr‹, die als Eintritt zur Besichtigung des Domes, des Dommuseums, der Hohenzollerngruft und der Domkuppel erhoben wird.

3 GOTTESDIENSTGEMEINDE UND KERNGEMEINDE

So wie es gut verständlich ist, dass die Mitgliederwerbung der Dom-Personalgemeinde bei den davon betroffenen Parochialgemeinden auf Vorbehalte, Kritik und Ablehnung stößt, so ist es auch nachvollziehbar, dass nach innen ein – noch nicht gänzlich behobener oder überwundener – Konflikt zwischen den Bedürfnissen der Personalgemeinde und der stark wachsenden Gottesdienstgemeinde entstehen konnte und entstanden ist. Angesichts der bislang mit *einer* Predigerstelle personell sehr knapp ausgestatteten Gemeindearbeit (die freilich seit Kurzem durch eine zweite Predigerstelle verdoppelt wurde) hatten die Mitglieder der Personalgemeinde sicher nicht nur die Befürchtung, sondern machten auch die Erfahrung, dass die aufwendige Gottesdienstarbeit nur noch wenig Zeit ließ für Gemeindearbeit und für die Wahrnehmung seelsorglicher Aufgaben. »Heftig wurde und wird die Frage diskutiert: Wer oder was ist Gemeinde? Die Gottesdienstgemeinde, zu der jeden Samstag und Sonntag auch viele Besucher und Besucherinnen der Stadt zählen, die Mitglieder der Domgemeinde, oder die Menschen, die sich als Kerngemeinde in den Gruppen treffen?« Dadurch, dass ein nicht unerheblicher Teil der Kerngemeinde als ehrenamtlich Mitarbeitende in die Gestaltung der Gottesdienste mit einbezogen ist, ergibt sich jedoch nicht nur eine Schnittmenge zwischen beiden Arbeitsformen, sondern auch eine Verbindung, die zumindest verhindern kann, dass dieser Konflikt eine allzu große Sprengkraft entwickelt. Um das Problem durch Stellenerweiterung gänzlich zu lösen, müssten freilich Mittel zugewiesen oder eingeworben werden, die bislang (noch) nicht zur Verfügung stehen.

In einer anderen Hinsicht ist es hingegen gut gelungen, die sog. Kerngemeinde ›mitzunehmen‹: in der Veränderung der Gottesdienstgestalt von einem eher reformierten zu einem lutherischen Gottesdiensttypus, die anfänglich durchaus vereinzelt zu Irritationen führte, sich inzwischen aber einer hohen Akzeptanz erfreut.

4 KINDER- UND JUGENDARBEIT

Die an der Domgemeinde ausgeprägte, hochkarätige kirchenmusikalische Arbeit, von der bereits im Zusammenhang mit den Gottesdiensten die Rede war, wirkt auch in den Bereich der Kinder- und Jugendarbeit hinein. So gibt es einen eigenständigen kinder- und jugendmusikalischen Arbeitsbereich der Domgemeinde, durch den ebenfalls kerngemeindliche und gottesdienstgemeindliche Akzente miteinander verbunden werden können. Darüber hinaus findet parallel zum Hauptgottesdienst Kindergottesdienst statt. In den großen Ferien wird eine Kinderbibelwoche angeboten, an der durchschnittlich 20 Kinder teilnehmen. Der Martinstag wird besonders gestaltet und strahlt so auch in das soziale Umfeld der Oberpfarr- und Domgemeinde aus.

Ein besonderer und für diese Gemeinde und ihre Möglichkeiten spezifischer Aspekt von Kinder- und Jugendarbeit kommt zum Ausdruck in den Domführungen für Schulklassen, für die eigens geschultes Personal zur Verfügung steht und die für Kinder und Jugendliche, die der christlichen Überlieferung weitgehend entfremdet sind, gute Erschließungsmöglichkeiten und Zugänge zur christlichen Tradition bieten.

5 DER DOM ALS KIRCHLICHES REPRÄSENTATIONSGEBÄUDE

Über den Kirchen- und Gottesdienstbesuch durch Touristen hinaus ist der Berliner Dom naturgemäß attraktiv als Ort für kirchliche Trauungen, besonders häufig ökumenische Trauungen konfessionsverschiedener Paare, für festliche, zum Teil ökumenische Gottesdienste anlässlich großer politischer oder gesellschaftlicher Ereignisse. Das alles hat für den Dom auch finanzielle Aspekte und befördert sein Ansehen und seine Ausstrahlung über kirchliche, konfessionelle und nationale Grenzen hinaus. Der Dom wird dabei zum repräsentativen Rahmen für wichtige Ereignisse, die ihrerseits nicht notwendigerweise und in jedem Fall kirchlichen oder religiösen Charakter haben. Er verleiht ihnen zusätzlichen Glanz und Würde, profitiert aber auch selbst von solcher Publicity. Dabei erfordert es durchaus das Fingerspitzengefühl der Verantwortlichen, für welche Zwecke, welche Institutionen und bei welchen Anlässen der Dom zur Verfügung gestellt werden kann, ohne in unvertretbarer Weise funktionalisiert zu werden, und wo diese Grenze überschritten wird und auch keine noch so attraktiven finanziellen Angebote angenommen werden dürfen. Dass auch und gerade solche großen Anlässe und Ereignisse das Gefühl der Spannung zur Kerngemeinde und zu ihren legitimen kirchlichen Bedürfnissen zum Ausdruck bringen oder steigern können, ist nicht überraschend. Ein grenzenloses Wachstum ist auch in dieser Hinsicht im Dom und in der Oberpfarr- und Domgemeinde nicht möglich.

Fazit: Attraktive Citykirche und Personalgemeinde

Wie bei nur wenigen anderen Kirchengemeinden ist es bei der Oberpfarr- und Domgemeinde in Berlin so, dass das Kirchengebäude, also der Dom, nicht nur eine besondere Ausstrahlung, sondern auch eine ganz eigene Dynamik besitzt, der sich die zugehörige Gemeinde nicht – jedenfalls nicht gänzlich – entziehen kann. Dass es sich dabei um *die* evangelische Kirche der Bundeshauptstadt handelt, kommt noch verstärkend hinzu. Die Domgemeinde hat vor gut einem Jahrzehnt die Entscheidung gefällt, den wiederhergestellten Dom aus eigenen Kräften mit vielfältigem Leben erfüllen. Das war und ist nur möglich, weil und wenn sowohl von Seiten des Angebots (insbesondere der Gottesdienste und der Kirchenmusik) als auch von Seiten der Öffnung und Einladung eine möglichst große Offenheit und Weite praktiziert wird. Die Tatsache, dass sich dies in enorm steigenden Mitglieder- und Gottesdienstbesucherzahlen niederschlägt, muss wohl als Indiz dafür gewertet werden, dass die Gemeinde damit eine Entscheidung getroffen hat, die hohe Akzeptanz findet, weil sie die bestehenden Gegebenheiten so gut wie möglich nützt. Das verhindert nicht, dass es nach innen und nach außen Spannungen gibt, die freilich nicht nur negativ sein müssen, sondern auch – wiederum nach innen und nach außen – fruchtbare Veränderungsprozesse in Gang setzen können.

Evangelisch-lutherische Kirchengemeinde Bruchhausen-Vilsen

Ort:	Bruchhausen-Vilsen
Einwohnerzahl:	8867, davon 6464 Evangelische (72,9%)
Bundesland:	Niedersachsen
Landeskirche:	Hannover
Gemeindegröße 2003:	4000
Gemeindegröße 2006:	3900
Gottesdienstbesuch 2003:	125
Gottesdienstbesuch 2006:	165
Wachstum:	24%
Anschrift:	Ev.-luth. Kirchengemeinde Vilsen, Kirchplatz 3, 27305 Bruchhausen-Vilsen; Telefon: 04252/2201
Homepage:	www.kirche-bruchhausen-vilsen.de

1 DIE SITUATION DER KIRCHENGEMEINDE VILSEN

Der Luftkurort Bruchhausen-Vilsen liegt inmitten sanftgrüner Hügel am Rande der »Hohen Geest«, ca. 35 km südlich von Bremen. Seine Umgebung gilt als ein lohnendes Wandergebiet. Die ›Samtgemeinde Bruchhausen-Vilsen‹ ist in den 70er Jahren durch die Zusammenlegung mehrerer Ortschaften entstanden, wobei die Ortschaft Bruchhausen-Vilsen, deren historischer Ortskern durch seine alten Fachwerkhäuser besticht, als Namensgeberin des Ortsverbandes die größte Einwohnerzahl stellt. Der Zentralort stellt mit der Kirchengemeinde Vilsen und der Kirchengemeinde Bruchhausen zwei evangelisch-lutherische Kirchengemeinden. Seit der sog. »pfarramtlichen Verbindung« im Jahr 2005 gibt es für beide Kirchengemeinden gemeinsam zwei Pfarrstellen, die von zwei stellenteilenden Pastorenehepaaren ausgefüllt werden. Außerdem gehören zum Team der Hauptamtlichen eine Diakonin (50%-Stelle) und ein Kirchenmusiker (75%-Stelle). Es stellte sich als Glücksfall heraus, dass die neuen Pfarramtskollegen nahezu dieselbe theologische Prägung und eine ähnliche Vision von Gemeindeleben mitbrachten. Bemerkenswert ist das insbesondere auch vor dem Hintergrund eines jahrelang schwelenden Konfliktes zwischen früheren Vilser Pastoren, der oftmals in der Gemeindearbeit zu einem Neben- bzw. Gegeneinander führte.

Die seit 2005 bestehende sog. »pfarramtliche Verbindung« zwischen den beiden Kirchengemeinden bedeutet einerseits, dass die Gemeinden weiterhin formal eigenständig sind und sonntags nacheinander ihre jeweiligen Hauptgottesdienste feiern und jeweils eigene Kreise besitzen. Andererseits sind seit 2005 neue gemeindeübergreifende Arbeitsbereiche wie die Jugendarbeit, die Arbeit »50plus«, das Seniorencafé und Erwachsenenfreizeiten entstanden. Dabei teilen sich die Hauptamtlichen die jeweiligen Arbeitsschwerpunkte je nach ihren besonderen Fähigkeiten und Neigungen auf.

2 DIE ÜBERWINDUNG VON SPALTUNGEN ALS WACHSTUMSIMPULS

Fragt man nach dem Grund des Wachstums, so hört man, dass es keinen eruptiven Wachstumsstart in Vilsen gegeben habe, vielmehr gäbe es eine beständige Entwicklung des Wachstums, die jedoch in den vergangenen Jahren bewusst aufgegriffen, kybernetisch reflektiert und verstärkt wurde. Schon vor der Besetzung der Pfarrstelle durch die neuen Pastoren hatten einzelne ihrer Vorgänger bereits kontinuierlich mit Glaubenskursen, Mitarbeiterseminaren, Hauskreisarbeit, Jugendfreizeiten und der Gewinnung zahlreicher Ehrenamtlicher im Sinne einer missionarischen Gemeindeentwicklung gearbeitet.

Neben kontinuierlichem geistlichem Wachstum kam es in früheren Jahren z. T. durch theologische Richtungsunterschiede im Pfarramt auch zu erheblichen Irritationen und Konflikten innerhalb der Vilser Kirchengemeinde und des Kirchenvorstandes. Die Neubesetzung des Pfarramtes im Jahr 2003 bedeutete für die teilweise sehr zerstrittene Gemeinde eine Zäsur, da die neuen Pastoren bewusst begannen, gegen die Polarisierung innerhalb der Gemeinde anzugehen. Die Schwerpunkte ihrer Anfangsarbeit lagen daher zu Beginn auf »Klärung, Integration und Versöhnung«. Es galt, eine Möglichkeit zu finden, die unterschiedlichen Gruppen theologisch wie menschlich einander wieder näher zu bringen und Räume für gemeinsame positive Erfahrungen zu schaffen, so dass neues Vertrauen wachsen konnte. Dies gelang vor allem durch einen intensiven Gesprächsprozess, aber auch durch die bewusste integrative theologische Arbeit der Pastoren. Zudem wurden Wünsche und Initiativen engagierter Gemeindeglieder durch das Pfarramt und den Kirchenvorstand bewusst aufgenommen, woraus beispielsweise ein erfolgreiches missionarisches »Zweites Gottesdienstprogramm« sowie die neue Kinderkirche entstanden. Gleichzeitig wurde der eher charismatisch geprägte monatliche »Lobpreisgottesdienst« als »Drittes Gottesdienstprogramm« unter erkennbarer Verantwortung des Pfarramtes auf eine theologisch breitere Grundlage gestellt. Positiv zeigte sich durch die theologischen Auseinandersetzungen in der Vilser Gemeinde aber auch, dass sich viele Mitglieder aus einer bewusst geistlichen Motivation heraus in ihrer Kirchengemeinde einbringen. Die Energie, mit der man früher z. T. gegeneinander angegangen war, konnte nun miteinander genutzt werden. Mittlerweile haben sich die früheren Gräben in der Gemeinde deutlich verkleinert, was auch durch die Stärkung des Kirchenvorstandes in seinem Selbstverständnis und seiner Position als erkennbares Leitungsgremium gelang, das nun die gesamten Gemeinde vertritt und von ihr akzeptiert wird.

3 DIE MITARBEIT IN DER GEMEINDE

Die Vilser Gemeinde bezeichnet sich selbst als »evangelisch-landeskirchliche Gemeinde mit hohem Engagement von Ehrenamtlichen, großer Innovationsfreude, spiritueller Ausstrahlung sowie erkennbar missionarischem Profil«. Ein programmatisches Leitbild wird von der Gemeinde ggf. noch erarbeitet werden. Die Gemeindearbeit wird durch ca. 200 ehrenamtliche Mitarbeiterinnen und Mitarbeiter getragen, die sich in unterschiedlichen Teams und Vorbereitungsgruppen treffen. Die Gemeinde versucht, Ehrenamtliche gemäß ihren Gaben in der gemeindlichen Arbeit einzusetzen und ihnen ein hohes Maß an Verantwortung zu übertragen.

Die Arbeit der Ehrenamtlichen wird sowohl seitens der Hauptamtlichen als auch seitens des Kirchenvorstandes geachtet und wertgeschätzt, was dazu führt, dass viele Ehrenamtliche eine hohe Motivation in das Gemeindeleben einbringen. Die Wertschätzung ihrer Mitarbeit bringen der Kirchenvorstand und die Pastoren nicht nur durch einen jährlichen Dankesbrief und ein kleines Geschenk zum Ausdruck, sondern auch in Form von Geburtstagsbesuchen durch Kirchenvorstandsmitglieder sowie im Jahr 2007 erstmals auch durch ein Sommerfest, das vollständig vom Kirchenvorstand für die Mitarbeitenden organisiert wurde.

Die Gewinnung von neuen Gemeindemitgliedern und auch die Aktivierung von bisher nur nominell gezählten Mitgliedern für die Gemeinde erfolgte in Vilsen vor allem durch die neuen Gottesdienstformen und missionarisch angelegte Projekte wie Freizeiten und Glaubenskurse. Insbesondere die Glaubenskurse zeigten sich als ein sehr erfolgreiches Element des Gemeindeaufbaus. So wurde z. B. in Kooperation mit der Gemeinde Bruchhausen sowie mit der katholischen Ortsgemeinde Ende 2006 ein auf »Christ werden – Christ bleiben« basierender Glaubenskurs durchgeführt. Anfang 2007 wurde dieser Aufbruch mit dem aus Niederhöchstadt stammenden Gemeindeprojekt »Expedition zum ICH« vertieft. Hieran nahmen über 170 Personen teil, die sich in speziellen Kleingruppen und Hauskreisen trafen. Die Lektüre des in 80 Tagen als eine Art ›Reiseführer‹ durch die Bibel führenden Buches »Expedition zum ICH« wurde durch Gottesdienste und Kleingruppenarbeit begleitet. Infolge dieses Kurses sind drei neue Hauskreise, zusätzlich zu den schon in den Gemeinden Bruchhausen und Vilsen gemeinsam bestehenden 18 Hauskreisen, entstanden. Neu gewachsen ist auch die Arbeit »50plus«. 40–50 Frauen und Männer treffen sich regelmäßig zu thematischen Abenden oder gemeinsamen Aktionen. Dadurch werden z. T. Menschen erreicht, die vorher kaum oder gar keinen Kontakt zur Kirchengemeinde hatten. Und es ist neues ehrenamtliches Engagement gewachsen: Einige Frauen aus dem Arbeitskreis »50plus« haben ein gemeindeübergreifendes »Seniorencafé« gegründet, das seit 2007 einmal monatlich abwechselnd in Vilsen und Bruchhausen stattfindet.

Zur Begleitung und Schulung von Ehrenamtlichen bieten die Hauptamtlichen in unregelmäßigen Abständen Seminartage und jährliche Wochenendfreizeiten an.

Die Vilser Gemeinde ist auch musikalisch profiliert. Durch Kantorei, Kinderchor, Jugendchor, Posaunenchor, Gitarren- und Trommelgruppe, die Musikteams für die Kinderkirche, das zweite u. dritte Gottesdienstprogramm sowie durch Konzertveranstaltungen werden ganz unterschiedliche Gemeindemitglieder angesprochen. 2007 gab es zum ersten Mal in der

Vilser Kirche einen sog. »Musikalischen Gottesdienst«, in den sich alle musikalischen Gruppen einbrachten und zum ersten Mal alle gemeinsam miteinander musizierten.

Ein weiterer Schwerpunkt in der Gemeinde liegt auf der Kinder- und Jugendarbeit und dem Versuch, junge Menschen dauerhaft für die Gemeinde zu gewinnen. Neben unterschiedlichen in die Gemeinde integrierten Pfadfindergruppen und einem regelmäßig inhaltlich arbeitenden Jugendkreis, sind es die Freizeiten und die Konfirmandenarbeit, welche die Jugendlichen besonders ansprechen. So nahmen u. a. an der letzten, von beiden Gemeinden gemeinsam veranstalteten Sommerfreizeit 63 Jugendliche teil.

Der Konfirmandenunterricht findet in zwei Alternativmodellen statt. Zum einen findet das klassische, sog. »KU 7/8«- Modell statt, das mit dem Konfirmandenunterricht in der siebten Klasse beginnt und im achten Schuljahr endet. Das Alternativmodell hierzu ist das sog. »KU 4/8«-Modell. Bei ihm beginnt die Konfirmandenarbeit am Anfang der vierten Klasse und erstreckt sich zunächst über ein knappes Jahr. Das zweite Konfirmandenjahr beginnt drei Jahre später, in der Regel in der achten Klasse. Der »KU 4« basiert auf der Voraussetzung, dass sich auch einige Eltern oder Großeltern bereit erklären, den Unterricht in einer Kleingruppe zu übernehmen. Auf diese Weise werden sie selbst ein Jahr lang intensiv geschult und gewinnen an religiöser Sprachfähigkeit. Für Jugendliche, die in der Gemeinde mitarbeiten möchten, findet ein regelmäßiger »Teamer-Treff« statt, der mit seiner inhaltlichen Ausrichtung auf die Gemeindearbeit ein kontinuierliches Seminarangebot für die jugendlichen Mitarbeiter darstellt. Zur Zeit treffen sich dort 30 Jugendliche alle zwei Wochen im Umfang von vier Schulstunden. Der Kurs endet mit dem Erwerb der »Jugendgruppenleiter-Card« und wird zusätzlich von allen Schulformen als AG anerkannt. Für die Senioren in der Gemeinde werden die von der Diakonin koordinierten Dorfnachmittage, Andachten in den Altenheimen, zwei ehrenamtlich geleitete Frauenkreise sowie das bereits erwähnte »Seniorencafé« angeboten.

Zudem gibt es eine Diakoniestation, einen Eine-Welt-Laden, einen Senioren-Besuchsdienst sowie eine in den Räumen des Gemeindehauses stattfindende »Tafel«-Ausgabestelle mit vielen ehrenamtlichen Mitarbeiterinnen und Mitarbeitern.

Alle Hauptamtlichen der Gemeinde treffen sich regelmäßig zu ausführlichen Dienstbesprechungen. Die vier Pastoren von Bruchhausen-Vilsen treffen sich zudem regelmäßig miteinander und verstehen sich nicht nur als eine Organisationsgemeinschaft, sondern auch als ein geistliches Leitungsteam. Auch dem Kirchenvorstand ist es ein Anliegen, neben der organisatorischen Leitung der Gemeinde ebenso für das geistliche Gemeindewachstum Verantwortung zu übernehmen.

4 DIE GOTTESDIENSTE

Als sichtbares Zeichen der Einheit lag es der Vilser Gemeinde daran, insbesondere in der Phase der Überwindung der internen Spaltungen, den sonntäglichen Hauptgottesdienst stärker als bisher zum geistlichen Mittelpunkt des Gemeindelebens werden zu lassen. Ein Ausschuss erarbeitete u. a. einen erneuerten Gottesdienstablauf und zahlreiche neue Ehrenamtliche konnten für die Mitgestaltung gewonnen werden. Ab 2008 werden die Gottesdienste in den beiden Ortsteilen zeitversetzt um 9.30 Uhr bzw. 11.00 Uhr stattfinden. Neben einer effektiveren Arbeitsgestaltung ist dadurch in Zukunft möglicherweise auch eine verstärkte Zielgruppenorientierung bei den Sonntaggottesdiensten zu erreichen (traditionelle Gemeindeglieder eher früh, junge Familien etc. eher später).

Innovationsfreude und auch der missionarische Ansatz der Gemeinde kommen durch die Einführung eines monatlichen »Zweiten Gottesdienstprogrammes« und die Einführung einer neuen Form des Kindergottesdienstes zum Ausdruck. Während der sonntägliche Gottesdienst langsam, aber stetig wächst, zieht der monatliche »kreuzundquer«-Gottesdienst der Gemeinde seit seiner Einführung im Jahr 2003 kontinuierlich im Durchschnitt 300 Gottesdienstbesucher an. Dieser missionarisch ausgerichtete Gottesdienst findet freitagabends um 19.00 Uhr statt und besteht aus modernen Elementen wie Pop-Musik, Anspiel, Interviews und Themapredigt. Er versteht sich als ergänzendes Angebot zum bestehenden Sonntagsgottesdienst und wird von Interessierten aus der ganzen Region besucht. Wie eine Umfrage zeigte, gehen bis zu 60% der Besucherinnen und Besucher sonst nur selten bzw. nie in einen Gottesdienst. Beworben wird der »kreuzundquer«-Gottesdienst neben der Ankündigung in den Tageszeitungen vor allem durch Plakate, Flyer sowie durch persönliche Einladungen. Oftmals werden neue Besucher durch ihre Freunde oder Bekannten mitgebracht. Die Mitschnitte der Predigten sind auf einer CD zu erwerben. Vorbereitet wird dieser Gottesdienst durch ein Team von bis zu 30 Mitarbeitenden, die auch die organisatorische Verantwortung übernehmen. Da das Vilser Kirchenschiff recht schmal und lang ist, wird bei »kreuzundquer« das Geschehen im Altarraum mit Kamera und Beamer auf eine Leinwand projiziert. Wie bei den meisten Sonntagsgottesdiensten wird auch parallel zum »kreuzundquer« eine Kinderbetreuung angeboten. Die Themen des »kreuzundquer« lauten z. B. »Lust und Liebe«, »Hinterm Horizont geht's weiter« oder »Mein Akku ist leer«. Nach dem Gottesdienst sind die Besucherinnen und Besucher in ein nahegelegenes »Internet-Kultur-Café« eingeladen, wo man noch gemütlich miteinander klönen kann. Außerdem gibt es in der Kirche das Angebot einer persönlichen Segnung.

Die Erfahrung zeigt, dass dieses »Zweite Gottesdienstprogramm« nicht zu Lasten des sog. »Hauptgottesdienstes« geht, sondern dass immer wieder vormals ausschließlich »kreuzundquer« Besuchende mit der Zeit zudem zu regelmäßigen sonntäglichen Gottesdienstbesuchern werden. Allerdings ist das ein eher langsamer Wachstumsprozess. Vielen scheint das monatliche Angebot auch zu genügen.

2005 wurde auch eine neue Form des Kindergottesdienstes eingeführt. Die sog. Kinderkirche »10vor10« findet alle zwei Wochen samstags von 9.50 Uhr bis 11.50 Uhr statt, wird von ca. 25 Ehrenamtlichen durchgeführt und wendet sich an Kinder im Alter von 4–12 Jahren. Von ca. 15–20 Kindern, die sich früher monatlich im Kindergottesdienst trafen, ist der Besuch der Kinderkirche mit Beginn ihrer Einführung sprunghaft auf nunmehr seit drei Jahren durchschnittlich 80 Kinder angewachsen. Das Besondere dieses Kindergottesdienstes, der vom »Promiseland«-Konzept der Willow Creek-Gemeinde inspiriert ist, ist die »Spielstraße«, mit der die Kinder vor und in dem Kirchengebäude von zahlreichen Spielstationen empfangen werden und nach Herzenslust zunächst spielen und toben können. Anschließend geht es in die Kirche, in der vor dem Altar ein großer Teppich ausgerollt ist und flauschige Sitzkissen zum Hinsetzen einladen. Das Thema des Gottesdienstes wird zumeist durch eine biblische Geschichte angegeben, die dann von den Kindern in alters- und geschlechtsspezifischen Kleingruppen erarbeitet, ›ermalt‹ oder ›erspielt‹ wird. Zudem werden die Lieder des Gottesdienstes von einer Band begleitet. Auch gemeinsame Ausflüge, wie z. B. ein Zoobesuch, werden unternommen.

Neben dem kontinuierlich stark besuchten »Zweiten Gottesdienstprogramm« gibt es in der Vilser Gemeinde als »Drittes Gottesdienstprogramm« einen monatlichen, aus der charismatischen Prägung eines Teils der Gemeinde herkommenden (Sonntag-)Abendgottesdienst mit ausführlichem Lobpreisteil, Gebetszeit und Abendmahl, der regelmäßig von ca. 40 Personen besucht wird. Zurzeit wird überlegt, dieses »Dritte Gottesdienstprogramm« zukünftig evtl. mit weniger Arbeitsaufwand in veränderter Form fortzuführen.

Während beim Zweiten und Dritten Gottesdienstprogramm die Lieder an die Leinwand projiziert werden, findet in den Sonntagsgottesdiensten neben dem EG auch das umfangreiche Liederbuch »Feiern & Loben« (Erstauflage 2003) Verwendung. Seine bunte Mischung aus bekannten Chorälen, Songs aus der christlichen Liedermacherszene sowie Lobpreisliedern erleichtert die gottesdienstliche Arbeit, weil dadurch sonntags keine extra Liedzettel erstellt werden müssen. Wenn man die Kirche betritt, stehen sowohl das EG als auch das »Feiern & Loben« griffbereit im Eingang bereit.

Fazit: Eine bewusst evangelisch-landeskirchliche Gemeinde mit missionarischem Profil

Der Kirchengemeinde Vilsen ist es gelungen, ihre interne Aufsplitterung in volkskirchlich, landeskirchlich erwecklich oder auch stärker charismatisch geprägte Fraktionen und die daraus resultierenden Streitigkeiten größtenteils zu überwinden. Ermöglicht wurde dies vor allem durch die Besinnung auf die gemeinsame biblisch-reformatorische Grundlage, die die Prägung des anderen achtet und gleichzeitig den christlichen Glauben klar und einladend nach außen kommuniziert. Der Gemeinde ist es dadurch sowohl gelungen, Abspaltungen zu verhindern, die mögliche Entwicklung hin zu einer freikirchlichen Gemeinde zu stoppen als auch die positiven Aspekte der unterschiedlichen Traditionen aufzunehmen und in einem guten Sinne fortzuführen. Der bereits früher angestoßene missionarische Wachstumsprozess konnte für das Ganze der Kirchengemeinde nachhaltig fruchtbar gemacht und z. T. intensiviert werden. Möglich ist dies alles nur durch die hohe Zahl ehrenamtlicher Mitarbeiterinnen und Mitarbeiter, die mit ihren Gaben, ihrem Einsatz und ihrem Glauben die reformatorische Grundeinsicht vom allgemeinen Priestertum lebendig werden lassen. Zudem profitiert die Vilser Gemeinde von der engen Zusammenarbeit mit ihrer Nachbargemeinde Bruchhausen. Durch die ursprünglich aus der stellenplanerischen Not geborene Organisationsform des »verbundenen Pfarramts« ist es den Pastoren der beiden Gemeinden möglich, ihre Arbeitsschwerpunkte dort zu setzen, wo sie ihre Stärken am besten einbringen können, ein Aspekt, der auch sehr zur Profilierung der kirchlichen Arbeit vor Ort beigetragen hat.

Evangelische Kirchengemeinde Cleebronn

Ort:	Cleebronn
Einwohnerzahl:	2751, davon 1567 Evangelische (57 %)
Bundesland:	Baden-Württemberg
Landeskirche:	Evangelische Kirche in Württemberg
Gemeindegröße 2003:	1665
Gemeindegröße 2006:	1567
Gottesdienstbesuch 2003:	40
Gottesdienstbesuch 2006:	90
Wachstum:	125 %
Adresse:	Keltergasse 21, 74389 Cleebronn; Telefon: 07135-6519, Fax: 07135-930532
Homepage:	www.kirche-cleebronn.de

1 ZUR GEGENWÄRTIGEN SITUATION DER GEMEINDE IN DER REGION

Cleebronn im Landkreis Heilbronn liegt etwa 50 km von Stuttgart, 25 km von Heilbronn und 15 km von Bietigheim-Bissingen entfernt. Die Region ist vom Weinbau geprägt. Neben einem Kern von alteingesessenen, meist handwerklich tätigen Einwohnern war der Ort über längere Zeit ein Zuzugsgebiet von Menschen, die in die umliegenden größeren Städte pendelten. Inzwischen hat sich die Einwohnerzahl von Cleebronn bei knapp 3000 stabilisiert; der Ort hat den Charakter als Zuzugsgebiet verloren. Menschen, die in Cleebronn wohnen und in den umliegenden Städten arbeiten, sind in der Kirchengemeinde insgesamt weniger vertreten. Die Region ist eine der wirtschaftlich stärksten Regionen in Deutschland, es gibt wenig Arbeitslosigkeit und relativ wenige soziale Probleme.

Das Verhältnis der Menschen zur Kirche wird als wohlwollende, interessierte Distanz beschrieben, eine traditionell starke Bindung an die Kirche besteht weder bei den Berufspendlern noch bei den alteingesessenen Bewohnern. Etwa 58 % der Einwohner sind evangelisch, 18 % römisch-katholisch, eine kleine Anzahl freikirchlich.

2 ZUR SITUATION VOR DEM WACHSTUM

In der evangelischen Gemeinde von Cleebronn gab es seit längerer Zeit immer wieder Wachstums-, Stagnations- und Rezessionsperioden. Vor dem derzeitigen Wachstum, das etwa im Jahr 2003 zunächst mit einem Wachstum bei den Gottesdienstbesucherzahlen begonnen hat und sich seit 2007 auch als ein Wachstum in den Mitgliederzahlen zu konsolidieren scheint, war die Situation vor allem in der Jugendarbeit von einem Rückgang der Mitarbeitenden und Teilnehmenden geprägt. »In der Jugendarbeit hat die Gemeinde einen extremen Zyklus.« Als entscheidende Faktoren für die »Aufs und Abs« werden die jeweilige Person des Pfarrers und die Verfügbarkeit der ehrenamtlichen Mitarbeiter benannt. Auf ein Hoch in der Jugendarbeit zu Beginn der 90er Jahre folgte auf Grund des Wegzugs eines Großteils der Mitarbeiter ein steiler Abstieg, bis vor drei Jahren neue Wege gesucht wurden. »In der Jugendarbeit mussten wir bei Null anfangen.« Traditionelle Arbeitsbereiche wie Chorarbeit oder Seniorenarbeit haben über die Jahre floriert; hier konnte angeknüpft werden.

Alternative Gottesdienstformen wie den Frühstücksgottesdienst gab es auch schon vor 2003, auf die beim Pfarrerwechsel zurückgegriffen werden konnte. Verstärkt wurde aber in dieser Zeit im Zusammenhang mit dem Neubeginn des jetzigen Pfarrers die Bemühung um eine elementare Glau-

bensvermittlung durch Alpha-Kurse und neue Gottesdienstformen, eine
neue Belebung der Jugendarbeit und das Ansprechen einer neuen Zielgruppe für die Gemeindearbeit: der Gruppe der 30–40-Jährigen.

3 WIR WOLLEN EINLADEND WIRKEN – WIE?

Als eine der Initialzündungen des Wachstums in der Gemeinde von Cleebronn gilt eine Klausurtagung des Kirchengemeinderats im Jahr 2004, auf
der Pfarrer und Kirchengemeinderäte sich die Frage gestellt haben, wie sie
zu einer einladenden Gemeinde werden können, in der sich auch diejenigen eingeladen fühlen, die zwar in Cleebronn wohnen und evangelisch
sind, sich aber bisher nicht zur Gemeinde zugehörig fühlten. Als Desiderat
bei dieser Vision hat sich schnell gezeigt, dass für gute Ideen die Mitarbeiter
fehlten: »Wer macht's?« Aus dieser Notwendigkeit, neue Menschen für die
Mitarbeit in der Gemeinde zu gewinnen, entstand die Idee, einen Alpha-
Kurs zunächst für Erwachsene, bald auch für Jugendliche anzubieten.

3.1 MENSCHEN ZUM GLAUBEN EINLADEN – ALPHA-KURS

Seit 2004 gibt es jährlich in der Gemeinde Cleebronn je einen Alpha-Kurs
für Erwachsene im Frühjahr und einen Alpha-Kurs für Jugendliche im
Herbst. Der Glaube an den dreieinigen Gott wird durch das Team von Pfarrer und Ehrenamtlichen elementar vermittelt, es werden Anregungen für
das eigene Glaubensleben gegeben, und ein besonderer Schwerpunkt liegt
auf dem Erleben von Gemeinschaft, was sich etwa im gemeinsamen Essen
zu Beginn eines Alpha-Kurs-Abends zeigt. Die Durchführung der Alpha-
Kurse hat in Cleebronn in den letzten Jahren maßgeblich zu einem Wachstum im Gottesdienstbesuch beigetragen.

Schon vorher hatte es in der Gemeinde einen Glaubenskurs gegeben,
der jedoch keinen durchschlagenden Erfolg hatte. Der Alpha-Kurs bot dann
aber einen guten Einstieg für Gemeinschaftserfahrungen. Aus dem Kirchengemeinderat konnten zu Beginn der Arbeit im Jahr 2004 Mitarbeiter für die
inhaltliche Arbeit gewonnen werden, für die Zubereitung des gemeinsamen
Essens ließen sich Gemeindeglieder einbinden. Die schnelle und unkompli-
zierte Mitarbeit von schon aktiven Mitgliedern der Gemeinde hat zum Erfolg der Kurse beigetragen, die seitdem von einem Stamm von Mitarbeitern
und Mitarbeiterinnen getragen werden, die teilweise von Anfang an dabei
sind, teilweise neu zu den Teams hinzustoßen. Aus den Gruppen der Teilnehmenden und Mitarbeitenden beim Alpha-Kurs konnten neue Mitarbeiter gewonnen werden, sind aber Menschen auch einfach motiviert worden, am Gottesdienst der Gemeinde teilzunehmen.

3.2 WIRKUNG NACH AUSSEN – VERNETZUNG DER GEMEINDE

Die Kirchengemeinde Cleebronn ist um eine starke Präsenz in der kommunalen Gemeinde bemüht. Der dreimal jährlich erscheinende Gemeindebrief ist ein Mitteilungsorgan der Gemeinde nach innen, während nach außen hin das lokale Mitteilungsblatt als Forum genutzt wird, Nachrichten aus der Gemeinde weiterzugeben oder zu Veranstaltungen in der Gemeinde einzuladen. Der Gemeindebrief ist neu gestaltet worden und wird seit Anfang 2007 von einem selbständigen Team verantwortet. Der Schwerpunkt hat sich von einem textdominierten Brief, den der Pfarrer mit der Hand schrieb und der abgetippt werden musste, hin zu einem »leserfreundlicheren« Brief mit Bildern und etwas weniger Text entwickelt.

Es besteht darüber hinaus eine enge Zusammenarbeit der Kirchengemeinde mit den lokalen Vereinen und öffentlichen Institutionen. Bei der Fußball-Weltmeisterschaft 2006 wurde die Kirchengemeinde beispielsweise vom örtlichen Sportverein und Jugendhaus angefragt, gemeinsam die Übertragung zu organisieren. Das Jugendhaus organisierte Technik und Werbung, der Sportverein die Verpflegung. Die Kirchengemeinde war für das Vorprogramm und einen Fußball-Gottesdienst zuständig. »Wir waren auch inhaltlich präsent.« Zu Beginn jedes Abends gab es inhaltliche Impulse aus der Diakonie und der Gemeindearbeit, das Rahmenprogramm von ProChrist ist rezipiert worden, und am Ende der WM stand die Feier eines gemeinsamer Gottesdienstes. »Das war eine gute Öffentlichkeitsarbeit.« Finanziell war die Aktion ein großer Gewinn und hat über 600 Menschen angesprochen.

Eine starke Außenwirkung hat die Gemeinde auch auf Grund der kirchlichen Kindergärten: Zwei Kindertagesstätten mit einmal zwei und einmal drei Gruppen sind in kirchlicher Trägerschaft. Über biblische Geschichten, tägliche Gebete mit den Kindern und Veranstaltungen im Jahreskreis werden mittelbar auch die Eltern erreicht und für die Gemeindearbeit interessiert. »Kinder kommen zum ersten Mal in Kontakt mit der Erfahrung, was Glauben ist« – diese Erfahrung der Kinder wirkt auf die Eltern und macht diese offener und empfänglicher für die Arbeit der Gemeinde.

Neben der Kindergartenarbeit ist der Religionsunterricht an den Schulen, der an die Arbeit in den Kindergärten anknüpfen kann, ein Weg, Menschen über ihre Kinder zu erreichen und zum Besuch in der Gemeinde zu ermutigen. Ein 2003 erarbeitetes Leitbild gibt den beiden Kindergärten ein gemeinsames Profil und weist sie als kirchliche Einrichtungen aus.

Niederschwellige Angebote, die in den Kindergärten und in der Vernetzung der Gemeinde mit der Cleebronner Öffentlichkeit geschehen, haben offenbar dazu beigetragen, dass die Gemeinde in den letzten Jahren gewachsen ist, weil mehr Menschen sich von ihr angezogen und eingeladen gefühlt haben. Die Hemmschwelle, an Angeboten der Kirchengemeinde teilzunehmen, ist relativ gering. Hier ist eine traditionelle Zusammenarbeit wirksam, weil zwischen kirchlicher und kommunaler Gemeinde keine Rivalität, sondern eine wohlwollende Zusammenarbeit besteht. Die Gemeinde versteht es, die örtlichen Strukturen der Zusammenarbeit für die eigene Arbeit zu nutzen und sich auf Grund der starken öffentlichen Präsenz so interessant und einladend zu präsentieren, dass Menschen auf unterschiedlichen Wegen in den Gottesdienst und in die Gemeinde finden. Dabei steht weniger ein ausgearbeitetes *Konzept* im Hintergrund des Wachstums als vielmehr eine gewollte und bewusste Vernetzung der Kirchengemeinde mit der Cleebronner Öffentlichkeit im Zusammenhang mit Angeboten für eher kirchendistanzierte Menschen wie der Aktion zur Fußball-WM im Jahr 2006.

Diese Entwicklung spiegelt sich auch in der Ausdifferenzierung von Gruppen und Kreisen in der Gemeinde in den Jahren zwischen 2004 und 2007 wider.

3.3 WIRKUNG NACH INNEN – GRUPPEN, KREISE, TEAMS IN DER GEMEINDE

Nach einer Stagnation und dem erwähnten Schrumpfungsprozess vor allem in der Jugendarbeit hat die Kirchengemeinde Cleebronn in den letzten Jahren ein großes Wachstum erlebt. 2007 arbeiten etwa 120 Ehrenamtliche in der Gemeinde mit und übernehmen an verschiedenen Stellen Verantwortung für das Gemeindeleben. Die Arbeit differenziert sich dabei in zwölf Bereiche: Gemeindeleitung, Kindergarten, Diakonie, Gebäude und Verwaltung, Jugendarbeit, Frauenarbeit, Mutter-Kind-Kreis, Projekte, Hauskreise, Gottesdienst, Seniorenarbeit und Musikarbeit. In jedem der Bereiche sind mehrere Teams beschäftigt, die sich um unterschiedliche Gebiete von den Schaukästen und den Grünanlagen bis zu zwei Bands und der Jungschar kümmern.

Bei der Einladung neuer (aktiver) Mitglieder für die Gemeinde spielt die Vision, Menschen einzuladen, zur Gemeinde und für den Glauben zu gewinnen und auf sie zuzugehen, eine tragende Rolle. Vor allem über die Kinder- und Jugendarbeit und die Hauskreisarbeit konnten junge Familien, die in Cleebronn wohnen und sich bis dahin nicht der Gemeinde zugehörig gefühlt haben, neu zur Gemeinde gewonnen werden. Kinder sind in der Gemeinde (neben den Senioren) darum überproportional stark vertreten. In diesem Zusammenhang konnte eine Jungschararbeit, die in den Jahren vor dem Wachstumsprozess versiegt war, neu aufgebaut werden, die Jugendarbeit (Jugendkreis, Jugendalpha-Kurs etc.) ist neu hinzugekommen, ehrenamtliche Mitarbeiterinnen sind in den Konfirmandenunterricht eingebunden worden, und es haben sich Musikgruppen und Hauskreise gebildet. Der Konfirmandenunterricht ist mit der Jugendarbeit verknüpft – Konfirmanden werden in den Jugendalpha-Kurs und nach der Konfirmation in den Jugendkreis eingeladen. Der Jugendkreis wird von 15–20 Jugendlichen besucht, der letzte Jugendalpha-Kurs hatte 50 Anmeldungen. Auch die Kinderbibeltage sind mit der Konfirmandenzeit vernetzt; mitarbeiten dürfen diejenigen, die im darauf folgenden Jahr konfirmiert werden.

Die etwa 35 Mitarbeiter und Mitarbeiterinnen in der Jugendarbeit werden vom Evangelischen Jugendwerk des Kirchenbezirks geschult und erhalten Begleitung und Schulung für das persönliche Glaubens- und Gebetsleben im einmal monatlich stattfindenden, 2004 eingerichteten Mitarbeiterkreis. Einmal im Jahr werden alle ehrenamtlichen Mitarbeiter eingeladen zum Fest, mit dem sich die Gemeinde für ihre Mitarbeit bedankt.

3.4 GOTTESDIENSTE

Der reguläre liturgische Sonntagsgottesdienst, bei dem auch Ehrenamtliche beteiligt werden, bildet das Herzstück der Gemeindearbeit. Hier konnte die Gemeinde ein großes Wachstum erleben, was offenbar vor allem mit einer behutsamen liturgischen Öffnung, aber auch einer ansprechenden Predigtarbeit und der grundsätzlichen, neu entdeckten Freude der Gemeinde an der Gemeinschaft miteinander zusammenhängt. »Der Gottesdienst ist nicht so entscheidend für den Zugewinn von Menschen, aber entscheidend dafür, dass die Leute dabei bleiben.«

Mehrmals im Jahr gibt es nach dem Gottesdienst die Möglichkeit, zum Gespräch bei Kaffee, Tee und Getränken zusammenzubleiben (»Ständerling«), mehrmals finden Familiengottesdienste statt. Eine Einrichtung, die es in der Gemeinde schon vor 2004 gab, sind »Frühstücksgottesdienste«, bei denen sich die Gemeinde im Gemeindehaus zunächst zum Frühstück und daran anschließend zu einem Gottesdienst trifft, der nicht so streng liturgisch gestaltet ist wie der reguläre Sonntagsgottesdienst, sondern mit Anspiel, Interview oder neueren Liedern etwas andere, »kreativere« Akzente setzt. Der Frühstücksgottesdienst findet fünfmal jährlich statt und ersetzt an diesem entsprechenden Sonntag den Gottesdienst in der Kirche.

Einmal im Jahr findet nach dem Gottesdienst ein Gemeindemittagessen statt. Dieses Mittagessen entstand aus einer Spendenaktion, die einmalig gedacht war, sich aber so positiv entwickelte, dass der Wunsch entstand, das Mittagessen einmal im Jahr zu veranstalten. Der Teppich, für den mit Spenden beim Mittagessen gesammelt wurde, konnte schon nach dem ersten Gemeindemittagessen angeschafft werden, aber die Gemeinschaftserfahrung war so überwältigend, dass sich das Mittagessen zur Institution entwickelte.

Darüber hinaus macht die Gemeinde positive Erfahrungen mit dreimal jährlich stattfindenden (abendlichen) Taizé-Gottesdiensten nach der Liturgie und mit Liedern der Gemeinschaft von Taizé und »Sing and Pray«-Gottesdiensten mehrmals jährlich freitagabends, in denen Lobpreis- und Anbetungslieder gesungen werden, nur eine kurze Predigt gehalten und den Teilnehmenden eine längere Zeit der Stille gelassen wird.

Dass die Gottesdienste eine zentrale Rolle im Aufbau der Gemeinde von Cleebronn spielen, wird an der Rolle deutlich, die ihnen im Prozess des Wachstums beigemessen wird. Sie werden neben dem Alphakurs als impulsgebende Veranstaltungen für den Wachstumsprozess benannt – und zwar sowohl die Gottesdienste an den hohen kirchlichen Feiertagen, wie Weihnachten und Ostern, als auch besondere Gottesdienste wie am 1. Mai. Die Feier des Gottesdienstes wird als Verstärkung des Gemeindewachstums erlebt. Auf der anderen Seite verstärkt er das Gemeindewachstum nach innen, indem Menschen mehr »in die Gemeinde hineinwachsen« und die Bereitschaft entsteht, sich in die Gemeindearbeit einbinden zu lassen. Gottesdienst und Gemeindewachstum bedingen und befruchten sich gegenseitig.

Bei neuen, gerade erpobten Gottesdienstformen besteht gegenwärtig eine Herausforderung für die Gemeinde darin, diese Gottesdienstformen, die sich etwa an den Bedürfnissen von Jugendlichen oder jungen Erwachsenen orientieren, neben der gewohnten Form zu akzeptieren – ebenso wie es gilt, dass Jugendliche und Konfirmanden traditionelle Formen des Gottesdienstes stehen lassen müssen. »Die Gemeinde muss akzeptieren, dass nicht immer alles für mich ist, sondern manchmal auch für die anderen.«

3.5 GEISTLICHE QUELLEN DES WACHSTUMS

Neben den Teams, die gruppenleitend, verwaltend, organisatorisch und gemeindeleitend in der Gemeinde mitarbeiten, sind zwei weitere Teams zu nennen, die das Gemeindewachstum begleiten: Schon seit Längerem gibt es ein *Gebetsteam*, das einmal wöchentlich für die Entwicklung der Gemeinde und Veränderungen in der Gemeinde betet. Aus der Begegnung mit Willow Creek in Chicago ist außerdem ein *Visionsteam* entstanden, das Visionen für die weitere Gemeindearbeit entwirft und kommuniziert. Wohin steuert die Gemeinde, und aus welchen Quellen schöpft sie?, sind dafür maßgebliche zentrale Fragen.

Grundsätzlich können impulsgebende Kräfte aber nicht auf eine oder mehrere Institutionen beschränkt werden. Eine starke Rolle spielt im Prozess des Wachstums der Kirchengemeinde das Evangelische Jugendwerk des Kirchenbezirks, das die Schulung der ehrenamtlichen Mitarbeiter verantwortet und neue Impulse vor allem für die Jugendarbeit setzt. In diesem Zusammenhang wird derzeit ein neues gemeinschaftsorientiertes Modell des Konfirmandenunterrichts mit Freizeiten vom Jugendwerk in Zusammenarbeit mit der Gemeinde von Cleebronn erprobt.

3.6 AUSBLICK FÜR DAS GEMEINDEWACHSTUM

Mit dem Wachstum der letzten Jahre seit 2004 ist die Gemeinde von Cleebronn gegenwärtig an einem Punkt angekommen, an dem Weichen für die zukünftige Arbeit gestellt werden müssen. Vor allem erheben sich die Fragen, wie eine wachsende Gemeinde in der Zukunft geleitet werden kann, wie Ressourcen erschlossen können und Arbeit verteilt werden kann. Dass in Zukunft bei noch wachsender Ausdifferenzierung nicht jede Entscheidung vom Pfarrer getroffen werden kann, wird deutlich, und es stellt sich die Frage, wie Kompetenzen und Verantwortlichkeiten so verteilt werden können, dass der Pfarrer und die Mitglieder des Kirchengemeinderats über ihre gegenwärtige Arbeit hinaus nicht noch zusätzlich belastet werden. An dieser Stelle muss nach der Struktur der gemeinsamen Arbeit von Ehrenamtlichen und Hauptamtlichen gefragt und nach neuen Wegen gesucht werden.

Dass diejenigen Gemeindeglieder, die schon seit längerer Zeit in der Gemeinde sind, von den neuen Aufbrüchen, die stattfinden, nicht überholt oder abgehängt werden, sondern sich weiterhin in der Gemeinde wohlfühlen und neue Ansätze neben traditionellen Ansätzen bestehen bleiben dürfen, ohne dass von einer Seite die jeweils andere als defizitär beurteilt wird, wird für die Zukunft als Hauptaufgabe der Gemeinde benannt. »Wir leben miteinander. Das ist der Prozess, zu lernen, mit der Verschiedenheit dauerhaft zu leben.« Diese Einsicht bedeutet auch, dass Senioren sich von dem Aufbruch in der Kinder- und Jugendarbeit nicht überrollt fühlen sollen, sondern nach Möglichkeiten gesucht wird, durch die jedes Gemeindeglied seinen Platz in der Gemeinde findet.

Fazit: Lebendiges, bodenständiges Gemeindewachstum

Die Gemeinde von Cleebronn präsentiert sich als eine bodenständige, lebendige, offene Gemeinde, die durch ihre Wirkung nach außen und die Vernetzung mit der Cleebronner Öffentlichkeit eine große Außenwirkung hat und – mit »Aufs und Abs« – seit Jahren kontinuierlich wächst. Der Wachstumsprozess, der sich seit 2004 konsolidiert, geht mit neuen Formen in der Gottesdienstgestaltung und der Jugendarbeit einher (neue liturgische Formen, Alpha-Kurs etc.).

Dabei müssen Räume gefunden werden, in denen sich viele zu Hause fühlen und die für viele Menschen in der Gemeinde Heimat bieten.

Dieses Wachstum hat maßgeblich damit zu tun, dass niederschwellige Angebote für Gemeinschaftserfahrungen gemacht worden sind und gemacht werden, die Menschen an die Gemeinschaft der Gemeinde binden und sie dazu ermutigen, selbst mitzuarbeiten. »Die Leute freuen sich, dass sie beieinander sind.« Die Vernetzung der Kirchengemeinde mit der Öffentlichkeit wird bewusst gestaltet, so dass aus der Zusammenarbeit mit Vereinen, Kindergärten und der Kommune Interessierte für die Gemeindearbeit gewonnen werden können, die bereit sind, sich in die Arbeit der Gemeinde – auf welche Art auch immer – einbinden zu lassen.

Evangelisch-Lutherische Auferstehungs-kirchgemeinde Dresden-Plauen

Ort:	Dresden
Einwohnerzahl des Stadtteils:	ca. 13 000, davon 2809 Evangelische (= 21,6%)
Bundesland:	Sachsen
Landeskirche:	Evangelisch-Lutherische Landeskirche Sachsens
Gemeindegröße 2003:	2627
Gemeindegröße 2006:	2809
Wachstum:	6,9%
Gottesdienstbesuch 2003:	127
Gottesdienstbesuch 2006:	129
Wachstum:	1,6%
Adresse:	Reckestr. 6, 01187 Dresden; Telefon: 0351/4717249
Homepage:	www.auferstehungskirche-dresden.de

1 ZUR GEGENWÄRTIGEN SITUATION DER GEMEINDE IN DER REGION

Die Auferstehungsgemeinde liegt südlich des historischen Stadtkerns von Dresden. Hinter dem Hauptbahnhof entstand um 1900 ein großbürgerliches Viertel auf der Gemarkung Plauen. Villen und mehrgeschossige Straßenzüge aus dem Jugendstil und der Gründerzeit prägen noch immer das Stadtbild. Die Nachkriegsbebauung tritt nicht so stark in den Vordergrund wie in anderen, mehr durch die Bombardierung betroffenen Stadtteilen Dresdens. Inmitten des Stadtquartiers liegt die Auferstehungskirche mit ihrem weitläufigen, parkähnlichen, mit einer Mauer umgrenzten Friedhof. Zusammen mit dem ebenfalls aus der Jahrhundertwende stammenden Gemeindehaus bildet dies ein imposantes Ensemble.

Der Stadtteil profitiert vom Zuzug. Alte, lange Jahre vernachlässigte Straßenzüge werden saniert, Häuser entkernt. Es entstehen grüne Innenhöfe, die für Familien ein abgeschlossenes Refugium bilden. Die Wohnbevölkerung ist relativ jung. Diese Entwicklung begünstigt zudem die Technische Universität, deren Gebäude in der Mehrzahl in der Parochie liegen. »Ich bin als Student hierher gezogen und wollte dann nicht mehr weg«, ist eine gängige Aussage. Entsprechend ist der Akademikeranteil sehr hoch. Meist kann man von jungen, gut situierten Familien sprechen. Problemgebiete gibt es kaum. Im Gegenteil, die zahlreichen Jugendstilvillen verbergen den Wohlstand ihrer Bewohner nicht.

Die Auferstehungsgemeinde Dresden-Plauen ist selbständig. Ihre Parochie orientiert sich meist an alten Gemarkungsgrenzen, die aber heute oft nicht mehr nachvollziehbar sind und – bedingt durch die Routen des öffentlichen Nahverkehrs – ungünstig liegen. Ein Problem bereitet der Zuschnitt der Gemeinde nicht, die Menschen suchen sich in dieser Großstadt ›ihre‹ Kirche.

2 KONTINUITÄT UND WACHSTUM

»Eigentlich war die Gemeinde schon vor 25 Jahren das, was sie heute ist«, wurde auf die Frage nach der Entwicklung der letzten Jahre geantwortet. Und auch die Fragen nach Wachstumsimpulsen musste man zunächst abschlägig beantworten. Die Menschen entwickelten das kontinuierlich weiter, was ihre Stärke ist: »Wir sind überzeugt, einiges in unserer Gemeindearbeit durch Offenheit und vielfältige Angebote unternommen zu haben, um mehr Menschen zu erreichen und um auch zu wachsen.« Es gab keine einzelnen, großen Aktionen, keine umwälzenden Konzepte und Prozesse. Es wird immer wieder die Normalität betont. Und, so darf man als Beobachter hinzufügen, diese normale Gemeindearbeit wird treu und sorgfältig von Ehren- und Hauptamtlichen erledigt, so dass man in Dresden von einer lebendigen, offenen und vielseitigen Gemeinde spricht, die dadurch Anziehungskraft ausübt. Ihre Umgebung hat seit der Wende ein wohlwollendes Interesse entwickelt.

Die Gemeinde wächst kontinuierlich. Man verzeichnet mehr Zuzüge als Wegzüge, mehr Taufen als Beerdigungen. Auch in den Jahren nach der Wende, in den Zeiten des Kommens und Gehens, war das nicht anders. Die oben genannten Zahlen verbergen sogar eher die positive Entwicklung. Denn der Gottesdienstbesuch nahm nicht nur leicht zu, sondern der Altersdurchschnitt ist in den letzten zehn Jahren deutlich gesunken. Menschen zwischen 30 und 40 prägen nun das Bild. Die als Durchschnitt angegebene Zahl von 129 Teilnehmerinnen und Teilnehmern bezieht sich zudem auf jeden Gottesdienst und jede Andacht. Nähme man nur die EKD-Zählsonntage, dürfte man eine um das 2,5fache höhere Zahl angeben.

Also: die Gemeinde entwickelt unspektakulär kontinuierlich das weiter, was man als die natürliche Aufgabe der Gemeinde sieht, wobei sie aber auch Schwerpunkte setzt. Die Aufgabe besteht demnach bei dieser Gemeinde darin, die das Wachstum fördernden Faktoren zu analysieren.

3 GEMEINDE ZWISCHEN NÄHE UND DISTANZ

»Offenheit« ist ein Wort, das in den Gesprächen immer fiel. Damit werden weniger Inhalte angesprochen. Man steht in einer gut lutherischen Tradition. Man prüft theologisch sehr genau, was alles zu den Kernaufgaben von Gemeinde gehört. Mit Offenheit bezeichnet man die Art und Weise, wie Christen ihr Christsein leben können.

In dieser Gemeinde finden Menschen ihr Zuhause, die Nähe suchen. Es gibt lange gewachsene Verbindungen. Vor jedem Gottesdienst wird man begrüßt und willkommen geheißen, danach wird oft eine üppige Kaffeetafel mit Kuchen und belegten Broten serviert. Hier braucht man nicht alleine bleiben. Man gehört schnell dazu, das schätzen besonders die neu zugezogenen Familien, die Menschen im gleichen Lebensabschnitt begegnen wollen.

Man kann aber in dieser Gemeinde auch anonym bleiben, wenn man das will. Die Kirche bietet mit den weitläufigen Emporen 1000 Plätze. Es gibt mehrere Zugänge. Selbst in den großen Chören kann man singen, ohne soziale Kontakte knüpfen zu müssen. Es gibt Menschen, die kommen gerade darum, weil sie sich nicht gedrängt fühlen. Größe bietet hier die Möglichkeit zur Anonymität, die respektiert wird.

Für die Nähe stehen auch die Hauskreise mit einer langen Tradition. Viele bestehen seit der DDR-Zeit und haben ihr besonderes Gepräge bewahrt. Oft sind es auch Interessengruppen, die sich im Gemeindehaus treffen. Thematisch arbeiten sie ganz unterschiedlich. Biblische, politische und kulturelle Themen wechseln von Hauskreis zu Hauskreis. Doch haben alle einen kirchlichen Bezug und in vielen werden die Frömmigkeit gepflegt und der Glaube bestärkt. Meist sind es sehr enge, gewachsene Gemeinschaften, die sich gegründet haben und weiter bestehen. Hinzukommende sind schwer zu integrieren. Aber für diesen Fall wird einfach ein neuer Hauskreis gegründet. Das ist gar nicht so selten, dass sich das Treffen der Kindergarteneltern oder Krabbelgruppenmütter zu einem Hauskreis verfestigt und über das Krabbelalter und die Kinderzeit hinausreicht.

4 DIE KIRCHENMUSIK UND IHRE STRAHLKRAFT

Der Bereich Kirchenmusik wächst und zieht an. Dies hat mehrere Faktoren:

– Dresden-Plauen ist Sitz des Kirchenmusikdirektors (Bezirkskantor) für den Bezirk Dresden-Mitte.
– Große, gute Orgel.
– Große Chöre und Chorprojekte.
– Die Auferstehungskirche ist Ort für viele musikalische Projekte der Universität.
– Die Kirche ist attraktiv für Chöre und Orchester auf Tournee. Die Dresdner Frauenkirche und Kreuzkirche sind meist ausgebucht. Darum wird gerne auf die Auferstehungskirche zurückgegriffen.

Neben dem kulturellen Auftrag erfüllt die Kirchenmusik unterschiedliche Funktionen:

– Gerade in den zahlreichen, altersspezifisch strukturierten Kinderchören (»Als es immer mehr Kinder wurden, haben wir ganz einfach nach Alter geteilt.«) zeigt sich die inhaltliche Arbeit deutlich. Mit modernen Kindermusicals und klassischer Literatur wird den Kindern nicht nur Musik erklärt, es werden auch biblische Inhalte erzählt. Kinderchöre sind so ein Teil religiöser Sozialisation.
– Deutlicher ist dies noch im Kindergarten: Einmal pro Woche besucht der Kantor ihn und leistet neben der musikalischen Früherziehung auch einen wichtigen Verkündigungsauftrag.
– Die Kirchenmusik ist für die Auferstehungsgemeinde ein »Schwellensenker«. Menschen kommen wegen der Musik und lernen die Kirche und engagierte Menschen kennen. Kontakte und Beziehungen entstehen. Besonders deutlich ist dies in der Beziehung zur Universität, die vor allem durch die Universitätskonzerte in der Auferstehungskirche gestaltet wird.

– Über die Musik wird Integrationsarbeit geleistet. Oft kommen Menschen und wollen nur niveauvoll singen und finden eine kirchliche Gruppe. Das gilt für die Chöre und noch mehr für die Instrumentalgruppen.

– Musik gestaltet die Gottesdienste aus und verleiht ihnen ein ganz besonderes Gepräge. In der traditionellen, an der Deutschen Messe Luthers orientierten sonntäglichen Liturgie kommt sie besonders gut zur Geltung. Die Musik und die Gottesdienstform passen zusammen.

– Die Kirchenmusik verleiht der Gemeinde eine große Strahlkraft. Man nimmt sie von außen wahr.

– In der Außenwahrnehmung heißt es: »Es läuft was in der Auferstehungs-kirche!« Dies entwickelt eine besondere Eigendynamik. Viele Menschen kommen, weil viele schon da sind.

Außenwirkung durch die kulturelle Arbeit und die Funktion innerhalb der Verkündigung sind bei der Kirchenmusik in der Auferstehungskirche aufs Engste verwoben.

5 KINDERGARTEN UND KINDER- UND JUGEND-GRUPPEN ALS ORTE RELIGIÖSER SOZIALISA-TION UND CHRISTLICHER FAMILIENARBEIT

»Ich möchte, dass mein Kind mit anderen spielt«, so kann eine junge Mutter ihre Motivation beschreiben, in eine der Gruppen der Gemeinde zu gehen. Hier gibt es neben der klassischen Krabbelgruppe und den Jungscharen auch eine Veranstaltungsreihe namens »Ameise«. Auf naturkundlichen Exkursionen erfahren Kinder von Gottes Schöpfung. In der Öffentlichkeit hat dies eine große Resonanz. So erschließt diese Veranstaltung neue Kreise und stärkt die gesamte Arbeit. Die Gefahr, dass das eine Highlight Kinder von den klassischen Gruppen abzieht, besteht also nicht.

Die Gemeinde bemüht sich nicht nur um Kinder, sie richtet auch ihre Arbeit an ihnen aus. Ein Beispiel dafür ist der sonntägliche Gottesdienst. Für die Kleinsten gibt es ein Krabbelzimmer, in das der Gottesdienst übertragen wird. Für die älteren Kinder gibt es an jedem Sonntag einen Kindergottesdienst. In der Regel bleiben die Kinder bis zum Glaubensbekenntnis bei den Eltern in den Bänken. Der Auszug der Kinder ist ein Akt, für den sich die Gemeinde Zeit nimmt, der thematisiert und mit Musik begleitet wird. Auch kommen die Kinder mit großem Hallo nach dem Schlusslied wieder und das immer innerhalb des agendarischen Ablaufs. Diese spezifische Kombination von Kindern und klassischer Kirchenmusik verleiht dem Gottesdienst ein ganz eigenes, für die Gemeinde so typisches Gepräge.

Einmal im Monat ist der »große Kindergottesdienst«. Er findet schon von Beginn an im Gemeindehaus statt. Die Kinder werden von den zahlreichen Mitarbeitenden in altersspezifische Kleingruppen aufgeteilt, da nur der Anfang des Kindergottesdienstes im Plenum der bis zu 70 Kinder abgehalten wird.

In unregelmäßigen Abständen feiern auch Groß und Klein zusammen den gesamten Gottesdienst. Dieser Familiengottesdienst wird von ehrenamtlichen Gruppen vorbereitet und oft durch Kinderchöre und Kindergarten unterstützt.

Die Auferstehungsgemeinde ist Trägerin eines mehrgruppigen Kindergartens. Fünf engagierte Erzieherinnen sind eng in die Gemeindearbeit eingebunden. Die Durchlässigkeit zwischen Kindergarten- und Gemeindearbeit wird in einem hohen Maße gepflegt. Pfarrer und Kantor sind im Kindergarten präsent, die dortigen Mitarbeiterinnen in den Gemeindekreisen. Der Ruf des Kindergartens ist über die Stadtteilgrenzen hinaus gut, was zu entsprechenden Wartelisten führt. Den Eltern, die ihre Kinder hier anmelden, ist die religiöse Werteerziehung wichtig. Die Sommerfeste im Kirchhof und die Weihnachtsspiele sind wiederum »Schwellensenker«.

6 GOTTESDIENSTE UND GEMEINDE

Der Gottesdienst in traditionell liturgischer Form mit seiner allenthalben als lebensnah und aktuell gelobten Predigt wurde erwähnt. In den letzten Jahren werden in unregelmäßigen Abständen Abendgottesdienste gefeiert mit moderner Musik, auch oft ohne Orgel. Hauskreise bereiten jeweils einen Gottesdienst vor. Gepredigt wird in Dialogform. Für die Hauskreise sind die Gottesdienste und ihre Vorbereitung wichtig und dienen der Vergewisserung. Der Zuspruch von nicht in Hauskreisen engagierten Gemeindegliedern für diesen bewusst als »Zweites Programm« gestalteten Gottesdienst blieb in der Vergangenheit aber schwach. Die Ursachen sind unklar. Vielleicht hängt es damit zusammen, dass über die vielen Jahre eine Gottesdienstform gewachsen ist, die zu dieser Gemeinde als Ganzer passt. Unbenommen davon ist, dass dieser Hauskreisgottesdienst die Mitarbeitenden stärkt und damit jenseits der breiten Akzeptanz seinen Wert hat.

7 ÜBERPAROCHIALE KOOPERATIONEN

Die sächsische Landeskirche rät ihren Gemeinden zu unterschiedlichen Kooperationsmodellen. Neben der Fusion gibt es das Sprengelmodell, das Gemeinden zusammenschließt, aber jeder Region ihre Eigenständigkeit lässt, und die Schwestergemeinden, in denen selbständige Kirchengemeinden unterschiedliche Arten gemeindlicher Zusammenarbeit fest vereinbaren. Dresden-Plauen und zwei Nachbargemeinden leben so geschwisterlich, indem sie z. B. den Kanzeltausch fest vereinbart haben, die Gottesdienstzeiten so aufeinander abstimmen, dass ein Pfarrer und ein Kantor in beiden Gemeinden den Dienst tun können, sich gegenseitig einladen durch gemeinsame Seiten in den Gemeindebriefen. Auch sollen innerhalb der Schwestergemeinden Schwerpunkte gesetzt werden. Hier hat Dresden-Plauen die Kirchenmusik anzubieten.

Die Kooperation funktioniert bei den Hauptamtlichen schon gut. Arbeitserleichterung ist zu spüren, man profitiert bereits von der Abwechslung und dem Wahrnehmen der anderen. Bei den Gemeindeaktivitäten werden die gegenseitigen Einladungen noch nicht so angenommen. Aber da hat man sich eh auf »längere Zeiträume eingerichtet«.

8 EINE PAROCHIALGEMEINDE NEBEN SICH PROFILIERENDEN GEMEINDEN

Die Auferstehungsgemeinde will bewusst Stadtteilkirche sein. Gefragt, ob die neu aufgebaute Frauenkirche eine Konkurrenz gerade im kirchenmusikalischen Bereich darstelle, hob man den förderlichen Einfluss dieser Profilgemeinde hervor. Zwar sind die Gottesdienste und die Kirchenmusik dort anziehend und Plauener nehmen diese Angebote immer wieder wahr – zumal auch dazu eingeladen wird –, es gibt aber keine signifikante Abwanderung. Im Gegenteil: Der Blick der Öffentlichkeit wird auf Kirche gelenkt und davon profitiert man ebenfalls. Besonders der Dresdner Boom der Kirchenmusik strahlt auch auf die Plauener aus.

Zu einer über das bisherige Maß hinausgehenden Profilierung sieht man keine Notwendigkeit. Dies gefährde die Breite und die Offenheit, die diese Gemeinde so attraktiv macht, so sagt man. Auch ein Projekt in der Dresdner Neustadt ist nicht auf die Situation in Plauen übertragbar. Dort haben sich drei unterschiedlich geprägte Gemeinden zusammengeschlossen, um ihre bisherigen Schwerpunkte zu verstärken. Drei unterschiedliche Kirchengebäude stehen für das jeweilige Profil. Zusammen bieten sie die gesamte Breite kirchlicher Arbeit an, differenzieren aber lokal. Von der sich schnell verändernden großen Dresdener Neustadt unterscheidet sich Plauen allein von seiner Größe her. Die Gemeinde allein kann den Stadtteil abdecken. Trotz so mancher Wanderungsbewegung haben Menschen hier eine starke lokale Bindung.

Die an Willow Creek orientierten Gottesdienste, die die Dresdener Kirchenkreise in einem Kino veranstalten, trägt man im Rahmen der bezirklichen Arbeit mit und lädt ein. Die Resonanz aus dem Gemeindegebiet ist sehr gering. Auch wird die Gemeindearbeit davon nicht beeinflusst.

9 RAHMENBEDINGUNGEN UND FINANZIELLE SITUATION

In den letzten Jahren wurden die Stellen für die Hauptamtlichen reduziert. Im Moment verfügt man neben der Pfarr- und der Kantorenstelle über 1,5 Stellen für Gemeindepädagogen. Eine Verwaltungskraft im Gemeindebüro organisiert nebenbei die ehrenamtlichen Mitarbeiterinnen und Mitarbeiter.

Trotz eines erfreulichen Spendenaufkommens sind die Mittel im Haushalt durch Gebäude und Personalstellen gebunden. Besonders die historischen Gebäude stellen ein großes Problem dar. Neben der sanierten Kirche, dem Kindergarten und dem renovierungsbedürftigen Gemeindehaus sind im Besitz der Gemeinde sechs weitere Gebäude, die noch aus den DDR-Zeiten einen erheblichen Renovierungsrückstau haben. Sie bilden mit Kirche und Friedhof ein malerisches Ensemble und haben einen erheblichen Wert. Im Moment bedeuten sie jedoch für die Gemeinde erst einmal Investitionen und Krisenmanagement. »Man müsste sich in Dresden zusammentun, um gemeinsam die Kirchengüter zu verwalten«, so wird laut nachgedacht.

Die Gebäude sind im jetzigen Zustand eine finanzielle und eine organisatorische Belastung. Doch machen die großen Räume des Gemeindehauses ein komfortables Angebot möglich. Die mit der Friedhofsmauer umfriedete »Insel Kirche« mitten in der Großstadt spricht emotional an und lädt ein.

Inzwischen tragen sich die Friedhöfe, die von einem Hauptamtlichen mit ganzem Deputat verwaltet werden, finanziell. Besonders den Friedhof um die Kirche möchte man nicht missen. Nicht nur, dass das Miteinander von Auferstehungskirche und Friedhof eindrucksvoll verkündigt, oft bilden noch immer der Besuch der Gräber und der Kirchgang eine Einheit.

Fazit: Eine Gemeinde mit Strahlkraft und Außenwirkung, die es versteht, aus Nähe und Distanz, aus Tradition und moderner Familienfreundlichkeit ein eigenes Profil zu entwickeln

Die Auferstehungsgemeinde ist sicher keine typische Großstadtgemeinde. Ihre Rahmenbedingungen sind auch nicht typisch für den Osten. Ihr gelang es, durch kontinuierliche Arbeit Menschen eine Heimat zu geben. Hier finden Menschen Nähe, können aber auch ihre Distanz wahren. Die Gemeinde findet gerade im Kinder- und Jugendbereich in ihrem besonderen Kontext Antwort auf die Frage nach christlichen Werten.

Zuerst wollte man an der Studie nicht teilnehmen, weil man keine besonderen Aktionen und Impulse vorzuweisen hat. Doch zeigte sich, dass sich kontinuierlich ein besonderes Profil entwickelt hat, das ohne Brüche traditionelle Gottesdienste und Kirchenmusik zu verbinden weiß mit einer starken Ausrichtung auf Kinder und junge Familien. Hinzu kommt die Strahlkraft der Kirchenmusik. Verkündigung durch Musik wird ganz gezielt auch im Kinder- und Jugendbereich ebenso wie im Kindergarten eingesetzt. Sie zieht Menschen an und senkt die Schwelle zur Kirche. Man weiß um die Eigendynamik einer solchen Außenwirkung: Es kommen viele Menschen hinzu, weil viele schon da sind.

Evangelisch-lutherische Kirchengemeinde Elisabethfehn

Ort:	Elisabethfehn
Einwohnerzahl	
(Gesamtgemeinde Barßel):	12 996, davon 4211 Evangelische (32 %)
Bundesland:	Niedersachsen
Landeskirche:	Oldenburg
Gemeindegröße 2003:	3631
Gemeindegröße 2006:	3650
Wachstum:	0,5 %
Gottesdienstbesuch 2003:	78
Gottesdienstbesuch 2006:	114
Wachstum:	46,1 %
Anschrift:	Kirchengemeinde Elisabethfehn, Kirchenallee 3, 26676 Elisabethfehn; Telefon: 04499/320
Homepage:	www.christuskirche-elisabethfehn.de

1 DIE SITUATION DER KIRCHENGEMEINDE VOR DEM WACHSTUM

Eigentlich ist Elisabethfehn noch eine junge Kirchengemeinde. Erst vor ca. 120 Jahren kamen die ersten Evangelischen in diesen Teil des katholisch geprägten Oldenburger Münsterlandes, weil dort ein Kanal für den Abtransport des Torfes gebaut wurde. Zentrum der Kirchengemeinde waren und sind die Kirche und das Gemeindehaus in Elisabethfehn.

Von dort aus erfolgt auch die Pastoration ins »katholische Umland«, wie z. B. in das viel größere Barßel, dessen Evangelische ebenso zur Kirchengemeinde Elisabethfehn gehören. Die Torfindustrie verschwand und der Kanal hat heute nur noch für die Freizeitgestaltung Bedeutung. Die Evangelische Kirchengemeinde jedoch wurde zu einem festen Bestandteil des Ortes. Die im Jahre 1900 erbaute Kirche wurde in den vergangenen Jahren liebevoll renoviert. Auf der einen Seite gab es die Erfahrung einer langen personellen Kontinuität innerhalb der Gemeinde, auf der anderen viele Wechsel auf der 2. Pfarrstelle. So hatte die Pastorin 20 Jahre lang die 1. Pfarrstelle inne während die Besetzung der 2. Pfarrstelle immer nur kurz anhielt und mehrfach wechselte. Vakanzen mussten immer wieder überbrückt werden. Der 2. Pfarrbezirk fühlte sich entsprechend oftmals von der Gemeinde vernachlässigt bzw. abgehängt und viele fühlten sich so von der Kirche nicht mehr angesprochen und eingeladen. Die räumlich Distanz zwischen den beiden Pfarrbezirken, die in zwei Dörfern lagen, trug ihr Übriges dazu bei.

In der Gemeinde hatte sich durch starkes ehrenamtliches Engagement eine lebendiges Gemeindeleben gebildet, das auf Grund der Vakanzen aber nicht alle Menschen in der Gemeinde erreichte. So konnten nur wenige neue, der Kirche fernstehende Menschen für die Kirche begeistert werden. Zugleich gab es in manchen Bereichen der Gemeindearbeit eine Stagnation. Die Jugendarbeit wie auch andere Bereiche der Gemeindearbeit lagen auf Grund fehlender personeller Kapazitäten und Konzeptionen brach. Den Bereich des gottesdienstlichen Lebens prägte traditionelles Denken. Die Sonntagsgottesdienste wurden häufig im traditionellen Rahmen gefeiert und der Gottesdienstbesuch war eher rückläufig.

Mit der zeitlich versetzten Neubesetzung der Pfarrstellen durch das jetzige Pastorenehepaar vor sieben Jahren entstand für die Gemeindeglieder ein Gefühl der Kontinuität für alle Gemeindebereiche. Die Pfarrbezirke wurden aufgelöst und werden nun gemeinsam versorgt.

2 DER BEGINN DES WACHSTUMS

Für die Arbeit des neuen Pastorenehepaares stellten sich so zu Beginn ihrer Arbeit zwei Herausforderungen. Die erste lässt sich als eine Art vertrauens-bildende Maßnahme beschreiben. Hinsichtlich der jüngsten wechselvollen Vergangenheit war es der Gemeinde wichtig, dass die Pastorenstelle wieder für längere Zeit besetzt sein sollte. Die Angst vor einer wiederholten Vakanz lähmte das Gemeindeleben und den persönlichen Einsatz für die Gemeinde. Es galt, das Vertrauen zu fördern, dass die Stelleninhaber der Gemeinde nun wieder für längere Zeit erhalten bleiben würden. Insbesondere der persönliche Kontakt des Pastorenehepaares mit den Gemeindemitgliedern konnte dieses Vertrauen aufbauen. Als zweite Herausforderung stellten sich die negative Mitgliederentwicklung, die in vielen Kirchengemeinden zu beobachten ist, und der Rückgang des Gottesdienstbesuches dar. Der Gemeindekirchenrat sah die Notwendigkeit der Neuausrichtung der Gemeindearbeit und beschloss, durch die Intensivierung der Arbeit mit Kindern und Jugendlichen, mittels neuer Gottesdienstformen und durch das gezielte Ansprechen Kirchenferner das Gemeindewachstum zu fördern. Die Gemeinde begann, ihre Angebote nun direkt auf die Bedürfnisse der neuen Zielgruppen zuzuschneiden. Wichtige Elemente hierfür waren die Wahl des Termins der Veranstaltung, ihre Dauer sowie die Wahl einer angemessenen Ästhetik und Sprache. Viele Menschen fühlten und fühlen sich durch diesen Wandel in der Gemeindearbeit angesprochen und bringen sich nun in das Gemeindeleben ein. Dieser Wandel, den man hinsichtlich der Vergangenheit der Gemeinde als einen Mentalitätswechsel bezeichnen kann, hätte jedoch allein durch die Neubesetzung der Pastorenstelle nicht erfolgen können. Wichtig war auch, dass im Gemeindekirchenrat und unter den in der Gemeinde Aktiven ein Umdenken einsetzte, sich mit dem Vorhandenen nicht zufriedenzugeben, und zugleich darauf aus zu sein, auch neue Menschen zu erreichen und sich für sie und ihre Bedürfnisse zu öffnen.

3 DAS GEMEINDELEBEN

Das neue Bewusstsein, offen für die verschiedenen Menschen vor Ort zu sein, setzt die Gemeinde zielstrebig, aber dennoch sehr ruhig und gelassen um. Es gibt weder ein ausgefeiltes Konzept noch eine besondere missionarische Strategie. Die Gemeinde nutzt vielmehr das schon Vorhandene und bereichert es um einige neue Elemente. Als eine gute Möglichkeit, die vielen zugezogenen Familien zu erreichen und in die Gemeinde einzubinden, erweisen sich die Kasualien, die in der Gemeinde eine hohe Wertschätzung genießen. Ausführliche Vorgespräche helfen, die Gemeinde bekannt zu machen und eine Beziehung aufzubauen. Bei den Kasualien wird den individuellen Wünschen und Bedürfnissen ein großer Freiraum eingeräumt. Die Angehörigen werden ermutigt, sich selbst in die Feiern einzubringen und zu beteiligen. Für die vielen Familien finden regelmäßig Familiengottesdienste statt.

Als ihren Mittelpunkt versteht die Gemeinde den Gottesdienst an Sonn- und Feiertagen, den sie möglichst einladend zu gestalten versucht. Hierzu gehört u. a. auch ein wunderbarer Blumenschmuck in der Kirche, der die Besucher immer wieder aufs Neue überrascht. Im Anschluss an den Gottesdienst findet im Gemeindehaus regelmäßig ein Kirchencafé statt, in dem bei Kaffee, Tee und Plätzchen viel Raum für Gespräche und den Austausch neuester Informationen gegeben wird. Als gute ›Werbemaßnahme‹ für den sonntäglichen Gottesdienst erwies sich ein vor einiger Zeit von der Gemeinde ausgerichteter »Ebay-Gottesdienst«, dessen Besonderheit darin lag, dass derjenige, der bei der im Internetauktionshaus Ebay geschalteten Versteigerungsaktion den Höchstpreis bot, das Predigtthema eines Gottesdienstes auswählen durfte. Diese Aktion war für die Gemeinde ein großer Erfolg, da sie bei vielen Menschen ein neues Interesse am Gottesdienst weckte und auch viele Neugierige zu einer neuen Begegnung mit ihm führte.

Auch die intensive Debatte, die diese Auktion begleitete und die Frage stellte, ob das Predigtthema eines Gottesdienstes versteigert werden dürfe, intensivierte das Nachdenken über den Gottesdienst und die Bedeutung der Predigt. Die Berichterstattung, welche die Auktion begleitete, erhöhte den Bekanntheitsgrad der Gemeinde erheblich. Das durch die Auktion eingeworbene Geld wurde gespendet. Hinsichtlich des gewünschten Predigtthemas bestätigten sich die gegen die Auktion vorgebrachten Bedenken eines Missbrauchs nicht. Der Höchstbietende entschied sich für eine Predigt über das Thema »Der Ehrliche ist der Dumme«. Dieser »Ebay-Gottesdienst« war ein einmaliges Ereignis für die Gemeinde, von dem sie noch heute gern berichtet, weil es dadurch auf sehr ansprechende Weise gelungen ist, den traditionellen Gottesdienst mit dem modernen Medium Internet zu verbinden und damit eine Brücke zu den Internetnutzern zu schlagen. Dafür, dass sich diese der Gemeindearbeit zuwenden, sorgt auch die gut gemachte Internetpräsenz der Gemeinde mit einer Homepage, auf der sich alle wichtigen Informationen der Gemeinde finden.

Eine für Elisabethfehn neue Gottesdienstform, die viele neue Menschen in die Kirche führt, sind die sog. ›Sternstunden‹. Die ›Sternstunden‹, die in größerem zeitlichen Abstand regelmäßig sonntagabends um 19.30 Uhr stattfinden, verzichten auf die ›normale‹ Liturgie. Sie widmen sich aktuellen Themen und arbeiten viel mit Musik, meditativen Texten und aktivierenden Elementen in Gestalt neuer Gebetsformen, angeregten Gesprächen und Symbolhandlungen bzw. Segensgesten. Zudem wird der Kirchenraum dem Thema entsprechend gestaltet. Diese neue Form des Gottesdienstes wird in Elisabethfehn und auch weit darüber hinaus sehr gut angenommen. Die neue Offenheit der Gemeinde für neue Formen und Methoden kommt auch durch die ›Crossroads‹, einen Zusammenschluss der Motorradfahrer der Gemeinde, zum Ausdruck. Die ›Crossroads‹ treffen sich zu gemeinsamen Ausfahrten, bei denen man über Gott und die Welt spricht. Zudem organisieren sie im Sommer eine große gemeinsame Motorradfreizeit. Sichtbare Zeichen dafür, dass es mit der Gemeinde aufwärtsgeht, sind das neu entstandene Jugendhaus der Gemeinde, die neue Pflasterung des Kirchenvorplatzes und das werbefinanzierte erdgasbetriebene Gemeindeauto. Die Gemeinde zeigte sich in der Geldbeschaffung für diese Projekte sehr geschickt. Neben vielen Spenden, die sie einsammeln konnte, nutzte sie auch die Fördermittel der politischen Gemeinde intensiv, wie z. B. die EU-Mittel zur Dorfverschönerung und die finanziellen Förderungen aus Stiftungen wie der ›Aktion Mensch‹. Zudem erhebt die Gemeinde ein freiwilliges Ortskirchgeld. Im Vergleich zu anderen Gemeinden erzielt die Gemeinde damit ein sehr gutes Ergebnis, was sie damit erklärt, dass alle Projekte, für die das Geld verwendet werden soll, der Gemeinde zuvor ausführlich vorgestellt und sehr genau beschrieben und wenn möglich auch mit Bildern versehen werden. Der Gemeinde ist es wichtig, einen soliden Finanzplan zu besitzen und keine roten Zahlen zu schreiben. Dementsprechend wichtig nimmt die Gemeinde auch die Suche nach neuen finanziellen Quellen. Hierbei gibt sie zu bedenken, dass sich der dadurch entstehende Zeitaufwand nicht nur deshalb lohnt, weil das hinzugewonnene Geld die Anschaffungen für die Gemeindearbeit fördert, sondern weil damit zugleich ein positives Signal gesetzt wird, dass auch in Zeiten des allgemeinen Sparens aufgebaut und erneuert werden kann. Ein Beispiel hierfür ist das durch Eigenleistung und mit Spendenmitteln errichtete neue Jugendhaus der Gemeinde. Dies bringt auch die Kinder- und Jugendarbeit als einen Schwerpunkt in der Gemeindearbeit sichtbar zum Ausdruck. Für Kinder und Jugendliche stehen eine Vielzahl von Gruppen offen, an denen sie teilnehmen können. Ihr Spektrum reicht von den Pfadfindergruppen über einen Jugendchor, eine Jugendgruppe, die Jungschar, den Kinderchor ›Kirchenkids‹ bis zu mehreren offenen Treffs. Zurzeit finden Überlegungen statt, wie die Angebote für die Kinder und Jugendlichen, auch für die Konfirmanden, erlebnispädagogischer gestaltet werden können. Für Eltern mit kleinen Kindern wird ein Eltern-Kind-Kreis angeboten. Der Gemeinde ist es gelungen, neben ihrer neuen Ausrichtung auf junge Menschen die Arbeit für die Senioren nicht aus dem Blick zu verlieren. Sie finden im Seniorenkreis, einem Seniorenfrühstück und einem regelmäßigen bunten Seniorenvormittag weiterhin ihren Platz in der Gemeinde. Zu den Angeboten der Gemeinde gehören außerdem u. a. ein Basarkreis, eine Hospizgruppe, zwei Frauenkreise, eine Aktiv-Gruppe und ein Singkreis. Im Gemeindehaus gibt es zudem eine Bücherei, die sonntags öffnet und in der die Gemeindemitglieder Kinder-, Jugendbücher und Romane ausleihen können. Zum sozialen Engagement der Gemeinde gehört ihre Mitarbeit in der ›Ökumenischen Rumänienhilfe Barßel‹, die regelmäßig einen Hilfstransporter mit Kleidung und weiteren Hilfsgütern an die Partnergemeinden in Rumänien schickt. Die gespendeten Güter werden dort dringend benötigt und die Gemeinde freut sich über diese Möglichkeit, direkt helfen zu können. Alle Angebote der Gemeinde sind niederschwellig konzipiert, so dass es neuen Menschen leicht fällt, dazuzustoßen. Zudem wird es akzeptiert, wenn Menschen nicht regelmäßig zu den Veranstaltungen erscheinen, und man freut sich, wenn sie irgendwann wiederkommen. Im Umgang miteinander ist in der Elisabethfehner Gemeinde eine große Herzlichkeit zu spüren, die dazu führt, dass man gern zur Gemeinde gehört und sich in ihr engagiert.

Fazit: Eine Gemeinde, die sich öffnet

Die Kirchengemeinde Elisabethfehn wächst, und dies nicht zufällig, sondern durch etwas, was man vor allen Dingen als einen Mentalitätswechsel bezeichnen kann: einen Wechsel weg von traditionellen Strukturen und Formen hin zu einer großen Offenheit für die unterschiedlichen Bedürfnisse unterschiedlicher Zielgruppen und zu neuen Formen in Gottesdienst und Angeboten. Dieser Wechsel vollzog sich nicht durch die Einführung eines neu erarbeiteten Gemeindekonzeptes, eines umfassenden Leitbildes oder besonderer missionarischer Veranstaltungen.

Dieser Wechsel vollzog sich eher behutsam und leise, aber beständig. So behutsam, dass viele Gemeindemitglieder zwar sagen können, dass sich etwas geändert hat, aber nicht in der Lage sind, dieses genau zu beschreiben. Die Elisabethfehner Gemeinde gibt damit ein Beispiel dafür, dass Wachstum auch dann entstehen kann, wenn an den wichtigen Stellen kleine Veränderungen vorgenommen werden und das vorhandene Gemeindeleben durch wenige, aber wirkungsvolle neue Impulse ergänzt wird.

Evangelische Kirchengemeinde Essen-Bredeney
Pfarrbezirk I: Am Brandenbusch

Foto: P. Kopineck

Ort:	Essen
Einwohnerzahl des Pfarrbezirks:	6000, davon 2000 Evangelische (= 33 %)
Bundesland:	Nordrhein-Westfalen
Landeskirche:	Evangelische Kirche im Rheinland
Gemeindegröße 2003:	2050 Mitglieder
Gemeindegröße 2006:	2000 Mitglieder
Gottesdienstbesuch 2003:	120
Gottesdienstbesuch 2006:	170
Wachstum:	41 %
Adresse:	Haraldstr. 9, 45133 Essen; Telefon: 0201/422345
Homepage:	www.kirche-bredeney.de

1 ZUR GEGENWÄRTIGEN SITUATION
DER GEMEINDE IN DER REGION

Der Pfarrbezirk I der Evangelischen Kirchengemeinde Essen-Bredeney liegt am Rande Essens nahe der Villa Hügel, dem Stammsitz der Familie Krupp. Vor einem Jahrhundert hat sie dieses Wohngebiet als weiträumige Gartenstadt nach britischem Vorbild für höhere Angestellte und Bedienstete angelegt. Noch immer gehören viele Häuser in diesem Kerngebiet von Bredeney der Kruppstiftung, die sich auch immer wieder um die Erhaltung der stilvollen Kirche aus dieser Gründungsphase verdient macht und der die Gemeinde viel Unterstützung verdankt. Inzwischen stellt der Pfarrbezirk I ein wohlsituiertes, grünes Wohngebiet dar. Den hohen Bildungsstand kann man daran ablesen, dass 67 % aller Jugendlichen Abitur machen.

In der Stadt Essen hat seit 1962 die Bevölkerung um 20 % abgenommen. Die Tendenz ist weiter fallend. Ein Grund ist der Strukturwandel Essens. Von der Stahlküche wurde es »der Schreibtisch« des Ruhrgebietes und stellt heute ein Zentrum für Hightech-Medizin dar. Entsprechend hat sich das Arbeitsplatzangebot gewandelt. In der demographischen Entwicklung ist Essen dem übrigen Bundesgebiet um Jahre voraus: Schon heute sind 30 % seiner Bevölkerung über 60 Jahre. Die evangelische Kirche in Essen kann sich diesem Trend nicht entziehen. Durch Sterbeüberhang und Wegzug verliert sie Mitglieder in der Größenordnung einer Pfarrgemeinde pro Jahr. Der Pfarrbezirk I der Evangelischen Kirchengemeinde Essen-Bredeney hat gegenüber dem übrigen Stadtgebiet den Vorteil, dass alte Menschen vielfach wegziehen und junge Familien die attraktiven Häuser mit den großen Gärten übernehmen.

Mit dem Weigelhaus hat Essen eine starke pietistische Tradition (z. B. W. Busch, U. Parzany). Diese hat Bredeney nicht maßgeblich geprägt, bestimmt aber das ›religiöse Klima‹ Essens. So gab es auch keine Widerstände, als der derzeitige Stelleninhaber diese Tradition aufgriff und für die Gemeindearbeit fruchtbar machte. Heute bezeichnet man sich als »volkskirchliche Gemeinde pietistischer Prägung«.

2 DIE STRUKTUR DER KIRCHENGEMEINDE

Der Stadtteil Bredeney bildet eine eigene Kirchengemeinde. Sie besteht aus dem darzustellenden Pfarrbezirk I (die alte Krupp-Siedlung ›Am Brandenbusch‹) und dem vor 40 Jahren entstandenen Pfarrbezirk II, der die neuen Ortsteile umfasst. Der Frömmigkeitsstil beider Bezirke hat sich in den letzten Jahrzehnten auseinanderentwickelt. Der Pfarrbezirk II gibt sich eher traditionell volkskirchlich.

Eine im Jahr 1999 entwickelte Konzeption für die gesamte Kirchengemeinde fordert die Profilierung ein, aber auch die Kooperation beider Pfarrbezirke. Das Gemeindefest soll künftig nicht mehr getrennt stattfinden, sondern wechselnd in den beiden Pfarrbezirken als gemeinsames Fest. Der Gemeindebrief »Profil« wird in seiner Bedeutung als gemeinsame Publikation der Gemeinde gestärkt, die Schwerpunkte der beiden Bezirke werden als Teil eines komplementär zu verstehenden Gemeindekonzepts definiert.

Die bewusste Profilierung wird auch von Gemeindegliedern wahrgenommen. Es gibt ›Umpfarrungen‹ in beide Richtungen. Belastend wirkt sich aus, dass mit den abnehmenden Gemeindegliederzahlen – man fiel in der Kirchengemeinde unter 4000 – die unausgesprochene Frage im Raum steht, ob man sich in Zukunft noch zwei Pfarrstellen und das Parallelangebot an Gebäuden wird leisten können.

3 DER BEGINN DES WACHSTUMS

Der Pfarrbezirk I ist traditionell eine lebendige Gemeinde. Zu Beginn der 90er Jahre befand man sich jedoch in einer Krise. Damals wurde versucht, das Konzept der Willow Creek-Gemeinde einzuführen. Die Gemeinde wurde jedoch »nicht mitgenommen«, es fehlte an Information, Geduld und vor allem an Vermittlung. Man hatte das Gefühl, »fertige Konzepte werden übergestülpt«. Aus der mangelnden Akzeptanz wurde eine Mitarbeiterkrise. Mit dem Scheitern des Projekts verließen etliche motivierte Mitarbeitende enttäuscht die Gemeinde. Auch der Pfarrer gab seine Stelle auf. Damals besuchten in Durchschnitt noch 40 Personen die Gottesdienste.

Der neue Pfarrer brachte seine pietistische Prägung ein und ging behutsam und selektiv mit dem Konzept der Willow Creek-Gemeinde um. Man diskutierte nicht mehr konzeptionell über Programme, sondern über die Frage, wie man wachsen könne. Die Situation vor Ort wurde analysiert. Man ließ sich auch von einem Organisationsentwickler beraten. Impulse waren damals: die Etablierung von Hauskreisen, PRO CHRIST, Glaubenskurse, die Strukturierung der Mitarbeiterschaft, zielgruppenorientierte Gottesdienste und ein Leitbildprozess. Diese Gemeinde geht also bewusst und planerisch die Problematik Wachstum an. Sie reflektiert die Organisationsentwicklung theologisch und nimmt dieses Thema an.

4 DIE EVANGELISATION PRO CHRIST ALS WACHSTUMSIMPULS FÜR DIE HAUSKREISARBEIT

Seit 1995 beteiligt sich die Gemeinde an PRO CHRIST. Nacharbeitskurse werden angeboten. Aus ihnen entstand der erste Hauskreis. Durch Teilung und Neugründung wuchs die Hauskreisarbeit. Viele in der Gemeinde begegneten den Hauskreisen zuerst mit Skepsis. Man verdeutlichte, dass Hauskreise keine frommen Zirkel sind, die die Tendenz haben, sich zu verselbständigen. Als die Vernetzung mit der Gemeinde sichtbar wurde, wich die Zurückhaltung. Nach und nach entwickelten sich die Hauskreise zum Rückgrat der Gemeindearbeit. Seit 2001 treffen sich die Hauskreisleiter alle zwei Monate zum Austausch, zum Gebet und zur Schulung. Regelmäßige Hauskreis- sowie Schulungstage für Leitende sorgen für eine Vernetzung der Gruppen und für eine stetig wachsende Leitungsqualität. Wesentlich ist hierbei, dass die Mitarbeitenden eigenverantwortlich arbeiten. Auch werden bewusst über die Partizipation an der Leitung neue Hauskreisleiter ausgebildet und an die Verantwortung herangeführt.

Seit 2002 gibt es jedes Jahr die Aktion »Alles neu macht der Mai«. Im April lösen sich die Hauskreise formal auf. Ab Mai gibt es neue Angebote. Neue Kreise bilden sich. Hauskreise, die sich nicht beteiligen wollen, können beisammenbleiben. Anfangs war für einige Hauskreise der Gedanke, nur ein Jahr zu bestehen, schwer nachvollziehbar. Inzwischen hat sich das neue System gut bewährt. Zwölf Hauskreise mit jeweils acht bis zehn Teilnehmern treffen sich im Moment.

5 GLAUBENSKURSE UND SPEZIELLE GOTTESDIENSTE ALS EINSTIEG FÜR KIRCHENDISTANZIERTE

Der Pfarrbezirk I lädt mit einem ständigen Angebot Menschen ein, sich dem Glauben erstmals oder neu zu öffnen. 1997 und 1998 fand der Glaubenskurs »Christ werden – Christ bleiben« mit guter Beteiligung statt. Im Jahre 1999 wurde das Gemeindeseminar »Gottesdienst leben« (Nordelbische Landeskirche) mit 40 Teilnehmern durchgeführt. Die meisten blieben anschließend in der Gemeinde; viele wurden später zu Mitarbeitenden. Ab 2002 bot man einen eigenen Basis-Glaubenskurs an, ab 2004 den Alpha-Kurs (2004: 30 Teilnehmende; 2006: 50). Die Integration der Kursteilnehmer von »Gottesdienst leben« in die Gemeinde gelang gut. Der Alpha-Kurs leistete dies zunächst kaum. Inzwischen (2007) hat man bessere Erfahrungen gemacht.

Der Einstieg in die Gemeinde soll über ein Alternativ-Modell zum klassischen Gottesdienst erleichtert werden. »GO« wird formal nicht als Gottesdienst bezeichnet. Es fehlen ihm entscheidende, auch liturgische Elemente. Jede Veranstaltung hat ein Thema, von dem die Verantwortlichen glauben, dass es das Interesse von Menschen trifft, die zu einem »normalen« Gottesdienst kaum kommen würden. Die Orgel schweigt, dafür spielt die GO-Band und es singt der GO-Chor. Doch das, was als »Schwellensenker« gedacht ist, entwickelte sich mehr und mehr zu einer Parallelstruktur, zu einer vom sonstigen Gemeindeleben fast getrennten Angelegenheit.

Die Probleme beim Alpha-Kurs und bei »GO« ähnelten sich. Ein Konzept, das der Integration der Teilnehmer des Alpha-Kurses dienen sollte, wurde entwickelt. Der Pfarrer ist präsenter in den Kursen (»Gottesdienst leben« hat er selbst geleitet, den Alpha-Kurs ausschließlich ein Mitarbeiter, s. u.). Das Konzept griff. Zudem wurde eine Plattform der Begegnung zwischen den Kursteilnehmern und der Gemeinde geschaffen: das Café Alpha. In der Anfangsphase machte es bereits mit speziellen Events und mit Speisen und Getränken aus unterschiedlichen Regionen die Gemeinde auf sich aufmerksam. Die Kursteilnehmer engagieren sich hier einmal pro Monat. An eine Ausweitung des Angebotes ist gedacht. Analog gibt es nach dem »GO« ein Begegnungsangebot, bei dem ein Abendessen, das ein ehrenamtliches Catering-Team herrichtet, Gelegenheit zum reflektierenden Gespräch bietet.

6 DIE ORGANISATION DER MITARBEITENDEN UND DAS PFARRBILD

Bei der Ausbildung der über 150 Mitarbeitenden lehnt man sich an das D.I.E.N.S.T.-Programm der Willow Creek-Gemeinde an. Die Mitarbeitenden sollen sich vor ihrem Einsatz über die eigenen Gaben und Ziele klar werden. Das Seminar mündet in die Suche nach einem geeigneten Bereich in der Gemeindearbeit. Es wird besonders darauf geachtet, dass keiner zu sehr belastet ist und sein persönliches Zeitbudget überzieht. Grundsatz: »Mach eine Aufgabe, die aber richtig«. Die »unentbehrlichen Mitarbeiter« sind nicht erwünscht.

Besonders im Bereich Problem- und Konfliktmanagement werden die Mitarbeitenden in speziellen Seminaren geschult. Hier sollen sie lernen, Probleme strategisch anzugehen, konstruktive Lösungen zu suchen und Konflikte als etwas Normales auch für eine christliche Gemeinde zu begreifen. Gerade wenn eine Gemeinde wächst und immer mehr Menschen mitarbeiten, führt das zu Interessenkonflikten und oft auch zu persönlichen

Reibereien. So entwickelte das Leitungsteam ein Schulungsprogramm, mit dem die leitenden Mitarbeiter in Sachen »Konfliktlösungs-Management« fachlich und persönlich geschult werden. Für dieses Seminar finanziert die Gemeinde professionelle Konflikt- und Problemmanagementtrainer. Erfolge sind schon sichtbar. Der Umgang der Gemeindeglieder miteinander ändert sich. Leute reden mehr miteinander als übereinander. Man findet oft klärende und klare Worte. Man sagt viel öfter: »Wo liegt die Lösung?« statt »Wer ist schuld?«.

Die Mitarbeiterschaft ist in Teams und Kleingruppen gegliedert. Diese werden Arbeitsbereichen zugeordnet, deren Leiter die Bereiche auf einer Bereichsleiterversammlung vertreten. Der Aufbau gestaltet sich so:

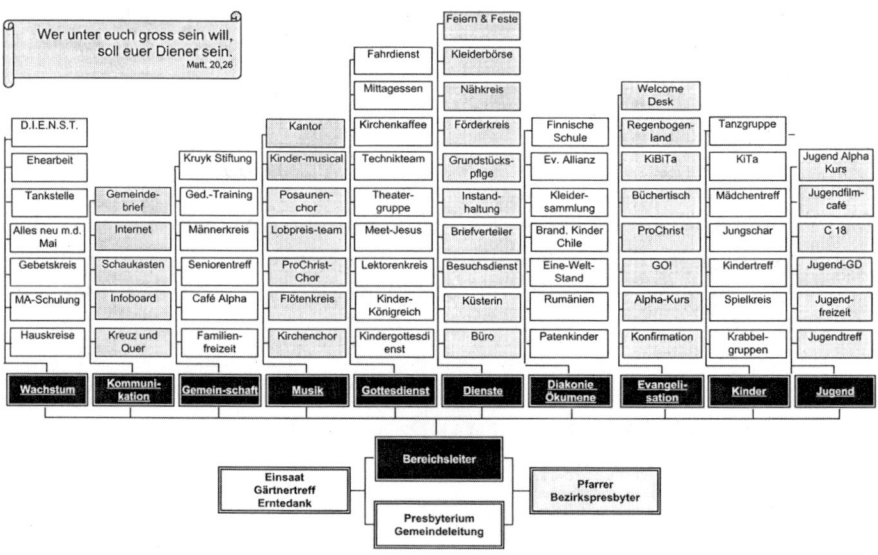

Der Informationsfluss ist durch den Bereichsleiterkreis und ein spezielles Mitarbeiterblatt gewährleistet. Wichtig ist es der Gemeinde, dass Kommunikationswege geschaffen werden, die für Transparenz unter allen Mitarbeitenden sorgen. Informationen sollen zügig fließen.

Durch diese neue Führungsstruktur haben sich die Arbeit und die Rolle des Pfarrers verändert. Er wurde durch die Delegation vieler Teilbereiche zwar entlastet, es fließen aber mehr Zeit und Kraft in die Führung, Stärkung, Schulung, Ermutigung, Motivation von Mitarbeitenden (Coaching). Da die Aufgaben in diesem Bereich wachsen, überlegt man, einen hauptamtlichen Coach einzustellen. Eine durch den Ruhestand der Küsterin frei werdende Stelle böte dafür die Möglichkeit.

Vieles wird in Teams erledigt, Arbeit wird delegiert. Die Pfarrerzentrierung ist aufgebrochen. Durch regelmäßigen Austausch, permanente Integration aller Mitarbeitenden und eine gemeinsame Vision will man der Gefahr von Parallelstrukturen begegnen.

Trotz dieser Akzentverlagerung will der Pfarrer eben »der Pfarrer« bleiben. Er will nach wie vor für jeden ansprechbar bleiben, macht persönliche Haus- und Krankenbesuche, kümmert sich um Konfirmanden, Kinder und Jugendliche. Der Pfarrer leitet den Bereichsleiterkreis, er führt und schult die Hauskreisleiter, er trifft sich regelmäßig mit Lektoren und seinen Presbytern. Auch das Ideal des lutherischen Pfarrhauses als Anlaufstelle wird bewusst von der Pfarrfamilie gelebt.

7 EINE WILLOW CREEK-ADAPTION UND EINE GEMEINDEKRISE

Dieses Pfarrbild in Kombination mit dem strukturierten Mitarbeitermodell aus Willow Creek löste eine weitere Krise aus und führte zu einer Abspaltung. Während im Pfarrbezirk der Ausgleich zwischen diesem Modell und dem traditionell lutherischen Pfarrerbild gesucht wird, gab es eine kleine Gruppe, die auch im Bereich der Seelsorge die uneingeschränkte Ansprechbarkeit des Pfarrers ersetzen wollte durch Seelsorgeteams und übergeordnete Bereichsleiter. Die Gemeinde hielt jedoch an ihrer volkskirchlichen Prägung fest. Ein sehr engagiertes Mitarbeiterehepaar, das bislang auch für die Alpha-Kurse verantwortlich war, sagte sich von der Gemeinde los und sammelte eine kleine Schar Gleichgesinnter um sich. Sie sind nun auf dem Weg, eine Sekte zu bilden.

8 DIE VISION

Im Jahr 2000 wurde ein Leitbildprozess eingeleitet. Am Anfang standen der biblische Auftrag »Ihr seid ein Brief Christi!« (2Kor 3,3), »Ihr seid das Salz der Erde, ... ihr seid das Licht der Welt« (Mt 5,13f.) und Bonhoeffers Einsicht, dass die Gemeinde vor Ort die Konkretion der weltweiten Kirche in der soziologischen Form der Gemeinschaft ist (Sanctorum Communio). Kirche ist nur Kirche, wenn sie für andere da ist. Das nimmt die daraus entwickelte Vision in ihren Themen auf: Glaube, Gemeinschaft, Dienst füreinander und Zugehen auf Kirchendistanzierte. Sie lautet ausformuliert:

> »Wir sind eine fröhliche Gemeinschaft unterschiedlichster Menschen, die eine persönliche Beziehung zu Jesus Christus haben. Unser Glaube gewinnt konkrete Gestalt, indem unser Leben von der Liebesgeschichte Gottes zu uns Menschen erzählt.
>
> Wir engagieren uns als Mitarbeiterinnen und Mitarbeiter Gottes dafür, dass Menschen eine Antwort auf die Frage nach dem Sinn ihres Lebens finden und ihr Alltag in der Beziehung zu Jesus Christus Ziel und Richtung gewinnt.
>
> Jeder von uns bringt das in die Gemeinschaft ein, was dazu beiträgt, Gottes Liebe in der Welt sichtbar zu machen. Wir laden Menschen ein, mit uns in fürsorglichem Miteinander glaubwürdig zu leben.«

9 PROJEKTMANAGEMENT

Diese Vision wird in unterschiedlichen Projekten umgesetzt. Dafür wurde eine zyklische Arbeitsstruktur entwickelt, die stetiges Wachstum und eine zunehmende Vernetzung der Bezirksarbeit ermöglichen soll.

Im Januar sind alle Mitarbeitenden zum »Einsaat-Treffen« eingeladen. Es werden Ziele für das Jahr besprochen, Aufgaben verteilt, Zuständigkeiten festgelegt und ermutigt. Ende Juni ist »Gärtner-Treffen«, das der Zwischenbilanz dient. »Wie weit sind wir gekommen, wo hakt es, wo ist Hilfe notwendig, evtl. eine Neuausrichtung usw.?«, sind die Fragen, mit denen sich die Mitarbeitenden befassen. Ressourcen werden ggf. neu beschafft oder treten neu ins Bewusstsein. Mit frischer Energie geht es ins zweite Halbjahr. Im Herbst wird das »Mitarbeiter-Erntedank-Fest« gefeiert. Das ist ein fröhlicher Abend, an dem gedankt wird für das Erreichte und in fröhlicher Runde gegessen wird.

Ab November beginnt die Vorbereitung des folgenden Jahres. Die Ältesten und die Leiter der einzelnen Arbeitsbereiche beraten, welche Schwerpunkte sich abzeichnen. Diese bilden die Basis für das Einsaat-Treffen im Januar, in dem die Formulierung konkreter Ziele erfolgt.

In diesem Dreischritt verlor allmählich das mittlere »Gärtner-Treffen« an Bedeutung und wird inzwischen nicht mehr angeboten. Auch stellte sich heraus, dass manche »Aussaat« über einen doppelten Zyklus hin gepflegt werden muss. Trotzdem ist der durch das Bild gegebene natürliche Rhythmus ein guter Rahmen für eine Projektarbeit und leitet zum strukturierten und zügigen Arbeiten an. Das Besprechen in großer Runde hält zu einer guten Planung und Evaluation an. Das Einsaat-Treffen hat zudem den Charakter einer Ideensammlung, einer institutionalisierten jährlichen Zukunftskonferenz.

10 ZUKUNFTSARBEITSFELDER: DIE KINDER-UND JUGENDARBEIT UND DIE OFFENE SENIORENARBEIT

Verantwortet wird die Kinder- und Jugendarbeit von einer Sozialarbeiterin ($^3/_4$ Deputat). Den äußeren Rahmen für zahlreiche Gruppen und Kreise bilden der Jugendkeller und der Basketballplatz. Höhepunkte im Jahr sind die Kinderbibeltage (bis zu 120 Kinder, 50 Mitarbeitende) und die Sommerjugendfreizeit.

Die Gemeinde ist Träger eines dreigruppigen integrativen Kindergartens (jetzt: Kinder- und Familienzentrum gemäß den Richtlinien des Landes). Er ist eine feste Komponente in der Gemeindearbeit und im Gemeindeaufbau. Durch seine christliche Erziehungs- und Bildungsarbeit bereitet er den Boden. Damit Eltern bei der Erziehung ihrer Kinder Unterstützung finden, gibt es das Programm »Elternführerschein«. Regelmäßig stattfindende Eheseminare festigen die Partnerschaft von Eheleuten, Familien- und Gemeinde-Freizeiten binden Eltern und Kinder in die Gemeinschaft ein.

Neun Eltern- und Kindgruppen werden durch eine kostenpflichtige Spielgruppe für Kinder (ohne ihre Eltern) im Alter von zwei Jahren ergänzt. Sowohl diese schwellensenkenden Möglichkeiten der Krabbelgruppen als auch die kostenpflichtige Dienstleistung ergänzen das Kindergartenangebot und bringen die Eltern mit der Kirchengemeinde in Kontakt.

Gelungen ist die Integration von Kindern und Jugendlichen ins Gemeindeleben. Immer wieder wachsen junge Menschen als Mitarbeitende heran, zeigen sich an vielen Stellen und beteiligen sich auch am Gottesdienst.

Auch der Bereich Senioren stellt einen Wachstumsfaktor für die nächsten Jahre dar. Aus dem traditionellen »Altenkreis« wurde im Jahr 2000 ein offener »Senioren-Treff«. Jeden Monat kommen etwa 80 Senioren zusammen zur gemeinsamen Andacht, zu anspruchsvollen Vorträgen und Programmen, zu einer Tasse Kaffee und zum Gespräch. Besonders beliebt sind die Ausflüge in den Sommermonaten. Zur Ergänzung des Senioren-Treffs etablierte sich im vergangenen Jahr ein Spiel-Nachmittag für Senioren. Ergänzt wird das Angebot in diesem Bereich durch Gedächtnistraining für Menschen über 50 und einen Männerkreis. Alles in allem meist offene Angebote in Form von Treffpunkten im Stadtteil.

11 DER GOTTESDIENSTE ALS MITTE

Der Gottesdienst wird als »Mittelpunkt des Gemeindelebens« bezeichnet. Denn er ist »eine wöchentlichen Vollversammlung« der Menschen, die unter der Woche in vielen Arbeitsfeldern der Gemeinde tätig sind. Im Jahre 2006 kamen im 1. Pfarrbezirk über 10000 Besucher in den Gottesdienst, was 170 Besuchern pro Gottesdienst entspricht. Der Gottesdienst soll, so sagt man, »Tankstelle; Ruhepol im Getriebe des Alltags; Ort, wo Gott gefeiert wird, Gemeinschaft mit Gott und dem Mitchristen sein«.

Dieses Ziel wird durch unterschiedliche Formen erreicht: Der Abendmahlsgottesdienst am ersten Sonntag des Monats ist »klassisch«. Lieder aus dem Evangelischen Gesangbuch werden gesungen, die Orgel und oft Instrumente der klassischen Musik tragen den musikalischen Teil, der Kirchenchor singt. Solistinnen verleihen diesen Gottesdiensten ihren besonderen Akzent.

Ein ganz anderes Bild am zweiten Sonntag des Monats: Die Orgel schweigt, dafür spielt die Lobpreis-Band. Junge Leute geben dem Gottesdienst durch ein Theaterstück sein besonderes Gepräge. Die Predigt orientiert sich an einem Thema. »Meet-Jesus-Gottesdienst« wird er genannt. Auch reifere Menschen besuchen ihn gerne.

An den weiteren Sonntagen wird in der klassischen Variante gefeiert oder es finden in unregelmäßigen Abständen Familiengottesdienste statt. Oft werden die Kinder auch in den klassischen Gottesdienst mit der sog. »Kinderpredigt« integriert. Der Eingangsteil wird auf die Kinder abgestimmt. Den Höhepunkt bildet eine Katechese für die Kinder, die dann in den Kindergottesdienst gehen. Kinder bis zu drei Jahren werden im »Kinderkönigreich« betreut (im Schnitt pro Sonntag 15 Kinder), die ab Vierjährigen gehen in den Kindergottesdienst (im Schnitt 35 Kinder).

Trotz der Vielfalt an Formen legt man in der Gemeinde Wert darauf, dass am Sonntag ein Gottesdienst für die ganze Gemeinde gefeiert wird. Ein ›Zweites Programm‹ lehnt man ab. Lange Zeit hatte sich der Gottesdienstbesuch bei knapp unter 100 Personen einpendelt. Die Marke wurde oft überschritten, aber nie dauerhaft. Maßstab ist in der Gemeinde: »Es ist Urlaubszeit und der Pfarrer wird vertreten. Kommen dann über 100, ist die Wachstumshürde dauerhaft genommen.« Die Differenzierung der Gottesdienstformen half hier sicherlich. Was aber auch ein entscheidender Faktor war, ist die Möglichkeit zur Begegnung beim Kirchenkaffee. Hier lernen sich Menschen kennen, hier begegnet man Bekannten. Denn, so sagt man hier, »viele fühlen sich erst dann wohl, wenn ihnen mindestens zehn Gesichter bekannt vorkommen«. Auch hat sich der Kirchenkaffee als hervorragende Form der niederschwelligen Seelsorge erwiesen. Allein der Pfarrer zählt oft 20–30 Gespräche, viele der Beginn eines seelsorgerlichen Prozesses.

12 DIE GEMEINDE AUF DEM WEG
ZUR PROFILGEMEINDE

Der Pfarrbezirk I in Bredeney ist zunächst eine Parochialgemeinde mit einem pietistischen Profil. Doch er entwickelt sich immer mehr zu einer Profilgemeinde, indem er für andere Gemeinden Aufgaben übernimmt bzw. einen bestimmten Frömmigkeitsstil abdeckt. Dieses Profil teilt sich die Gemeinde mit dem Weigelhaus in Essen. Sie bleibt aber im Gegensatz zu ihm bewusst eine Parochialgemeinde, was weniger den Gottesdienst als vielmehr das gemeinsame Leben prägt. Inzwischen kommen ein Viertel der Mitarbeitenden wie auch der Gottesdienstbesucher nicht aus Bredeney. Viele lebten früher hier, haben aber im günstigeren Umland Eigentum erworben und kommen gerne wieder in ihre alte (kirchliche) Heimat. Es gibt aber auch etliche, die sich wegen des geistlichen Profils gerade hier engagieren. So mancher kommt auch aus einer Freikirche, ist aber noch nicht in die Kirche eingetreten, weil er Beschlüsse der Landeskirche nicht tragen kann. Sie unterstützen die Gemeinde durch großzügige Spenden. Man gibt aber auch Gemeindeglieder, die sich nicht wohlfühlen und sich anders orientieren wollen, bewusst ab und weist ihnen den Weg in andere Gemeinden. Was man jedoch nicht möchte, sind Menschen, die von Gemeinde zu Gemeinde ziehen und dort »Events« mitnehmen.

Erst allmählich wächst in Essen das Bewusstsein, dass sich Profilgemeinden heranbilden. Die hier untersuchte Gemeinde bringt dieses Thema bewusst in Konvente ein. Man fordert zur Stärke auf, Unterschiedliches nebeneinander stehen zu lassen, ohne abzuwerten. Klarere Absprachen in Essen und ein Konzept, in das solche Profilgemeinden eingebunden sind, könnten Irritationen bei Umpfarrungen verhindern.

**Fazit: Eine pietistisch geprägte Profilgemeinde
in der Großstadt**

Der Pfarrbezirk I in Bredeney hat sich aus der pietistischen Prägung heraus zu einer Profilgemeinde für Essen entwickelt, die aber ihr Profil ganz ausdrücklich als Parochialgemeinde lebt. Bewusst hat die Gemeinde ihr Wachstum initiiert, ihre Strukturen entwickelt, Impulse gesetzt und förderliche Faktoren genutzt. Wie sie dabei auf das Konzept der Willow Creek-Gemeinde zurückgegriffen hat, ist lehrreich. Zuerst stemmte man sich gegen eine Adaption, dann wurden sehr selektiv die Punkte herausgegriffen, die man für die Entwicklung der Mitarbeiterschaft braucht. Aber auch in diesem Bereich wählte man aus. Das traditionelle Pfarrbild sollte nicht verändert werden. Gerade hierin zeigt sich die Parochialgemeinde. Der Pfarrer will für die Öffentlichkeit, aber auch für jedes seiner Gemeindeglieder Ansprechpartner und Seelsorger bleiben. Gespannt darf man auch sein, wie sich der neue Ansatz der »offenen Seniorenarbeit« entwickelt, sicher ein Feld zukünftigen Wachstums.

Maria-Magdalena Gemeinde Fürth

Ort:	Fürth
Einwohnerzahl des Stadtteils:	ca. 5600, davon 2000 Evangelische (35,7%)
Bundesland:	Bayern
Landeskirche:	Evangelisch-Lutherische Kirche in Bayern
Gemeindegröße 2003:	1700
Gemeindegröße 2006:	2000
Wachstum:	17,6%
Gottesdienstbesuch 2003:	50
Gottesdienstbesuch 2006:	60
Wachstum:	20%
Adresse:	Gerhart-Hauptmann-Str. 21, 90763 Fürth; Telefon: 0911/7102794
E-Mail:	k.schuerrle@web.de

1 ZUR GEGENWÄRTIGEN SITUATION
DER GEMEINDE IN DER REGION

Fürth liegt im traditionell protestantisch geprägten Mittelfranken im Herzen Bayerns. Die urbane Ausdehnung ist so weit fortgeschritten, dass Fürth an den Rändern mit Nürnberg zusammengewachsen ist und eine große Metropole bildet. In den letzten Jahrzehnten bauten etliche Traditionsfirmen im großen Stile Arbeitsplätze ab, schlossen oder verlagerten die Produktion. Entsprechend ist die Arbeitslosigkeit über dem niedrigen bayrischen Niveau.

Die Maria-Magdalena Gemeinde liegt ca. eine viertel Stunde Fußweg von der historischen Altstadt Fürths entfernt. Dieser Stadtteil, die sog. Kalbsiedlung – benannt nach einem fränkischen Feldherrn –, ist ein auf dem Reißbrett geplanter Stadtteil. Den Anfang machte im Kaiserreich eine Kaserne, die dann als amerikanischer Truppenstützpunkt ausgebaut und um Soldatenwohnungen erweitert wurde. Heute ist der Stadtteil ein neues Zentrum urbanen Wohnens mit einem besonderen Flair. Die historischen Kasernengebäude wurden entkernt und als gehobener Wohnraum und Lofts verkauft. Dazwischen war Platz für eine große Anzahl relativ preisgünstiger Reihenhäuser. Exerzierplatz und Panzergelände bilden heute den weitläufigen Südstadtpark. Eine breite Straße trennt ihn von den Wohnblöcken der Soldaten ab, die symmetrisch nach amerikanischer Bauweise angeordnet genügend günstigen Wohnraum zur Verfügung stellen. Während die Soldatenwohnungen Mitte der 90er Jahre des letzten Jahrhunderts schnell renoviert wurden und sehr viele junge Familien vor allem aus anderen Stadtteilen anzogen, werden die Wohnungen auf dem Kasernengelände nach Marktlage fertig gestellt. Entsprechend klaffen Baulücken, Renoviertes steht neben der Brache. Begehrt sind die loftartigen Wohnungen vor allem von Singles oder jungen Paaren, die Reihenhäuser von jungen Familien. Die Bewohner des Stadtteils sind im Durchschnitt verglichen mit dem übrigen Fürth jung. Arbeiter und Angestellte überwiegen bisher.

2 DIE ENTSTEHUNG DER GEMEINDE
UND IHR WACHSTUM

Die Geschichte der Gemeinde begann im Juli 1996. Die amerikanischen Truppen zogen ab. Das Gelände wurde aufgelassen. Stadt und Land entwickelten Konzepte der wohnbaulichen Nutzung des Stadtteils. Eine Stadt in der Stadt sollte es werden. Von Anfang an waren die Kirchen in den Prozess mit einbezogen. Dekanat und Landeskirche errichteten umgehend eine Pfarrstelle und stellten Mittel bereit für den Erwerb eines Gebäudes. Man entschied sich, zusammen mit der katholischen Kirche ein Ökumenisches Zentrum zu planen mit angeschlossenem evangelischen Kindergarten. Ein gemeinsam und abwechselnd genutzter Mehrzweckraum, in dem auch die Gottesdienste gehalten werden, und baulich getrennte Gruppenräume waren das Konzept. Sowohl evangelische als auch katholische Gemeinde sollten strukturell angebunden bleiben an die jeweilige Innenstadtpfarrei. Der Auftrag lautete: »Gemeinde aufzubauen und Kirche zu repräsentieren«.

Das Konzept stand, als die ersten Bewohner der Kalbsiedlung ihre Häuser bezogen. 1996 wurde der erste Weihnachtsgottesdienst auf der Baustelle des Gemeindezentrums gefeiert. Doch die Entwicklung der beiden Konfessionen im gemeinsamen Haus verlief unterschiedlich. Während die Anfangszeit geprägt war durch gemeinsames Feiern und Leben, wurde nach einigen Jahren die Stelle des Pastoralreferenten gestrichen. Das Ökumenische Zentrum wurde nun personell von der Mutterpfarrei mitbetreut. Immer öfter wurden die katholischen Christen auf die Gottesdienste mit Eucharistie in der Hauptkirche verwiesen und wanderten so auch ab.

Die evangelische Gemeinde strebte dagegen nach Selbständigkeit. Tochter- und Muttergemeinde entfernten sich konzeptionell und theologisch voneinander. Während man sich in der Innenstadt nicht einig über das Verhältnis von charismatischer Profilgemeinde und traditionell lutherisch geprägter Parochie wurde, entwickelte sich in der Kalbsiedlung ein niederschwelliges Angebot für Menschen, die wenig an kirchlicher Prägung mitbrachten. Bevor diese Gruppe als dritte den Konflikt verschärfte, forcierte man den schon von Anfang an gehegten Wunsch zur Gründung einer eigenen selbständigen Kirchengemeinde. Bei der Gründung zählte man 900 Gemeindeglieder, heute über 2000.

Die Weichen für die Zukunft sind gestellt. Bisher überwogen in der Gemeinde die Bewohner der ersten Ansiedlungsphase aus den ehemaligen Soldatenwohnungen. Nun will man den Sprung über die bislang trennende Straße auch baulich wagen. Auf dem Kasernengelände entsteht ein Seniorenwohnpark der Diakonie. An ihn soll eine Kirche angegliedert werden, in der zukünftig die Gottesdienste stattfinden sollen. Das Ökumenische Zentrum soll dann als Gemeindehaus genutzt werden.

3 KONTAKTSUCHE ALS PIONIERARBEIT

Das Pfarrerehepaar gehörte auf Grund der zügigen Planung von Landeskirche und Fürther Dekanat zu den Ersten, die im Stadtteil lebten. Sie waren gewissermaßen ihre ersten Gemeindeglieder. Sie begrüßten fortan jeden Zuzug persönlich. Sah man einen Möbelwagen oder Licht in einem Fenster, ging man auf die Neubürger zu und hieß sie willkommen. Von ihrer

Konfessions- oder Religionszugehörigkeit wusste man nichts, die Melde-
bögen kamen erst viel später. Von Haus zu Haus ging man – vorwiegend
am Samstag – und begegnete den Menschen. Selten wurde man abgewie-
sen. Viele waren froh um einen ersten Kontakt in einem von Baustellen
geprägten Stadtteil ohne Straßenbeleuchtung. Diese Gründerphase schloss
die Menschen zusammen. Es entstand, so analysiert man im Nachhinein, so
etwas wie eine Dorfatmosphäre in dem Retortenstadtteil, und dort, wo sie
nicht war, suchte man sie. Entsprechend lebte die kirchliche Arbeit von den
in kurzer Zeit gewachsenen Beziehungen. Über die Gemeinde lernten sich
Menschen kennen und fanden zusammen. Auch die Struktur und die Organisation der Gemeinde und ihres Pfarramtes wurden von dieser Situation
nachhaltig beeinflusst. Eigentlich unterschied man sich nicht von einem
Dorfpfarramt. Die zentrale Stellung des Pfarrerehepaares in der Gemeindearbeit ist z. B. eine Errungenschaft, manchmal aber auch eine Bürde aus dieser Gründerzeit.

Viele Kontakte entstanden und entstehen auch über den evangelischen
Kindergarten. Auf Elternabenden lädt man zu den gemeindlichen Angeboten ein und informiert über die eigene Arbeit. Veranstaltungen des Kindergartens finden in den Gemeinderäumen statt. Gemeinsam mit dem
Kindergarten wird Gottesdienst gefeiert. Schwellen werden gesenkt, Beziehungen entstehen, Bindungen wachsen.

Das Pfarrerehepaar sucht bewusst die Öffentlichkeit. Es ging zu Eigen-
tümerversammlungen und nahm viele öffentliche Termine wahr, um die
Gemeinde bekannt zu machen. Die Kommune war froh, in ihrem Muster-
projekt eine Gemeinde mit Kindergarten präsentieren zu können, und lud
das Pfarrerehepaar zu allen öffentlichen Veranstaltungen ein.

In dieser Zeit ging es oft mit dem eigenen Kinderwagen durch den Südstadtpark und sprach Eltern und Kinder an, lud sie ein zu den unterschiedlichen Angeboten für diese Zielgruppe. Es traf sich gut, dass die eigene Lebenssituation mit der der Zugezogenen vergleichbar war. Oft entwickelte
sich durch den Kontakt zur Person des Pfarrer und der Pfarrerin eine Bindung auch zur Gemeinde.

Der Kontakt und die Einladung gingen Hand in Hand. Eigentlich hatte
man immer Gemeindebriefe oder Handzettel mit, mit denen man informieren und einladen konnte.

4 DAS WERBEN UM GEMEINDE

Die Maria-Magdalena Gemeinde ist inzwischen in Fürth und auch im eigenen Stadtteil bekannt. Die Presse berichtet regelmäßig über die Gemeinde,
ihr Wachstum und über neue Projekte.

Man geht auch mit eigenen kirchlichen Angeboten, die in der traditionellen Arbeit eher unüblich sind, in die Öffentlichkeit, wie z. B. ein Biergarten oder eine Ü 30-Party. Sie bieten ein Forum, um mit Menschen ins Gespräch zu kommen. Man sammelt E-Mail-Adressen und kann gezielt und kostengünstig Menschen zu weiteren Veranstaltungen einladen. Ein stetes Erinnern auch bei denen, die »eigentlich regelmäßig kommen«, ist unverzichtbar.

Niederschwellige Angebote prägen die Gemeinde. Zahlreiche Krabbel- und Spielgruppen werden gerne angenommen, damit Kinder – oft Einzelkinder – in Kontakt mit anderen Kindern kommen. Der Brückenschlag zum Familien- und Krabbelgottesdienst gelingt.

Literatursommerabende erwiesen sich als guter Anlass, über Kirche und Glaube zu reden. Anfangs waren sie als kulturelle Arbeit und als Senker von Schwellen geplant. Doch die Lesenden versuchten – ungeplant vom Veranstalter und aus eigenem Antrieb –, die Beziehung des Lesestoffs zur christlichen Botschaft herzustellen. Ähnlich positive Erfahrungen hat man mit Kunstausstellungen und konzertanten Veranstaltungen gemacht.

Dagegen finden die Glaubenkurse, wie z. B. »Reli für Erwachsene«, kaum Zuspruch. Hier ist die Schwelle für die Bewohner der Kalbsiedlung wohl zu hoch.

Mit Outdoor-Gottesdiensten werden ganz bewusst die Mauern des Gewohnten verlassen. An einer örtlichen Quelle oder im Park werden unter freiem Himmel Gottesdienste gefeiert. Die kommunale Johannisfeier wird mit einer kurzen Andacht am Beginn und einem Grillabend am Ende umrahmt. Viele Passanten werden aufmerksam, nehmen die feiernde Gemeinde wahr und interessieren sich für sie.

5 DIE NEUE LITURGIE IM NEUEN HAUS

Dass Menschen ins neu geschaffene Gemeindezentrum auch zum sonntäglichen Gottesdienst gingen, dafür sorgte neben der Beziehungsarbeit und dem Werben das Gottesdienstprogramm. Anfangs feierte man ausschließlich Familien- oder Krabbelgottesdienst. Bald reichten diese Gottesdienstformen nicht mehr aus. Die Gemeinde wollte einen Predigtgottesdienst mit parallelem Kindergottesdienst. Sie stellte aber an jenen die Anforderungen, die sie aus den beiden anderen Gottesdienstformen gewohnt war: eine einsichtige Liturgie frei von allen Formeln und Gesängen der bayerischen Agende. Eine die Bibel erklärende und die Lebenswirklichkeit der Menschen beleuchtende Predigt soll dabei im Mittelpunkt stehen. Inzwischen wechselt man mit gewisser Regelmäßigkeit die Formen. Wobei sich gerade auch die älteren Gemeindeglieder, die es nun ebenfalls in der Siedlung gibt, in diesem Konzept aufgehoben fühlen. Überlegungen, sich allmählich liturgischeren Formen anzunähern, stoßen nach wie vor auf Widerstand. Trotzdem mehren sich die Anfragen nach mehr Spiritualität.

6 DIE ENTDECKUNG DER SPIRITUALITÄT

Während man die nüchterne Gottesdienstform nicht missen möchte, empfinden doch viele den Mehrzweckraum, in dem Gottesdienst gefeiert wird, als karg und vermissen »eine richtige Kirche«. Ein neues Projekt nimmt dieses Anliegen auf. Die neue Kirche soll ein mit modernen Mitteln gestalteter Sakralraum sein. Durch seine Angliederung an den Seniorenwohnpark soll er eine stets geöffnete Rückzugsmöglichkeit zur Besinnung und zum Gebet bieten. Der bauliche Rahmen wird auch die Gottesdienste verändern. Ergänzende Angebote, wie z. B. Taizé-Andachten oder besondere Abendmahlsfeiern, sollen gemacht werden. So mancher hat angedeutet, dass er in den Gottesdiensten nur Ruhe sucht, Ruhe, die er im oft voll verplanten Alltag nicht finden kann. Meditative Gottesdienste, die auch das gewohnte Zeitmaß überschreiten dürfen, werden so eine neue Form der Feiern in der neuen Kirche sein.

Inwieweit die gewohnten Formen davon beeinflusst werden, wird sich zeigen. Das bisherige Angebot soll ergänzt, nicht ersetzt werden. Denn keinesfalls soll das eingeschlagene Konzept verlassen werden. Man will diese offene, von persönlichen Beziehungen geprägte, einladende Gemeinde sein, die für die Menschen ihres Quartiers da ist, auch wenn sie kaum religiöse Prägung mitbringen.

Mit dem neuen Gebäude rückt auch die Arbeit mit Senioren vermehrt in den Blick.

7 NIEDERSCHWELLIGKEIT ALS DAUERKONZEPT

Die Gemeinde wird an einem interessanten Punkt ihrer Entwicklung beobachtet. Die Pionierarbeit ist geleistet. Man wächst noch immer, auch ohne so manche Anstrengung des Anfangs. Vieles musste spontan und aus der Notwendigkeit heraus getan werden. Jetzt kommt man in die Phase, in der man das Getane und damit das entwickelte Profil analysiert und ein Konzept für die Zukunft entwickelt. »Kann man die Niederschwelligkeit als Dauerkonzept etablieren? Wird es in Zukunft Menschen dauerhaft an die Gemeinde binden?«, so wird gefragt.

Zunächst muss man Missverständnissen vorbeugen: Niederschwelligkeit wird nicht als ein Defizit empfunden. Gespräche sind in dieser Fürther Gemeinde nicht oberflächlich. Ihr Anlass ruht vielleicht nicht in einem kirchlichen Kontext, aber hier werden mit der gebotenen theologischen Tiefe Gott und die christliche Lebensführung zur Sprache gebracht. Die eigene Liturgie greift zwar nicht gewohnte Formen auf, entwickelt aber mit eigener Sprache und zeitgenössischem Singen die Grundelemente jedes Gottesdienstes weiter. Anlässe und Formen werden auf die Klientel zugeschnitten, es wird aber kein »leichteres« Evangelium verkündigt. Das Angebot der Gemeinde hat geistliche Tiefe und auch die nötige thematische Breite. Es wird nichts ausgeklammert. Inzwischen hat man auch ein lebensbegleitendes Programm an Gruppen und Kreisen entwickelt.

Wie die Gemeinde sich weiterentwickeln wird, deutet sich an. Auch Menschen, die schon zehn Jahre dabei sind, schätzen diese niederschwelligen Angebote, dieses stete Werben um die Menschen. Über die neu entstehende Kinderkrippe – der Bedarf ändert auch hier das kirchliche Angebot – soll wieder viel Kontaktarbeit geleistet werden. Dass sich sogar die Situationen des Anfangs wiederholen, zeigt sich im Moment deutlich. Junge Menschen, oft Singles, ziehen in die renovierte Kaserne. Inzwischen verlassen etliche auch wieder die Soldatenwohnungen. Neue ziehen ein. Die Gemeinde macht es sich zur Aufgabe, sie zu gewinnen, ähnlich wie am Anfang. Nur ist es nicht mehr der große Aufbruch, »es sind nun viele kleine Anfänge« zeitlich verteilt.

Das eingeschlagene Konzept ist seinem Wesen nach integrierend und so auch expansiv. Wiche man in dieser Situation von ihm ab, und zöge man sich auf einen sich verfestigenden Kern zurück, würde die Gemeinde verlieren und auch der Stadtteil. Man ist sich sicher: Die besondere Situation und die Menschen vor Ort brauchen dieses eingeschlagene Konzept der Verkündigung des Evangeliums. Ein Stadtteil hat seine Kirche gefunden.

8 WACHSTUMSSCHWELLEN IN DIESEM KONZEPT

Die Problemstellungen und Anforderungen erinnern also im Moment an die Situation des Anfangs. Ähnliche Lösungsansätze wie damals liegen nahe, doch haben sich durch die schiere Größe die Rahmenbedingungen verändert. Die Familiengottesdienste mit ihren oft über 100 Teilnehmern machen es fast unmöglich, dass Neue angesprochen werden können. Beim anschließenden Kirchenkaffee kann inzwischen nur noch bei einem geringen Teil das persönliche Gespräch mit dem Pfarrer oder der Pfarrerin stattfinden. Die Gemeindearbeit lässt kaum noch Freiraum zu den notwendigen Besuchen bei den Zugezogenen. »Leben wie in einem Dorf« war die allseits propagierte Devise und auch ein Erfolgsfaktor in der Gemeindearbeit. Inzwischen lässt die Größe es nicht mehr zu, dass das Pfarrerehepaar Motor und Organisator in allen Bereichen der Gemeindearbeit ist. In den nächsten Jahren will die Gemeinde die Selbständigkeit der Ehrenamtlichen (z. Zt. 120 Mitarbeitende) fördern, sie mit Verantwortung betrauen, sie inhaltlich schulen und in miteinander vernetzten Arbeitsgruppen zusammenfassen. Denn dass man, außer einem Supervisionsangebot, keine Fortbildung und Begleitung in den Bereichen Organisations- oder Gemeindeentwicklung hatte, hat man in der Anfangsphase selbst leidvoll erfahren. Möglicherweise wird diese Neustrukturierung das Pfarrerehepaar strukturell entlasten und Freiräume schaffen, wichtiger ist ihnen aber, dass die Beziehungsarbeit schwerpunktmäßig über die Hauptamtlichen läuft.

Vieles hat sich verfestigt. So ist z. B. aus dem sommerlichen Biergarten ein fester Stammtisch mit gewohntem Teilnehmerkreis geworden. Dieser Gesprächskreis mit vielen theologischen Themen in angenehmer Gesprächskultur ist ein unverzichtbarer Teil der Gemeindearbeit geworden, er erfüllt aber nicht mehr die Aufgabenstellung des Anfangs: mit neuen Menschen in Kontakt zu kommen. Bleibt man dem eingeschlagenen Konzept treu, muss diese Funktion wieder von anderen Veranstaltungen übernommen werden. Hier denkt man schon über Neues nach.

9 DIE MARIA-MAGDALENA GEMEINDE INNERHALB VON FÜRTHS ANDEREN GEMEINDEN

Das Konzept passt zu den Menschen der Siedlung. Nur wenige lassen sich von der Gemeinde weg umgemeinden, wie auch wenige aus den anderen Fürther Stadtteilen hinzukommen. Zur ursprünglichen Muttergemeinde bestehen keine über die sonstigen Kontakte auf Kirchenbezirksebene hinausgehenden Beziehungen. Die Entwicklung der Maria-Magdalena Gemeinde bestätigt den Entschluss zur Neugründung von damals. Nur wenige hätten sich in eine charismatische Profilgemeinde oder in eine traditionell lutherische Gemeinde integrieren lassen.

Eine freie evangelische Gemeinde, die sich in der alten amerikanischen Kapelle angesiedelt hat, stellt keine wirkliche religiöse Konkurrenz dar. Ihre stark charismatische Ausrichtung und ihre raumgreifenden Gottesdienste ziehen die meisten Neusiedler nicht an. Diese Gemeinde bezieht ihre Gemeindeglieder weniger aus dem Stadtteil als aus einem großen Einzugsgebiet bis in den Landkreis. Der Kontakt ist punktuell, wobei darauf geachtet wird, dass die Maria-Magdalena Gemeinde nicht von uninformierten Beobachtern mit dieser in Zusammenhang gebracht wird.

Ein humanistischer Kindergarten mit antikirchlicher Ausrichtung dagegen erschwert den Kontakt zu den evangelischen Familien, die auf Grund der räumlichen Nähe ihre Kinder in diesem Kindergarten angemeldet haben.

Die Beziehung zu den katholischen Hausgenossen ist weiterhin gut. Es kommen aber, auch durch die personelle Situation bedingt, wenig Impulse von katholischer Seite. Gemeinsame Gemeindekreise werden nach und nach von der evangelischen Seite geleitet. Bis auf wenige ökumenische Gottesdienste feiert die katholische Gemeinde inzwischen meistens in der Hauptkirche. Die evangelische Maria-Magdalena Gemeinde wird also immer mehr *die* Kirche vor Ort in diesem Stadtteil.

Fazit: Die Übertragbarkeit des Konzepts oder eine über elf Jahre gewachsene, lebendige Gemeinde mit niederschwelligen Angeboten für ihren Stadtteil

Die Gemeinde ist in einer besonderen Situation, die sie wenig mit anderen vergleichbar macht. Trotzdem haben sich in dieser absoluten Nullpunktsituation Methoden bewährt, die in so mancher Pionierphase ebenso Anwendung finden können. Denn, so zeigt diese Studie, diese Pionierphasen sind nicht auf die Phase der Gemeindeneugründung beschränkt. Niederschwelligkeit des Angebotes, das Sich-Einlassen auf die Situation vor Ort, das Hören auf das, was Menschen mitbringen, Flexibilität, der Kontaktaufbau, der Gang in die Öffentlichkeit, das Werben sind Arbeitsweisen, die die Voraussetzung bilden, um Menschen zu gewinnen und Gemeinde wachsen zu lassen. Inzwischen identifizieren sich die Menschen mit ihrem Stadtteil und ihrer Kirche. Sie haben in ihr eine neue Heimat gefunden.

Die Arbeit in der Gemeinde hatte und hat noch immer etwas Experimentelles und ist getragen vom gemeinsamen Anliegen, Kirche für diesen Stadtteil zu sein. Das gibt Mitarbeitenden Möglichkeiten zur Partizipation. Sie arbeiten gerne mit, weil sie ihre Ideen unmittelbar umsetzen können.

Auch zeigt dieses Beispiel in Fürth, dass niederschwellige Angebote keine Durchgangsphase sein müssen. Ganz im Gegenteil: In dieser Situation dieser bestimmten Gemeinde ist es sogar ein Erfolg versprechendes Dauermodell. Auch hier entstehen feste Gruppen und Kreise, auch hier bilden sich mit der Zeit Gewohnheiten, die Außenstehenden erklärt werden müssen. Auch werden Formen gefunden, die nicht mehr niederschwellig sind, doch das ändert nichts an der Ausrichtung der Gemeinde, immer wieder Situationen zu suchen und zu finden, um Menschen zu gewinnen, die schon lange nicht mehr oder bisher wenig Kontakt zu einer christlichen Gemeinde hatten. Oft bringen sie ihre festgefügten Vorurteile mit und entdecken nun, wie erfrischend anders diese Gemeinde ist.

Evangelische Kirchengemeinden Gönnheim und Friedelsheim

Ort:	Gönnheim
Einwohnerzahl:	1522, davon 961 (63,14%) Evange-lische
Ort:	Friedelsheim
Einwohnerzahl:	1600, davon 918 (57,38%) Evange-lische
Bundesland:	Rheinland-Pfalz
Landeskirche:	Evangelische Kirche Pfalz (Protestantische Landeskirche)
Gemeindegröße Gönnheim 2003:	951
Gemeindegröße Gönnheim 2006:	961
Wachstum:	1%
Gemeindegröße Friedelsheim 2003:	919
Gemeindegröße Friedelsheim 2006:	918
Gottesdienstbesuch 2003:	115 in Gönnheim
Gottesdienstbesuch 2006:	118 in Gönnheim
Wachstum:	3%
Gottesdienstbesuch 2003:	96 in Friedelsheim
Gottesdienstbesuch 2006:	109 in Friedelsheim
Wachstum:	14%
Adressen:	Gartenweg 5, 67161 Gönnheim
	Gartenweg 2, 67159 Friedelsheim
Homepage:	www.pkduew.de

1 ZUR GEGENWÄRTIGEN SITUATION DER GEMEINDE IN DER REGION

Gönnheim und Friedelsheim sind zwei Winzerdörfer in der Pfalz mit jeweils eigener kommunaler Verwaltung. Jede Gemeinde hat eine eigene Kirche und ein eigenes Gemeindehaus sowie ein eigenes Presbyterium, allerdings ist ein Pfarrer für beide Gemeinden zuständig. Dennoch bestehen Vernetzungen beider Orte durch Vereinsarbeit und übergreifende kirchliche Veranstaltungen; gemeinsame Sitzungen sowohl der Presbyterien als auch der kommunalen Gemeinderäte finden regelmäßig statt.

Die berufstätige Bevölkerung von Gönnheim und Friedelsheim besteht nur noch zu einem kleinen Teil aus (hauptamtlichen) Winzern; der Anteil der Zugezogenen überwiegt. Die ganze Region ist ein ausgeprägtes Zuzugsgebiet von Menschen, die Arbeit im Rhein-Neckar-Raum finden (Ludwigshafen, Mannheim, Heidelberg etc.). Auffallend ist, dass besonders hochgebildete junge Familien, die einige Zeit im Ausland verbracht haben, sich in der Region (wieder oder von Neuem) niederlassen. In den Neubaugebieten überwiegen Akademiker mit mindestens zwei Kindern. Die relative Gutsituiertheit der Region und die gleichzeitigen höheren Lebenshaltungskosten markieren eine relativ geringe Arbeitslosigkeit und einen geringen Anteil von ausländischen Zuwanderern. Soziale Brennpunkte gibt es praktisch nicht. Darüber hinaus ist das Zuzugsgebiet davon geprägt, dass dort Menschen mit häufig mehrjähriger Auslandserfahrung leben, die auf Grund dieser Erfahrung bereit sind, sich ehrenamtlich zu engagieren und mit anderen Menschen Ideen für ehrenamtliches Engagement zu entwickeln.

Traditionell ist die Region nicht ausgeprägt kirchlich. Vor allem die Kirchengebäude, aber auch die kirchliche Arbeit stellen jedoch einen hohen Identifikationsmarker dar: Kirche wird mit »Zuhausesein« verbunden und ist positiv konnotiert. Als beispielsweise der 1942 zerstörte Turm der Kirche Gönnheim, der nach dem Krieg schnell wieder errichtet wurde, erneuert werden sollte, stieß die Kirchengemeinde – wie auch bei anderen Gelegenheiten – auf eine auffallend hohe Spendenbereitschaft der Bevölkerung. Die starke Präsenz des kirchlichen Lebens im Bewusstsein der Menschen steht in Wechselwirkung mit einer Vernetzung von kirchlichen und kommunalen Ehrenämtern – hier gibt es häufig personelle Überschneidungen, so dass Kirche und Kommune auf Grund dieser Vernetzung eng aneinander gebunden sind. Gönnheim und Friedelsheim nehmen an der in Rheinland-Pfalz ausgeschriebenen »Agenda 21« teil, nach der Bürger und Bürgerinnen die Gemeinde, in der sie leben, etwa durch die Errichtung von Räumen für Kinder und Jugendliche oder durch die Gestaltung von Fahrrad- und Wanderwegen mit gestalten. An dieses ausgeprägte bürgerschaftliche ehrenamtliche Engagement kann die Kirchengemeinde anknüpfen und es mit der eigenen Arbeit verbinden.

In Friedelsheim besteht eine gute ökumenische Zusammenarbeit von evangelischer, mennonitischer und katholischer Gemeinde; in Gönnheim gibt es neben der evangelischen eine römisch-katholische Gemeinde.

2 WIE DAS WACHSTUM BEGANN

Ein Wachstum findet in Gönnheim und Friedelsheim etwa seit den Jahren 2000/2001 statt. Initialzündungen für dieses Wachstum sind vor allem zwei Faktoren:

1. der Neubau des Gemeindehauses in Gönnheim sowie
2. die Einrichtung der »Kunterbunten Kinderkirche« in Friedelsheim.

Beide Aspekte verdanken sich Klausurtagungen des Presbyteriums. Der Neubau des *Gemeindehauses* in Gönnheim verdankt sich der Beobachtung, dass die Gemeinde keinen gemeinsamen Raum hatte, in dem sie sich treffen kann. Dieser unbefriedigende Zustand konnte mit Hilfe eines großen Spendenaufkommens durch die Gemeinde in Gönnheim beendet werden. Inzwischen wird das Gemeindehaus auch an nichtkirchliche Gruppen vermietet, vor allem aber hat sich eine breite kommunale Jugendarbeit etablieren können, für die vorher keine Räume vorhanden waren. Die Einrichtung der *Kinderkirche* geht ebenfalls auf einen Beschluss des Presbyteriums zurück. Auch damit konnte es gelingen, vor allem Kinder und ihre Familien an die Gemeinde zu binden und zum Besuch des traditionellen Gottesdienstes zu bewegen.

Über die beiden genannten Aspekte hinaus haben beide Gemeinden sich auf feste Gottesdienstzeiten einigen können. Während bis zu dieser Einigung in den beiden Gemeinden abwechselnd um 9.00 Uhr und um 10.00 Uhr Gottesdienste stattfanden und zeitweise auch getauscht wurde, so dass zuweilen die Orientierung fehlte, wo wann Gottesdienst gefeiert wird, konnte man sich darauf einigen, dass in Friedelsheim regelmäßig um 9.30 Uhr und in Gönnheim regelmäßig um 10.30 Uhr Gottesdienst stattfindet. Im Zusammenhang mit der Festlegung von klaren Gottesdienstzeiten ist der Gottesdienstbesuch in beiden Gemeinden spürbar angestiegen.

3 GEMEINDEWACHSTUM: VERNETZUNG DER GEMEINDE UND ARBEIT MIT JUNGEN FAMILIEN

Das erfolgreiche Wachstum sowohl in Gönnheim als auch in Friedelsheim hat wesentlich damit zu tun, dass viele Gemeindeglieder zum einen mit der kommunalen Gemeinde vernetzt sind und dass die Gemeindearbeit sich zum anderen wesentlich der Arbeit für junge Familien geöffnet hat, die etwa auf Grund der Zuzugssituation in die Region gekommen sind.

3.1 VERNETZUNG DER GEMEINDE

Traditionell ist die Region der Pfalz keine ausgeprägt »fromme« Gegend. Die Menschen identifizieren sich aber mit der Kirche, vor allem mit den Kirchengebäuden, und haben insofern eine relativ enge Bindung zum Gebäude, aber auch zur Gemeinde. Aus diesem Grund sind die Gemeinden in Gönnheim und Friedelsheim öffentlich in hohem Maße präsent. In der Grundschule unterrichtet der Pfarrer Religion und hält im Schuljahr bis zu fünf Schulgottesdienste. Bei Jubiläumsfeiern der Vereine wirkt die Kirchengemeinde mit. Bei den mehrmals im Jahr stattfindenden Kerwen (Kirmes oder Kirchweih-Fest) gestaltet die Gemeinde den Gottesdienst und geht auf die beiden Kerwe-Umzüge von Friedelsheim und Gönnheim mit. Darüber hinaus bestehen personelle Überschneidungen in kommunaler Gemeinde und Kirchengemeinde: Kirchenälteste und Ehrenamtliche sind auch in den Kommunen ehrenamtlich engagiert.

Diese Vernetzung bietet Chancen und macht Menschen ansprechbar für die kirchliche Arbeit, muss aber auch gestaltet werden. In der Kirchengemeinde von Gönnheim und Friedelsheim wird sie etwa dadurch gestaltet, dass der Pfarrer und die Ehrenamtlichen der Gemeinde versuchen, die Bedürfnisse der Bürger und Bürgerinnen zu erspüren, ohne sie automatisch bedienen zu wollen. Sie zeigen Präsenz bei Festen und geben ihrer Beteiligung an Festen gleichzeitig bewusst einen kirchlichen Rahmen. Kerwegottesdienste oder Schulgottesdienste werden bewusst als christliche Gottesdienste gefeiert und bilden nicht nur ein erbauliches Beiwerk für das »eigentliche« Fest. Bei der Neugestaltung des Dorfplatzes mit Brunnen in Friedelsheim etwa arbeiten Kirchengemeinde und kommunale Gemeinde eng zusammen. Darüber hinaus gibt es in Friedelsheim Zusammenarbeit mit einem kommunalen Jugendzentrum und den Pfadfindern.

Die Vernetzung von Kirchengemeinde und öffentlichem Leben zeigt sich an einem konkreten Beispiel: In Gönnheim hat sich aus aktiven und engagierten Eltern am kommunalen Kindergarten eine Eltern-Initiative gegründet, die zusätzlich zu der Arbeit des Kindergartens eigene Akzente setzen und die Kindergartenarbeit durch bestimmte Aktionen im Jahreskreis ergänzen wollte. Diese Eltern–Kind-Initiative hat das neu gebaute Gemeindehaus von Gönnheim nutzen und darin Gemeinschaftsräume für ihre Arbeit finden können, und auch wenn sie sich anfangs nicht als explizit kirchliche Gruppe verstand, entwickelte sich im Laufe der Zeit eine starke kirchliche Bindung. Nach wie vor arbeitet die »ELKI-Lok« projektbezogen, gestaltet aber inzwischen bewusst christliche Feste im Jahreskreis mit und bereitet Gottesdienste mit vor.

Der Name ELKI-Lok leitet sich von der Eltern-Kind-Initiative her und legt den Akzent auf das Bild, dass die Initiative (die Lok) dieselbe bleibt, die viele Eltern und Kinder und viel buntes Programm ziehen kann, dass aber die Wagen der Eisenbahn sich je nach Thema ändern können. Über diese Arbeit konnten in den vergangenen Jahren vermehrt Familien zur Gemeinde hinzugewonnen werden, und es erscheint besonders bemerkenswert, dass diese Initiative nicht vom Presbyterium ausging, sondern von engagierten Eltern, die zunächst keine kirchliche Gruppe ins Leben rufen wollten, sich dann aber bewusst unter das Dach der Gemeinde gestellt haben.

Die Vernetzung, die für die Gemeinde ein zentraler Faktor im kirchlichen Leben ist, betrifft aber auch die Vernetzung der Generationen innerhalb der Kirchengemeinde. Der aktive Seniorenkreis vor allem in Gönnheim soll auch an den Familiengottesdiensten der ELKI-Lok teilnehmen dürfen und sich eingeladen fühlen. Dass die Gemeindearbeit sich für junge Familien mit Kindern engagiert, soll ausdrücklich nicht dazu führen, dass ältere Menschen sich ausgeschlossen fühlen. Das Ziel, Menschen jeder Altersstufe in die Gemeinde einzuladen und zu integrieren, wird darum ausdrücklich als Zukunftsvision für die Gemeindearbeit benannt: »Wünschenswert wäre …, dass die Kerngemeinde auch die Familiengottesdienste mitfeiert.«

3.2 ARBEIT FÜR UND MIT JUNGEN FAMILIEN

Auf Grund der Tatsache, dass die Region von Gönnheim und Friedelsheim ein ausgeprägtes Zuzugsgebiet mit einem hohen Anteil von akademisch gebildeten jungen Menschen in der ersten Phase des Familienlebens ist, sind junge Menschen bis 40 Jahre vergleichsweise überrepräsentiert. Diese Bevölkerungsgruppe wird aber durch die Gemeinden auch besonders erreicht, weil die Angebote für junge Familien seit 2000/2001 wesentlich verbessert werden konnten.

Die neuen Angebote für Familien und Jugendliche hängen in *Gönnheim* mit dem Bau des neuen Gemeindehauses zusammen, in dem sich seit der Errichtung Gruppen treffen können, die vorher keine Räumlichkeiten hatten. Ein herausragendes Beispiel für Gruppen, die sich in dem neu errichteten Gemeindehaus treffen, ist die bereits beschriebene ELKI-Lok. Für *Friedelsheim* hat das Presbyterium in einer Klausurtagung die Vision eines Kinderkirchen-Projekts entwickelt, das seit 2005 einmal im Monat durchgeführt wird. Eingeladen sind alle Kinder im Grundschul- und Vorschulalter für einen Samstag im Monat. Begonnen und beendet wird der Tag jeweils mit einer Andacht, es gibt ein gemeinsames Mittagessen und ein Thema, unter dem die »kunterbunte Kinderkirche« steht. Die Themenbreite variiert je nach Jahreszeit von Erntedank über den Umgang mit dem Tod bis hin zur Wüstenwanderung mit Mose.

Der Tag wird von einem Team von 10–12 Ehrenamtlichen gestaltet, die Andachten zu Beginn und am Ende hält der Pfarrer. Von Anfang an konnte dieses Projekt viele Kinder zu sich ziehen, die anschließend auch ihre Familien in den traditionellen Sonntagsgottesdienst gebracht haben: Durchschnittlich nehmen 40 bis 50 Kinder an der »Kinderkirche kunterbunt« teil. Dabei gibt es keinen parallel zum Gottesdienst stattfindenden Kindergottesdienst in der Gemeinde, weil dieser sich nach Beobachtung des Presbyteriums nicht bewährt hat und nur wenige Kinder teilgenommen haben. Die »Kinderkirche kunterbunt« will demgegenüber mit den Kindern einen ganzen Tag verbringen. Dabei können Themen vertieft werden, indem mit kreativen Elementen (basteln, Brot backen etc.), Gespräch und gemeinsam erlebter Zeit Zugänge gesucht werden, für die in einem traditionellen Kindergottesdienst keine Zeit wäre. Die beiden Andachten zu Beginn und am Schluss und das gemeinsame Mittagessen geben den Tagen einen geistlichen und gemeinschaftlichen Rahmen.

Neben der Kinderkirche gibt es in Friedelsheim etwa sechs Mal im Jahr einen Familiengottesdienst mit kindgerechter Verkündigung und kreativen Elementen, der mit 20 bis 25 Minuten deutlich kürzer ausfällt als der traditionelle Gottesdienst am Sonntagmorgen. Ausdrücklich wird der Familiengottesdienst nicht als »Zielgruppengottesdienst«, sondern als Gottesdienst für die gesamte Gemeinde benannt, in dem nicht nur Kinder und ihre Eltern sich wohlfühlen sollen, sondern genauso auch Senioren und Erwachsene mittleren Alters.

3.3 Leben aus dem Gottesdienst – die Mitte der Gemeindearbeit

Seit der Einigung auf feste Termine für die Gottesdienste in Gönnheim und Friedelsheim ist der Gottesdienstbesuch gewachsen, was unter Umständen auch damit zusammenhängt, dass nach eher experimentellen Phasen der 70er Jahre bewusst Liturgie im Rückgriff auf traditionelle liturgische Texte und die Agende wieder als Liturgie gestaltet wird. Mit der Rückbesinnung auf die traditionelle Liturgie und ihre Gestaltung konnten liturgische Traditionen von Neuem wertgeschätzt werden, so dass Pfarrer und Gemeindeglieder von Neuem eine Heimat im liturgisch gestalteten Gottesdienst finden konnten.

Die Gemeinde benennt den Sonntagsgottesdienst als die Mitte der gesamten Gemeindearbeit. Es gibt (bisher) neben den Familiengottesdiensten kein alternatives Gottesdienstprogramm, auch wenn gegenwärtig um Formen gerungen wird, die jungen Familien besser gerecht werden können, für die der Sonntagvormittag Familienzeit ist und die nach anderen Formen und anderen Zeiten suchen. An dieser Stelle fühlen sich Ehrenamtliche und Pfarrer gemeinsam herausgefordert, zum einen den Bedürfnissen der Gemeindeglieder gerecht zu werden, ohne sich von ihnen unkritisch bestimmen zu lassen, zum anderen die Vernetzung der Generationen in den Gemeinden und die gemeinsame Mitte des Gottesdienstes nicht aufzugeben.

Dass der Gottesdienst als gemeinsame Mitte bezeichnet wird, hat auch damit zu tun, dass er Gemeinschaft in den Gemeinden entstehen lässt. Einmal monatlich findet im Gemeindehaus von Friedelsheim nach dem Gottesdienst ein Kirchencafé statt, für das überall im Dorf Schilder stehen, die etwa bei gutem Wetter auch die Radfahrer auf den an Friedelsheim vorbeiführenden Fernradwegen dazu bewegen, in die Gemeinde zu kommen und einen Kaffee zu trinken.

Fazit: Wachstum durch Vernetzung

Die Gemeinden von Gönnheim und Friedelsheim befinden sich in einer Region mit einem hohen Anteil von Zugezogenen. Diejenigen, die zugezogen sind, sind häufig auslandserfahrene und meist akademisch gebildete, gut situierte jüngere Menschen mit Kindern. Auf Grund der hohen Vernetzung, der dörflichen Struktur, der starken Akzeptanz von Kirche in der Öffentlichkeit und der Angebote speziell für diese Zielgruppe konnten die Gemeinden in hohem Maße die Zugezogenen an sich binden und zum ehrenamtlichen Engagement in der Gemeinde ermutigen. Zuzug bringt neue Menschen in die Gemeinde, muss aber auch gestaltet werden, was in Gönnheim und Friedelsheim auf Grund der Arbeit für junge Erwachsene und junge Familien gut gelingt.

Insgesamt profitiert die Gemeinde von der guten Situation der Region, schafft es aber auch, sich in der Öffentlichkeit präsent zu halten. »Unsere Kirchengemeinde gilt als verlässlicher Partner in der Gestaltung des Dorflebens und wird als aktive und profilierte Größe in der Lebensgemeinschaft respektiert.«

Evangelische Kirchengemeinde Graben-Neudorf

Ort:	Graben-Neudorf
Einwohnerzahl:	11 682, davon 4107 (35,16%) Evangelische
Bundesland:	Baden-Württemberg
Landeskirche:	Evangelische Landeskirche in Baden
Gemeindegröße 2003:	4019
Gemeindegröße 2006:	4107
Wachstum:	2,2%
Gottesdienstbesuch 2003:	260
Gottesdienstbesuch 2006:	305
Wachstum:	17,3%
Adresse:	Evangelische Kirchengemeinde, Karlsruher Straße 29, 76676 Graben-Neudorf; Telefon: 07255/9634, Fax: 07255/3320
Homepage:	www.ev-gn.de

1 ZUR GEGENWÄRTIGEN SITUATION DER GEMEINDE IN DER REGION

Graben-Neudorf besteht aus den beiden Ortsteilen Graben und Neudorf, die erst seit 1972 eine gemeinsam verwaltete Gemeinde sind. Vorher waren Graben und Neudorf zwei unterschiedlichen Landkreisen zugeordnet, Graben ist nach Karlsruhe orientiert gewesen, Neudorf nach Bruchsal. Die Prägung der Gemeindeteile ist, auch wenn die Kirchengemeinde schon seit Jahren zusammengehört, immer noch unterschiedlich: Während Graben traditionell evangelisch geprägt ist, herrscht in Neudorf eher eine katholische Prägung vor. Evangelische Jugendarbeit fand schwerpunktmäßig in Graben statt. Seit dem 19. Jahrhundert ist die Gemeindearbeit von Graben wesentlich vom Wirken des pietistischen Theologen Aloys Henhöfer geprägt worden, der sechs Jahre als Pfarrer in Graben gearbeitet hat.

Die regionale Lage von Graben-Neudorf begünstigt die Situation als Zuzugsgebiet: Städte wie Heidelberg, Karlsruhe, Bruchsal oder Stuttgart sind gut zu erreichen. Diese Situation ermöglicht vielen Arbeitnehmern, die in Graben-Neudorf wohnen, das berufliche Pendeln in die größeren Städte. Dass auch Universitätsstädte im näheren Umkreis liegen, bedeutet für die Kirchengemeinde, dass Mitarbeiter und Mitarbeiterinnen zum Studium den Ort oder die Region nicht verlassen müssen, sondern für die Gemeindearbeit verfügbar bleiben.

Die Region muss als gut situiert bezeichnet werden, die Arbeitslosigkeit ist gering. Menschen, die nach Graben-Neudorf ziehen, erhalten rasch Arbeit in den umliegenden größeren Städten. Soziale Probleme gibt es dementsprechend kaum. Weil die Region als Zuzugsgebiet gekennzeichnet werden kann, gewinnt die Gemeinde auch durch den Zuzug in hohem Maße neue Mitglieder. Auf Grund dieser Zuzugssituation kann die Zusammensetzung der kommunalen ebenso wie der kirchlichen Gemeinde als gemischt bezeichnet werden – es überwiegen weder akademisch ausgebildete Angestellte und Beamte noch Handwerker oder Landwirte. Traditionelle Bevölkerungsgruppen haben sich vielmehr mit Zugezogenen vermischt. Die Migration im Zusammenhang mit dem Zweiten Weltkrieg hat schließlich dazu geführt, dass inzwischen auch in Graben eine größere Zahl an Katholiken wohnt. Gegenwärtig bilden die Katholiken in Graben-Neudorf mit jeweils einer Gemeinde in Graben und Neudorf eine leichte Mehrheit gegenüber den Evangelischen.

2 ZUR SITUATION VOR DEM WACHSTUM

Das derzeitig erfahrene Gemeindewachstum im Gottesdienstbesuch und bei den Mitgliederzahlen hat 1998 begonnen, als das Pfarrerehepaar in die Gemeinde kam, das auch gegenwärtig noch in Stellenteilung in der Gemeinde tätig ist.

Die Situation vor dem Wachstum war durch eine traditionell starke Jugendarbeit gekennzeichnet, die in Graben-Neudorf schon seit Jahrzehnten vom CVJM verantwortet wurde. Die Arbeit von Kirchengemeinde und CVJM ist immer schon stark vernetzt gewesen. Auf Grund von nicht befriedigender Kommunikation war aber eine Konkurrenzsituation von Kirchengemeinde und CVJM entstanden, weil Zuständigkeitsbereiche nicht geklärt waren und Strukturen sich verhärtet hatten. Im Zusammenhang mit dem Pfarrerwechsel ist die Jugendarbeit vollständig dem CVJM anvertraut worden, der diese jetzt hauptverantwortlich leitet, mit der Arbeit der Kirchengemeinde aber personell und strukturell eng vernetzt ist. Auf Grund der klar abgesprochenen Aufgabenteilung hat sich die Situation entspannt. Klare Aufgabenzuweisungen und eine offene Gesprächskultur in der gezielten Suche nach einem gelingenden Miteinander haben dazu beigetragen, dass Gruppen und Kreise angewachsen sind und die Gemeinde insgesamt gewachsen ist. Inzwischen versteht sich der CVJM in Graben-Neudorf als »Teil der Gemeindearbeit«. Neben der CVJM-Arbeit gibt es mit der Liebenzeller Gemeinschaft und der Gemeinschaft des Augsburgischen Bekenntnisses weitere Formen von landeskirchlichen Gemeinschaften, die aber ebenso wie der CVJM mit der Gemeinde vernetzt sind.

Die Gemeindearbeit und das Gemeindewachstum werden wesentlich von drei Säulen gestützt:

1. Mitarbeitergewinnung und Mitarbeiterbegleitung,
2. gottesdienstliches Handeln,
3. Konfirmandenarbeit.

3 GEMEINDEWACHSTUM UNTER EINEM GEMEINSAMEN LEITBILD – VIELE FORMEN, DERSELBE INHALT

3.1 MITARBEITER UND MITARBEITERINNEN FÜR DIE GEMEINDE GRABEN-NEUDORF

Die enge Vernetzung von Kirchengemeinde und CVJM, die allererst ermöglicht oder zumindest vereinfacht wurde durch eine klar abgesprochene Aufgabenteilung, lässt sich besonders anschaulich an der in Graben-Neudorf stattfindenden Jugendarbeit verdeutlichen. Personell und organisatorisch gibt es zwischen Kirchengemeinde und CVJM Überschneidungen. Der CVJM hat außer einer Praktikantin keine weiteren hauptamtlichen Verantwortlichen, die Arbeit wird von den beiden Pfarrern begleitet. Gleichzeitig verstehen sich die ehrenamtlichen Mitarbeiter und Mitarbeiterinnen des CVJM als Mitarbeitende in der *Kirchengemeinde* Graben-Neudorf.

Es gibt derzeit über 100 Personen, die in unterschiedlichen Bereichen in der Gemeinde mitarbeiten, über 70 davon sind unter 18 Jahre alt. In der Begleitung der ehrenamtlichen Mitarbeiter sind vor allem Schulung und Gemeinschaft wichtig: So gibt es sowohl fest bestehende Schulungsangebote (z. B. das Mitarbeiterwochenende für Jugendliche jedes Jahr im Sommer) als auch Schulungsangebote, die bei Bedarf für Mitarbeiter in bestimmten Bereichen der Gemeindearbeit angeboten werden (z. B. Gottesdienstwerkstatt; theologische Abende). Jährlich findet ein Mitarbeiterfest statt, das mit einem Gottesdienst beginnt, und zwei bis drei Mal im Jahr gibt es Mitarbeiterabende zu Fragen der Gemeindearbeit oder theologischen Fragen.

Das Mitarbeiterkonzept für Mitarbeiter, die sich im CVJM engagieren, sieht ein zweistufiges Modell der Mitarbeit vor: Zunächst werden Menschen zur Mitarbeit in der Gemeinde als Helfer und Helferinnen gewonnen, die verbindlich an 6–8 Mitarbeiterschulungen teilnehmen, in denen vor allem Gemeinschaftsaspekte und die persönliche Aneignung des Glaubens eine tragende Rolle spielen; aber auch das Kennenlernen der Geschichte des CVJM ist wichtig. Nach einer etwa zweijährigen Helfer- und Schulungszeit werden in einem feierlichen Treffen des ansonsten monatlich stattfindenden Mitarbeiterkreises die neuen Mitarbeiter und Mitarbeiterinnen in ihre Arbeit ausgesendet.

Der Mitarbeiterkreis ist das monatlich stattfindende Gremium für alle ehrenamtlich Mitarbeitenden des CVJM. Neben organisatorischen Fragen werden Hinweise zum persönlichen Glaubensleben gegeben, das gemeinsame Gebet spielt eine zentrale Rolle. Wer Mitarbeiter im CVJM wird, ist zugleich Mitarbeiter der Kirchengemeinde.

Ein wichtiges Element in der Mitarbeiterbegleitung der Gemeinde stellt ein Seminar dar, an dem Mitarbeitende, wenn sie es möchten, teilnehmen können. In diesem Seminar machen sie unter anderem einen Test, welche Gaben sie haben und welcher Bereich der Mitarbeit zu ihrer Persönlichkeit passt. Sowohl für Erwachsene als auch für Jugendliche sind von der Gemeinde in Zusammenarbeit mit dem Oberkirchenrat der badischen Landeskirche in Karlsruhe Konzepte für Seminare entwickelt worden, in denen Begabungen entdeckt und geschult werden können: »Mitarbeiten am richtigen Platz. Gabenorientiertes Mitarbeiten in der Gemeinde«. Eine der Quellen für diese Arbeit ist das gabenorientierte Mitarbeiterprogramm von Willow Creek, das aber stark modifiziert und den Bedürfnissen landeskirchlicher Gemeinden angepasst worden ist. Offenheit, ob jemand etwas Neues ausprobieren möchte oder merkt, dass etwas nicht zu ihm oder ihr passt, ist dabei entscheidend: Begabungen, die einmal gefunden worden sind, legen Mitarbeitende nicht für immer auf ihre Arbeit in der Gemeinde fest. Vor allem für ehemalige Konfirmanden bewährt sich das Programm, zunächst einmal eine begrenzte Zeit etwas auszuprobieren und es nach etwa einem Jahr zu evaluieren und auf dieser Spur weiterzugehen oder eine neue zu suchen.

3.2 DAS GOTTESDIENSTLICHE LEBEN

Zu Beginn des Wachstumsprozesses ist 1998 in einer Fragebogenaktion ermittelt worden, was Gemeindeglieder sich für den Gemeindegottesdienst wünschen. Die ausgewerteten Fragebögen sind in einer Gemeindeversammlung diskutiert worden. In diesem Zusammenhang haben Pfarrer und Kirchenvorsteher nach neuen Wegen der Gottesdienstgestaltung gesucht, um Gottesdienste für mehr Menschen einladend zu gestalten. Nach einem Jahr sind die neuen Wege evaluiert und nochmals unter der Fragestellung diskutiert worden, ob sie sich bewährt haben. Eine solche Form der Auswertung und Überprüfung wird immer noch von der Gemeinde gepflegt. Was sich bewährt hat, wird auch so, wie es sich bewährt hat, bewahrt, auch wenn es Stimmen dagegen geben sollte. Auf der anderen Seite wird von konzeptionellen Versuchen, die sich nicht bewährt haben, beherzt Abschied genommen.

Schon zu Beginn des Wachstumsprozesses ist die Form von LIVE-Gottesdiensten erprobt worden, die auch gegenwärtig noch gefeiert werden. LIVE-Gottesdienste finden einmal monatlich am Sonntagvormittag alternativ zum klassischen Gottesdienst statt. Sie sind durch kürzere Predigten, Anspiele, neuere Lieder und eine Lobpreiszeit innerhalb des Gottesdienstes gekennzeichnet. Im Anschluss findet eine Bistro-Zeit zur Begegnung miteinander statt.

Ebenfalls einmal monatlich findet im Gemeindehaus in Neudorf ein Feierabendgottesdienst samstagabends zusätzlich zum klassischen Sonntagsgottesdienst statt. Strukturell ist er ähnlich aufgebaut wie ein LIVE-Gottesdienst, hat aber mehr meditative Elemente und wird von Vereinen oder Kindergärten oder anderen Gruppen der Öffentlichkeit mitgestaltet. Im Unterschied zu den klassischen Sonntagsgottesdiensten findet in jedem Feierabendgottesdienst das Abendmahl statt. Am Sonntagvormittag gibt es Abendmahl lediglich an hohen kirchlichen Feiertagen.

Kennzeichnend für beide alternativen Gottesdienstformen ist die große Beteiligung von ehrenamtlichen Mitarbeitern. Dennoch sind die Hauptamtlichen (Pfarrer, Pfarrerin und Diakon) an der Gestaltung ebenfalls beteiligt. Auf Grund der neueren Gottesdienstformen sind kleinere Konflikte entstanden, konnten aber sehr behutsam durch die Gemeinde selbst gelöst werden. Die Gemeinde ist von Anfang an in den Prozess der neuen Gottesdienstgestaltung einbezogen worden und hat eine längere Zeit gehabt, in der Konzepte entstanden sind und erprobt wurden. Für viele Menschen hat sich die Erkenntnis eingestellt, »dass ihnen nichts genommen wurde« und dass sie es genießen können, generationenübergreifend an Gottesdiensten teilzunehmen: Während der LIVE-Gottesdienste gibt es einen parallelen Kindergottesdienst, die Kinder sind zu Anfang und Schluss des Gottesdienstes in der Gemeinde, während an den übrigen Sonntagen der Kindergottesdienst im Anschluss an den Gottesdienst stattfindet.

Für die Konfirmanden gibt es einen verbindlichen Jugendgottesdienst, an dem sie teilnehmen müssen, der aber auch für Jugendliche nach der Konfirmation offen ist. Auch dieser »Homerun«-Gottesdienst wird unter der Begleitung der Hauptamtlichen von ehrenamtlichen Jugendlichen verantwortet und geleitet und ist strukturell mit den bereits genannten Formen der Gottesdienstarbeit vergleichbar. Aus der Thomas-Messe ist auch hier die Anregung aufgenommen worden, für eine begrenzte Zeit (etwa zehn Minuten) Stationen anzubieten, bei denen man beten, sich segnen lassen, eine Klage formulieren, mit dem Prediger diskutieren oder in Stille sein kann. Eine zentrale Intention ist die persönliche Glaubensaneignung und der Aspekt von Gemeinschaft.

Für die Teilnehmer und Teilnehmerinnen an der vom CVJM verantworteten Jugendarbeit gibt es (alle sechs Wochen montags) einen weiteren Jugendgottesdienst »Uno«, der als Zielgruppe vor allem die Teilnehmenden der derzeit sieben Jugendkreise der CVJM-Arbeit versteht. Er wird als geistliche Mitte der gesamten Jugendarbeit angesehen und richtet sich nicht, wie der Mitarbeiterkreis, ausschließlich an die Mitarbeitenden, sondern an alle Jugendlichen, die an den Kreisen teilnehmen.

Die Funktion der »geistlichen Mitte« der Gemeindearbeit, die der »Uno«-Gottesdienst innerhalb der Jugendarbeit übernimmt, haben alle

Gottesdienste, die in der Gemeinde von Graben-Neudorf gefeiert werden. Denn es geht in den Gottesdiensten nicht darum, etwas darzustellen oder die Gottesdienste etwa für die Gewinnung neuer Mitglieder oder Mitarbeiter zu funktionalisieren. Der Begriff »zielgruppenorientierte Gottesdienste« wird deswegen auch ausdrücklich abgelehnt. Vielmehr ist die gemeinsame Feier des Gottesdienstes denjenigen ein geistliches Anliegen, die in die Feier involviert sind. Sie feiern für sich selbst Gottesdienste und laden damit auch andere ein, an dieser Feier teilzunehmen. Dass es aber keine Darstellung oder »Performance« eines dramatischen Geschehens ist, bei dem jeder seinen Text kennen muss, sondern eine geistliche Feier, die vor allem diejenigen, die den Gottesdienst verantworten, feiern, lädt Menschen auf andere Weise ein als eine gemeindliche »Theatervorstellung«. Zu den beschriebenen Gottesdiensten kommt noch ein Gottesdienst für Eltern mit kleinen Kindern hinzu, der einmal monatlich mit kreativen Erzählungen von biblischen Geschichten und in kindgerechter Form gefeiert wird.

Mit der Erprobung neuer Gottesdienstformen ist auch die Beteiligung an den traditionellen Sonntagsgottesdiensten gestiegen. Denn alternative Formen der Gottesdienstgestaltung haben durch ihre alternative Stellung zum klassischen Sonntagsgottesdienst auch ein Bewusstsein für dessen liturgische Gestaltung wachsen lassen. Traditionelle Sonntagsgottesdienste wirken auf diese Weise authentischer und einladender. Auffallend ist, dass mehr Jugendliche zum Sonntagsgottesdienst kommen. Die bleibende Herausforderung besteht allerdings darin, neue Formen zu erproben und zuzulassen, dabei aber möglichst niemanden aus der Gemeinde zu verlieren.

3.3 Konfirmandenarbeit

In der Kirchengemeinde Graben-Neudorf wird der Konfirmandenunterricht im Team der Hauptamtlichen (Pfarrer, Pfarrerin und Diakon) gemeinsam mit ehrenamtlichen jugendlichen Ko-Leitern und einer großen Anzahl von ehrenamtlichen jugendlichen Helfern und Helferinnen einmal im Monat samstags erteilt. Eine Freizeit am Ende der einjährigen Zeit schließt die Konfirmandenzeit ab. Jede Konfirmandeneinheit steht unter einem Thema und wird gemeinsam von haupt- und ehrenamtlichen Mitarbeitern vorbereitet. Methodisch wird viel in Kleingruppen gearbeitet. Dieses Modell einer Vernetzung von ehrenamtlicher und hauptamtlicher Verantwortung wird von der Gemeinde seit etwa vier Jahren geübt; die Zahl der ehrenamtlichen Helfer ist von zunächst zwölf auf inzwischen 60 Personen angewachsen. Gegenwärtig ist der Andrang derer, die mitarbeiten wollen, so groß, dass die Arbeit auf viele Schultern verteilt wird.

Im Fokus steht dabei weniger die Vermittlung von Wissen als vielmehr die erfahrungsorientierte Ermöglichung eines persönlichen Glaubenslebens und der Aspekt von Gemeinschaft. »Probier's mal aus.« Die Konfirmanden und Konfirmandinnen werden als eigenständige Personen ernst genommen und gehört. Die Arbeit in Kleingruppen spielt deswegen eine zentrale Rolle. Dafür werden zahlreiche Ehrenamtliche geschult, die selbst bereits konfirmiert sind und nach ihrer eigenen Konfirmation mit dieser Arbeit beginnen können. Für die Entwicklung der Mitarbeitenden wird die Konfirmandenarbeit als zentral benannt. In diesem Zusammenhang können Jugendliche sich selbst ausprobieren und ihre eigenen Gaben entdecken, wobei ihnen und ihrer persönlichen Entwicklung viel Freiraum gelassen wird. In der Konfirmandenarbeit findet darum eine starke Vernetzung von CVJM-geprägter Jugendarbeit und kirchlicher Gemeindearbeit statt.

3.4 Arbeit am Leitbild – viele Formen, ein Inhalt

Gegenwärtig wird von hauptamtlichen und ehrenamtlichen Mitarbeitern in der Gemeinde an einem Leitbild für die Gemeindearbeit gearbeitet, das ausdrückt, was von vielen Mitarbeitenden als zentral empfunden wird: dass es eine gemeinsame geistliche Basis gibt, die die Arbeit trägt und Vielfalt zulässt. »Alle Aktivitäten verlaufen sich nicht irgendwohin, sondern die Grundbasis zeichnet unsere Arbeit aus: der Glaube an Jesus Christus. Alle Arbeit, die getan wird, soll Menschen mit dem Glauben erreichen.« Diese gemeinsame Mitte wird als der inhaltlich tragende Grund der Gemeindearbeit benannt, was auch denjenigen vermittelt werden soll, die in der Gemeinde mitarbeiten. Daher ist das persönliche Glaubens- und Gebetsleben der Mitarbeitenden für die Mitarbeiterschulung zentral. Diese gemeinsame Mitte ermöglicht aber auch eine große Vielfalt der Formen des Glaubenslebens.

Aus dieser gemeinsamen Mitte versuchen Mitarbeiter etwa im Gebet die Arbeit in der Gemeinde zu tragen. Parallel zu Veranstaltungen in der Gemeinde gibt es Gebetskreise für die entsprechende Veranstaltung. Vor Feierabend- und LIVE-Gottesdiensten gibt es Andachten mit gemeinsamem Gebet der Mitarbeiter. Es gibt einen Gebetskreis für Kranke und einen wöchentlich stattfindenden Gebetskreis für die Gemeindearbeit. Während der Konfirmandenfreizeit gibt es einen Gebetskreis, der für die Freizeit betet. Vor den Kirchengemeinderatssitzungen gibt es eine gemeinsame Andacht und eine Zeit des Gebets. »Es ist unser Anliegen, mit Gott und den Generationen in Kommunikation zu treten.«

3.5 DAS MITEINANDER UNTERSCHIEDLICHER GENERATIONEN

Das Gottesdienstangebot und die vielfältige Jugendarbeit sind florierende Zweige der Gemeindearbeit. Daneben gibt es weitere Bereiche, in denen Menschen in der Gemeinde mitarbeiten: Frauenkreise, Glaubenskurse, Besuchskreise, Seniorenkreise, Hauskreise, Sportarbeit, Musikarbeit: Posaunenchor und Kirchenchor und freierer Chor, der auch Lobpreislieder und neuere Lieder singt. Bei allen Bereichen der Gemeindearbeit ist die Ausrichtung an einer klaren geistlichen Mitte entscheidend. Die Arbeit mit den Jugendlichen versteht sich als Arbeit, die allen Generationen innerhalb der Gemeinde zugute kommt, weil sie von der Arbeit mit den älteren Gemeindegliedern profitiert, ihr aber auch etwas zu geben und mitzuteilen hat. Die vom CVJM hochgeschätzte und im CVJM-Dreiecks-Symbol ausgedrückte Einheit von Geist, Seele und Leib setzt sich so in der Gemeindearbeit fort.

Fazit: Eine enge Vernetzung von Kirchengemeinde und CVJM mit geistlicher Mitte

Die Kirchengemeinde von Graben-Neudorf lebt in ihrer Vernetzung mit dem CVJM stark von einer geistlichen Mitte her. »Wir machen kein Programm für andere, sondern es ist uns selbst ein Anliegen, Gottesdienst zu feiern. Ich glaube, dass der Zuspruch zu den Gottesdiensten genau daher kommt.« Gemeindeleitung wird als geistliche Gemeindeleitung verstanden, der Gemeindeaufbau versteht sich als Gemeindeaufbau auf Grund von Gottesdienst und Gebet. Von dieser gemeinsamen Basis und geistlichen Mitte her hat die Gemeinde es geschafft, anfängliche Konflikte bei einer Modernisierung von Gottesdienstformen behutsam zu lösen und gemeinsam einen Weg zu finden, wie unterschiedliche Generationen miteinander in einer Gemeinde leben können.

Die Vernetzung von CVJM und Kirchengemeinde gelingt dabei vor allem auf Grund der transparenten Kommunikation, der klaren Arbeitsteilung und der darin stattfindenden engen Verknüpfung beider Bereiche.

Melanchthon-Kirchengemeinde Hamburg Groß-Flottbek

Ort:	Hamburg Groß-Flottbek
Einwohnerzahl des Ortsteils:	10 826, davon ca. 4330 Evangelische (ca. 40 %)
Bundesland:	Hamburg
Landeskirche:	Nordelbische Evangelisch-lutherische Kirche
Gemeindegröße 2003:	1971
Gemeindegröße 2006:	1986
Wachstum:	0,8 %
Gottesdienstbesuch 2003:	116
Gottesdienstbesuch 2006:	122
Wachstum:	5,2 %
Adresse:	Evangelisch-lutherische Melanchthon-Kirchengemeinde Groß-Flottbek, Ebertallee 30, 22607 Hamburg Telefon: 040/891306
Homepage:	www.melanchthonkirchengemeinde.de

1 DIE MELANCHTHONGEMEINDE IM KONTEXT IHRER GESCHICHTE UND UMGEBUNG

Erst vor ca. 60 Jahren entstand die Melanchthon-Kirchengemeinde als eigenständige Gemeinde. Zuvor war sie Teil der Lutherkirche in Hamburg-Bahrenfeld. Bereits Anfang der 80er Jahre gab es jedoch erste Bestrebungen, diese relativ kleine Kirchengemeinde (wieder) mit einer der größeren Kirchengemeinden in der Umgebung zu verbinden bzw. sie darin wieder aufgehen zu lassen. Diese Versuche einer ›feindlichen Übernahme‹ lösten schon damals in der Gemeinde erheblichen Widerstand aus, weil es – wie sich gerade angesichts dieser Pläne zeigte – in der Gemeinde ein Zugehörigkeits- und Zusammengehörigkeitsgefühl gab, das sich zwar nicht bei allen in Form von Gottesdienstbesuch und Mitarbeit ausdrückte, wohl aber in einer solchen Bedrohungssituation deutlich und entschlossen zum Ausdruck kam.

Wurden die Zusammenlegungspläne damals zurückgestellt, so tauchten sie im Jahr 2003 erneut auf, weil die Kirchenleitung davon ausging, dass eine so kleine Kirchengemeinde nicht in der Lage sei, die finanziellen Mittel zu erbringen, die um der Baulast und der kirchlichen Arbeit willen nötig wären. Der dadurch entstehende neuerliche Fusionsdruck löste nun in der Gemeinde nicht nur Verärgerung, Empörung oder Widerstand aus, sondern weckte in einem ungeahnten Ausmaß auch die Bereitschaft, sich finanziell durch regelmäßige Spenden so zu engagieren, dass ein ausgeglichener Haushalt vorgelegt und sogar weiterhin Rücklagen gebildet werden konnten. Das wäre freilich sicher nicht möglich gewesen, wenn es nicht schon vor dem Jahr 2003 in der Gemeinde ein erhebliches ehrenamtliches Engagement in allen Bereichen der Gemeindearbeit, vor allem aber im Zusammenhang mit den zahlreichen Projekten (s. u. Abs. 4) gegeben hätte.

Dass und wie aus Fusionsplänen, die von der Kirchenleitung ausgingen, nicht nur ein deutlich verstärktes finanzielles Engagement, sondern ein kontinuierliches Gemeindewachstum entstand, ist damit freilich noch nicht hinreichend erklärt, sondern bedarf des genaueren Hinsehens.

2 ENTWICKLUNG DES WACHSTUMSPROZESSES

Die Frage: »Wenn Sie heute noch einmal am Beginn des Wachstumsprozesses stünden, würden Sie dann etwas anders machen?« wurde von der Melanchthon-Kirchengemeinde bejaht, und zwar durch die folgende Formulierung: »konsequenter Wachstumsprozesse initiieren, z.B. Rückgewinnung Weggemeindeter und Ausgetretener«. Desgleichen weist die Ge-

meinde dort, wo es um fehlende oder vermisste Fragen in unserem Fragebogen geht, in dieselbe Richtung: »Die gestellten Fragen unterstellen
Wachstum nur über einen gezielten Impuls. Es fehlen Fragen, die auf eine
gewisse ›Unabsichtlichkeit‹ des Wachstumsprozesses abheben«. Das zeigt,
was sich auch in den Gesprächen vor Ort bestätigte: »Wir haben nie auf
gezieltes Wachstum gesetzt«. Dass trotzdem Wachstum entstanden ist, ist ein
bemerkenswertes und bedenkenswertes Faktum und relativiert jedenfalls die
Vorstellung, Wachstumsprozesse könnten überhaupt nur dort entstehen, wo
sie bewusst initiiert, geplant, vielleicht sogar strategisch vorbereitet und in
die Wege geleitet werden. Das ist die eine – auch ermutigende – Botschaft,
die dieser Gemeindesituation zu entnehmen ist.

Daneben ist aber auch der andere Ton deutlich zu hören, wenn gesagt
wird, dass es versäumt wurde, konsequenter Wachstumsprozesse zu initiieren. Als gravierendes Beispiel wird dabei genannt, dass man es versäumt
habe, denen bewusster nachzugehen, die der Kirchengemeinde den Rücken
gekehrt hatten, sei es durch Austritt, sei es durch Weggemeindung. Im
mündlichen Gespräch fand das Ausdruck in Formulierungen wie: »Es
kommt auf jeden Einzelnen an«, und: »Es gab bei uns viele vertane Möglichkeiten«. Das heißt aber doch: Die Tatsache, dass der Wachstumsprozess
nicht von Anfang an konsequenter als solcher gewollt und gestaltet wurde,
wird von der Gemeinde rückblickend nicht als Errungenschaft gefeiert oder
als Modell verklärt, sondern auch als übersehene oder vertane Chance bedauert.

Fasst man beide Elemente zusammen, so muss man wohl sagen: Es gibt
Gemeindewachstum, das nicht geplant und bewusst gestaltet wird, sondern
sich ungesucht, von selbst, gewissermaßen nebenbei einstellt.

Eine Schlüsselrolle dafür, dass aus dem Kampf um das eigenständige
Überleben der Melanchthon-Kirchengemeinde ein kontinuierliches Wachstum der Mitgliederzahlen und der Gottesdienstbesucherzahlen entstand,
spielten die Gemeindeversammlungen, die in der damaligen Krisensituation
häufiger einberufen wurden und an denen bis zu 80 Personen teilnahmen.
Hier wurde vor allem darüber informiert, wie sich die Gemeindesituation
in finanzieller Hinsicht darstellte, welche bis dahin praktizierten Aktivitäten und Projekte in Gefahr waren, und es wurde gemeinsam nach zukunfts-
fähigen, langfristigen, kontinuierlichen Denk- und Handlungsansätzen gefragt.

Dabei verband sich offensichtlich in diesen Gemeindeversammlungen
zweierlei, was nicht ohne Weiteres und in jedem Fall zusammentrifft und
sich verbindet: Das »weit verbreitete Gefühl der Zugehörigkeit zur und der
Identifikation mit der Gemeinde« einerseits und das Engagement für die
zahlreichen ›Eine-Welt-Projekte‹ der Gemeinde andererseits, also ein eher
introvertiertes und ein eher extrovertiertes Motiv. Diese scheinbare Span-

nung löst sich jedoch dann vollständig auf, wenn die Gemeinde ihre Arbeit selbst als einen wichtigen Beitrag zur Wahrnehmung gesellschaftlicher und politischer Verantwortung in einem globalen Horizont versteht. Die Zugehörigkeit und Identifikation mit einer so verstandenen Gemeinde ist dann eben nicht Ausdruck von Vereinsmeierei und Selbsterhaltungsstreben, sondern durch die Aufgaben und Ziele motiviert, denen sich die Gemeinde in ihrer Arbeit verpflichtet weiß. Dies würde jedenfalls erklären, warum es in den Gemeindeversammlungen der Melanchthon-Kirchengemeinde nicht nur zur Information und zum finanziellen Engagement, sondern auch zur Motivierung und Aktivierung und zu verstärkter Mitarbeit kam. Die Tatsache, dass in dieser Krisensituation die zahlreichen Projekte der Gemeinde nicht – vermeintlich zu Gunsten der Erhaltung der Gemeinde – zurückgefahren, sondern im Gegenteil intensiviert und aktiviert wurden, spricht dafür, dass an dieser Stelle das Scharnier zu suchen ist, durch das die landeskirchlichen Fusionspläne schließlich – wider Erwarten und ohne Planung – einen Prozess des Gemeindewachstums initiierten und beförderten. Dass dieses Wachstum sich auch aus Umgemeindungen von anderen evangelischen Kirchengemeinden generierte, hat im Kirchenkreis zu keinen Spannungen geführt und das Miteinander nicht erkennbar belastet.

3 PROJEKTE

Mit dem bereits mehrfach genannten Stichwort ›Projekte‹ stößt man neben der zentralen Stellung des Gottesdienstes auf ein wesentliches strukturbildendes Element in der Arbeit der Melanchthon-Kirchengemeinde. Dabei handelt es sich durchweg um sozial und politisch motivierte Projekte, wie man sie in den 70er und 80er Jahren des 20. Jahrhunderts in vielen Kirchengemeinden antreffen konnte, von denen freilich im Allgemeinen nicht viel übrig geblieben ist. Anders in dieser Gemeinde. Hier gibt es ›Eine-Welt-Projekte‹ mit Tanzania, Brasilien und Weißrussland (Tschernobyl-Hilfe) sowie ein Solarprojekt, das sich der ökologischen und klimatischen Herausforderung in unserem Land zu stellen versucht. Soweit es sich um Projekte in und mit Ländern auf anderen Kontinenten handelt, geht es einerseits um Spenden- und Mittelbeschaffung (etwa für die Einrichtung einer Krankenstation), andererseits aber auch und vor allem um die Begegnung und den Austausch zwischen Menschen, wobei die Reisekosten für solche Begegnungen selbstverständlich nicht den Projektmitteln entnommen, sondern privat getragen werden.

Zwar gibt es in der Melanchthon-Kirchengemeinde auch den einen oder anderen Haus- bzw. Freundeskreis sowie ehrenamtlich geleitete Erwachsenen- und Seniorengruppen, die sich mehr oder weniger regelmäßig treffen, aber diese kleinen ›Zirkel‹ bilden nicht die tragende Infrastruktur der Gemeinde. Diese ist vor allem in den sozialen, politischen und diakonischen Projekten zu suchen, ferner in der Kinder- und Musikarbeit sowie im gottesdienstlichen Leben, von denen im Anschluss die Rede sein wird.

Nicht unerwähnt bleiben soll jedoch, was es hier auch an diakonischer Arbeit innerhalb der Gemeinde gibt, die sich vor allem auf die älteren Gemeindeglieder richtet. So werden ca. 150 ältere Menschen regelmäßig ehrenamtlich betreut und besucht, wofür früher die Stelle eines Zivildienstleistenden beantragt und bewilligt wurde. Seit die Gemeinde keine Zivildienstleistenden mehr beschäftigt, arbeiten in diesem Bereich neben dem Pastor vor allem Ehrenamtliche in der sog. »Kleinen Diakonie«.

Eine ›Institution‹ darf bei alledem nicht übersehen oder vergessen werden: das von Gemeindegliedern ehrenamtlich betriebene, montags von 15 bis 17 Uhr geöffnete ›Café Melanchthon‹. Diese Initiative dient nicht diakonischen oder caritativen Zwecken, sondern ist die wichtige Plattform für Begegnung und Austausch zwischen Gemeindegliedern der jüngeren Elterngeneration und Mitarbeitenden, auch der Ort, an dem Eltern, die auf ihre Kinder warten, oder Passanten etwas vom Gemeindeleben erfahren und auf die Möglichkeit eines stärkeren Engagements hin angesprochen werden können. Der für wachsende Gemeinden so wichtige Mitarbeitertreff hat offenbar im Café Melanchthon für diese Gemeinde einen festen Ort gefunden, was freilich nicht ausschließt, dass es daneben monatliche Teambesprechungen von Haupt- und Nebenamtlichen sowie Sitzungen von Kirchenvorstandsausschüssen und den diversen Projektgruppen gibt, in denen Haupt- und Ehrenamtliche kontinuierlich zusammenarbeiten. Dahinter steht das Prinzip, Verantwortung so weit wie möglich ›herunterzudelegieren‹: Der Kirchenvorstand versteht sich nicht als zentralistisches, alleinentscheidendes Gremium, sondern als koordinierendes und die Gesamtrichtung bestimmendes Organ. Diese Art der Führung schafft Freiräume für Engagement und trägt vermutlich maßgeblich zur Motivation vieler ehrenamtlich Tätiger bei.

4 KINDER- UND MUSIKARBEIT

Der zur Melanchthon-Kirchengemeinde gehörende Kindergarten hat jedenfalls insofern ein für die Kinder und Eltern erkennbares kirchliches Profil, als einmal im Monat für die Kinder und mit den Kindern eine Andacht in der Kirche gehalten wird. Daneben gibt es als regelmäßiges Angebot die ›Kinderkirche‹ für Kinder von 3–10 Jahren, die außerhalb der Schulferien samstags stattfindet, eine vormittags geöffnete Spielstube für Kinder sowie einen Spatzen- und Kinderchor und diverse Kinderflötengruppen. Diese Kindergruppen finden sich in den etwa sechs Mal im Jahr stattfindenden und vor allem auch von der jüngeren Elterngeneration gut besuchten Gottesdiensten für Kleine und Große zusammen. Das Bild wird abgerundet durch Flöten- und Bläserkreise, eine Kantorei und einen großen Seniorenchor sowie immer wieder verschiedene Projektchöre unter Leitung des hauptamtlichen Kirchenmusikers, die ebenfalls darauf ausgerichtet sind, sich im Gottesdienst einzubringen.

5 »ZENTRALE STELLUNG DES GOTTESDIENSTES«

Die Überschrift dieses Abschnitts ist in Anführungszeichen gesetzt, weil sie – als zweites Element – der Selbstbeschreibung der geistlichen Prägung der Melanchthon-Kirchengemeinde entnommen ist, wie sie von der Gemeinde im Fragebogen gegeben wurde. Vorangestellt ist die »weltoffene Haltung«, das dritte Element kommt zum Ausdruck in der Formulierung: »Förderung von Ausdrucksformen der Frömmigkeit und Wachheit politischen und kirchenpolitischen Geschehnissen gegenüber«. Das zeigt, dass die zentrale Stellung des Gottesdienstes dieser Gemeinde gegenüber der in den Projekten zum Ausdruck kommenden weltoffenen, politisch engagierten und kritischen Haltung nicht isoliert, sondern in sie eingebunden ist. Dabei geht es nicht um Sondergottesdienste, sondern um Gottesdienste nach der Agende I, die von Pfarrer, Kantor und Vorbereitungsgruppen, die auch den Küsterdienst übernehmen, in enger, harmonischer Zusammenarbeit vorbereitet und gestaltet werden. Zweimal im Monat wird der Gottesdienst mit Abendmahl gefeiert. Er wirkt wie (und als) die ruhige, gesammelte Mitte einer Gemeindearbeit, die vor allem durch ihre wachsame und offene Ausrichtung nach außen gekennzeichnet ist.

Fazit: Zuteilgewordenes Wachstum

Die Melanchthon-Kirchengemeinde in Hamburg Groß-Flottbek unterscheidet sich von den meisten hier dargestellten Gemeinden, mit denen es aufwärtsgeht, durch zweierlei: einerseits durch ein nicht geplantes, sondern zuteilgewordenes Wachstum, das in einer Situation entstand, in der der Fortbestand der Gemeinde gefährdet war, andererseits durch eine starke soziale und politische Ausrichtung der Gemeindearbeit. Beides ist offenbar insofern miteinander verbunden, als

---

die nach außen gewandte Gemeindearbeit, wie sie in den zahlreichen Projekten zum Ausdruck kommt, Menschen motiviert hat, sich gerade für diese Arbeit und damit für die Gemeinde, die diese Arbeit trägt und durchführt, zu engagieren, sich (noch stärker) mit ihr zu identifizieren und sich darum tatkräftig (durch Opfer an Geld und Zeit) für die Erhaltung dieser Gemeinde einzusetzen. Aus diesem Bemühen um Erhaltung entstand Wachstum, das nun bewusst gewollt und gepflegt wird. Dabei könnte in Zukunft sogar noch ein formuliertes ›Leitbild‹ entstehen, in dem (eher deskriptiv als präskriptiv) zum Ausdruck kommt, wodurch und auf welche Weise dieser Gemeinde das Wachstum zuteilgeworden ist.

Christianskirche Hamburg-Ottensen

Ort: Hamburg-Ottensen
Einwohnerzahl des Ortsteils: 32 324, davon ca. 8000 Evangelische
                                      (ca. 25 %)
Bundesland: Hamburg
Landeskirche: Nordelbische Evangelisch-lutherische Kirche
Gemeindegröße 2003:   3020
Gemeindegröße 2006:   3200
Wachstum: 6 %
Gottesdienstbesuch 2003:   89
Gottesdienstbesuch 2006:   110
Wachstum: 23,5 %
Adresse seit dem 01.09.2007:   Evangelisch-lutherische Kirchengemeinde
                                      Ottensen – Christianskirche-Osterkirche[1],
                                      Ottenser Marktplatz 6, 22765 Hamburg;
                                      Telefon: 040/3904680
Homepage: www.kirche-ottensen.de

---

1 Seit dem 01.09.2007, also nach unserem Besuch, hat die Christianskirche mit der benachbarten Osterkirche fusioniert. Damit hat sie diesen neuen Namen bekommen. Die Mitgliederzahl hat sich dadurch auf 5175 erhöht.

1 DIE GEMEINDE DER CHRISTIANSKIRCHE IM STADTTEIL HAMBURG-OTTENSEN

Der Stadtteil Ottensen, zwischen Elbufer und Bahnhof Altona gelegen, hat sich in den zurückliegenden Jahrzehnten beträchtlich verändert: vom Armeleuteviertel, in dem Fischer mit ihren Familien lebten und gegen die Schwindsucht ankämpften, zum urban geprägten Speckgürtel Hamburgs, in dem Yuppies, gut situierte junge Familien und akademisch gebildeter Nachwuchs dominieren. Dieser Prozess setzt sich noch fort, ist aber schon fast zum Abschluss gekommen, indem frei werdender Wohnraum ansprechend renoviert und einer gehobenen Mieterschicht erfolgreich angeboten wird. Dabei sind ausländische Mitbürger, die sich das Leben in diesem Stadtteil leisten können, weitgehend akzeptiert, wohlgelitten und gut integriert.

Die helle, stilvolle Christianskirche und ihre Gemeinde waren von diesem Wandel nicht zwingend betroffen, setzte sich die Kern- und Gottesdienstgemeinde doch überwiegend nicht aus den »kleinen Leuten« zusammen, die um die Mottenburgstraße herum wohnten, sondern aus der gutbürgerlichen Schicht, die es in Ottensen auch gab. Den Berichten und Erinnerungen zufolge wurde dort bis vor etwa 15 Jahren eher kirchliche Tradition auf niedrigem Aktivitätsniveau verwaltet, als dass eine lebendige Gemeindearbeit initiiert oder gestaltet worden wäre. So ereilte die Gemeinde seitens der Kirchenleitung eine Finanzkappung wegen Inaktivität. In dieser Situation formierte sich eine innergemeindliche Opposition zur damaligen Gemeindeleitung, die die Veränderungen in der Bevölkerungsstruktur der Parochie als Herausforderung und Chance für eine neue, lebendige Gemeindearbeit verstanden und angenommen wissen wollte.

2 DER BEGINN DES WACHSTUMSPROZESSES

Die Zeit zwischen 1992 und 1996 war eine Phase gärender Auseinandersetzungen, aufbrechender Konflikte und gezielter Initiativen; denn es gelang nicht, die damaligen Hauptverantwortlichen für den Aufbruch und Wechsel zu gewinnen. Dieser fand dann in Form der Wahlen zum Kirchenvorstand und der Neubesetzung der Pfarrstelle im Jahr 1996 statt, wobei es auch zu Trennungen und Abschieden kam, die bis heute nicht überwunden werden konnten.

Der neue Stil und das neue Profil der Gemeindearbeit zeigte sich nicht zuletzt darin, dass ein Leitbild-Prozess initiiert wurde, der etwa anderthalb Jahre dauerte und vom Gemeindedienst der Nordelbischen Kirche professionell begleitet wurde. Zunächst wurde ein Gemeindeentwicklungsteam aus Mitarbeitern und Ehrenamtlichen gebildet, das umfassend mittels Recherche und Befragungen (auch bei Menschen, die nicht am Gemeindeleben teilnahmen oder aus der Kirche ausgetreten waren) ein realistisches Bild von der Situation und den darin enthaltenen Möglichkeiten erheben sollte. Treffen in einzelnen Gruppen schlossen sich an, um Elemente eines Leitbilds der Gemeinde zusammenzutragen und zu formulieren. Auf einem ›Leitbildtag‹, zu dem die ganze Gemeinde eingeladen wurde und an dem etwa 80 Personen teilnahmen, wurde unter der Überschrift ›Profil‹ ein Leitbild entworfen, das dann auf einem Wochenende des Kirchenvorstandes endgültig formuliert und beschlossen wurde:

– Die Christianskirchengemeinde liegt in einem anziehenden und ausstrahlenden Stadtteil mit hoher Lebendigkeit.
– Die Christianskirchengemeinde nimmt am Leben des Stadtteils teil.
– Die Gemeinde bietet den Menschen die Möglichkeit, der Menschenfreundlichkeit Gottes zu begegnen.
– Es ist eine Bereicherung, dass die Gemeinde aus unterschiedlichsten Menschen besteht.
– Es ist eine Bereicherung, dass wir es nicht allen recht machen müssen.
– Es ist eine Bereicherung, dass die ›Aktiven‹ noch nicht zu Ende sind mit der Auseinandersetzung über die biblische Botschaft.

Als Stärken unserer Gemeinde nehmen wir wahr:

– Der Wirkung des Heiligen Geistes Raum zu geben
– Spontaneität und Kreativität
– Gottesdienstliche und kulturelle Veranstaltungen
– Unterschiedliche Kompetenzen als wertvolle Ressourcen
– Mut zu Traditionsabbrüchen
– Eigenverantwortliche Menschen können sich einbringen
– Offenheit für »heilige Störungen« und »heilige Kraft«

Dieses Leitbild – und vermutlich vor allem der Prozess, durch den es formuliert wurde – hat zwar offensichtlich in der Anfangszeit der ›neuen Ära‹ eine wesentliche Rolle gespielt, bestimmt aber heute nicht mehr vollinhaltlich die kirchliche Arbeit und ist, wie sich im Gespräch zeigte, den Hauptverantwortlichen auch gar nicht mehr seinem Inhalt nach präsent. So wurde in den Gesprächen auf die Frage, was denn in dem Leitbild zum Beispiel stehe, geantwortet: »Wir sind eine kinderfreundliche Gemeinde«. Davon steht nun zwar im Leitbild nichts, aber es entspricht der heutigen Gemeinderealität. Insofern hat dieses Leitbild entweder seine Funktion erfüllt und ausgedient oder bedarf einer Überarbeitung und Erneuerung, für die anlässlich der Fusion mit einer benachbarten Gemeinde ein günstiger Zeitpunkt gekommen sein könnte.

Jedenfalls wächst und blüht die Gemeinde, wobei (auch hier) ein erheblicher Anteil aus Umgemeindungen resultiert, was von den davon betroffenen, abgebenden Gemeinden als ›Abwerbung‹ empfunden und kritisiert wird. Das wiederum wird von den Verantwortlichen in der Christianskirchengemeinde mit relativer Gelassenheit zur Kenntnis genommen und hingenommen.

Sie haben es geschafft, wie ihnen auch der zuständige Propst bescheinigt, »Menschen für den Gottesdienst zu gewinnen und an sich zu binden, die normalerweise nicht zur Kirche gehen würden. Schon die kirchenuntypische Zusammensetzung der Gottesdienstbesucher legt diesen Schluss nahe: Werbeleute, Unternehmensberater, Ärzte, Heilpraktiker, Designer, Künstler … wo findet man das so engagiert zusammen im Sonntagsgottesdienst? Den Christiansleuten ist es gelungen, eine Atmosphäre im Stadtteil zu schaffen, dass wer ›in‹ sein will, zum Gottesdienst geht«. Dass sie deswegen von den anderen evangelischen Kirchengemeinden aus dem Umfeld als eine Art ›kirchlicher FC Bayern München‹ eingeschätzt und tituliert werden, finden sie weder unpassend noch unangenehm.

3 DER EINE GOTTESDIENST FÜR DIE GANZE GEMEINDE

Auch und gerade bei diesem Typus von Gemeindearbeit steht der Gottesdienst im Zentrum. Das gilt sowohl hinsichtlich der Aufmerksamkeit, die Pfarrer und Kantor der Vorbereitung und Durchführung des Gottesdienstes widmen, als auch für die breite Resonanz und lebendige Teilnahme, die der Gottesdienst in der Christianskirche findet. Dabei zeichnen sich die Gottesdienste durch zwei Momente aus, die man als spannungsvoll empfinden könnte, die aber faktisch gut zusammen gehen und eine – nicht leicht erklärbare – Einheit bilden: Gemeint ist einerseits der professionelle, anspruchsvoll gestaltete liturgische, kirchenmusikalische und theologische Charakter der Gottesdienste, der nicht als gemeinsam vorbereitete Veranstaltung durchgeführt wird, an der möglichst viele Gemeindemitglieder aktiv beteiligt sind, sondern der von den Hauptamtlichen sorgfältig vorbereitet und präsentiert wird. Gemeint ist andererseits ein Gottesdienstkonzept, bei dem die Integration aller getauften Gemeindeglieder in den Gottesdienst eine wesentliche Rolle spielt. So ist es der Gemeinde wichtig, dass auch schon Kleinkinder im vorderen Teil der Kirche neben dem Altar eine Kinderecke haben und so ohne optische oder akustische Trennung am Gottesdienst teilnehmen können. Bei Tauf- oder Abendmahlsgottesdiensten wird die Kinderecke aufgelöst. Die Kinder werden dann eingeladen, bei der Taufe zuzusehen bzw. zusammen mit ihren Eltern am Abendmahl teilzunehmen. Diese Integration ist den Hauptamtlichen deswegen theologisch wichtig, weil sie die Einheit der Gemeinde in der Einheit des Gottesdienstes für alle erlebbar machen wollen und deswegen auch nicht auf ein sog. Zweites Gottesdienstprogramm (mit Familiengottesdiensten o. Ä.) ausweichen. Einmal im Monat findet jedoch der Gottesdienst ausdrücklich »für Große und Kleine« statt. Geplant ist, künftig an allen Sonntagen für die etwa 3–6-Jährigen einen Kindergottesdienst anzubieten, der von ehrenamtlich Mitarbeitenden gehalten werden und etwa 20 Minuten dauern soll.

Ebenso wichtig ist es den Hauptverantwortlichen andererseits, neben den jungen Familien und ihren Bedürfnissen die Senioren der Gemeinde nicht aus dem Blick zu verlieren, sondern so gut wie möglich zu integrieren und ihren Bedürfnissen gerecht zu werden.

Dem Bemühen um Integration der Kinder, aber auch um ein bewusstes Miterleben der Liturgie seitens der Gemeinde dient ebenfalls der Versuch, im Konfirmandenunterricht die Struktur und den Sinn des Gottesdienstablaufs zu erarbeiten und dann durch die Konfirmanden an die Gemeinde vermitteln zu lassen. »Die Konfis erschließen der Gemeinde die Liturgie«. Diese Konfirmandenarbeit wird ebenfalls von den beiden Pastoren – in Verbindung mit einem Jugendmitarbeiter und ehrenamtlichen Helfern – durchgeführt.

4 AUSSTRAHLENDE KIRCHLICHE SOZIAL- UND KULTURARBEIT

In der Tradition des Konziliaren Prozesses unterhält die Christianskirche eine »Arbeitsstelle für Frieden und Gerechtigkeit – Weitblick«. Diese Arbeitsstelle steht für das ökumenisch-politische Profil der Gemeinde, das der Wahrnehmung sozialer Verantwortung im Weltmaßstab, also weit über den eigenen Wohn- und Lebensbereich hinaus – im Sinne der Trias von ›Frieden, Gerechtigkeit und Bewahrung der Schöpfung‹ – verpflichtet ist.

Für den Bereich ›Kultur/Musik‹ hat der Kirchenvorstand, der sich selbst vor allem als Koordinationsausschuss versteht, einen kompetent besetzten Ausschuss gebildet, der konzeptionell daran arbeitet, dass und wie die Gemeinde im Bereich von Kunst und Kultur so präsent sein und bleiben kann, dass dies den Ansprüchen des ›Publikums‹ gerecht wird und zugleich den kulturellen Entwicklungs- und Gestaltungsbedürfnissen der Gemeindeglieder aller Altersgruppen hinreichenden Raum verschafft. Zu dieser Kulturarbeit gehört auch das »Forum Neue Musik«, in dem renommierte Künstler der avantgardistischen Musikszene, die sich an der Christianskirche beheimatet haben, regelmäßig auftreten, so dass die Kirche als ›der‹ Aufführungsort für diese sich durchaus als geistlich verstehende Musik gilt. Für die Durchführung und Weiterentwicklung der weitgespannten und anspruchsvollen kulturellen Aktivitäten sorgt – wie bereits angedeutet – ein Förderverein, der unter der professionellen Leitung eines im Ruhestand befindlichen Bankkaufmanns um die Beschaffung und effiziente Verwendung der erforderlichen Finanzmittel – durchaus erfolgreich – bemüht ist.

Die eben vollzogene Vereinigung mit der benachbarten Osterkirche erweitert dieses Gebiet und Aufgabenfeld durch das Hinzukommen einer Evangelischen Grundschule, die gut in das Gesamtprofil der Christianskirchengemeinde hineinpasst. Mit Beginn des Schuljahrs 2007/08 wurden 24 Kinder eingeschult (Interessenten bzw. Anmeldungen gab es etwa doppelt so viele). Damit erschließt sich ein weiteres Feld der Kontaktnahme zu Kindern und ihren Eltern im Stadtteil Ottensen.

Zwar gibt es an Meinung der Hauptamtlichen in der Gemeinde durchaus Bedarf an Jugendarbeit, aber dem entspricht aus verschiedenen Gründen (noch) kein gemeindliches Angebot. Einer der Hauptgründe ist, dass für die professionelle Durchführung von Jugendarbeit eine Stelle geschaffen werden müsste, die vom Förderverein der Gemeinde bislang nicht bezahlt werden kann. Bis dies erreicht wird, werden interessierte Jugendliche in die jugendpolitische Bildungsarbeit der Gemeinde integriert, z. B. in das gemeindeeigene Kabarett, das jährlich zwei bis drei Mal im Gemeindesaal mit einem eigenen Programm auftritt, sich aber auch auf Anforderung bei überregionalen Anlässen präsentiert. Für Kinder stehen vor allem differenzierte Angebote an Kinderchören zur Verfügung, durch die etwa 90 Kinder erreicht und in diese Form von kirchlicher Kulturarbeit einbezogen werden.

5 KIRCHE IM DIALOG MIT RELIGIOSITÄT UND SPIRITUALITÄT

In zweifacher Weise versucht die Kirchengemeinde auch die Herausforderungen anzunehmen, die in der religiös-spirituellen Vielfalt der Wohnbevölkerung dieses Stadtteils enthalten sind. Der eine Weg ist die Vermittlung der Grundlagen des Christentums mit dem Ziel der Beheimatung und Sprachfähigkeit, durch die Kinder, Jugendliche und Erwachsene auf den (alltäglichen) Dialog zwischen den verschiedenen Religionen und Kulturen vorbereitet werden sollen. Andererseits gibt es Überlegungen, durch die Einrichtung eines ›Instituts für spirituelles Leben‹ Menschen, die nach erfahrbarer, erlebbarer Religion suchen, Ansprechpartner, Angebote und Anleitungen zu bieten, die ihnen einen (Wieder-)Anschluss an die religiös-spirituellen Potentiale des Christentums ermöglichen. Eine Anfrage an die künftige Gemeindeentwicklung in dieser Hinsicht wird es sein, ob auch diese Angebote und Arbeitsformen aus dem Zentrum des christlichen Gottesdienstes leben und gespeist werden oder ob sie sich als ein davon relativ unabhängiges ›Programm‹ im Bereich freien Religiosität und Spiritualität etablieren. Auf der Linie der bisherigen Gemeindekonzeption und ihrer Durchführung läge wohl nur die erste der beiden Möglichkeiten.

Fazit: Eine Gemeinde setzt auf Urbanität und Professionalität

Die Arbeit der Christianskirchengemeinde war im zurückliegenden Jahrzehnt von dem – erfolgreichen – Versuch geprägt, die Veränderungen, Herausforderungen und Chancen wahrzunehmen und anzunehmen, die ein solcher Stadtteil für die evangelische Kirche mit sich bringt. Sie versucht konsequent ernst zu nehmen, dass ihre (aktuellen und potentiellen) Mitglieder, was Bildung, Beruf und Lebensstandard anbetrifft, zu dem Teil unserer Gesellschaft gehören, für den hohe Standards sowohl im Blick auf eigene Leistung als auch hinsichtlich der Erwartung an fremde Angebote üblich sind. Dem versucht die Christianskirchengemeinde durch ihre durchweg professionellen Angebote, aber auch durch die Eröffnung von eigenverantwortlichen, an Kompetenz orientierten Mitwirkungsmöglichkeiten in der Gemeinde gerecht zu werden. Dass darin auch Versuchungen und Gefahren liegen, ist denen, die diese Gemeindearbeit planen und gestalten, durchaus bewusst, aber im Vordergrund ihrer Überlegungen und Aktivitäten steht, welche Chancen und Möglichkeiten damit verbunden sind.

Evangelische Kapellengemeinde Heidelberg

Ort:	Heidelberg
Bundesland:	Baden-Württemberg
Träger/Landeskirche:	Evangelische Stadtmission Heidelberg / Evangelische Landeskirche in Baden
Gemeindegröße 2003:	100 Mitglieder
Gemeindegröße 2006:	128 Mitglieder
Wachstum:	28%
Gottesdienstbesuch 2003:	ca. 40 (40%)
Gottesdienstbesuch 2006:	ca. 75 (58,5%)
Wachstum:	ca. 87,5%
Adresse:	Plöck 43, 69117 Heidelberg; Telefon: 06221/149810
Homepage:	www.kapellengemeinde.de

1 ZUR GEGENWÄRTIGEN SITUATION DER GEMEINDE IN DER REGION

Die Universitätsstadt Heidelberg ist nach wie vor ein Zentrum von Bildung. In den letzten Jahrzehnten haben sich Firmen unterschiedlicher Größe in den Bereichen Medizin, Biotechnik, Software und Finanzdienstleistungen angesiedelt und bieten ein hochwertiges Arbeitsplatzangebot mit sehr guten Verdienstmöglichkeiten. Der Akademikeranteil in Heidelberg ist hoch, bedingt durch die Studierenden aus aller Welt auch der Ausländeranteil. Durch die Lage im engen Tal des Neckars ist das Wachstum der Stadt eingeschränkt, der Wohnraum ist begrenzt und sehr teuer. Trotz oder gerade wegen des Geschilderten gibt es Armut. So mancher passt nicht in das in Heidelberg geforderte Profil und wird arbeitslos. Der offizielle Bericht zur sozialen Lage in Heidelberg geht davon aus, dass 11 000 Menschen in Heidelberg in Armut leben oder von Armut bedroht sind. Das ist fast jeder zehnte Einwohner. Insbesondere in der Heidelberger Altstadt und in den südlichen Stadtteilen prallen diese Gegensätze aufeinander.

Die Heidelberger Kapellengemeinde befindet sich in einer der engen, die Altstadt durchziehenden Straßen parallel zur bekannten Fußgängerzone Heidelbergs. Man bezeichnet diesen Straßenabschnitt auch gerne als ›Diakoniestraße‹, da die Evangelische Stadtmission und das Diakonische Werk Heidelberg hier elf diakonische Einrichtungen in direkter Nachbarschaft zueinander betreiben. Die Kirche der Kapellengemeinde befindet sich baulich im Zentrum dieser ›Diakoniestraße‹ und versteht sich auch als geistliche Mitte der diakonischen Einrichtungen hier und in ganz Heidelberg.

2 ZUR GESCHICHTE DER GEMEINDE UND IHREM AUFBRUCH

»Aus Tradition in die Zukunft« ist ein gern gebrauchter Slogan in Heidelberg, für die Kapellengemeinde gilt dies in besonderem Maß. Vor etwa 140 Jahren wurde sie mit der Stadtmission gegründet als deren Gemeinde. Zwei Säulen sollte die Arbeit haben: die diakonische Zuwendung zum Nächsten und die Pflege der Frömmigkeit. »Gebet, Gemeinschaft und Nächstenliebe« waren schon vor 140 Jahren Leitbilder der Gemeinde. Geprägt war die Stadtmission von einigen pietistischen Heidelberger Bürgerfamilien. Ihr Vorbild war Wichern.

In der ›Kapelle‹, wie die Kirche der Kapellengemeinde liebevoll genannt wird, hatte der Pietismus in Heidelberg seinen Ort gefunden. Rechtlich war die Gemeinde ein Verein, der im Laufe der Jahre in die Trägerschaft der

Stadtmission übergegangen ist. Zugleich ist die Kapellengemeinde Personalgemeinde der Badischen Landeskirche. Ihre Pfarrstelle wurde in der zweiten Hälfte des 20. Jahrhunderts in deren Gemeindepfarrdienst stellenplanmäßig verankert.

Im 20. Jahrhundert wuchs die diakonische Arbeit der Stadtmission. In Heidelberg hat man, was die Medizin betrifft, ein ideales Umfeld. Heute zählt man in ihren verschiedenen Einrichtungen ca. 1400 Arbeitsplätze. Die Kapellengemeinde wurde dagegen von wenigen engagierten, teilweise auch begüterten Familien getragen. Die Zahl der Gemeindeglieder blieb klein. Auch war die Gemeinde überaltert. Der regelmäßige Gottesdienstbesuch und die Bibelstunde gehörten zur Selbstverständlichkeit. So blieb es bis zu Beginn des 21. Jahrhunderts.

Mit der Umstrukturierung von Kirchenbezirk und Kirchengemeinde Heidelberg stellte sich die Frage nach der Rolle der Kapellengemeinde neu. Ihr diakonisches Profil sollte gestärkt werden (s. u.). Ihr Auftrag bestand darin, nicht nur Gemeinde der Stadtmission zu sein, sondern sich zur Diakoniekirche für die gesamte Stadt zu entwickeln. Damals besuchte man unterschiedliche Diakoniekirchen in Europa und prüfte deren Konzepte. Wesentliche Anregungen bezog man vom ›Cafe Yucca‹ der Zürcher Stadtmission, von der Heiliggeistkirche in Bern, der Heiligkreuzkirche in Berlin-Kreuzberg und der Berliner Stadtmission.

Diese Neuorientierung war der wesentliche Impuls für das Gemeindewachstum. Gestalt fand er in unterschiedlichen Maßnahmen. Es sollen zwei herausgegriffen werden, an denen das Wachstum deutlich abzulesen ist: die Hilfe für Arbeitslose und die Ergänzung des Gottesdienstprogramms.

3 DIE VERNETZUNG DIAKONISCHER UND GEMEINDLICHER TÄTIGKEITEN

Die Neuorientierung führt zu einer Vernetzung der Kapellengemeinde in unterschiedlichen Bereichen:

- Der Ort der Kapellengemeinde innerhalb der diakonischen Arbeit der Stadtmission als deren spirituelles Zentrum wird wieder betont. Theologische und diakonische Tätigkeit der Stadtmission werden stärker verbunden.
- Die Stadtmission und das Diakonische Werk Heidelberg arbeiten enger zusammen. Die ›Kapelle‹ wird die Kirche der gesamten Diakonie. Verfasste Kirche und Diakonie sollen noch enger verbunden werden.
- Innerhalb Heidelbergs wird die ›Kapelle‹ die Diakoniekirche. Sie wird eingebunden in ein System von sich profilierenden Gemeinden in der Altstadt.

– Die Kapellengemeinde bietet eigene soziale Projekte an, motiviert Ehrenamtliche, ergänzt das Programm ihrer Partner und verschafft sich so auch Anerkennung.
– Sie baut für die evangelische Kirche mit an einem sozial-diakonischen Netzwerk in Heidelberg.
– Die Gemeinde ist Teil des Netzwerks der europäischen Diakoniekirchen (www.diakonie-kirchen.eu).

In der ›Diakoniestraße‹ finden sich elf diakonische Einrichtungen: Seniorenheime, Pflegeheime, Betreutes Wohnen, Suchtberatung, Tagesklinik für Suchtkranke, Blaues Kreuz, Tagesstätte für psychisch Kranke und der Laden für Arme ›Brot und Salz‹. An die Zielgruppe dieses Ladens wendet sich auch die Kapellengemeinde mit ihrem Angebot für Arme und Arbeitslose.

4 DIE HILFE FÜR ARBEITSLOSE UND DIE MOTIVIERUNG DER MITARBEITERSCHAFT

Die Kapellengemeinde mietete unweit ihrer Kirche einen Laden an und richtete dort ein Café mit Namen ›Manna‹ ein. Zielgruppe sind Arme und Langzeitarbeitslose. Ihnen soll zum Selbstkostenpreis dreimal in der Woche ein reichhaltiges Frühstück serviert werden. Da ›Manna‹ bis 12.30 Uhr geöffnet hat, kann das sich durchaus zum Mittagsbrunch ausweiten. Mit diesem Konzept lehnt sich ›Manna‹ bewusst an ›normale‹ Cafés an. Für die eher die Anonymität bevorzugenden Obdachlosen gibt es in Heidelberg andere Einrichtungen. Ziel ist es, Armen einen Cafébesuch zu ermöglichen, eine erschwingliche Mahlzeit zu bieten und sie aus der Vereinzelung herauszuführen.

›Manna‹ zählt 17 Plätze. Der Stab der ehrenamtlich Mitarbeitenden ist so angewachsen, dass immer drei das Café betreuen. Sie werden unterstützt von einer 1 €-Kraft. Die Personaldichte fördert die kommunikative Atmosphäre und stellt auch ein Seelsorgeangebot für die Gäste dar, die häufig unter Einsamkeit leiden. Für professionelle Beratung wird an die Fachkräfte der diakonischen Einrichtungen verwiesen. Am Ende der Öffnungszeit halten die Ehrenamtlichen eine Andacht. In Fällen, wo die Andacht zu kurz oder sogar ganz ausgefallen ist, wurde dies von den Besuchern angemahnt. Sie ist also Bestandteil des ›Café Manna‹ und wirkt nicht aufgesetzt. Ein Besprechungszimmer und die Kapelle können zu tiefergehenden Seelsorgegesprächen genutzt werden. Man sieht sich hier in der Tradition des evangelischen Pfarrhauses, wo man auch oft in der Küche bei einer Tasse Kaffee saß und sein Anliegen besprach. In der Kapellengemeinde wird gesagt: »Nächstenliebe fängt damit an, wie man eine Tasse Kaffee serviert«. Geistliches und Leibliches haben im ›Café Manna‹ eine gute Einheit gefunden.

Begleitet wird dieses Angebot von zwei Maßnahmen, die die Menschen wieder in Arbeit und aus der Armut führen sollen:

Die Gemeinde bietet auf ihrer Internetseite ein Jobportal an, in dem sie die gängigen Links aufführt und zum Weiterklicken einlädt (www.manna-hd.de).

Mit dem ›Manna Forum‹ startete die Gemeinde ein speziell auf diese Zielgruppe zugeschnittenes Bildungsangebot in den Räumen des Cafés außerhalb der normalen Öffnungszeiten. Pro Monat werden ein Info- und ein Kreativangebot unterbreitet. So wechseln sich z. B. die Themen ›Wohnungssuche‹, ›Leben ohne Geld‹, ›Abhängigkeiten‹ ab mit Atelierbesuchen oder unterschiedlichen Gestaltungsaufgaben. Das Manna-Forum soll – so die Planungen für das nächste Jahr – zu einer ›Volkshochschule für Arme‹ ausgeweitet werden, in der Manna-Gäste und die Mitarbeitenden ihre Gaben an andere Gäste weitergeben. Probeweise sind Kurse für Englisch, Zeichnen und Computerbedienung angelaufen.

Das ›Café Manna‹ hat sich nach fast einem Jahr etabliert. Pro Tag kommen im Schnitt 28 Personen, in der Spitze sind es manchmal auch über 40. Auf Grund des Zulaufs musste man zusätzlich Plätze im Vorraum der Kirche schaffen. Man freut sich über die Akzeptanz und das Wachstum, sieht darin aber auch ein Zeichen wachsender Armut in bestimmten Schichten, die nicht vom Wirtschaftsaufschwung profitieren.

Der Wert der Einrichtung für die Zielgruppe ist evident. Doch auch auf die Gemeinde selbst hatte diese Einrichtung Auswirkungen. Mitarbeitende wurden aktiviert, viele kamen auch zur Gemeinde neu hinzu. 27 Mitarbeitende kommen – für die Mitarbeit ist Kirchenmitgliedschaft Voraussetzung – aus zwölf verschiedenen evangelischen Heidelberger Gemeinden, zehn davon aus der Kapellengemeinde selbst, von diesen haben sich acht in die Kapellengemeinde umgemeinden lassen. Vor ihrem Engagement in ›Manna-Café‹ waren sie in der Regel nicht in der Kirche aktiv. Eine Mitarbeiterin ist katholisch und zwei Mitarbeiter sind in Freikirchen verortet. Die Altersspanne von 25–85 Jahren ist weit. Angeregt durch die Arbeit entwickelten die Mitarbeitenden das Bedürfnis, sich auch theologisch mit den Fragen, die sie täglich gestellt bekommen, zu beschäftigen. Ein Fortbildungsprogramm entstand.

Neben ihrem ›eigenen‹ Gottesdienst am Werktag finden die Besucher des ›Café Manna‹ bislang nur vereinzelt den Weg zum sonntäglichen Gottesdienst. Das war auch nicht primäres Ziel. Doch seit der Vorraum der Kirche für den Cafébetrieb geöffnet wurde, stellt man fest, dass der Kirchenraum gerne zum Gebet oder zur Ruhe genutzt wird. Man denkt darüber nach, einmal pro Woche statt mit der Andacht mit einer Abendmahlsfeier in der Kirche abzuschließen. Das Café wächst also weiter in den Kirchenraum hinein.

5 ERGÄNZUNG DER GOTTESDIENSTFORMEN

Durch die im vorletzten Abschnitt aufgezeigte Neuausrichtung ändert sich auch der Gottesdienst der Gemeinde. Noch immer wird ein agendarischer Gottesdienst für die Gemeindeglieder gefeiert. Doch mindestens einmal im Monat wird er zum Diakoniegottesdienst. Unterschiedliche Einrichtungen gestalten ihn mit oder bestimmen ihn thematisch. Z. B. finden Mitarbeitereinführungen hier statt, das Blaue Kreuz ehrt für einjährige Abstinenz oder zum Ewigkeitssonntag findet ein Gedenkgottesdienst‹ für die verstorbenen Obdachlosen aus der Region statt. Regelmäßig bestimmen diakonische Themen und Beispiele die üblichen Gottesdienste. Auch werktags werden immer mehr Diakoniegottesdienste angeboten. Von den Mitarbeitenden der Diakonie wird dieses Angebot gerne angenommen. Werden sie doch durch die theologische Reflexion ihrer Themen gestärkt. Viele, die in der ›Diakoniestraße‹ arbeiten, wollen dort auch ihre Frömmigkeit leben. Einige ließen sich schon umpfarren.

Durch Afrikaner in der Krankenpflegeschule kam eine neue Zielgruppe in den Blick. Sie klagten, in deutschen Gemeinden nicht heimisch zu werden. Zu groß sei die Differenz zu ihren gewohnten Gottesdiensten. Über Krankenpflegeschüler entstand Kontakt zum Verein afrikanischer Studierender und zu einem afrikanischen Chor, der ohne Auftritte für sich in einer beengten Privatwohnung probte. Man wagte einen ersten Versuch und feierte am zweiten Weihnachtstag einen Afrikaweihnachtsgottesdienst. Inzwischen hat sich diese Form als monatlich an einem Sonntag stattfindender Zweitgottesdienst etabliert. Ein Drittel der Gottesdienstbesucher stammen aus Afrika, zwei Drittel sind Deutsche. Der Ablauf des Afrikagottesdienstes stellt sich so dar: singender Einzug des Chores, Begrüßung durch Afrikaner, Gebet, Lesung auf Deutsch, Englisch und Französisch, Predigt mit Bezug zu Afrika und zu den ›Neu-Heidelbergern‹ aus Afrika, Fürbitten, Vaterunser in je eigener Sprache, Segen. Viele und lange Lieder des Afrika-Chores prägen die Liturgie. Meist isst man danach zusammen zu Mittag. Gerade diese Gemeinschaft als Treffpunkt hat auch diakonischen Charakter.

Inzwischen fühlen sich die Afrikaner zu Hause und beginnen, in der Kapellengemeinde ihre Kasualien (bisher Taufen und Trauerfeiern) zu feiern. Diese wiederum schätzt die neuen Einflüsse und stellt eine gewisse Nähe der »afrikanischen Herzensfrömmigkeit« zu ihrem eigenen pietistischen Erbe fest.

6 DIE ÜBERTRAGBARKEIT DES KONZEPTS UND DIE VORAUSSETZUNG DER KOOPERATION MIT ANDEREN GEMEINDEN

Diakoniekirchen oder Citykirchen gibt es im Bundesgebiet einige. Das Heidelberger Beispiel wurde ausgewählt, weil die Gemeinde auf ein drei-jähriges Wachstum zurückblicken kann. Die Aktionen sind noch recht jung, die Zahlen noch klein. Die Maßnahmen überschaubar. Dieses Beispiel überfordert keinen, stellt aber eindrücklich den Wert der Planung, Konzeptentwicklung und der Konzentration auf zunächst wenige Maßnahmen heraus.

Die Ausgangsposition der Heidelberger Kapellengemeinde teilen nicht viele andere Gemeinden, zumal keine Parochien. Doch können die Impulse und Maßnahmen, die in dieser Gemeinde zum Wachstum beigetragen ha-ben, für andere Gemeinden Anregung sein. Alte, ehrwürdige, aber wenig genutzte Gebäude, Innenstadtlage mit sich verändernder Bevölkerungs-struktur, Arbeitslosigkeit, bedürftige Menschen, Armutsprobleme, Suche nach einem Profil und ein manchmal wenig verbundenes Nebeneinander von Diakonie und Gemeinde sind gar nicht so selten. Die Profilierung als Diakoniekirche lag in Heidelberg besonders nahe und entsprach der Tra-dition. Für andere Gemeinden wäre dieser Schritt sicherlich eine radikale Umstellung. Eine Grundvoraussetzung zeigt das Heidelberger Beispiel deutlich: Gemeinden müssen zusammenarbeiten, damit sich eine oder meh-rere profilieren können. Denn Nachbarn müssen parochiale Aufgaben über-nehmen, so wie diese Gemeinde sich für alle stellvertretend dem Arbeitsfeld Diakonie widmet. Die Kapellengemeinde z. B. bietet keinen Konfirman-denunterricht an und wird – wenn sie ein Gemeindeglied in dieser Alters-gruppe hat – auf die Möglichkeit bei den Nachbarn verweisen. Das setzt eine gewisse räumliche Nähe voraus. In Heidelberg ist sie gegeben. Dort stehen vier evangelische Kirchen auf engstem Raum. Eine Zusammenarbeit bietet sich an. Und für diese gilt – das zeigt die untersuchte Gemeinde deut-lich –: Eine Profilierung gelingt nur im Miteinander und nicht auf Kosten anderer.

Fazit: Eine 140-jährige Profilgemeinde richtet sich neu aus und erschließt sich (neue) Zielgruppen

Die Heidelberger Kapellengemeinde ist seit fast 140 Jahren Personalgemeinde und das, was heute ›Profilgemeinde‹ genannt wird. Sie zeigt, dass es gilt, dieses Profil immer wieder zu überprüfen und es gegebenenfalls fortzuschreiben. Das vorgestellte Konzept einer diakonischen Profilgemeinde lebt von Kooperationen und einem gut geknüpften Netzwerk. Die Besinnung darauf war der wesentliche Impuls für diese Gemeinde. Denn Profilgemeinden, die Arbeitsfelder intensiv betreiben und andere ausblenden, brauchen andere Gemeinden, die ihr Angebot ergänzen. Theologische Profilierung bewirkte in der Vergangenheit nicht selten Abgrenzung. In der Kapellengemeinde ist man in den letzten Jahren einen anderen Weg gegangen: Die bewusste Suche nach Kooperation machte den eigenen Ort im Gesamt der Kirche deutlich.

Diakonische Arbeit und das gottesdienstliche Geschehen gehören zum Wesen der Kapellengemeinde. Zwei Projekte mit einem Schwerpunkt in je einem Bereich konnten vorgestellt werden. Dabei hat sich gezeigt, dass das jeweilige Projekt in den anderen Bereich ›hineinwächst‹. Der Afrikagottesdienst bekommt ein diakonisches Gepräge, der Arbeitslosentreff hat seinen eigenen Gottesdienst entwickelt. Was beim ersten Betrachten wie eine Zielgruppenorientierung anmutet, offenbart beim genaueren Hinsehen: Die Gemeinde formiert sich nicht über die Zielgruppen, sondern über das Anliegen. Das ist es, was so viele Menschen mit unterschiedlichem Hintergrund, sozialem Status und unterschiedlichen Alters an dieser Gemeinde so anziehend finden und sie zur Mitarbeit veranlasst.

Das Anliegen der Kapellengemeinde ist nicht neu. Es ist das alte, das schon seit der Gründung der Gemeinde Bestand hat. Es wurde aber neu durchdacht und in einen neuen und veränderten Kontext gestellt. Die Kapellengemeinde ist in mancher Hinsicht ein bisschen anders als andere Gemeinden, in Heidelberg aber inzwischen ein unverzichtbarer Bestandteil kirchlicher Arbeit.

Evangelische Matthäusgemeinde Hessental

Ort:	Schwäbisch Hall
Einwohnerzahl des Stadtteils:	ca. 5700, davon 2796 Evangelische (49%)
Bundesland:	Baden-Württemberg
Landeskirche:	Evangelische Kirche in Württemberg
Gemeindegröße 2003:	2740
Gemeindegröße 2006:	2796
Wachstum:	2%
Gottesdienstbesuch 2003:	140
Gottesdienstbesuch 2006:	190
Wachstum:	35,7%
Adresse:	Grauwiesenweg 14, 74523 Schwäbisch Hall; Telefon: 0791/2057
Homepage:	www.matthaeusgemeinde.de

1 ZUR GEGENWÄRTIGEN SITUATION DER GEMEINDE IN DER REGION

Hessental ist ein Vorort von Schwäbisch Hall, der seit seiner Eingemeindung 1936 schleichend seinen dörflichen Charakter verloren hat. Inzwischen gibt es nur noch wenige, die seit »Generationen hier leben«. Die Flüchtlinge, die sich nach dem 2. Weltkrieg hier ansiedelten, haben sich inzwischen neben den »Urhessentalern« etabliert. Schwerer fällt es den Spätaussiedlern, die sich vor allem in leer stehenden Kasernen und in Mehrfamilienhäusern eines neu erbauten Ortsteils niederließen. Auch die weitläufigen Neubaugebiete sind schwer für den Ort zu gewinnen. Überhaupt »ist der Hessentaler schwer dazu zu bewegen, in die Kirche zu gehen«.

Auf Grund der letztgenannten Zuwanderergruppen ist Hessental ein recht junger Stadtteil. Kinder, Jugendliche, junge Familien lassen sich in der statistischen Auswertung in einer echten Alterspyramide mit breitem Sockel erkennen. Ähnliches gilt für die Kirchengemeinde.

Handwerker, Rentner und Angestellte einer namhaften Bausparkasse prägen heute den Ort, der früher das Image hatte, Arbeiterviertel von Schwäbisch Hall zu sein. Die Arbeitslosigkeit, vor allem im Jugendbereich, liegt weit über dem Durchschnitt Baden-Württembergs.

2 DER BEGINN DES WACHSTUMS UND DIE PRÄGENDEN EINFLÜSSE

Das Wachstum in Hessental lief in zwei Phasen ab. Durch den Zuzug von Spätaussiedlern verzeichnete man in den 90er Jahren einen enormen Zuwachs an Gemeindegliedern. Auch der Gottesdienst profitierte davon, vor allem ältere, noch christlich geprägte Spätaussiedler ließen sich ansprechen und steigerten den Gottesdienstbesuch von ca. 40 auf 65 Personen pro Sonntag. Doch zwei Vakanzen hintereinander ließen das Wachstum im gemeindlichen Leben stagnieren.

Im Jahr 1999 begann der jetzige Stelleninhaber seinen Dienst. Ein Jahr später wurde eine zweite Pfarrstelle errichtet, mit einem halben Deputat besetzt und der Ort in zwei Seelsorgebezirke aufgeteilt. Ansonsten geschieht die pfarramtliche Tätigkeit im Team. Beide Pfarrer ergänzen sich in ihren unterschiedlichen Schwerpunkten. Die Gemeinde lobt die Zusammenarbeit und profitiert von den unterschiedlichen Gaben.

In diese Zeit fiel auch das Nachdenken über eine neue Gemeindekonzeption. Die Gemeinde wurde analysiert nach dem Leitfaden von Ch. Schwarz ›Natürlicher Gemeindeaufbau‹. Andere Gemeinden wurden besucht. Besonders in der Jakobusgemeinde in Tübingen (s. S. 285–291) und in der Andreasgemeinde in Niederhöchstadt (s. S. 245–257) fand man Anregungen. Die Beschäftigung mit Schriften aus der Saddleback Valley Community Church (s. u.) und die Begegnung mit der Konzeption der Gemeinde von Willow Creek inspirierten nachhaltig. Neuerungen wurden behutsam eingeführt: »Mit viel Geduld und noch mehr Liebe versuchten wir alle mitzunehmen«. Die Umstellung verlief ohne große Spannungen. Es gab nach den Vakanzen die Bereitschaft zur Veränderung. Eine Ortstradition war nur schwach ausgebildet, vielmehr brachten die unterschiedlichen Bevölkerungsgruppen ihre Prägungen ein. Vor allem aber »die gute zwischenmenschliche und offene Atmosphäre hat diesen Prozess so spannungsarm verlaufen lassen«.

Bei so manchen der nachfolgenden Veränderungen sind die aufgezeigten Einflüsse, vor allem der aus Willow Creek, festzustellen. Die Maßnahmen sind im Einzelnen:

2.1 GLAUBENSKURSE UND HAUSKREISARBEIT

»Christ werden – Christ bleiben« und inzwischen fünf Alpha-Kurse wirkten nach Innen und festigten die Gemeinde. Mitarbeiter wurden weitergebildet und im Glauben gestärkt, neue Mitarbeitende wurden gewonnen. Folgeangebote wurden angenommen, meist entstand aus den Kursen ein Hauskreis. Während im Jahr 2000 nur einer existierte, wuchs ihre Zahl – auch durch weitere Aktionen (s. u.) bedingt – auf 15 an. Manche Hauskreise lesen kontinuierlich die Bibel, andere widmen sich der Nacharbeit der Aktionen und vertiefen diese mit der empfohlenen Literatur. Oft werden in den Hauskreisen auch Themen der christlichen Glaubenspraxis entfaltet, wie z. B. »liebevoll korrigieren«.

Das Hauskreisleitertreffen findet in der Regel einmal pro Quartal statt. Es dient dem gegenseitigen Austausch und der Weitergabe von bewährten Materialien. Auch Schulungen werden in unregelmäßigen Abständen angeboten.

Eine jährliche Neuorganisation der Hauskreise, wie man sie von anderen Gemeinden kennt, wird abgelehnt. In der ländlichen Atmosphäre, wo jeder jeden kennt, braucht es eine lange Zeit, um sich zu öffnen und dem anderen tiefere Einblicke zu gewähren.

2.2 DIE ORGANISATION DER MITARBEITENDEN

Durch unterschiedliche Aktionen wurden Menschen angesprochen und zur Mitarbeit eingeladen. Die Mitarbeiterschaft wuchs von 70 auf 200 Personen. Das Wachstum und die zunehmend komplexeren Anforderungen machten es nötig, verschiedene Aufgaben mehrfach zu vergeben und Teams zu bilden, die sich ein Arbeitsgebiet aufteilen. Diese Teams nun wiederum zu strukturieren und evtl. größere Arbeitsbereiche zu bilden, darüber wird in Hessental im Moment kontrovers nachgedacht. Die Teamleiter wollen den unmittelbaren Kontakt zu den Pfarrern nicht verlieren.

Zwei Gemeindeanalysen ergaben, dass die Mitarbeiterzufriedenheit hoch ist. Sie sind regelrecht »begeistert« von ihrer Arbeit und ihrer Gemeinde und dadurch auch leicht motivierbar.

Neue Mitarbeitende durchlaufen das von Willow Creek übernommene D.I.E.N.S.T.-Seminar. Dort wird über die jeweiligen Stärken und Schwächen nachgedacht und ein idealer Einsatzort gesucht. Wichtig ist der Gemeinde, die Neuen mit offenen Armen zu empfangen. Nicht die Fragen »Was nützt du?«, »Was kannst du?« stehen im Raum, sondern der Zuspruch: »Wenn du mitarbeiten willst, dann finden wir etwas für dich!«

2.3 GEBET, JAKOBUSDIENST UND SEGNUNGSGOTTESDIENSTE

Der Gebetskreis hat schon lange Bestand. Sein Aufgabengebiet wurde aber in den letzten Jahren erweitert und seine Funktion in und für die Gemeinde aufgezeigt. Auf seine Initiative geht auch die Einrichtung eines stets offenen Gebetszimmers im Gemeindehaus zurück. In ihm trifft er sich auch einmal pro Woche, um die in der Gemeinde gesammelten Gebetsanliegen vor Gott zu bringen. Mit der Zeit nahmen immer mehr Hessentaler diesen Dienst in Anspruch. Man sagt: »Wir wissen umeinander«. Die Gebetsanliegen werden in einem Buch notiert, auch sammelt man Notizen im Gottesdienst ein. Ein stetes Anliegen sind die Gemeinde, ihre Erweckung, ihre Kreise und Aktionen. Zur Unterstützung besonderer Aktionen oder vor der Erarbeitung wichtiger Konzepte widmet man diesem Schwerpunkt auch einen besonderen Gebetstag.

In der Gemeinde wird in unterschiedlichen Kontexten die Gebetsgemeinschaft gepflegt. Auf Grund der persönlichen Atmosphäre ist es möglich, im Gottesdienst für Einzelne bisweilen auch namentlich zu beten.

Darüber hinaus gibt es einen eigenen »Jakobusdienst« (Gebet für Kranke mit Salbung nach Jak 5). Für diese Krankenbesuche wird eine kleine Liturgie zur Verfügung gestellt.

Der Gebetskreis wirkt auch in den Segnungsgottesdiensten (drei Mal im Jahr) mit. In einem durch Lobpreis und Gebet geprägten Samstagabendsgottesdienst werden Segnungsstationen angeboten, in denen persönliche Gebetsanliegen genannt werden können und der Einzelne gesegnet und gesalbt wird. Der »Segnungsgottesdienst ist gelebte Seelsorge«.

2.4 Fundraising

Ein Gemeindeaufbauverein hat sich die Aufgabe gestellt, das Gemeindeleben durch finanzielle Mittel weiterzuentwickeln. In der Vergangenheit hat er die technische Ausstattung der Gemeinde finanziert, im Moment sorgt er für die Anstellung einer Jugendmitarbeiterin (75 % Deputat). Da die regelmäßigen Spenden angesichts der hohen Ausgaben nicht ausreichen, stellt der Verein gezielt Förderanträge für bestimmte Jugendprojekte. So wurde er in der Vergangenheit von der Schwäbisch Haller Bürgerstiftung, dem Lions Club, der Aktion Mensch und einer Bausparkasse unterstützt. Auch wird das Opfer bei Kasualien gerne dem Verein zur Verfügung gestellt. Er betreibt zudem einen Büchertisch und generiert Einnahmen durch den Verkauf von CDs mit dem sonntäglichen Gottesdienst. Aktionen wie Grillfeste und eine Sponsorenrallye sind schon institutionalisiert.

Eine Reihe von Maßnahmen konnten aufgezeigt werden, die die Gemeinde förderten. Im Folgenden sollen die beiden Impulse dargestellt werden, die in den letzten drei Jahren der Gemeinde einen messbaren Wachstumsschub brachten. Als Vergewisserung nach innen und als Leitlinie für Künftiges initiierte man einen Leitbildprozess. Dieser soll zuerst dargestellt werden.

3 DER AUFTRAG DER GEMEINDE UND DIE LEITSÄTZE

Die aufgezeigten Impulse, Maßnahmen und förderlichen Faktoren finden sich wieder im Auftrag der Gemeinde und in ihren Leitsätzen.

Der Auftrag lautet: »annehmen – aufbauen – aussenden«.

Er findet seine Gestalt in den Leitsätzen:

Wir möchten eine Kirche bauen,
a) die Jesus Christus als ihren Mittelpunkt sieht und ihre Liebe zu Gott durch Lobpreis, Gebet und Lesen der Bibel zum Ausdruck bringt,
b) in der Christen begleitet, ermutigt und gestärkt werden, damit sie in ihrem Glauben wachsen,
c) die durch ihre Gemeinschaft Liebe und Wärme ausstrahlt,
d) die Nächstenliebe durch Teilen und praktische Dienste konkret werden lässt,
e) die Menschen durch Weitergabe des Evangeliums zu Jesus und zu seiner Gemeinde führt.

> Wir glauben daran, dass der Heilige Geist jedem von uns für die Er-
> füllung dieses Auftrags besondere Gaben geschenkt hat, die wir ge-
> meinsam entdecken und fördern sollen.

4 DIE VERKNÜPFUNG VON AKTIONEN, GOTTESDIENST UND KLEINGRUPPENARBEIT

Im Folgenden sollen zwei Aktionen dargestellt werden, mit denen sich die Gemeinde an Kirchendistanzierte wendet und sie in die Gemeinde und in besonders gestaltete Gottesdienste einlädt. Das Spezifische daran ist die Verknüpfung von Aktion, Gottesdienst und Kleingruppe.

4.1 ›LEBEN MIT VISION‹

In diesem Beispiel diente die Lektüre des Buches ›Leben mit Vision‹ (R. Warren) als groß angelegte Aktion in der Gemeinde. Die 40 Kapitel des Buches gaben den Takt an. An jedem Werktag stand ein Kapitel auf dem persönlichen Lektüreplan. Einmal pro Woche traf man sich in einer Kleingruppe zum Austausch über das Gelesene. Die Sonntagspredigt führte hin zu den Kapiteln der nächsten Woche. Während der Aktion war der Sonntagsgottesdienst durch eine moderne Gestaltung auf die Zielgruppe Kirchendistanzierte zugeschnitten. Er wurde moderiert, kleine Theaterstücke führten zur Predigt hin, in Interviews berichteten Menschen von ihren Erfahrungen mit Gott. Verschiedene Bands spielten moderne Lieder, auch Lobpreisliteratur. Durch eine groß angelegte Werbekampagne konnte die Zielgruppe auf dieses Buch aufmerksam gemacht werden. Im Verlauf dieser Aktion entstanden sieben neue Hauskreise.

4.2 DIE AKTION ›NEU ANFANGEN‹

Zusammen mit der Hessentaler katholischen Gemeinde nahm man an der ökumenischen Aktion ›neu anfangen‹ im Kirchenbezirk Schwäbisch Hall teil. 130 Mitarbeitende der beiden Hessentaler Gemeinden riefen ca. 1600 Haushalte an und boten ihnen das Buch ›Stufen im Leben‹ als Geschenk an. 720 dieser Bücher konnten übergeben werden. Davon ließen sich wiederum 116 Menschen in Gesprächsgruppen einladen. Es bildeten sich 13 Gruppen, vielfach mit einem hohen Anteil an Kirchendistanzierten, die sich über fünf Wochen hinweg trafen und sich der Lektüre des Buches widmeten. Das Folgeangebot, einen Alpha-Kurs, nahmen 19 Personen wahr. Vorbereitet wurden die Kleingruppenleiter im Vorfeld durch regionale Schulungsabende und Seminartage sowie durch wöchentliche Vorbereitungstreffen im Gemeindehaus während der Aktion. Die Aktionen mündeten in den zentralen Sonntagsgottesdienst, dessen Gestaltung auf diese Zielgruppe zugeschnitten war.

4.3 DIE EVALUATION

Im Schnitt besuchen 270 Menschen die Aktionsgottesdienste. 150 gaben bei ›neu anfangen‹ ihren Feedback-Bogen zurück. Man erfragte den Hintergrund der Teilnehmenden und brachte die Daten in Korrelation zur Einschätzung der Liedauswahl, der Predigt und zur Wirkung der Interviews. Dieses Teilnehmerfeedback fließt in die Planungen für die nächste Aktion und ihre Gottesdienste mit ein und sorgt so für gleichbleibend hohe Qualität.

4.4 DER SONNTÄGLICHE GOTTESDIENST

Die Aktionsgottesdienste beeinflussten auch den ›normalen‹ sonntäglichen Gottesdienst. Es kommen nicht nur neu Gewonnene aus der Aktion hinzu, es ändert sich auch die Form der üblichen Gottesdienste. Modernes Liedgut hält vermehrt Einzug, das stille Gebet wird regelmäßig angeboten, der Psalm wird gesungen, das Loblied wurde zu einer Lobpreiszeit erweitert. Insgesamt geht man aber behutsam mit Veränderungen um. Wichtig ist es der Gemeinde, dass generationenübergreifend Gottesdienst gefeiert wird. Man nimmt aufeinander Rücksicht, sagt aber auch: »Wenn die Alten so sehr für die Jungen beten, dann haben sie auch Verständnis für Lieder der Jungen.«

Wenn man heute auf die letzten sieben Jahre zurückblickt, ist der Gottesdienst immer mehr zum Zentrum der Gemeinde und stetiger Impulsgeber geworden.

Ein wesentlicher Faktor war dabei auch die Schaffung von Kristallisationspunkten: Begrüßungsdienst, Kirchenkaffee, Bücher- und Gepa-Tisch bieten vor und nach dem Gottesdienst Gelegenheit zu Gesprächen.

Bislang feiert man außer dem erwähnten Segnungsgottesdienst keinen weiteren ›Zweitgottesdienst‹. Die Aktionsgottesdienste übernehmen diese Funktion.

4.5 EINE THEATERGRUPPE »VON GENERATION ZU GENERATION«

»Von Generation zu Generation« – unter diesem Motto stand ein von einer örtlichen Firma verliehener Preis für die Theaterarbeit der Gemeinde. Er würdigte damit, dass es die Hessentaler Theatergruppe versteht, 20 Menschen zwischen zehn und 52 Jahren zusammenzuführen. Gerade der Altersunterschied trägt zum Erfolg der Gruppe bei und beweist, dass Teamarbeit auch zwischen den Generationen möglich ist. Gegründet wurde die Theatergruppe, um mit Anspielen im Gottesdienst Inhalte zu verdeutlichen. Inzwischen tritt man in unterschiedlichen Kontexten der Gemeinde auf, bei Gemeindefesten und in der Kinder- und Jugendarbeit. Dabei legt man Wert darauf, dass die Anspiele über einen langen Zeitraum professionell vorbereitet und geprobt werden. »5 Minuten Spiel bedeuten oft 5 Wochen Probe«. Einige Stücke hat man selber geschrieben, oft findet man Anregungen auch im Internet.

5 KONZEPTE IN DER ARBEIT MIT ZIELGRUPPEN: KINDER, JUGEND, SENIOREN UND AUSSIEDLER

Neben den bereits erwähnten Aktionen für Kirchendistanzierte wendet man sich bewusst an weitere Zielgruppen. In unterschiedlichen Sozialformen mit je eigenem Grad an Verbindlichkeit lädt man zu lebensbegleitenden Angeboten ein.

5.1 EIN KONZEPT FÜR DIE KINDER- UND JUGENDARBEIT

Ausgangspunkt war der Wunsch, die Kinder- und Jugendarbeit zu intensivieren. Der Gemeindeaufbauverein konnte mit der Zeit auch genügend Mittel aufbringen, eine Stelle einzurichten. In der Folgezeit wurde ein umfangreiches Konzept für die Kinder-, Jugend- und Familienarbeit entwickelt. Die Bemühungen um eine familiengerechte Gemeindearbeit wurden von der Württembergischen Landeskirche mit dem Preis »Familienfreundliche Gemeinde« gewürdigt. In der Begründung wurden u. a. die schwierigen Rahmenbedingungen hervorgehoben, unter denen die Gemeinde ihre Familienarbeit aufbaut und gestaltet.

Im Bereich ›Aktionen‹ und ›offene Angebote‹ sind zu nennen:

- Mit dem ›Treffpunkt Familie‹ versucht man junge Familien zu ereichen, indem man in regelmäßigen Abständen einen Nachmittag mit Aktionen, Künstlern, Musik oder Unterhaltung gestaltet. Auch kirchenjahreszeitliche Angebote, wie der Familiennachmittag im Advent, werden gemacht.
- Bei der Kinderaktionswoche handelt es sich um eine Kinderbibelwoche in den Herbstferien.
- Das »Café blubb« ist ein offener Jugendtreff. Hier kooperiert die Kirchengemeinde mit der Kommune. Das Café findet in kirchlichen Räumen statt. Verantwortet wird es von einer kommunalen Jugendsozialarbeiterin.

Dieses Angebot wurde in den letzten Jahren vor allem von der benachteiligten Jugend gerne angenommen.

Für die Zielgruppe werden folgende Gottesdienste angeboten:

- »Kids House« nennt sich der Kindergottesdienst, der auf dem Promiseland-Konzept der Willow Creek-Gemeinde basiert. 2004 stellte man auf diese Form um. Den Einstieg bot eine ähnlich dem künftigen Konzept gestaltete Aktionswoche. »Kids House« wollte das in der Aktionswoche Erlebte in den wöchentlichen Turnus hinein verlängern. Die Bedeutung eines adäquaten Folgeangebotes zeigt sich hier: Der Übergang gelang. Der Kindergottesdienst wuchs von vier auf bis zu 40 Kindern an.
- Die Gemeinde konzipierte im Jahr 2003 einen speziellen Jugendgottesdienst. Doch mit der Zeit fand er bei der Jugend aus der Umgebung mehr Anklang als bei der eigenen. Drei Jahre später wurde das Konzept geändert. Das Folgeangebot »Time out« legte den Akzent mehr auf das Miteinander und das ›Chillen‹. Es wurden etliche Workshops angeboten (Kochen, Sprayen, Holzarbeiten, Spiele, Diskussionsforen), eine Band führte einen Workshop »Lobpreis« durch. Eine Andacht stand am Ende. Doch auch hier stellte sich das beschriebene »Problem« ein. Derzeit wird über ein neues Konzept nachgedacht.
- Für Eltern mit Kleinkindern wird der Gottesdienst ins Gemeindehaus übertragen.

Kleingruppen sollen das Miteinander stärken und bieten eine höhere Verbindlichkeit und eine thematische Konzentration. In Hessental gibt es:

- Eltern-Kind-Gruppen;
- eine gemischte Jungschar;
- »Saft« (»Sonderangebot für Teeniemädchen«) ist ein Angebot für Mädchen ab 13 Jahren. Gespräche über den Glauben wechseln sich mit erlebnispädagogischen Elementen ab;
- den Glaubenskurs Jugend–Alpha.

5.2 SENIORENARBEIT

Seit fünf Jahren wird der Mesnerdienst von einem Team Ehrenamtlicher versehen. Mit den freigewordenen Mitteln wurde die Stelle (5,75 Wochenstunden) einer Seniorenbeauftragten eingerichtet. Ihre Aufgaben sind: Bereichsleitung Seniorenarbeit, Schulung und Begleitung des Besuchsdienstes, Kontakt zu dem kommunalen Seniorenhaus und zu »Diakonie ambulant« (Sozialstation) sowie die Koordination der Konfirmandenpraktika in der

Seniorenarbeit. Diese Stelle dient dazu, vieles, was schon geleistet wird, zu bündeln und zu strukturieren.

5.3 ARBEIT MIT AUSSIEDLERN

Auf dem Gebiet der ehemaligen Kasernen wurde durch die Stadt eine Teestube für Spätaussiedler eingerichtet. Die Matthäusgemeinde bringt sich hier als Kooperationspartnerin ein. Die Teestube ist ein zwangloser Treff, der den Gewohnheiten und Traditionen der Aussiedler entspricht. Das Konzept basiert auf einem niederschwelligen Angebot zum Aufbau von Beziehungen und ermöglicht in zwangloser Atmosphäre auch Gespräche über den Glauben. In der Teestube findet außerdem monatlich ein Bibelkreis für Russlanddeutsche (vorwiegend jüngere Mütter) statt. Diese besonders auf Spätaussiedler zugeschnittene Maßnahme verstärkt das Bemühen um Integration in den anderen Gruppen und Kreisen.

Fazit: »Atmosphäre ist unsere größte Stärke«

Dieses Fazit einer Gemeindeanalyse gibt die Gemeinde gerne weiter. Denn sie weiß um die Anstrengung, die das Erreichen dieses Status brauchte. Es galt, neue Konzepte behutsam einzuführen und neue Menschen in die Gemeinde zu integrieren. Dabei hat sie viel getan, um diese Atmosphäre positiv zu gestalten. Stellvertretend sei hier genannt: das Wissen, Sorgen und Beten mit- und füreinander. Denn man weiß, dass diese Atmosphäre ein Faktor ist, der Menschen neugierig macht, der sie kommen und gerne bleiben lässt. Damit dies gelang, nahm man unterschiedliche Anregungen auf. Die stärkste Prägung hat die Gemeinde mit der Einführung von Elementen der Willow Creek-Konzeption erfahren. Interessant sind die gelungene Adaption und die Weiterentwicklung des Konzepts mit Gespür für die lokalen Verhältnisse. Besonders die Zielgruppenangebote und die sog. Aktionen haben Außenwirkung und stärken die Gemeinde durch das gemeinschaftliche Erleben, auch generationenübergreifend. In der Matthäusgemeinde leben Jung und Alt zusammen. Auch hier stellt sie mit ihrer besonderen Atmosphäre bewusst ein Gegenbild dar zum Verlust des dörflichen Charakters.

Das erfahrene Wachstum speist sich weitgehend aus dem eigenen Ort. Auch das stärkt die besondere »Atmosphäre«.

Evangelische Kirchengemeinde Holzhausen/Reinhardswald

Ort:	Holzhausen
Einwohnerzahl:	2000, davon 1250 Evangelische (62,5%)
Ort:	Wilhelmshausen
Einwohnerzahl:	830, davon 639 Evangelische (76,99%)
Ort:	Knickhagen
Einwohnerzahl:	259, davon 200 Evangelische (77,22%)
Bundesland:	Hessen
Landeskirche:	Evangelische Kirche von Kurhessen-Waldeck
Gemeindegröße 2003:	2119
Gemeindegröße 2006:	2089
Gottesdienstbesuch 2003:	5067 (im ganzen Jahr)
Gottesdienstbesuch 2006:	5300 (im ganzen Jahr)
Wachstum:	4,7 %
Adresse:	Ev. Pfarramt Holzhausen, Am Wolfsgarten 10, 34376 Immenhausen-Holzhausen; Telefon: 05673/1248, Fax: 05673/911871
Homepage:	www.kirche-holzhausen.de

1 ZUR GEGENWÄRTIGEN SITUATION DER GEMEINDE IN DER REGION

Holzhausen liegt in Nordhessen, etwa 12–15 km von Kassel entfernt. Zum Kirchspiel gehören drei Dörfer mit drei eigenständigen Kirchengemeinden (Holzhausen, Wilhelmshausen und Knickhagen), die einen gemeinsamen Pfarrer haben. Holzhausen ist die größte der drei Gemeinden, und ein Großteil der Gemeindearbeit konzentriert sich hier, weswegen im Folgenden vor allem die Arbeit in Holzhausen beschrieben werden soll.

Ein Großteil der in den Dörfern wohnenden Menschen pendelt nach Kassel, um dort zu arbeiten; die Landwirtschaft, die in der Vergangenheit die Einkommensquelle der Menschen war, wird nur noch von wenigen hauptwerblich betrieben. Die Arbeitslosigkeit entspricht etwa dem Durchschnitt von Nordhessen, ist aber geringer als in Kassel selbst. Viele Menschen arbeiten in umliegenden Auto- und Maschinenfabriken. Die Zusammensetzung der Berufstätigen in den Dörfern ist durchschnittlich bzw. gemischt, es überwiegen weder Arbeiter noch Akademiker. Die Bevölkerungszahl ist über Jahre konstant geblieben, was sich etwa daran beobachten lässt, dass in jedem Schuljahr ungefähr gleich viele Kinder eingeschult werden. Junge Menschen, die zum Studium die Region verlassen, kommen häufig nach Abschluss der Ausbildung wieder.

Konfessionell überwiegen in der Region klar die Evangelischen. Wenige Menschen besuchen freikirchliche Gemeinden in Kassel. »Im Kirchspiel ist die evangelische Kirchengemeinde relativ konkurrenzlos.« Es besteht ein ausgesprochenes Wohlwollen bei der Bevölkerung der Kirche gegenüber: Auch katholische Einwohner von Holzhausen fühlen sich bei gemeinsamen Festen und im öffentlichen Leben der evangelischen Kirchengemeinde verbunden, es besteht eine »große Akzeptanz der Kirche gegenüber«.

2 ZUR SITUATION VOR DEM WACHSTUM

In der Gemeinde von Holzhausen kommt als ein Auslöser für das Gottesdienstwachstum eine neue Gottesdienstform (»G plus«) neben der Tatsache zu stehen, dass die Arbeit an eine reiche Vorarbeit anknüpfen konnte. Anfang der 70er Jahre hat in der Gemeinde Jugendarbeit begonnen, die zunächst von einer engagierten Pfarrfrau betreut wurde, dann aber in die Hand des CVJM (zunächst des Kurhessischen Landesverbandes und schließlich des CVJM Kassel) gelegt worden ist. Eine hauptamtliche Jugendsekretärin mit zunächst 25, dann 50 und schließlich 100% ist in der Gemeinde angestellt und erst vom Kirchenkreis, später anteilig von Kirchenkreis (60%) und Gemeinde (40%) finanziert worden. Über diese lebendige und professionell begleitete Jugendarbeit, die in der Gemeinde über Jahre stattfand, konnten Mitarbeiter gewonnen werden, die bereit waren, sich auch als junge Erwachsene in der Gemeinde zu engagieren und miteinander neue Wege auszuprobieren. Die inhaltliche Orientierung der Jugendarbeit durch die Verantwortung des CVJM spielte eine wesentliche Rolle bei der Entwicklung der Sprachfähigkeit der Mitarbeitenden, den Glauben zu beschreiben: Wer in der Jugendarbeit als Mitarbeiter Erfahrungen gesammelt hat und es gelernt hat, über seinen Glauben zu sprechen, kann auch vor anderem Publikum Worte finden, seinen Glauben auszudrücken.

Diejenigen, mit denen in den 70er Jahren die Jugendarbeit angefangen hat, sind inzwischen erwachsen geworden. »Die Jugendlichen von damals wollen auch heute noch beschäftigt werden.« Mit den 1999 begonnenen »G plus-Gottesdiensten« hat ein Prozess begonnen, mit dem Menschen mittleren Alters von Neuem oder erstmalig für die Arbeit der Gemeinde gewonnen werden konnten, so dass auch Wachstum stattfand. Gleichzeitig konnte dieser neue Impuls an Strukturen anknüpfen, die über viele Jahrzehnte in der Gemeinde gewachsen waren und etwa einen großen Kreis von Menschen bereitstellten, die bereit waren, sich an einem solchen Neuaufbruch zu beteiligen. Entscheidend war in diesem Prozess die Frage danach, wie sich Menschen in der Gemeinde wohlfühlen können, die aus der Jugendarbeit »herausgewachsen sind«.

Daher war im Rückgriff auf die bereits gewachsenen Strukturen schon eine größere Gruppe von Menschen vorhanden, die bereit waren, Veränderungen in der Gemeinde mitzutragen. Die inhaltlich ausgerichtete Jugendarbeit ist der entscheidende »Stein, der alles ins Rollen gebracht hat«.

3 GEISTLICHES WACHSTUM NACH INNEN UND AUSSEN

Ein impulsgebender Faktor im Wachstumsprozess ist in Holzhausen die Entwicklung einer alternativen Gottesdienstform (»G plus«). Darüber hinaus ist die Gesamtzahl der Gottesdienste innerhalb des Kirchspiels in Absprache zwischen Pfarrer und Kirchenvorstand aber auch verringert worden. Gleichzeitig ist die Zahl der Gottesdienstbesucher insgesamt gewachsen: Während es in der Vergangenheit jeden Sonntag drei Gottesdienste gab, hat man die Zahl auf meist einen Gottesdienst pro Sonntag reduziert und feiert vermehrt Kirchspielgottesdienste. Einmal monatlich finden Abendgottesdienste statt. Eine Konkurrenz wird zwischen den verschiedenen Gottesdienstformen nicht empfunden: Neue Wege konnten gefunden werden, ohne dass die alten disqualifiziert wurden.

3.1 G plus — neue Gottesdienstformen

Zu Beginn des Wachstumsprozesses fand 1998 eine Klausurtagung des Kirchenvorstands mit dem Pfarrer unter der Fragestellung statt, wie Menschen für die Gemeinde und das Evangelium eingeladen werden könnten (»einladende Gemeinde«). Dabei fokussierte sich das Fragen schnell auf die Gottesdienstgestaltung: Wie können wir so Gottesdienste feiern, dass sie für andere einladend wirken und ihnen ermöglichen, einen persönlichen Glauben zu finden und zu gestalten? Gefragt wurde aber auch danach, wie die Kirchenvorsteher selbst ihrer eigenen Erfahrung nach in der Gemeinde »verbindlich geworden sind«, indem sie sich zur Mitarbeit gewinnen ließen, und wie sie selbst »einladende Gottesdienste« erlebt haben. Aus der Beobachtung, dass Verbindlichkeit vor allem durch Mitarbeit wächst, entstand die Idee, einen alternativen Gottesdienst zu feiern, dessen Zielgruppe vor allem junge Erwachsene sein sollten, die altersmäßig aus der Jugendarbeit herausgewachsen waren. »Was die meisten Ideen produziert hat, war der Gedanke, einen zielgruppenorientierten Gottesdienst zu feiern.« Die Überlegungen zu einem zielgruppenorientierten Gottesdienst, der unter einem Thema steht, haben gleichzeitig auch dazu geführt, dass der traditionelle Sonntagsgottesdienst bewusster gestaltet wird, indem das Proprium des jeweiligen Sonntags bewusster gefeiert wird.

1999 fand der erste G plus-Gottesdienst statt, der seitdem dreimal im Jahr bewusst nicht in der Kirche, sondern im Bürgerhaus in Holzhausen gefeiert wird, um eher kirchendistanzierten Menschen die Schwellenangst zu nehmen. Schon beim ersten Mal fanden sich etwa 350 Personen ein. Eine ähnlich große Gruppe nimmt seitdem jedes Mal am Gottesdienst teil. Bemerkenswert ist in den G plus-Gottesdiensten weniger die missionarische Dynamik nach außen als vielmehr die »Dynamik nach innen«, mit der auch Menschen, die sich bisher in kirchlichen Angeboten nicht wiederfinden konnten, aber nicht im strengen Sinn »kirchendistanziert« sind, sich in Mitarbeit einbinden lassen. Junge Erwachsene, die durch klassische Gemeindearbeit nicht angesprochen werden, sollen mit den Gottesdiensten durch die Wahl der Themen (z. B. »Hauptsache gesund«) erreicht werden. Der Altersdurchschnitt der Gottesdienstbesucher liegt bei 33–35 Jahren, was durch regelmäßig stattfindende Erhebungen herausgefunden worden ist.

Jeder G plus-Gottesdienst wird von 13 ehrenamtlichen Teams (Theater, Begrüßung, Catering, Moderation, Gebet, Technik, Musik, Dekoration, Aufbau, Tanz, PR, Büchertisch, Kinderbetreuung) vorbereitet und gestaltet, so dass bei jedem Gottesdienst etwa 50 Personen verschiedenen Alters in Teams in die Vorbereitung involviert sind. Für Menschen, die nicht mehr in der Gemeinde wohnen, gibt es die Möglichkeit, sich auch aus der Entfernung an der Gestaltung und Vorbereitung des Gottesdienstes zu beteiligen.

Es gibt in jedem Gottesdienst eine Predigt, Fürbittengebete, Lieder, ein Kreuzverhör, ein Theaterstück, das Vaterunser und einen Segen. Nach jedem Gottesdienst gibt es beim Bistro Gelegenheit zur Gemeinschaft und zum Gespräch. Vor dem Gottesdienst werden die Teilnehmenden durch das Begrüßungsteam begrüßt. Tanzeinlagen und Interviews finden optional statt.

Zwischen diesen Gottesdiensten finden drei Treffen aller Teams statt, in denen der letzte Gottesdienst ausgewertet (1.), das Thema für den nächsten Gottesdienst besprochen (2.) und gemeinsame Absprachen getroffen werden (3.). Die Gottesdienste werden samstags mit dem gemeinsamen Aufbau vorbereitet, sonntags trifft sich das gesamte Vorbereitungsteam eineinhalb Stunden vor dem Beginn des Gottesdienstes zum Gebet; ab 18.15 ist Einlass in den Saal, um 19.00 findet der Gottesdienst statt.

Die Gottesdienste finden nach einer sich wiederholenden Liturgie statt, nach einer Phase mit »weltlichen Liedern« und dem Theaterstück, in der zum Thema hingeführt wird, gibt es »geistliche Lieder« und (immer) eine Predigt. Nach der Predigt gibt es Gelegenheit, Fragen zur Predigt oder allgemeinere Glaubensfragen aufzuschreiben, die vom Prediger in einem »Kreuzverhör« in jeweils maximal einer Minute beantwortet werden sollen. Außerdem gibt es die Gelegenheit, Gebetsanliegen aufzuschreiben, die in den Fürbitten aufgenommen oder an die Hauskreise weitergegeben werden. Das Vaterunser und der Segen schließen den Gottesdienst ab.

Wenn G plus ist, findet an dem entsprechenden Sonntag kein regulärer Sonntagsgottesdienst statt. Die Beobachtung, die in der Gemeinde nach den ersten G plus-Gottesdiensten gemacht wurde, war aber, dass auch der traditionelle Gottesdienst von den außergewöhnlichen Gottesdiensten profitierte: Auch die von den Perikopen vorgegebenen Themen wurden in den Gottesdiensten bewusster gestaltet, und über die besondere Form des Gottesdienstes konnten Menschen einen Weg zur Gemeinde finden, die sich vorher nicht zugehörig fühlten.

Bemerkenswert ist aber zugleich folgende Beobachtung: Mit den G plus-Gottesdiensten hatten Pfarrer und Kirchenvorsteher zunächst intendiert, Menschen von Neuem oder erstmals zur Gemeinde einzuladen und ihnen missionarisch und lebensnah das Evangelium zu verkündigen. Mit dem starken Aspekt von Gemeinschaft, der im gesamten Team von G plus schon allein auf Grund der häufigen Treffen und der einmal jährlich stattfindenden Freizeit zum Tragen gekommen ist, werden aber auch Mitarbeiter, die schon länger in der Gemeinde sind, sprachfähiger in ihrem Glauben und binden sich verbindlicher an die Gemeinde. Wachstum findet darum nicht nur nach außen, sondern genauso nach innen statt. »Wir wollen keine Show veranstalten.« Vielmehr wird der Gottesdienst auch *als Gottesdienst* für diejenigen gefeiert, die mitarbeiten.

Da die Zielgruppe für den Gottesdienst eher junge Erwachsene sind, ist diese Gottesdienstform kein Jugendgottesdienst. Aus dem G plus-Konzept entstand aber bei Jugendlichen, die ebenfalls mitarbeiten wollten, ein weiteres alternatives Gottesdienst-Konzept speziell für Jugendliche, »Face to Face«, das Elemente von G plus übernommen hat, aber auch speziell auf die Bedürfnisse von Jugendlichen zugeschnitten ist.

Die Gemeinde von Holzhausen war in der Vergangenheit seit den 70er Jahren ausgeprägt stark in der Kinder- und Jugendarbeit. Mit den G plus-Gottesdiensten ist eine neue Zielgruppe (die 25–50-Jährigen) erschlossen worden, die traditionell eher nicht zur Kerngemeinde gehörte. Darüber hinaus haben ehemalige Jugendmitarbeiter ein Forum gefunden, bei dem sie selbst mitarbeiten können und als Erwachsene und erfahrene Berufstätige ihr Wissen und ihre Kenntnisse sowie ihre Lebenserfahrung einbringen können.

3.2 Geh weiter – Wachstum nach innen

Aus den Erfahrungen von G plus vor allem bei den Fragen im Kreuzverhör, die sich oft ähnelten und teilweise wiederholten, hat die Gemeinde einen eigenen Glaubenskurs mit strukturellen Anleihen beim Alpha-Kurs unter dem Titel »Geh weiter« entwickelt, der bislang dreimal (alle zwei Jahre) stattfand. Ziel war es, Impulse aus dem G plus-Gottesdienst aufzunehmen und weiterzuführen und Grundlagen des Glaubens zu vermitteln. »Wenn man so konstant immer wieder diese Fragen gefragt wird, sollten wir diese Fragen auch in einem Kurs gemeinsam behandeln.«

Aus den Glaubenskursen entstanden eine größere Teilnahme am Bibeltreff und die Entwicklung von bislang vier Hauskreisen, die sich bisher einmal zum Austausch zu einem Hauskreistag getroffen haben. Alle Elemente sind impulsgebend für das Wachstum der Gemeinde nach innen, für die Glaubensentwicklung genauso wie für die Entwicklung der Sprachfähigkeit über den Glauben. Daher ist zahlenmäßiges Wachstum für die Gemeinde zwar durchaus wünschenswert, die Begleitung von Menschen, die schon die Schwelle zur Gemeinde überschritten haben, steht aber als mindestens ebenso wichtig daneben.

2000 hat die Gemeinde begonnen, einmal jährlich eine Familienfreizeit anzubieten, die inzwischen mit 80–90 Teilnehmenden stattfindet. Auch in diese Arbeit lassen sich erwachsene Ehrenamtliche einbinden. Dabei werden gezielt auch Menschen eingeladen, die bisher nicht zur Gemeinde gehört haben. Wachstum vollzieht sich darum nicht nur als zahlenmäßiges Wachstum der Gemeinde, sondern genauso auch als »Wachstum in die Gemeinde hinein«, wenn Christsein für Menschen »Modellcharakter gewinnt« und auf andere einladend wirkt.

Zur Entwicklung der Sprachfähigkeit im Glauben gehört auch das Einüben des Gebets, das in der Gemeinde eine große Selbstverständlichkeit besitzt. Vor einem G plus-Gottesdienst trifft sich das gesamte Team zum gemeinsamen Gebet für den Gottesdienst, es gibt ein Gebetsteam bei G plus, Kirchenvorstandsitzungen beginnen und enden mit Gebeten, in Hauskreisen werden Gebetsanliegen aus den G plus-Gottesdiensten zur Sprache gebracht. In der Dienstbesprechung der Hauptamtlichen kommen neben organisatorischen auch geistliche Anliegen zur Sprache und ins Gebet.

3.3 Die Ehrenamtlichen – Wertschätzung und Förderung

In der Gemeinde von Holzhausen/Wilhelmshausen/Knickhagen arbeiten etwa 200 Menschen ehrenamtlich in der Kinder- und Jugendarbeit, bei G plus, in der Seniorenarbeit, in der Konfirmandenarbeit, bei Krabbelgruppen, in der Besuchsarbeit, in der Friedhofsgestaltung etc. mit.

Die Mitarbeitenden in der Kinder- und Jugendarbeit werden von der hauptamtlichen Jugendsekretärin in Zusammenarbeit mit dem CVJM Kassel für die Mitarbeit geschult und begleitet. Für sie gibt es wöchentliche Mitarbeiter-Treffen, bei denen abwechselnd organisatorische und geistliche Fragen behandelt werden. Bei den übrigen Ehrenamtlichen finden keine institutionalisierten Schulungen statt, wohl aber immer wieder geistliche Impulse von Seiten des Pfarrers und vor allem und zentral eine regelmäßige Reflexion der eigenen Arbeit mit der Fragestellung, was geändert werden muss, weil sich die Umstände geändert haben. Insgesamt arbeiten die ehrenamtlichen Erwachsenen eigenständig und selbstverantwortlich. Als Ausdruck der Wertschätzung der Ehrenamtlichen wird in der Gemeinde alle zwei Jahre ein Mitarbeiterfest gefeiert, zu dem alle Mitarbeiterinnen und Mitarbeiter eingeladen werden und das zugleich ein Forum für die gesamte Gemeindearbeit bildet.

Dass die Mitarbeiter selbstverantwortlich und eigenständig arbeiten, hat zugleich damit zu tun, dass es zur inhaltlichen Orientierung der Gemeindearbeit seit 2003 ein Leitbild gibt, das Kirchenvorstand und Pfarrer seit 2001 erarbeitet haben und das der Gemeindearbeit eine inhaltliche Mitte und Orientierungshilfe gibt. Darin werden fünf Aspekte zur Sprache gebracht:

Missionarischer Aspekt:
In unserer Gemeinde sollen Menschen zu einer lebendigen
Beziehung zu Christus finden.

Religionspädagogischer Aspekt:
In unserer Gemeinde sollen Menschen den Glauben kennen-,
durchdenken-, leben und (mit-)teilen lernen.

Seelsorgerlich-diakonischer Aspekt:
In unserer Gemeinde sollen Menschen Gemeinschaft finden,
begleitet und aufgefangen werden.

Gemeindeaufbau-Aspekt:
In unserer Gemeinde sollen Menschen ihren Platz zur Mitarbeit im
Reich Gottes finden.

Gesamtgesellschaftlicher Aspekt:
In unserer Gemeinde soll Glaube so gelebt werden, dass er über sie
hinaus ausstrahlt.

Daneben hat die Gemeinde zwölf Leitsätze erarbeitet:

Wir träumen von Gemeinde, …

… in der in vollen *Gottesdiensten* der Glaube ansteckend und be-
freiend, vertiefend und herausfordernd, gemeinschaftlich und kreativ
gefeiert wird.

… in der man sich an Leib und Seele *umeinander kümmert* und die
dem Glauben entspringende Verantwortung füreinander lebt.

… in der *junge Familien* von Anfang an dazugehören, Gemeinschaft
erleben und Hilfestellung zu christlicher Erziehung und Familienge-
staltung bekommen.

… in der *Kinder* Jesus Christus kennenlernen, erste Glaubenserfah-
rungen machen und gerne zur »Kirche« dazugehören.

… in der *Jugendliche* zu Glaubensschritten und zur Mitarbeit herausgefordert werden, Anerkennung erfahren und Orientierung bekommen.

… in der *Erwachsene* im Glauben beheimatet sind, Impulse bekommen, Gemeinschaft erleben und gabenorientiert mitarbeiten.

... in der *ältere Menschen* Glauben generationsübergeifend vertiefen, teilen sowie Gemeinschaft und Wertschätzung erleben.

... in der *Amtshandlungen* aus einer lebendigen Verbindung mit Christus und seiner Kirche heraus gewünscht werden und/oder in eine solche hineinführen.

... in der jeder weiß, dass er von Gott zur *Mitarbeit* in seinem Reich begabt ist, seinen Ort dazu findet, darin gefördert wird und andere fördert.

... in der die *verantwortlich Leitenden* Zukunftsbilder entwerfen, die andere begeistern, das Ganze im Blick behalten und Einzelne befähigen, ihrerseits Verantwortung zu übernehmen.

... in der *Verwaltung* effizient und eigenverantwortlich von kompetenten Mitarbeitern wahrgenommen wird.

... die *in der Öffentlichkeit bekannt* ist für ihre überzeugend gelebte Botschaft, ihre Angebote, ihren einladenden Charakter, ihre Ehrlichkeit und Kritikfähigkeit.

... und in der man versucht, Träume zu leben!

Das so erarbeitete Profil hilft der Gemeinde nach innen, aber auch im Gespräch nach außen etwa mit der kommunalen Gemeinde, mit der die Kirchengemeinde etwa an Kirmesgottesdiensten oder über die Vereine vernetzt ist. Eine klare Profilgebung hilft aber zugleich bei der Einladung neuer Menschen zum Gottesdienst oder etwa für die Einwerbung von Spenden, die beispielsweise die Stelle der hauptamtlichen Jugendsekretärin zu 40% finanzieren.

Mit dem Wachstum der Zahl der Mitarbeitenden, etwa dem zahlenmäßigen Wachstum von Familienfreizeiten oder der grundsätzlichen missionarischen Ausrichtung der Gemeinde, um Menschen neu für den Glauben zu begeistern und für die Gemeinde einzuladen, stellt sich für die Zukunft der Gemeindearbeit allerdings auch die Frage, ob und wie sich die Strukturen der Gemeinde verändern können und müssen, weil nicht mehr jede Beziehung vom Pfarrer gleich intensiv gepflegt werden und alle Aktivitäten in gleicher Weise vom Pfarrer gefördert werden können. Wann sind die »Grenzen des Wachstums« erreicht? Gibt es irgendwann eine »Stagnation auf einem höheren Niveau«? Oder müssen neue Strukturen geschaffen werden? Müssen die Ehrenamtlichen zu neuen Aufgaben befähigt werden? Und wie verändert sich durch solche Veränderungen das Pfarrerbild?

Mit einer solchen Veränderung der Anforderungen an den Pfarrer verbinden sich zugleich aber der Abschied von Gewohntem und der Schmerz über diesen Abschied bei Gemeindegliedern. Wie sich die Situation in der Zukunft gestalten wird, ist gegenwärtig eine noch offene Frage.

Fazit: »Wir sind uns nicht genug«. Wachstum aus der Mitte

»Wir wachsen, weil wir lebendig sind.« Diese Aussage beschreibt gut, wie der Wachstumsprozess in Holzhausen verstanden werden kann. Das Wachstum und der Neuaufbruch in der Gottesdienstarbeit haben entscheidend von der Jugendarbeit profitiert, die schon in der Vergangenheit jahrzehntelang in der Gemeinde von Holzhausen gepflegt worden ist. Hierdurch konnten Jugendliche zur Mitarbeit in der Gemeinde zunächst in der Kinder- und Jugendarbeit gewonnen werden. Auf diesen Grundstock an Mitarbeitern zurückzugreifen, macht einen wesentlichen Faktor im Wachstum aus. Zugleich aber wirkte das Größer- und Älterwerden der Mitarbeitenden – von der Kinder- und Jugendarbeit hin zur Arbeit im Team von G plus oder anderen Bereichen der Gemeindearbeit – vorbildhaft für andere, die in die Gemeinde von Neuem oder erstmals hinzukamen: »So kann man Glauben leben, hier haben Menschen eine verbindliche Form gefunden, Glauben auszudrücken«.

Zahlenmäßiges Wachstum stand dabei in Holzhausen weniger im Vordergrund als die Suche nach Formen, Menschen ein Lernen und eine Entwicklung im Glauben zu ermöglichen und sie sprachfähig im Glauben zu machen. »Kirche ist kein Verein«. Dass es trotzdem ein zahlenmäßiges Wachstum in der Gemeinde gegeben hat, hat auch damit zu tun, dass die Gemeinde ein klares Profil erarbeitet hat, das in der Zukunft noch deutlicher nach außen und innen kommuniziert werden soll.

Evangelisch-Lutherische Kirchengemeinde Kaufering

Ort:	Kaufering
Einwohnerzahl:	9813, davon 3226 Evangelische (32,8%)
Bundesland:	Bayern
Landeskirche:	Evangelisch-Lutherische Kirche in Bayern
Gemeindegröße 2003:	3191
Gemeindegröße 2006:	3226
Wachstum:	1,1%
Gottesdienstbesuch 2003:	270
Gottesdienstbesuch 2006:	320
Wachstum:	18,5%
Adresse:	Hans-Meier-Straße 1, 86916 Kaufering; Telefon: 08191/7275
Homepage:	www.kaufering-evangelisch.de

1 ZUR GEGENWÄRTIGEN SITUATION DER GEMEINDE IN DER REGION

Kaufering liegt im katholisch geprägten Oberbayern, ist Nachbarort von Landsberg am Lech. Den Ammersee kann man bequem als Sonntagsausflug erreichen. Nach München fährt man mit der Bahn in weniger als einer Stunde.

Die ersten Evangelischen kamen nach dem 2. Weltkrieg. Es waren Heimatvertriebene. Zu ihnen gesellen sich stetig Menschen, die von München aufs Land wollen oder nur einfach günstigeren Wohnraum im Grünen suchen. Meist ziehen jüngere Familien zu. Dementsprechend ist der Altersdurchschnitt der Evangelischen niedriger als der der übrigen Bevölkerung. Da die Zuwanderung schon Jahrzehnte anhält, fehlt aber auch die ältere Generation nicht.

Kaufering ist eine Flächengemeinde. Von den 3226 Evangelischen leben rund drei Viertel im Hauptort Kaufering. Das restliche Viertel verteilt sich auf elf Dörfern und Weiler.

Wirtschaftlich profitiert die Region von ihrer besonderen Lage. Entsprechend gut situiert sind viele evangelische Familien. Auch der Bildungsstand ist hoch.

2 DIE ENTWICKLUNG HIN ZU EINER CHARISMATISCHEN PROFILGEMEINDE

»Wir sind eine Gemeinde mit Offenheit für charismatische und volkskirchliche Strömungen. Wir schätzen die ›volkskirchliche Dienstleistungskirche‹ auch geistlich positiv«, so charakterisiert man sich selbst.

Die Hinwendung zur charismatischen Bewegung fand Mitte der 70er Jahre statt. Pfarrer F. Aschoff, der spätere Vorsitzende der charismatischen ›Geistlichen Gemeindeerneuerung (GGE)‹, übernahm 1971 die neu errichte Pfarrstelle in Kaufering. Im sieben Kilometer entfernten Hurlach begann die Arbeit der internationalen Missionsorganisation ›Jugend mit einer Mission‹. Hier machte er seine ersten Erfahrungen mit der charismatischen Bewegung und etablierte diese Frömmigkeit in der Gemeinde. Die Älteren erinnern sich daran als eine Zeit, in der man über die eingeschlagene Richtung kontrovers diskutierte. Einen konkreten Anlass bot die Gründung eines Erwachsenengebetskreises 1975. Mehr als eine Kirchengemeinderatsperiode lähmte der Streit die Gemeinde. Aschoff blieb bis 1999 Pfarrer in Kaufering und prägte die Gemeinde nachhaltig.

So wurde Kaufering schon vor ca. 25 Jahren zu einer Profilgemeinde, die aus ganz Südbayern Zulauf erhielt. Trotzdem blieb man auch Parochialgemeinde. Kein Arbeitsfeld einer ›normalen‹ Parochie wurde aufgegeben.

»Viele kommen zu uns in den Gottesdienst«, so sagt man, »die noch nie in einem Hauskreis oder einem Glaubenskurs waren«. Man ist trotz der eindeutigen Ausrichtung offen für andere Frömmigkeitsstile und versteht sich ganz bewusst als Teil der Volkskirche. »Der geistliche Gemeindeaufbau braucht die volkskirchliche Korrektur und Erdung«, die Volkskirche »die geistliche Dimension«, wie sie in der charismatischen Bewegung gelebt wird, so sagt man in Kaufering. »Jeder echte Glaube in der Kirche verdient Achtung und Wertschätzung, schon um des Heiligen Geistes willen, der diesen Glauben bewirkt.« Die Gemeinde lebt von diesem positiven Spannungsbogen und erhält von ihm ihre Impulse. Dabei verweist man gerne auf die gute, einladende Atmosphäre und die empfundene Wärme im gegenseitigen Umgang in der Gemeinde, die Menschen unterschiedlichen Alters anzieht.

In dieser 25-jährigen Wachstumsgeschichte wurde der Gemeindeaufbau kontinuierlich vorangetrieben. An Anfang war es die Hauskreisarbeit, später brachte die Errichtung der landeskirchlichen Stelle eines Jugenddiakons der Kinder- und Jugendarbeit einen enormen Auftrieb. In den 90er Jahren wurde ein Leitbildprozess initiiert. Allmählich wurde die Mitarbeiterschaft in Teams und Arbeitsbereichen strukturiert. Ein Gemeindeverein sammelt Spenden, die die Anstellung einer weiteren Verwaltungskraft, eines Missionars im Auslandseinsatz und eines Jugendreferenten ermöglicht. Letzteres brachte für den Diakon die Möglichkeit, seine seelsorgerische Tätigkeit zu intensivieren.

Bei der Darstellung dieser Gemeinde soll der Schwerpunkt auf den entscheidenden Impuls der letzten Jahre gelegt werden: auf die Reform des Konfirmandenunterrichts, die letztlich auch den Gottesdienst beeinflusste. Dort ist Wachstum auch am deutlichsten abzulesen. Zuvor soll aber als Grundlage auf das Leitbild der Gemeinde eingegangen werden.

3 LEITBILDER

Das Leitbild wurde im Laufe der Zeit fortgeschrieben. Das erste war auf die vielen Flüchtlinge und Zugezogenen zugeschnitten, die in Kaufering eine neue Heimat suchten und fanden: »Unsere Gemeinde – Heimat für viele«. Ergänzt wurde es durch die Vision einer »evangelistischen und missionarischen Gemeinde«. In Gänze lautet es nun:

»Die *Leidenschaft* derer, die unsere Kirchengemeinde leiten,
eine *missionarische Gemeinde* zu sein,
das *Gebet und das Hören auf Gottes Willen,*
die *Offenheit für das Wirken des Heiligen Geistes und seine erneuernde Kraft,*
eine *Heimat* zu sein für viele und eine attraktive und moderne Gemeinde zu bleiben,
die *unterschiedliche Arten, den christlichen Glauben zu leben, unter einem Dach* versammelt.«

In den letzten Jahren wurde dieses Leitbild konkretisiert durch die Beschäftigung mit dem Leitfaden »Natürlicher Gemeindeaufbau« von Ch. Schwarz in folgenden Maßnahmen:

1. *Liebevolle Beziehungen* aufbauen und gelebte Vergebung fördern
2. *Zweckmäßige Strukturen* schaffen (Kommunikation und Seelsorge)
3. *Bevollmächtigende Leitung* (Beauftragung und Einsetzung von Mitarbeitern/Mitarbeiterinnen)
4. *Gabenorientierte Mitarbeiterschaft* (Schulung, Entdeckung und Entwicklung)
5. *Leidenschaftliche Spiritualität* (Kanäle für Gottes Gegenwart schaffen)
6. *Bedürfnisorientierte Evangelisation* (Glauben im Alltag weitergeben)
7. *Ganzheitliche Kleingruppen* (Entwicklung von Hauskreisen fördern)
8. *Inspirierende Gottesdienste*

4 EIN NEUES KONFIRMANDENMODELL ALS DER ENTSCHEIDENDE WACHSTUMSIMPULS DER LETZTEN JAHRE

4.1 DER KONFIRMANDENFRUST

Am Anfang stand die Unzufriedenheit mit der dem Schulunterricht ähnlichen Form des Ablaufs und auch der Zielsetzung des Konfirmandenunterrichts. Die Konfirmanden kamen am Nachmittag eines Werktags aus den unterschiedlichen Ortsteilen zusammen, waren müde oder aufgedreht. Die Atmosphäre war nicht geeignet für persönliche Gespräche, dementsprechend beschränkte sich der Unterricht auf die Vermittlung von Wissen. Doch auch hier war kein befriedigendes Ergebnis zu erzielen, waren doch die Lücken im Wissen so groß, dass das eine Jahr nicht ausreichte. Die Jugendlichen legten auch die bekannten schultypischen Reaktionen an den

Tag: »Sie gaben die Antworten, die der Pfarrer hören wollte.« Ihre Gefühle, Träume und auch die eigene Meinung blieben verborgen. »Die größte Freude war das Ausfallen des Unterrichts.« Der Pfarrer hatte »ständig das Gefühl, an Fragen zu arbeiten, die die Konfirmanden gar nicht gestellt hatten«. Kaum ein Konfirmierter fand den Weg in die Gemeinde.

Kernpunkt der Umstellung war der Wille, die wahren Gefühle und Gedanken der Jugendlichen zu erreichen. Interesse am Glauben sollte aus positiven Erfahrungen heraus geweckt werden. Dies erforderte organisatorische wie inhaltliche Änderungen.

4.2 Das neue Leitungsmodell und der Abschied vom Lernprogramm

Der Abschied von dem auf den Pfarrer oder Diakon zentrierten Unterricht wurde eingeleitet. Stattdessen werden die Konfirmanden nun nach gegenseitiger Sympathie in Kleingruppen eingeteilt, die von drei ehrenamtlichen Mitarbeitern geleitet werden. Diese Mitarbeitenden sollen Jugendliche sein, immer sind auch Konfirmierte aus dem letzten Jahrgang dabei. Ziel ist es: »Jugendliche bezeugen Jugendlichen ihren Glauben«.

Die Jugendmitarbeiter werden für diese Aufgabe geschult und zugerüstet. Im sonntäglichen Gottesdienst werden sie vom gesamten Kirchenvorstand gesegnet und gesendet. Man merkt immer wieder: Dies macht ihnen Mut und sie erfahren die Wertschätzung der Erwachsenen. Die Feedback-Bögen, mit denen am Ende die Konfirmandenzeit evaluiert wird, bestätigen diesen Eindruck. Konfirmanden und ihre Eltern sprechen regelmäßig mit großem Respekt von den jugendlichen Mitarbeitern.

Den äußeren Rahmen bildet nun ein monatlicher Konfirmandentag am Samstag mit gemeinsamem Mittagessen und Spielphasen.

Mit der veränderten Unterrichtsform nahm man auch Abschied vom herkömmlichen Lernprogramm. Themen gelebten Glaubens sollen im geschützten Rahmen der Kleingruppe (bis zu sechs Konfirmanden) besprochen werden. Themen bzw. Ziele sind folgende:

- Kennenlernen der Kirchengemeinde
- Erproben und Einbringen der eigenen Begabungen in Gottesdienste, Jugendarbeit, diakonische Arbeit
- Begegnung mit Christen, die ihren Lebensweg mit Gott anschaulich machen (»Gemeinde live«)
- Sammeln von positiven Erfahrungen mit Gottesdienst, Spiritualität und Gemeinschaft
- Beantwortung von eigenen Glaubensfragen
- Zugang zur Botschaft des Evangeliums und Entdeckung der Bibel

— Ein bewusstes ›Ja‹ zum Glauben und zur Gemeinde bei der Konfirmation
— Verständnis wecken für traditionelle Gottesdienste und überlieferte Glaubensformen
— Finden von eigenen Ausdrucksformen des Glaubens

In der Kleingruppe, so hat man die Erfahrung gemacht, kann man auch besser Verbindlichkeit lernen. Die Gruppe achtet auf den Besuch des Gottesdienstes. Die Gemeinschaft führt dazu, dass Konfirmanden die Zeit ernster nehmen und nach eigenen Aussagen für wertvoller erachten. Auch die Eltern sind immer wieder überrascht, was »ihren Kindern dieses Jahr gebracht hat.«

Der Umstand, dass bei diesem Modell die Gesamtschau wesentlicher Inhalte nicht mehr gewährleistet ist, führte zu einem intensiven Austausch mit Schulen und Religionslehrern. Unterrichtseinheiten der 5.–7. Klasse wurden inhaltlich auf das Modell abgestimmt und gegebenenfalls ergänzt. Gemeinsam erarbeitete man sich nach und nach Unterrichtsmaterial, mit dem nun die Lücken gefüllt werden. So ist der Austausch mit der Schule ein unverzichtbarer Bestandteil dieses Konfirmandenmodells geworden und befruchtet auch die übrige Kinder- und Jugendarbeit.

4.3 Halbzeitbilanz statt Konfirmandenprüfung

Statt eines Konfirmandengesprächs mit unterschiedlich ausgeprägtem Prüfungscharakter entscheidet eine sog. Halbzeitbilanz über die Zulassung zur Konfirmation. Nach sechs Monaten werden von Pfarrer und Diakon Gespräche geführt mit den zu Konfirmierenden, den Eltern und den Kleingruppenleitern. Folgende Fragen und Themen werden u. a. geklärt und entscheiden über die Konfirmation, ein erneutes Gespräch nach drei Monaten oder eine Zurückstellung:

— aus Sicht der Konfirmanden: Das Erleben der Zeit, das Verhältnis zur Gemeinde, ihnen wichtige Themen
— aus Sicht der Eltern: Was habe ich von der Zeit mitbekommen? Spüre ich Interesse oder Kritik von Seiten des Kindes?
— aus Sicht der Mitarbeitenden: Stärken und das Einbringen in die Gruppe

Neben dem Aussprechen der Zulassung führt dieses Gespräch zu einer Klärung und oft auch zu einem Motivationsschub.

4.4 Konfirmandenzeit für Konfirmandeneltern

Die Eltern der Konfirmanden werden nicht nur in das Feedback oder in das bilanzierende Gespräch mit eingebunden, sondern für sie findet ein eigener Eltern-Konfirmandentag statt. Auch sie werden in Kleingruppen von den

Jugendmitarbeitern unterwiesen. Ein Austausch über den eigenen Glauben und die Beziehung zur Gemeinde findet in Ansätzen statt. Das Angebot ist so ungewöhnlich, dass es gerne angenommen wird. Die Resonanz ist so gut, dass man in Kaufering sogar über den Ausbau dieser Maßnahme nachdenkt.

4.5 DIE KONFIRMANDENARBEIT ALS WACHSTUMSIMPULS

Inzwischen arbeitet ein Drittel der Konfirmierten in unterschiedlichen Arbeitsfeldern der Gemeinde mit, zwei Drittel besuchen weiter die Gottesdienste. Bei den Eltern hat sich die Bilanz ähnlich erfreulich verändert. Für das Wachstum der letzten Jahre waren aber auch weitere Effekte aus der Konfirmandenarbeit wichtig. In der Gemeinde wurde überprüft, wo 14–15-Jährige überhaupt mitarbeiten können. Das veränderte so manches Angebot, was wiederum den Zuspruch in der Gemeinde erhöhte. Als Beispiel dafür soll der Gottesdienst dargestellt werden.

5 DIE VERÄNDERUNG DES GOTTESDIENSTES AUF GRUND DER KONFIRMANDENARBEIT

Die Veränderungen in der Konfirmandenarbeit strahlen auf viele Arbeitsgebiete der Gemeinde aus, am deutlichsten aber auf den Gottesdienst. »Was versteht ein Konfirmand von unserer Liturgie?«, »Welche Sprache wird in unseren Gottesdiensten gesprochen?« »Welche Lieder werden gesungen?«: Man kam mit den Konfirmanden über diese Fragen ins Gespräch und entwickelte eine ganz eigene Liturgie, die traditionelle Stücke belässt, sie aber gewissermaßen übersetzt. Die Liturgie lebt von dieser Spannung zwischen Tradition und Neuerung, so stehen z. B. die traditionell in Bayern gesungenen Einsetzungsworte neben dem Sündenbekenntnis in aktueller Sprache. In Kaufering kann man das nebeneinander stehen lassen und sorgt so für eine Gottesdienstgemeinde aller Altersgruppen unterschiedlicher Richtungen. Er herrscht ganz einfach »der Wille zu einer gelebten Einheit«, die ihren sichtbaren Ausdruck in der Feier des Gottesdienstes findet.

In der Regel feiern Diakon und Pfarrer in Alben den Gottesdienst. Ehrenamtliche werden gerne eingebunden. Begrüßungsdienst, Kirchenkaffee und die Verabschiedung verbreiten Herzlichkeit und laden zum Wiederkommen ein.

Daneben wird in der Gemeinde ein monatlicher Jugendgottesdienst gefeiert. Speziell für die ca. 200 Mitarbeitenden wird in unregelmäßigen Abständen ein Oase-Gottesdienst angeboten. In ihm sollen sie geistlich »auftanken« und zur Ruhe kommen. Lobpreis, Gebet und Anbetung prägen diese Oase.

Im monatlichen Abendgottesdienst finden sich ausgeprägte charismatische Elemente, wie Einzelsegnung, anbetender Lobpreis und mitunter auch Prophetie und Zungenrede. Er wurde 1983 bewusst als zweiter Gottesdienst eingerichtet und erlangte überregionale Bedeutung.

Man veranstaltet diesen Abendgottesdienst bewusst als ›Zweites Programm‹. Die Befürchtung, dass die Gemeinde in zwei Gottesdienstgemeinden zerfällt, erwies sich als nichtig. Es gibt kaum noch Gemeindeglieder, die nur den Abendgottesdienst besuchen. Man sagt heute vielmehr: »Es sammelt sich die *eine* Gemeinde in unterschiedlichen Gottesdiensten.« Die unterschiedlichen Gottesdienste verdeutlichen den Spannungsbogen, von dem die Gemeindearbeit lebt.

6 DIE CHARISMATISCHE GEMEINDE KAUFERING IM ORT UND IM KIRCHENBEZIRK WEILHEIM

»Was an Vertrauen unter den Konfessionen in unserer Region entstanden ist, das ist wunderbar«, so bringt man das ökumenische Miteinander in Kaufering zum Ausdruck. In vielen Bereichen arbeitet man eng zusammen und feiert auch regelmäßig ökumenische Gottesdienste.

Für die Kommune ist die Evangelische Gemeinde ein verlässlicher Partner. Eng arbeitet man in der Kindergartenfinanzierung zusammen. Erst in den letzten Monaten wurde die Erweiterung der Einrichtung um eine Kinderkrippe beschlossen. Dass der evangelische Kindergarten den Vorzug vor den anderen erhielt, ist dem Umstand zu verdanken, dass er dank seines exzellenten Rufs die beste Auslastung in Kaufering aufweist. Diesen Ruf führt man auf die enge Beziehung zur sonstigen Gemeindearbeit zurück und auf die regelmäßige Präsenz des Pfarrers im Kindergarten. Von dieser neuen Kinderkrippe wird ein neuer Wachstumsschub für die Gemeinde erwartet, wurde doch schon im Kindergarten die Erfahrung gemacht, dass die konfessionslosen Kinder nach und nach zur Taufe angemeldet werden. Diese Entwicklung ist ein deutliches Indiz dafür, dass diese Gemeinde im katholischen Oberbayern ankommt und angekommen ist.

Auch die Zusammenarbeit mit dem Dekanat und den anderen Gemeinden im Bezirk hat sich in den letzten Jahren erfreulich entwickelt. Die Rolle Kauferings als Profilgemeinde ist akzeptiert. Es gibt keine Konkurrenz. Ganz im Gegenteil: Viele sind froh, dass die Charismatiker in Kaufering eine Heimat gefunden haben. Auch, so wird vom Kirchenbezirk betont, sind die Kauferinger ein steter Stimulus, der andere Gemeinden fordert, über ihre eigenen Aktivitäten nachzudenken. Insbesondere bei Wahlbeteiligung, Spenden und moderner Kirchenmusik ist Kaufering zum Maßstab geworden, an dem man sich gerne freundschaftlich misst. Auch profitieren viele von den Musikbands oder der technischen Ausstattung der Kauferinger Gemeinde.

Der Ruf, Sammelbecken für Charismatiker unterschiedlichster Art zu sein, führt auch manchmal Menschen mit psychischen Belastungen in diese Gemeinde. Intensive seelsorgerische Betreuung in Zusammenarbeit mit einer Psychologin sieht die Gemeinde in diesen Fällen als ihre diakonische Aufgabe an. So führt man auch gerne die Diskussion zwischen Theologie und Medizin/Psychologie und bindet dieses Spannungsfeld in die gemeindlichen Veranstaltungen ein.

Mit einem Pfarrer und einem Gemeindediakon ist man personell für eine Parochie dieser Größe ›normal‹ ausgestattet. Doch erfordert der Profilbereich – denn man macht an der parochialen Arbeit keine Abstriche – zusätzliche Mittel und Arbeitskraft. Es gelingt über einen Gemeindeverein diese Arbeit zu finanzieren, doch bleibt für Kauferinger die Frage offen, ob diese Profilrolle nicht der vermehrten materiellen Förderung der Landeskirche bedarf.

Fazit: »Gemeinde lebt von positiven Spannungsbögen«

Am stärksten Wachstumsimpuls der letzten Jahre, der Veränderung des Konfirmandenunterrichts, konnte der Spannungsbogen von Tradition und Neuerung aufgezeigt werden. Schulische Methoden und Inhalte wurden wieder an ihren angestammten Ort, nämlich die Schule, zurückgeführt und die Konfirmandenzeit für Erfahrungen im Glauben und in der Gemeinschaft geöffnet. Wie behutsam mit den Traditionen umgegangen wird, zeigt die aus der Umstellung des Konfirmandenunterrichts folgende Interpretation der Liturgie. Insgesamt setzt man in Kaufering auf solche bewahrenden, aber nachhaltigen Schritte und verzichtet ganz bewusst auf große Events.

Ein weiterer Spannungsbogen ist für die Gemeinde eine stete Anregung: das Verhältnis von charismatischer Profilgemeinde und volkskirchlicher Parochie. Man übernimmt für andere mit deren Einverständnis Aufgaben und spezialisiert sich so, entspricht aber auch den Erwartungen, die an jede evangelische Gemeinde gestellt werden. Ein deutliches Indiz dafür ist, dass sich in dieser charismatischen Gemeinde viele Nicht-Charismatiker zu Hause fühlen. Diese Spannungen, in denen die Gemeinde lebt, sind die Energie, die sie zu Neuem antreibt.

Evangelische Kirchengemeinde Stieldorf-Heisterbacherrott Pfarrbezirk 2: Thomasberg/Heisterbacherrott

Ort:	Königswinter
Einwohnerzahl des Stadtteils:	ca. 7000, davon 1750 Evangelische (25%)
Bundesland:	Nordrheinland-Westfalen
Landeskirche:	Evangelische Kirche im Rheinland
Gemeindegröße 2003:	1734
Gemeindegröße 2006:	1750
Wachstum:	0,9%
Gottesdienstbesuch 2003:	100
Gottesdienstbesuch 2006:	130
Wachstum:	30%
Adresse:	Am Wildpfad 14, 53839 Königswinter; Telefon: 02244/3875
Homepage:	www.spektrum-der-kirche.de

1 ZUR GEGENWÄRTIGEN SITUATION DER GEMEINDE IN DER REGION

Heisterbacherrott und Thomasberg liegen im waldreichen Siebengebirge, wenige Kilometer vom Rhein entfernt. Politisch gehören sie zu Königswinter/Rhein. Zusammen mit mehreren kleinen und größeren Ortschaften im Bereich Stieldorf bilden sie eine Kirchengemeinde. 1992 bekam sie auf Grund ihres anhaltenden Wachstums eine zweite Pfarrstelle und wurde in zwei Pfarrbezirke eingeteilt, die heute eigenständig arbeiten. Hier wird der Pfarrbezirk 2, bestehend aus den Ortschaften Heisterbacherrott, Thomasberg, Sonderbusch und Bellinghauserhohn untersucht.

Das Siebengebirge ist katholisch geprägt. Die ersten Evangelischen kamen nach dem 2. Weltkrieg. Ihr Zuzug hält bis heute an, ist doch das Siebengebirge ein beliebter Wohnort der Bonner Region geworden. Entsprechend ist der Pfarrbezirk geprägt von Neubaugebieten unterschiedlicher Jahrgänge, in denen oft gut situierte Akademiker, Beamte und Angestellte leben.

Der Altersdurchschnitt in Königswinter steigt. Nur noch zurückhaltend werden neue Baugebiete ausgewiesen, da schon jetzt eine hohe Verkehrsbelastung durch Pendler besteht. Viele junge Menschen ziehen zum Studium weg. Wenn Zuzüge zu verzeichnen sind, dann eher von Menschen im mittleren Alter. Die Gruppe der 20 bis 35-Jährigen ist in der Gemeinde wie auch in anderen Bereichen der Kommune schwach vertreten.

2 DAS WACHSTUM UND SEIN AUSGANGSPUNKT

Der Pfarrbezirk ist in den letzten drei Jahren um fast 1% auf 1750 Mitglieder angewachsen. Ein Grund für das Wachstum sticht hervor: fast doppelt so viele Taufen wie Beerdigungen. Die Austritte übersteigen kaum die Eintritte (inkl. Umgemeindungen). Zuzug und Wegzug gleichen sich in etwa aus. So wächst man automatisch. Freilich ist diese Taufrate das Ergebnis konsequenter Gemeindearbeit. Der Anteil der Ungetauften im Alter zwischen 15 und 20 ist äußerst gering.

Beim Gottesdienstbesuch ist das Wachstum augenfälliger: In drei Jahren nahm er um 30% auf 130 Personen zu. Geht man um 15 Jahre zurück, so zählte man damals nur 50 Personen. Wie reich inzwischen auch das übrige Gemeindeleben geworden ist, lässt sich in der weiteren Darstellung sehen.

Betrachtet man das Wachstum in den letzten 20 Jahren – damals kam das Pfarrerehepaar in die Gemeinde – so kann man Folgendes sagen: Am Anfang des Wachstums stand ein kleiner Gebetskreis von ca. acht Leuten, die sich den Gottesdienst zum Anliegen machten. Der wurde damals in einem gut 60 Personen fassenden, schmucklosen Gemeindesaal gefeiert. Im Presbyterium wurde heftig über die Notwendigkeit eines neuen, größeren sakral geprägten Kirchraums diskutiert. Die Diskussion entzündete sich weniger am Gottesdienstbesuch als vielmehr am Stellenwert des Gottesdienstes im Gemeindeleben. Als man sich einig darüber war, dass der Gottesdienst die zentrale Aufgabe (»Herzenssache«) der Gemeinde ist, wurde ein weiträumiger Anbau mit Platz für ca. 125 Stühle realisiert, der durch einen gemeinsamen Eingang und durch eine bewegliche Trennwand als Erweiterungsmöglichkeit mit dem bestehenden Gemeindezentrum verbunden ist. Hochwertige zeitgenössische Kunst prägt den stimmungsvollen Sakralraum, der inzwischen eigentlich schon wieder zu klein für so manchen Gottesdienst geworden ist.

3 DER GOTTESDIENST ALS DIE ZENTRALE AUFGABE DER GEMEINDE

Im Laufe der nächsten Jahre wurde die Liturgie behutsam umgestaltet. Sie orientiert sich am Willen, neu hinzu kommenden Menschen das Mitfeiern zu erleichtern. Sie ist in ihrem Ablauf vereinfacht (»ein Mittelding zwischen lutherischer und reformierter Tradition«). Die liturgischen Gesänge wurden durch moderne Lieder (Taizé u. Ä.) ersetzt mit dem Ziel, dass die Gemeinde die Liturgie (besonders auch emotional) mitfeiert und ganz bewusst Lob und Kyrie erlebt. Der Gottesdienstablauf findet sich als Einlegeblatt im Gesangbuch. Dabei hat jede Kirchenjahreszeit ihre eigenen liturgischen Lieder, was den Festkreisen jeweils ein erkennbares Gepräge verleiht. Menschen können so besser diese Zyklen wahrnehmen und in ihnen leben.

Die Predigttexte orientieren sich selten an den Perikopen. Predigtreihen werden u. a. im Leitungsgremium des Pfarrbezirkes überlegt und beschlossen. So wurde z. B. ein Jahr lang den Lesetexten der Synagoge gefolgt, wobei insgesamt das Verhältnis Kirche und Israel ein gewichtiges Thema in dieser Gemeinde ist.

Musikalisch bevorzugt man die große Palette der neuen geistlichen Lieder, aber auch die alten Choräle werden nicht verschmäht. Da auch die Instrumentalstücke zu Beginn und zum Ende des Gottesdienstes oft nicht der Orgelliteratur entnommen sind, steht neben der kleinen Pfeifenorgel ein E-Piano.

Ablauf, Atmosphäre und Musik passen zur inhaltlichen Ausrichtung der Gottesdienste. Vor Jahren hat man sich am Beispiel von konkreten Einzelpersonen vor Augen geführt, mit welchen Belastungen diese in den Gottesdienst kommen. Man war erstaunt, dass bei den meisten wenigstens ein gewichtiger Punkt genannt werden konnte. Dem wurde dann so entsprochen, dass die befreiende Botschaft zuallererst mit dem Ziel verkündigt wird, dass Gebeugte aufgerichtet werden. Man wollte nicht fordern, sondern zusprechen. Die Predigt sollte seelsorgerlich sein. Und auch die Feier des Abendmahls mit Saft (und Wein auf Wunsch) folgt diesem Grundsatz: Alle Gottesdienstteilnehmenden sind eingeladen. So wird die Gegenwart des befreienden Gottes einfach vollzogen; die Gemeinde zieht nicht Grenzen, sondern öffnet sich; Menschen werden so zu einem aktiven Leben mit Gott eingeladen.

Widerstände gab es bei der Liturgiereform nicht. Wenige feste Traditionen prägten die Gemeinde. Die Menschen brachten die Ihrigen mit und nahmen mit ihnen teil an der Entwicklung einer neuen Liturgie.

Mit den Jahren hat sich neben der beschriebenen Hauptform ein Jugendgottesdienst etabliert. Er wird sechs bis acht Mal pro Jahr anstatt des üblichen Gottesdienstes ebenfalls um 11 Uhr am Sonntag gefeiert. Einen ›Zweitgottesdienst‹ lehnte man bei der Einführung ganz bewusst ab. Die Einheit der Gemeinde sollte weiterhin ihren sichtbaren Ausdruck im gemeinsamen Feiern finden.

Die zentrale Stellung des Gottesdienstes zeigt sich u. a. auch darin, dass Kandidatinnen und Kandidaten für Leitungsämter ausschließlich unter denen gesucht werden, die regelmäßig an den Gottesdiensten teilnehmen. So sind automatisch die Verantwortlichen der Leitungsebene fast immer sonntäglich im Gottesdienst und zeigen so, was ihnen der Gottesdienst bedeutet. Es gelingt offensichtlich dabei, Gottesdienstteilnahme nicht als bedrängende Christenpflicht darzustellen, sondern eine Atmosphäre der Freiheit und der Freude am gemeinsamen Feiern zu verbreiten. Das wird besonders von Menschen geschätzt, die in ihren alten Gemeinden oft belastenden Druck erfahren haben.

4 DIE SEELSORGENDE GEMEINDE

Doch nicht nur der Gottesdienst veränderte sich. Denn solches Feiern und Predigen setzt Seelsorge voraus und fordert sie ein. Dem seelsorgerlichen Gottesdienst entspricht eine seelsorgende Gemeinde. Die Gemeinde verstärkte deshalb ihre seelsorgende Arbeit. Dabei ist Seelsorge im weiteren Sinn keine Aufgabe, die an einzelne Kreise oder Personen delegiert wird, wie an den Besuchsdienstkreis, den neu gegründeten Hospizdienst oder die Krankenhausbesuchsteams, sondern fast alle Gruppen und Kreise haben den Anspruch, seelsorgerisch tätig zu sein. Dieses Anliegen wird auch immer in die Öffentlichkeit getragen und vor allem der eigenen Gemeinde transparent gemacht. Zum Beispiel wird regelmäßig in den Gottesdiensten für die Hospizarbeit gesammelt. Übrigens sind Opfer und Kollekte in Heister-bacherrott auch dank der etablierten Kollektenbons außerordentlich hoch.

Auch personell wird in den Bereich Seelsorge investiert. Die Gemeinde beschäftigt eine Gemeindeschwester mit einem halben Deputat, die sich um die Senioren kümmert, Besuche macht, Kranke begleitet, Kreise und Ver-anstaltungen (Gedächtnistraining etc.) anbietet. Obwohl das Arbeitsfeld die psycho-soziale Betreuung und nicht die pflegerische umfasst, entschied man sich bei der Besetzung der Stelle für eine examinierte Krankenschwester, weil sie die Sorgen und Nöte der Menschen kennt und sie auf dem Hinter-grund des Krankenbildes einzuschätzen weiß.

Auch eine zweite Stelle hat eine spezielle seelsorgerliche Zuspitzung. Vor Jahren strukturierte man die Kirchendienerstelle um. Die Reinigungs-dienste wurden ausgegliedert, stattdessen wurde die Stelle mit der Jugend-arbeit kombiniert. Geboren wurde diese unübliche Konstellation aus dem Glücksfall, dass die Kirchendienerin eine Gabe hat, mit jungen Menschen zu kommunizieren. Strukturell steht nun diese Stelle für den Brückenschlag zwischen Gottesdienst und Jugend. Für junge Menschen wird der Gang in die Kirche erleichtert und die Jugendarbeit bekommt etwas von der seel-sorgerlichen Note des Gottesdienstes. So herrscht in den Jugendgruppen eine offene Gesprächsatmosphäre. Oft wird z. B. in der Mädchengruppe ›TantenTalk‹ das vorbereitete Programm beiseitegelassen und stattdessen über die aktuellen Probleme in der vertraulichen Gruppe gesprochen.

Die seelsorgenden Ehrenamtlichen in oben genannten Gruppen werden nicht alleine gelassen. Besuchsdienste agieren oft in Zweierteams. Es finden für alle Interessierten mindestens halbjährliche Treffen zum Erfahrungsaus-tausch statt; ergänzt wird dies bei Bedarf durch Schulungen mit Referenten.

Und schließlich ist es wiederum der Gottesdienst, in dem so manche Seelsorgesituation aufbricht. Man hat Mitarbeitende, die ihre Augen offen-halten und ihre Hilfe anbieten. Und auch beim anschließenden Kirchen-kaffee sind sie oder das Pfarrerehepaar für ein Gespräch da.

5 RÄUME FÜR BEZIEHUNGEN – OFFENHEIT FÜR NEUE(S)

»In dieser Gemeinde herrscht eine Offenheit. Hier kann ich herkommen mit dem, was ich bin und kann, und mit dem, was ich gerne mache. Hier kann ich meine Ideen verwirklichen«, so bringt ein Mann mittleren Alters, der sich in einer Männerkochgruppe engagiert, zum Ausdruck, was er für den Grund des Reichtums an Gruppen und Kreisen, an Aktivitäten und Treffpunkten in dieser Gemeinde hält. Denn die lädt ein, Ideen zu verwirk-lichen und aktiv zu werden. Sie heißt jeden und jede willkommen mit den eigenen Fähigkeiten. Die Gemeinde gibt Freiraum zur Mitarbeit in möglichst großer Eigenverantwortung.

In Heisterbacherrott war man nie pfarrerzentriert. Das bewirkte schon eine mehrjährige Vakanz, die von Ehrenamtlichen getragen wurde. Sie war vielleicht der Anfang dieser Entwicklung, die in der behutsamen Begleitung und Schulung der Ehrenamtlichen ihre Fortsetzung findet. Das gelingt, weil sich das Pfarrerehepaar bewusst zurücknehmen und im Team arbeiten kann. Eine Frucht dieser langen Arbeit ist zum Beispiel, dass seit einigen Jahren in der Urlaubzeit die Gottesdienste von Mitgliedern des Leitungsgremiums gehalten werden.

Die Offenheit für die Ideen der Mitarbeiter – so sagt man – und das Vertrauen in ihre Begabungen ist die eine Seite, die andere das Wissen darum, dass Menschen Begegnungsräume brauchen. Das sind Gelegenheiten, bei denen sie Beziehungen aufbauen und pflegen können. So ein Begegnungsraum kann einer der vier Hauskreise der Gemeinde sein, das kann aber auch die Outdoor-Freizeit sein. Manchmal ist es der Glaubenskurs »Stufen des Lebens – Religionsunterricht für Erwachsene«, der regelmäßig durchgeführt wird und großen Zuspruch findet. Oft sind es aber nicht einmal spezifisch kirchliche Kontexte. So steht bei den Kochgruppen eigentlich nur das Tischgebet als fester religiöser Bestandteil auf der Agenda, aber es wird häufig besprochen, was im eigenen Leben gerade aktuell ist und Sorgen macht. »Und so erlebt man faktisch doch Gottes befreiende Gegenwart.«

Doch wo ist die Verbindlichkeit, wann werden Angebote beliebig, wo sind die Grenzen? Das ist nie zum Problem geworden, so sagt man in Heisterbacherrott. Denn die, die unter der Woche kochen, gehen sonntags meist in die Kirche. Diese Kreise leben von dieser Mitte, so dass keine Grenzziehung nach außen nötig ist. Das geistliche Profil dieser Gemeinde ist so gut erkennbar, dass Leute wissen, was verantwortliche Mitarbeit in dieser Gemeinde bedeutet. So kann man ermutigen zur Mitarbeit bei der Ausgestaltung der Ziele der Gemeinde, ohne Vorgaben zu machen.

Ein zentrales Anliegen ist es also, Beziehungen zu ermöglichen und zu pflegen. Glaube an Gott, so betont man, ist ein Beziehungsgeschehen, das sein Analogon in den Beziehungen unter uns Menschen findet. Nach jedem Gottesdienst trifft man sich Foyer des Gemeindehauses, oft wird dabei nicht nur der Kirchenkaffee gereicht, sondern auch ein Imbiss. Vielfach wird gemeinsam gegessen und gefeiert (Männer- und Frauenfrühstück, 14-tägiger Frühgottesdienst mit anschließendem Frühstück, Männer- und Frauenkochgruppe, Erntedankgottesdienst mit integriertem Frühstück, Jugendgottesdienst mit anschließendem Büfett). Die zahlreichen Kinder-, Jugend-, Familien- und Gemeindefreizeiten (ein Wochenende bis zu zwei Wochen) sind ebenfalls Räume, wo diese Beziehungen gepflegt werden können. Dasselbe gilt für den Kreativkreis, bei dem neben Basteln und Handwerken für den jährlichen Basar die Pflege von Beziehungen programmatisch dazugehört.

Die Evangelische Gemeinde öffnet sich auch zur Kommune hin, unterstützt, fördert und begleitet durch ihre Mitglieder Aufgaben des Gemeinwesens und verwirklicht auf diese Weise auch eigene Ziele. So ist man im Trägerkreis für einen neuen Kindergarten, man beteiligte sich maßgeblich bei der Gestaltung des Bouleplatzes, man fördert einen »Chill and Action«-Platz für die Jugend durch eine von Konfirmandengruppen durchgeführte Haussammlung.

Das Werben auf unterschiedliche Art ist für den Bestand der Gemeinde notwendig. Sie kann nicht darauf bauen, dass aus ihrer reichen Kinder- und Jugendarbeit Mitarbeiter in den Erwachsenenbereich hineinwachsen. Viele ziehen weg, und so geht auch die Kontinuität verloren. Man nimmt dies schmerzlich zur Kenntnis, konzentriert sich daher aber umso mehr auf den eingeschlagenen Weg, der die Gemeinde attraktiv macht für Menschen, die zuziehen. Sie ist offen für Neues und Neue.

Fazit: Die seelsorgende Gemeinde lebt aus dem Gottesdienst heraus ihren Glauben in Leichtigkeit und Freiheit

Die Gemeinde bilanziert bescheiden: »Der Wachstumsprozess ist nicht das Ergebnis einer besonderen Initiative, sondern das faktische Ergebnis mehrerer Einzelfaktoren. Vermutlich auch das glückliche Zusammentreffen diverser äußerer Faktoren.« Doch steht hinter den so zahlreichen einzelnen Projekten ein Konzept, das die zentrale Aufgabe der Gemeinde im seelsorgerlichen Gottesdienst sieht. Daraus entwickelt sie über ein Netz von Beziehungen ein hohes Maß an seelsorgerischem Umgang miteinander. Sie bahnt in einer Atmosphäre der Freiheit Möglichkeiten der Begegnung an. Sie setzt auf die Selbständigkeit ihrer Mitarbeiterinnen und Mitarbeiter und traut ihnen etwas zu. Sie ist offen und fördert mit einer ansteckenden Leichtigkeit Neues. Dieser Ruf eilt ihr in der Region voraus und macht ihr die Arbeit einfacher.

Evangelisch-Lutherische Kirchgemeinde St. Thomas Leipzig

Ort:	Leipzig
Einwohnerzahl des Stadtteils:	ca. 32000, davon 3832 Evangelische (12%)
Bundesland:	Sachsen
Landeskirche:	Evangelisch-Lutherische Landeskirche Sachsens
Gemeindegröße 2003:	3439 Mitglieder (nach Gemeindevereinigung 2002: 3252)
Gemeindegröße 2006:	3832 Mitglieder
Wachstum:	11,4%
Gottesdienstbesuch 2003:	475
Gottesdienstbesuch 2006:	547
Wachstum:	9,8%
Adresse:	Thomaskirchhof 18, 04109 Leipzig; Telefon: 0341/222240
Homepage:	www.thomaskirche.org

1 ZUR GEGENWÄRTIGEN SITUATION DER GEMEINDE IN DER REGION

Die Thomaskirche ist eine der beiden zentralen Kirchen Leipzigs – wie die Nikolaikirche innerhalb des Altstadtrings gelegen. Zu ihrem Gemeindegebiet gehört auch die westliche Vorstadt – ein hochwertig saniertes Gründerzeitviertel. Die Thomaskirche hat Tradition: Das Gebäude geht auf das Ende des 12. Jahrhunderts zurück; Johann Sebastian Bach wirkte hier über 27 Jahre als Thomaskantor und komponierte einen Großteil seiner Werke hier. Seit 1212 versieht der Thomanerchor Leipzig seinen kirchenmusikalischen Dienst in der Thomaskirche. Der Chor geht auf eine Initiative der Leipziger Bürgerschaft zurück und wird seit fast 800 Jahren in der heute städtischen Thomasschule unterrichtet. Das Alumnat (Internat) des Thomanerchors ermöglicht es, dass Kinder aus dem gesamten deutschsprachigen Raum die Möglichkeiten des Chores nutzen können.

Schon seit dem ausgehenden 15. Jahrhundert ist die Messestadt Leipzig als Drehscheibe zwischen Ost und West ein wirtschaftliches Zentrum. Die Universität, deren Campus ebenfalls in der Innenstadt liegt, trägt ihren Teil zum Wirtschafts-, Technik- und Forschungsstandort Leipzig bei. Kulturell besitzt Leipzig durch den Thomanerchor und das Gewandhausorchester Weltbedeutung.

»Welch dramatische Entwicklung die Evangelische Kirche in Leipzig genommen hat, erkennt man daran, dass vor 1933 von ca. 700000 Leipziger/innen 500000 evangelisch waren. Im Jahr 2007 gehören von 507000 Leipziger/innen noch knapp 60000 der evangelischen Kirche an. Die evangelischen Christen sind eine Minderheit«. »Entchristlichung« und »Säkularisierung« sind vor diesem Hintergrund sicher keine zu starken Vokabeln. Aber, so wird fast 20 Jahren nach der Wende gesagt, nicht nur die kulturelle Bedeutung der Thomaskirche in Leipzig ist anerkannt, es wächst auch die Neugier auf Kirche und die Frage nach den christlichen Werten.

Die äußeren Umstände machten die Zusammenlegung von Leipziger Gemeinden notwendig. Schon 1948 wurde die Thomasgemeinde, nachdem die Matthäikirche (früher Neukirche) im 2. Weltkrieg zerstört wurde, mit deren Gemeinde zusammengelegt. 2002 vereinigte man sich mit der Luthergemeinde, die damals noch 500 Personen zählte und völlig überaltert war, zur Kirchgemeinde St. Thomas mit damals zusammen 3200 Gemeindegliedern.

In den letzten Jahren sind die Leipziger Innenstadt und die Vororte Zuzugsgebiete geworden. Die renovierten Altstadthäuser, die nahe Universität, das pulsierende kulturelle Leben in der Innenstadt sind Faktoren, die vor allem jüngere Menschen – oft auch mit Kindern – anziehen. Die Gemeinde profitierte von dieser Entwicklung. Konnte sie doch in den letzten Jahren auch aus dem Zuzug Wachstum generieren bzw. Menschen aus dieser Gruppe für die Kirche gewinnen. Dem ist der Umstand zu verdanken, dass in der Gemeinde die höheren Altersgruppen – 15% sind über 70 Jahre – noch dominieren, dass aber auch inzwischen 330 Kinder unter zehn Jahren zu vermelden sind, was 8,6% entspricht. So bietet die Gemeinde eine ausgewogene Mischung von Jung und Alt, von Zugezogenen und »Urgesteinen« der Leipziger Altstadt, von unschiedlichen Berufen und sozialen Schichten.

2 DIE RAHMENBEDINGUNGEN UND IHRE VERGLEICHBARKEIT

Gleich zu Beginn soll die Frage nach der Übertragbarkeit des Leipziger Konzepts gestellt werden. Dabei kommt man um die Frage nicht herum, wie die Darstellung dieser Gemeinde mit ihren ganz besonderen Rahmenbedingungen anderen Gemeinden dienlich sein kann. Denn eine solche musikalische Tradition, ein solches Renommee, Musiker und Ausstattungen von solch hoher Qualität gibt es selten und das alles kann schon gar nicht nachgeahmt werden. Doch das Phänomen Thomaskirche auf »den alten Bach und die jungen Stimmen« zu beschränken, griffe zu kurz. Denn gerade in der Thomaskirche betont man, dass viele Gemeinden »ihren Schatz« haben, den es zu heben gilt. Vielleicht kann man damit kein Alleinstellungsmerkmal entwickeln, aber zumindest ein Profil. Es bedarf strategischer Entscheidungen, dieses zu entwickeln, einzuführen und bekannt zu machen. Dabei ist es wichtig, die Menschen, die die Gemeinde bilden, nicht zu verlieren, sondern mit Hilfe dieses Profils zu begeistern. Auch hier kann das Beispiel Thomaskirche helfen, einen Weg zu finden zwischen der Profilierung für Musikliebhaber aus Leipzig und aus aller Welt und der Existenz als Gemeinde mit ganz unterschiedlichen Anforderungen. Das Phänomen Thomaskirche besteht aus beidem: aus der Musik und der dazugehörenden Gemeinde.

3 ZIELE DER GEMEINDE

Trotz und gerade wegen ihrer Minderheitensituation sieht sich die Kirchgemeinde vor der großen Herausforderung, ihrem Verkündigungsauftrag, ihrer großen Tradition und ihrer gesellschaftspolitischen Verantwortung im Sinne des »prophetischen Wächteramtes« gerecht zu werden.

Die Gemeinde bleibt ihrem in der jüngeren Vergangenheit eingeschlagenen Weg treu. Sie sagt: Dabei ist gerade heute »die Konzentration auf das wichtig, was die Kirche in einer atheistischen Gesellschaft wie der DDR getragen hat und was ihr dadurch möglich wurde«, nämlich

- die Treue zur biblischen Botschaft.
- die Kraft des Gebetes und das Tun des Gerechten. Beides schlug sich in den Friedensgebeten nieder, die seit dem 9. Oktober 1989 auch in der Thomaskirche abgehalten wurden.
- der konziliare Prozess für Gerechtigkeit, Frieden und Bewahrung der Schöpfung. Er hat ganz wesentlich dazu beigetragen, der SED-Diktatur die Legitimation zu entziehen.
- eine besondere Sensibilität für andere Minderheiten.

Daraus leitet die Gemeinde folgende Aufgaben ab:

- Die Pflege der kirchenmusikalischen Tradition unter Einbeziehung der Kirchenmusik des 20. und 21. Jahrhunderts. »Wer die Musik Johann Sebastian Bachs in ihrer gottesdienstlichen Gebundenheit an dem Ort kennen lernen will, an dem und für den sie entstanden ist, und wer erleben will, welche seelsorgerische Kraft, welche Erbauung von Kirchenmusik ausgehen kann, für den ist der Besuch eines Gottesdienstes, einer Motette oder eines Konzertes in der Thomaskirche nur zu empfehlen.«
- Die sorgfältige Gestaltung der Gottesdienste unter Wahrung des Reichtums, den die gewachsene lutherische Liturgie beinhaltet.
- Sozial-diakonische Initiativen, die sich aus der Innenstadtlage ergeben.
- Der Suche vieler Gemeindeglieder nach Trost, nach glaubwürdigen, authentischen Angeboten, nach Sinn stiftenden Lebenszielen, nach verbindlich gelebtem Glauben und einer zeitgemäßen und bibelorientierten Verkündigung.

In der Gemeinde kommt es zu einer zweifachen Profilierung: Das kirchenmusikalische Profil wird ausgebaut und durch strukturelle Entscheidungen auf eine neue Basis gestellt. Durch Zielgruppenorientierung in der parochialen Arbeit werden neue Gemeindeglieder gewonnen. Beides bedarf der näheren Betrachtung.

4 PROFILIERENDE STRUKTURENTSCHEIDUNGEN IN DER KIRCHENMUSIKALISCHEN ARBEIT

Eigentlich pflegt die Gemeinde schon seit Jahrhunderten ihr kirchenmusikalisches Profil. Doch hat sie diese Arbeit auf eine neue Basis gestellt durch folgende Maßnahmen:

4.1 DIE GEMEINDE ÖFFNET SICH UND SUCHT VERBÜNDETE FÜR IHRE KIRCHENMUSIKALISCHE ARBEIT

Der erste Ansprechpartner der Gemeinde ist die Stadt Leipzig. Sie ist seit der Reformation Trägerin der Thomasschule und des Alumnats. Zudem beschäftigt sie den Thomaskantor. Die Kirchgemeinde St. Thomas dagegen steht für die Bach-Tradition und ist Besitzerin der Thomaskirche. Dass diese Konstellation in der Nazi- und DDR-Zeit nicht spannungsarm war, liegt auf der Hand. Nach der Wende rückte man zusammen und holte sich Unterstützung von vielen, die die musikalische Arbeit in Leipzig vorantreiben wollten. Die Interessensgemeinschaft »Bach in Leipzig« entstand. Unterschiedliche Firmen konnten als Sponsoren gewonnen werden und stellten Geld für erste Projekte zur Verfügung.

4.2 DIE RENOVIERUNG DER THOMASKIRCHE

Diese Partnerschaft bewährte sich. Die Gemeinde bewältigte so unterstützt die immense Aufgabe der Renovierung der Thomaskirche in relativ kurzer Zeit (Volumen: 13 Mio. €). Davon mussten 5 Mio. € Eigenmittel durch Spenden aufgebracht werden. Dies hatte Signalwirkung. In der Gemeinde bewirkte die Aktion einen Aufbruch. Für die Kommune erwies man sich als verlässlicher, der Zukunft zugewandter Partner. Auch die Sponsoren und Spender wurden bestätigt und das Vertrauen in die Kirchgemeinde wuchs durch das gelungene Projekt.

4.3 MARKETING- UND SPONSORENKONZEPT

Die nötigen Mittel für diese Renovierung waren nur zu sammeln, weil über den »Verein Thomaskirche – Bach 2000 – Internationaler Freundeskreis« ab 1997 ein professionelles Marketing- und Sponsorenkonzept für die Thomaskirche entwickelt worden ist. Beraten wurde man oft von Studentengruppen, die im Rahmen von Projekten kostenlos ihre Ideen einfließen ließen. Zusätzliche Einnahmen und einen großen Werbeeffekt erzielt man durch die Einrichtung des »Thomasshops«. Baulich befindet er sich in einem umstrittenen Glaskubus vor der Kirche. In ihm sind Artikel der

Marke »Thomaskirche« zu kaufen, über ihn wird der Ticketverkauf abgewickelt, über ihn werden die Besichtigungen organisiert und schließlich ist er Werbeträger für die Gemeinde. Doch mit diesem Geschäft überschritt die Gemeinde die Schwelle zum Wirtschaftsunternehmen, was auch strukturell gefasst werden musste.

4.4 STRUKTURIERUNG DER UNTERSTÜTZUNG FÜR DIE KIRCHENMUSIKALISCHE ARBEIT

Außerhalb üblicher kirchlicher Strukturen mussten Stiftungen, Vereine und ein Unternehmen (GmbH) geschaffen werden, um die Geschäftätigkeit steuerrechtlich abzusichern und Spendern und Sponsoren adäquate Möglichkeiten zu bieten. Durch unterschiedliche Zielsetzungen entstand folgendes Netzwerk, dessen Komplexität ein Zeugnis für die langfristige und durchdachte Planung der Kirchgemeinde ist.

Inzwischen wird durch die landeskirchliche Zuweisung der Kirchensteuermittel nur noch ein Viertel der Aktivitäten der Gemeinde gedeckt. Der Rest wird über das aufgezeigte Netzwerk finanziert. Zuerst taten sich viele schwer mit diesem Sponsorenkonzept und mit der Höhe der erzielten Einnahmen. Die Skepsis wich, als die Entwicklung verdeutlichte, dass man nicht in Abhängigkeit zu den Gebern geraten war.

Über die Vereine wurden neue Arbeitsplätze geschaffen. Über die GmbH und die Stiftung konnte zusätzliches Personal, wie z. B. eine Referentin für die Pfarramtsleitung, die wiederum die Pfarrer bei der Pflege des Sponsorenkreises unterstützt, eingestellt werden.

4.5 EIN WELTWEITES NETZWERK DER BACHFREUNDE

Ein Netzwerk von Bachfreunden in aller Welt unterstützt die Gemeinde nicht nur in finanzieller Hinsicht, sondern es entsteht auch ein inhaltlicher Austausch. Sichtbarer Ausdruck der Verbundenheit mit der ›Mutterkirche‹ sind die zahlreichen Auftritte von Bachchören und Instrumentalgruppen in den ›Motetten‹. Immerhin finden pro Jahr über 40 von ihnen ohne die Beteiligung des Thomanerchores statt und müssen von der Kirchgemeinde organisiert und finanziert werden.

4.6 QUALITÄTSSICHERUNG ALS ZIEL DES GROSSPROJEKTES »FORUM THOMANUM«

Der Thomanerchor hat, wie andere Knabenchöre auch, mit zwei großen, existenzbedrohenden Problemen zu kämpfen: Der Stimmbruch setzt früher ein und die Kinder bringen nicht mehr genügend musikalische Vorbildung mit. Um trotzdem die Qualität des Thomanerchores zu sichern, beteiligt sich die Kirchgemeinde an dem Projekt »forum thomanum«: ein musikalischer Bildungscampus, der sich bis zum Jubiläumsjahr 2012 (800 Jahre Thomaskirche, Thomanerchor, Thomasschule) um den Thomanerchor und die Thomasschule gruppiert und um eine Kindertagesstätte, eine Grundschule und eine Jugendmusikakademie erweitert wird. Zu dem Campus werden auch die Lutherkirche und deren Gemeindehaus gehören. Derzeit befinden sich die Kindertagesstätte und ein Probenzentrum im Bau. Allein durch diese Maßnahmen können langfristig der Chor und seine Qualität gesichert werden und damit ein zentraler Baustein der Arbeit der Thomaskirche. Auch dieses Projekt ist ein Beispiel für das Zusammenwirken von Stadt, Kirchgemeinde und privater Initiative.

4.7 Nutzungskonzept für ein zusätzliches Kirchengebäude

Ein weiteres Merkmal der Entwicklung der Gemeinde ist die Entschlussfreudigkeit, die Konsequenz und die schnelle Umsetzung des einmal Vereinbarten. Als es galt, sich mit der kleinen Luthergemeinde zusammenzuschließen, war es ein schmerzlicher Entschluss, deren Kirche für den ›normalen‹ sonntäglichen Gottesdienst aufzugeben und die Gemeindeglieder auf die Gottesdienste der kaum 1 km entfernt liegenden Thomaskirche zu verweisen. Für die neugotische Lutherkirche wurde ein Nutzungskonzept entwickelt. Nun dient sie dem Thomanerchor und der Thomasschule für Andachten oder kleinere Konzerte, auch andere Gemeinden sind hier zu Gast, wie z. B. die Anglikanische, die Rumänisch- und die Griechisch-Orthodoxe, sowie eine landeskirchliche Gemeinschaft und die Gehörlosengemeinde. Schließlich soll das Gebäude eingebunden werden in das international ausgerichtete Bildungszentrums ›forum thomanum‹. Dort soll sie zugleich als Kirche für Schulgottesdienste, Aula, Konzert-, Theater- und Aufnahmeraum genutzt werden.

5 LEBENSBEGLEITENDES ANGEBOT EINER UM DIE ENTKIRCHLICHTE BEVÖLKERUNG WERBENDEN PAROCHIALGEMEINDE

Diese wirtschaftliche und organisatorische Neuausrichtung im musikalischen Bereich geht einher mit Initiativen in der eigenen Parochie. Die Strahlkraft der Kirchenmusik weckt Interesse und es kommt bei vielen über die Musik zum Erstkontakt. Es wurden weitere Begegnungsmöglichkeiten geschaffen und das lebensbegleitende Angebot an Gruppen und Kreisen, an Gesprächsforen und Treffs wurde gezielt ausgebaut. So spricht ein Perspektivpapier aus dem Jahr 2000, das eine Vision für das Jubiläumsjahr 2012 entwirft, bewusst vom Ausbau der Gemeindearbeit, ihrer missionarischen Perspektive und der Verknüpfung von parochialer Arbeit und kirchenmusikalischer Profilierung. Die Thomaskirche soll Stätte gelebten Glaubens bleiben und noch mehr »Gebrauchsraum« werden für Menschen, die nach Trost und Wegweisung inmitten einer entkirchlichten Großstadt suchen. Die Gemeinde soll vor jeder »musealen Verkrustung« bewahrt werden. Es gilt also, den geistlichen Bezug bei der Pflege des Werkes von Bach im Kontext der Gemeinde vor Ort herauszustellen.

Die Umstellung nach der Wende war für die Gemeinde enorm. In der DDR waren die Grenzen zwischen Gemeinde und ihrem Umfeld deutlich markiert. Diese galt es aufzubrechen in einer zweifachen Hinsicht, indem man Gottesdienstgemeinde für Besucher aus aller Welt wurde und werbende Gemeinde für viele Nichtchristen, die ihren Wohnsitz im Gemeindegebiet haben.

Die kirchenmusikalische Profilierung war für viele Mitarbeitende ein Motivationsschub. Auch konnten neue hinzugewonnen werden. Die stattliche Anzahl von 170 ehrenamtlich Mitarbeitenden trägt – das wird auch in dieser Deutlichkeit gesagt – durch ihre Dienste diese Profilierung. So zählt man allein in einem Monat wie dem Dezember 50 Veranstaltungen (Gottesdienste, Motetten und Konzerte) mit ca. 35 000 Besuchern. Dies organisatorisch und logistisch zu bewältigen, bedarf des Einsatzes vieler Ehrenamtlicher. Organisiert und eingeteilt werden die Dienste vom Pfarramtsbüro, die Schulung und Begleitung liegt in den Händen von Ehrenamtlichen und wird inhaltlich gesteuert von den Pfarrern. Die geistliche Begleitung geschieht in den unterschiedlichen Kreisen und Gruppen, in denen die Mitarbeitenden engagiert sind. Die beiden Pfarrer und die Gemeindediakonin haben in bestimmten Arbeitfeldern ihren je eigenen Schwerpunkt.
Der entscheidende Punkt in der Arbeit an der Thomaskirche ist, einen Ausgleich zu finden zwischen den »Erwartungen der vielen Gäste, die die Thomaskirche als Stätte der Musik aufsuchen, und den Christen, die in der Leipziger Innenstadt wohnen und in den Gottesdiensten und Motetten in der Thomaskirche Gemeinde erleben und gestalten wollen«. Es geht nicht um die Frage, ob sich die Gemeinde im Gottesdienst oder in Gruppen und Kreisen trifft, sondern darum, inwiefern ihre Anliegen im Gottesdienst vorkommen oder ob sie nur »Gottesdienst für andere« ermöglicht. Spannungen entzünden sich oft an Kleinigkeiten, die aber die gepflegte Harmonie in Frage stellen. Z. B. finden treue Kirchgänger ihre Kirche an manchen Sonntagen voll besetzt und müssen sich mühsam einen Platz suchen, oder Besuchergruppen schätzen die Länge der Gottesdienste falsch ein, verlassen mitten im Gottesdienst die Kirche und stören so die Andacht.

Die Kirchgemeinde St. Thomas setzt in ihrer traditionellen, an den unterschiedlichen Altersgruppen orientierten Gemeindearbeit besondere Schwerpunkte: Nichtchristen sollen angesprochen werden. Den beiden Zielgruppen Kinder/Familien und ›neue‹ Senioren, die sich nicht mehr so ohne Weiteres in der traditionellen Seniorenarbeit der Gemeinde wiederfinden, sollen verstärkt Angebote unterbreitet werden.

Der »bunte Strauß« der derzeitigen Angebote sei an einigen Stellen aufgefächert:

— Etliche Gruppen und Kreise wie auch offene Angebote widmen sich der christlichen Lehre und der Pflege von Gemeinschaft: Der Erwachsenentauf- und Konfirmandenunterricht zielt auf interessierte, bisher unkirchliche Menschen. Der offene Gesprächsabend »Gott und die Welt« behandelt Theologisches wie Sozialethisches. Inhaltlich ähnlich ausgerichtet ist der Gesprächskreis »Glauben – Leben – Handeln«. Ziel ist es, in die Gesellschaft hineinzuwirken und sie so mitzugestalten. In den Gesprächskreisen für junge Erwachsene und für Ehepaare, im Bibel- und Gesprächskreis treffen sich die Gemeindeglieder regelmäßig zu unterschiedlichen Themen.

— Zusammen mit anderen Gemeinden wird am Rande der Innenstadt eine Anlaufstelle für Obdachlose unterhalten.

— Der Besuchsdienst stellt den Kontakt zu Neuzugezogenen her, lädt sie ein und überbringt ihnen einen Begrüßungsbrief mit den Angeboten der Gemeinde. Jubilare werden ab dem 50. Geburtstag im 5-Jahresrhythmus besucht, Hochbetagte jährlich.

— Für Schulkinder bis zur Konfirmation gibt es die jahrgangsweise gestaffelten Angebote der Christenlehre. Nach der Konfirmation lädt die ›Junge Gemeinde‹ ein. Der Vorschulkreis und die Eltern-Kind-Gruppe dehnen das Veranstaltungsprogramm auf alle Altersstufen aus. Besonders der Krabbelkreis wird auch gerne von Eltern genutzt, die sich nicht zur Gemeinde zählen. Auch ist in den letzten Jahren eine Tendenz zu beobachten, dass konfessionslose Eltern vermehrt die Werteerziehung ihrer Kinder wichtig nehmen und sich für die kirchlichen Angebote interessieren. Gerade im Kinderbereich will man das gottesdienstliche Angebot ausweiten, um damit auch die Eltern zu erreichen (s. u.). Die Kinderbibeltage sind so erfolgreich, dass man sich davon für den Kindergottesdienst inspirieren lassen will.

— Für Senioren finden ein monatlicher Seniorennachmittag, ein wöchentlicher Gesprächskreis und ein neu installiertes Gesprächsforum »Nachdenken im Alter« statt. In dem Bereich der offenen Angebote sieht man die größten Entwicklungsmöglichkeiten, sind doch die bisherigen Programme noch nicht auf die neuen ›jungen Alten‹ zugeschnitten.

– Schließlich gibt es auch musikalische Gruppen in der Gemeinde: Neben der Kurrende für die Kinder gibt es einen Gospelchor, der sich – nachdem sich der überalterte Kirchenchor aufgelöst hat – neu gründete, um die Abendgottesdienste mit einem anderen Musikstil zu bereichern. Ein Flötenensemble ergänzt das Angebot.

Allen Kreisen und Gruppen, wie auch den offenen Angeboten, ist das Interesse gemeinsam, die Spiritualität und die Gemeinschaft zu pflegen und so Gemeinde zu leben.

6 DIE GOTTESDIENSTE

Im Gottesdienst der Gemeinde am Sonntagmorgen haben der Thomanerchor und die Musik Bachs ihre Heimat. Wie schon zur Zeit der Entstehung sind sie eingebunden in die Deutsche Messe – mit den Schwerpunkten: Musik, Liturgie, Predigt. Wesentliche Elemente werden vom Liturgen nach wie vor gesungen. Das Abendmahl wird – auch in traditioneller liturgischer Form – in der Regel im Anschluss an den Gottesdienst gefeiert. Dies ist auf Grund der Länge des Gottesdienstes und der manchmal über 1000 Gottesdienstteilnehmer eher eine pragmatische als eine theologische Entscheidung. Einmal im Monat ist die Abendmahlsfeier in den Gottesdienst eingeschlossen. Begrüßt wird in zwei Sprachen, auch die Gottesdienstprogramme berücksichtigen die Englischsprachigen. Die Motetten am Freitag und Samstag haben auch gottesdienstlichen Charakter, was eine zeitbezogene Ansprache in passender Länge einschließt. Diese traditionellen Gottesdienste mit ihrem Schwerpunkt auf der klassischen Musik werden von der Gemeinde wie von ihren Besuchern angenommen. Trotzdem können in ihnen nicht alle Anliegen der Gemeinde aufgenommen werden. Zwar richtet man den Gottesdienst immer wieder auf Zielgruppen (Taufgedächtnis, Seniorengottesdienst) aus und es werden auch parallel Kindergottesdienst und eine Betreuung der Kleinsten angeboten, doch hat man sich für ein ›Zweites Programm‹ entschieden, statt zu verändern oder zu ›modernisieren‹. Am Sonntagabend bietet man einen Abendmahlsgottesdienst mit vereinfachter Liturgie an. Hier hat modernere Musik ihren Ort ebenso wie der Gospelchor.

Besonders wichtig für viele Familien sind die vierteljährlichen Krabbel- und Familiengottesdienste im Gemeindehaus mit anschließendem gemeinsamen Kaffeetrinken. Diese sollen weiter ausgebaut werden, um gezielt die Allerkleinsten samt ihren Familien anzusprechen. Denn in dieser großen Gemeinde hat es sich bewährt, eher Zusatzangebote zu machen, als die traditionelle Form zu verändern. Die verschiedenen Formen verhalten sich komplementär, ergänzen sich, statt sich zu vermischen. So gelingt es der Gemeinde, ›normale‹ Gemeinde zu bleiben und Gemeinde für Musikbegeisterte zu sein, die oft nur wenige Stunden am Ort verweilen.

Fazit: Eine Gemeinde für die ganze Welt, aber auch für die Menschen, die in ihr leben

Die Kirchgemeinde St. Thomas blickt auf eine lange Zeit kirchenmusikalischer Profilierung zurück. Mehr denn je rückt aber die Parochie in den Mittelpunkt. Denn ohne sie kann dieses Profil nicht gelebt werden. In Leipzig hat man in der DDR-Zeit die Erfahrung mit dem Versuch gemacht, die Musik des Thomanerchors von der Thomaskirche abzukoppeln und damit die Musik aus ihrem gottesdienstlichen und gemeindlichen Kontext herauszulösen. Eine Profilierung auf Kosten des parochialen Gemeindelebens kann und darf es in Leipzig nicht geben. Gegen eine »museale Verkrustung« wird mit Schwerpunktsetzungen in der Gemeindearbeit reagiert. Zu diesem Ineinander von Profil- und Parochialgemeinde kommt eine dritte Komponente hinzu: Man ist für viele Menschen Gottesdienstgemeinde auf Zeit, Gemeinde für Musikliebhaber aus aller Welt.

Die Neuorganisation der Kirchenmusik zog Menschen aus Nah und Fern an, vor allem aber mobilisierte sie Menschen aus der eigenen Gemeinde zur Mitarbeit. So nimmt die Musik nicht nur die unschätzbare Rolle als Botschafterin der Glaubens und der evangelischen Kirche ein, sondern ihre Strahlkraft hat für die eigene Gemeinde eine zentrale Bedeutung. Freilich können nicht alle über die Musik erreicht werden. Auch ist die Musik und das reiche Leben in der Thomaskirche für viele nur ein Einstieg. In der Thomaskirche wurde deshalb ein lebensbegleitendes Programm entwickelt, das das Bedürfnis nach Spiritualität, Gemeinschaft, Weltverantwortung und diakonischem Engagement aufnimmt. Die Gemeinde geht auf die Anforderungen vor Ort mit einer Zielgruppenorientierung ein. Dazu ist es auch nötig, ein ›Zweites Gottesdienstprogramm‹ anzubieten, das freilich immer wieder über die Zielgruppen an den zentralen Gottesdienst zurückgebunden wird (Beispiel: Tauferinnerung). Überregionale Profilgemeinde zu sein, bedeutet somit auch in vielen Bereichen einen doppelten Aufwand für Ehren- und Hauptamtliche.

Diese Gemeinde ist auch ein Beispiel dafür, wie mit Leidenschaft und Energie konsequente strukturelle Entscheidungen im gebühren- den Kontext getroffen werden, was wiederum Menschen in der Ge- meinde, vor allem aber außerhalb, begeistert und mitreißt. Und – das will die Gemeinde auch anderen sagen, die nicht über ihre Voraus- setzungen verfügen – einen »Schatz, den es zu heben lohnt«, haben viele.

Evangelische Friedensgemeinde Lindern

Ort:	Lindern
Einwohnerzahl:	5013, davon 507 Evangelische (10%)
Bundesland:	Niedersachsen
Landeskirche:	Evangelisch-Lutherische Kirche in Oldenburg
Gemeindegröße 2003:	451
Gemeindegröße 2006:	507
Wachstum:	12,4%
Gottesdienstbesuch 2003:	31
Gottesdienstbesuch 2006:	34
Wachstum:	9,6%
Adresse:	Am Apfelgarten 3, 49688 Lastrup;
	Telefon: 04472/273
E-Mail:	ev.kirche.lastrup@t-online.de

1 ZUR GEGENWÄRTIGEN SITUATION DER GEMEINDE IN DER REGION

Lindern befindet sich im Münsterland unweit von Cloppenburg. Bis ins 19. Jahrhundert gehörte die Gegend zum Niederstift Münster, bevor sie zur Grafschaft Oldenburg kam. Noch heute ist die Bevölkerung konservativ katholisch geprägt.

Landwirtschaft bestimmt das Landschaftsbild wie auch die Wirtschaft. Meist sind es mittelgroße Bauernhöfe, denen es in den letzten Jahren wirtschaftlich recht gut ging. Das macht sich in der nachgelagerten weiterverarbeitenden Industrie bemerkbar. Der Arbeitsmarkt erholte sich. Ihm stehen hochmotivierte, oft überqualifizierte, improvisationswillige Spätaussiedler zur Verfügung, die sich in den 90er Jahren des 20. Jahrhundert hier niedergelassen haben. Gemessen am Bundesdurchschnitt herrscht hier ein niedriges Lohnniveau, die Lebenshaltungskosten sind aber auch geringer.

Die Kommune Lindern teilt sich auf in den Hauptort und in acht Bauernschaften, Weiler mit Bauernhöfen, in denen wenige Evangelische zu finden sind. Verglichen mit der Wohnbevölkerung ist die Alterstruktur der evangelischen Gemeinde recht jung. Besonders die 10–50-Jährigen sind überproportional zahlreich vertreten.

2 DIE SITUATION DER GEMEINDE VOR DEM WACHSTUM

Jeder erwachsene Evangelische ist irgendwann zugezogen. Es gab mehrere Zuwanderungswellen. Nachdem dieser Teil des Münsterlandes Anfang des 19. Jahrhunderts zu Oldenburg kam, wurden gelegentlich evangelische Beamte aus Oldenburg nach Lindern versetzt. Diese blieben nie lange. Eine Evangelische Gemeinde entstand erst nach dem Krieg durch die Ansiedlung von Flüchtlingen aus dem Osten. Unweit der katholischen Kirche wurde eine Notbaracke für den Gottesdienst genutzt. Doch die neuen evangelischen Linderner wurden nicht heimisch. Die zu ihren Hochzeiten 750 Glieder (1948) zählende Gemeinde schrumpfte. Anfang der 70er Jahre waren es nur noch knapp 100. Im Ruhrgebiet wurden Arbeitkräfte gebraucht. Wer Arbeit suchte, zog weiter. Diese Nullpunktsituation war gleichzeitig der Wendepunkt. Die Baracke wurde marode, sie passte auch nicht mehr in die Zeit. Man stand vor der Frage: Neubau oder Auflösung der Gemeinde? Man entschied sich, im Neubaugebiet ein stilvolles kleines Gemeindezentrum mit einem 60 Personen fassenden Gottesdienstraum und einem durch eine Schiebewand abgetrennten kleinen Gruppenraum zu bauen. Beide Räume fassen eng bestuhlt zusammen weit über 100 Personen. Diese Hoffnung in die Zukunft wurde belohnt. Allmählich wuchs die Gemeinde durch eine zweite Zuwanderungsphase. Ruheständler aus dem Ruhrgebiet zogen aufs Land. Doch waren sie schwer für die Gemeinde zu gewinnen. Sie wohnten hier, aber ihre kirchliche Bindung – wenn sie denn eine hatten – war in der alten Heimat. Es war damals mühsam. Es gab Sonntage, da saß man zu dritt in der Kirche, weiß man noch heute von dieser Zeit zu berichten.

Die dritte Wachtumsphase begann in den 90er Jahren mit dem Zuzug von Spätaussiedlern aus der ehemaligen Sowjetunion. Die Gemeinde zählt inzwischen 507 Personen, die Mehrheit sind Spätaussiedler (55–60%)

Langfristige Prägungen gibt es nicht. Die Prägung entspricht der jeweiligen Wanderungswelle und der Herkunft der neuen Gemeindeglieder. Inzwischen ist der Kirchraum eigentlich immer bis zur Hälfte gefüllt, oft ist er sogar voll. Getragen wird der Gottesdienst vor allem von jungen Familien. Das ist ein wesentlicher Umstand, der von den reinen Zahlen der letzten Jahre nicht hinreichend wiedergegeben wird. Waren es am Anfang meist ältere Spätaussiedler, ist es nun die Generation um 40, die den Gottesdienst trägt. Das eigentliche Wachstum ist also der Generationenwechsel beim Gottesdienstbesuch.

3 WACHSTUM UND WANDERUNG

Das Wachstum hat sich verlangsamt. Doch noch immer ist eine Erhöhung der Zahl der Gemeindeglieder festzustellen: 12% in den letzten drei Jahren. Dies ist weniger durch Zugzug als vielmehr durch den Umstand bedingt, dass es doppelt bis dreimal so viele Taufen wie Beerdigungen gibt. Doch auch hier hängen Zuzug und Wanderung zusammen: Denn zugezogen sind oft junge Spätaussiedlerfamilien. Sie konnten für die Gemeinde gewonnen werden. Sie lassen sich und ihre Kinder nun taufen.

Man weiß in Lindern, dass das bloße zahlenmäßige Wachstum ein Geschenk ist, das man glücklichen Umständen in der Weltpolitik und der Ansiedlungspraxis vor Ort verdankt. Man weiß auch aus der Geschichte der Gemeinde, dass Wanderungsgewinne, wie die Linderner sagen, »ein Wanderpokal« sind, den möglicherweise bald eine andere Gemeinde ihr Eigen nennen darf. Was aber die Gemeinde für die vorliegende Untersuchung interessant macht, ist, dass sie die Gunst der Stunde zu nutzen wusste und aus Zugezogenen Gottesdienstbesucher und Verantwortungsträger in der Gemeinde machte. Aus dem Zufall des äußeren Wachstums wurde ein geplantes inneres Wachstum. Dieses wiederum beschleunigt das äußere Wachstum, indem nämlich ganze Familien in die Gemeinde integriert werden konnten, die nun ihre Kinder taufen lassen, sie in den Kindergottesdienst und die Jungschar schicken und sich auch selber engagieren.

Durch die Integration in die Kirchengemeinde wird die Bindung an den Ort verstärkt. Inzwischen haben viele der Spätaussiedler sich nicht nur dauerhaft niedergelassen, sondern haben durch den Neubau eines Hauses ihre bleibende Bindung festgemacht. Die von so vielen Wanderungen geprägte Gemeinde stabilisiert sich dadurch.

4 KINDER- UND JUGENDARBEIT

Ein entscheidender Faktor für das Wachstum war die Kinder- und Jugendarbeit. Konfirmandinnen und Konfirmanden organisierten im Anschluss an ihre Konfirmandenzeit eine Jugendgruppe, die Bestand hat und immer wieder neue Jahrgänge integriert. Die Gruppe wird ehrenamtlich geleitet. Es gibt für ein halbes Jahr eine verbindliche Terminplanung und ein festes Programm. Themen und Aktionen sind abwechslungsreich und haben unterschiedliche Schwerpunkte.

Auch beim Kindergottesdienst hat man die Zahl erreicht, bei der der Gruppenraum beginnt, zu klein zu werden. Da die Verknüpfung mit dem Hauptgottesdienst so stark ist, wie unten genauer dargestellt wird, orientiert sich der Kindergottesdienst thematisch am ihm. Kinder und Jugendliche werden so an die Gemeinde und an ihren Gottesdienst herangeführt. Oft werden dadurch auch die Eltern angesprochen.

Anregungen holte man sich in der Aufbauphase vom Jugendreferenten des Kirchenbezirks. Auch leisteten umliegende Gemeinden wertvolle Starthilfen. Man hospitierte dort und nahm für die eigene Arbeit viele Anregungen mit. So sind auch Verbindungen zwischen den Ehrenamtlichen gewachsen, die nun in gemeinsamen Aktivitäten der Gruppen weitergeführt werden.

5 INTEGRATION DER SPÄTAUSSIEDLER

Die Herausforderung war gewaltig. Die Zahl der Aussiedler überstieg die der evangelischen Gemeinde. Nur auf den ersten Blick erschienen sie als homogene Gruppe. Sie brachten unterschiedliche religiösen Prägungen und auch unterschiedliche Grade an religiöser Sozialisation mit. Man griff auf damals gängige Programme zurück: Konfirmandenunterricht für Erwachsene, der zur Spätkonfirmation oder Taufe hinführt. Ebenso wichtig wie die Inhalte war, dass man auf diese neuen Mitglieder zuging, dass sie mit den Kursen einen eigenen Raum in der Gemeinde bekamen und die Möglichkeit, sich gegenseitig und die Menschen vor Ort kennen zu lernen. Inzwischen ist mit dem versiegenden Zuzug auch der Bedarf dieser Kurse nicht mehr in dem Maß vorhanden.

Ein zweiter Faktor für die Integration der Spätaussiedler und somit auch für das Wachstum der Gemeinde ist der Gottesdienst. Er ist der Treffpunkt der Gemeinde. Der Gottesdienstablauf ist sicher ganz anders als dies die Aussiedler gewohnt waren. Aber die persönliche, herzliche und freundliche Atmosphäre dieser kleinen Gemeinde mit ihrem kleinen, gepflegten Gemeindehaus ist sicher ein Brückenschlag zum Gewohnten. So ist es keine Besonderheit, wenn sich schon lange Zeit vor dem Läuten Gruppen vor dem Gemeindehaus bilden und sich austauschen. Man kennt sich, begrüßt sich und versammelt sich dann schließlich zum Gottesdienst. Der Gottesdienstraum ist klein, man sitzt beieinander. Auch die Kinder sind noch dabei. Sie gehen erst zur Predigt zum Kindergottesdienst, kommen aber wieder vor der Fürbitte zurück. Dann dürfen sie erzählen, von dem, was sie gehört haben und was sie gebastelt haben. Das wird mit so viel Liebe und Aufmerksamkeit gemacht, dass das keinen der Erwachsenen, vor allem nicht die eigenen Eltern und Großeltern, unberührt lässt. Es ist also nicht die besondere, ungewöhnliche Gottesdienstform, die hier Menschen kommen lässt, sondern die Art und Weise, wie das Gewohnte in seiner agendarischen Form durchgeführt wird. Ähnliches kann man auch über die Kirchenmusik sagen. Es sind die bekannten und beliebten Choräle – und manchmal auch etwas Neueres aus dem Gesangbuch. Wesentlich ist aber, dass man es auch musikalisch versteht, auf die Gemeinde einzugehen.

Ein dritter Faktor, der die Integration der Aussiedler befördert hat, ist das direkte Zugehen des Pfarrers und seines Vorgängers auf die neuen Gemeindeglieder. Durch viele Hausbesuche lernten sie die Familien kennen und nahmen Anteil an dem Schicksal dieser Menschen. Das schafft Vertrauen und lässt Bindungen wachsen.

Dass die Integration gelungen ist, zeigt sich auch in der Mitarbeiterschaft. Hier wird nicht mehr zwischen Spätaussiedlern und anderen unterschieden. Auch im Kirchengemeinderat sind Aussiedler vertreten, kräftig unterstützt durch die hohe Wahlbeteiligung bei den Aussiedlerfamilien. Eine dieser Ältesten wurde sogar bei der letzten Kommunalwahl in den örtlichen Gemeinderat gewählt.

Lindern hat keine eigene Pfarrstelle. Der Pfarrer wohnt nicht am Ort. Aber es herrscht die einhellige Meinung, dass der Pfarrer immer da ist, wenn man ihn braucht. Durch seine rege Besuchstätigkeit und seine Präsenz im öffentlichen Leben war der Standort des Pfarrhauses nie entscheidend.

6 DIE ÖFFNUNG DER GEMEINDE ZUM ORT UND DIE VERÄNDERUNG IN DER ÖFFENTLICHEN WAHRNEHMUNG

Die Konfessionen gingen in Lindern meist höflich und sorgsam miteinander um. Allerdings wurde die kleine evangelische Gemeinde von der von einem konservativen Katholizismus geprägten Urbevölkerung kaum wahrgenommen. Die Konfessionszugehörigkeit markierte die Herkunft und zeigte oft auch soziale Grenzen auf. Noch heute sind die landwirtschaftlichen und handwerklichen Betriebe ausschließlich in katholischer Hand. Aufbrechen kann man diese Gegensätze nur schwer. Für den Wandel von Mentalitäten muss man eine lange Dauer einplanen.

Die evangelische Gemeinde geht offensiv vor. Sie bleibt nicht unter sich, sie öffnet sich zum Ort hin und zeigt, was sie macht und was sie kann. Ein wichtiger Faktor war die öffentliche Repräsentanz durch Kirchenälteste und den Pfarrer. Gerade weil er nicht im Ort wohnt, nimmt er öffentliche Anlässe gerne und bewusst wahr. Die Gelegenheiten häufen sich, bei denen er zum Grußwort eingeladen wird. Sogar zu gemeinsamen, eigentlich spezifisch katholischen Weihehandlungen an Alltagsdingen wird er nun aufgefordert. Der katholische Kollege segnet die in Betrieb genommenen Gegenstände, der evangelische Pfarrer die anwesenden Menschen. Die Aufforderung zu diesen in der Volksfrömmigkeit einen hohen Stellenwert einnehmenden Handlungen demonstriert eindrücklich die Akzeptanz der Evangelischen in der Öffentlichkeit. Gleichzeitig fordert die Bevölkerung so auch die Zusammenarbeit der Konfessionen im Alltag ein. Eine intensivere Ökumene auch bei den Gottesdiensten und in der Gemeindearbeit wird wohl folgen.

Ein wichtiger Faktor in diesem Öffnungsprozess war der Einsatz der Kirchengemeinde für die Spätaussiedler. Sie wurden nicht nur geistlich betreut, sondern der Pfarrer – der amtierende wie auch sein Vorgänger – setzte sich in der Öffentlichkeit für die Spätaussiedler ein. Am Anfang war es die Hilfe bei Alltäglichem, heute ist es die Vertretung der Interessen. Der Pfarrer versteht sich als Anwalt dieser Bevölkerungsgruppe. Wird z. B. der Landkreis für seine hohe Geburtenquote gelobt und der Grund in der katholischen Familienmoral verortet, bringt die evangelische Gemeinde auch den Stellenwert der Familie bei den evangelischen Spätaussiedlern ins Gespräch. Neben der Beschleunigung der ökumenischen Zusammenarbeit führen das Herausstellen des Eigenen und der Einsatz dafür zu einer erhöhten Identifikation mit der eigenen Kirche und wirken identitätstiftend.

Die neue Bedeutung der evangelischen Gemeinde vor Ort lässt sich bei konfessionsverbindenden Eheschließungen ablesen. Die Kinder werden nicht mehr in allen Fällen katholisch.

Wie einladend die evangelische Gemeinde ist, zeigt eine ganz besondere Veranstaltung: die monatliche Märchenstunde. Märchenerzählen hat in diesem Landstrich eine ungebrochene Tradition. Eine Märchenakademie gibt es in unmittelbarer Nähe. D. h., mit dem Aufgreifen dieser Tradition lässt man sich auf diesen Ort und die Gegend ein und demonstriert sich als (neuen) Teil. Gleichzeitig ist es für die Gemeinde ein niederschwelliges Angebot, um Jung und Alt an die Gemeinde heranzuführen. Gerne stellt man heraus, dass christliche Lehre in den Märchen zum Allgemeingut geworden ist. Indem man nun diese alten Schätze der Märchen hebt, kommt man auch über diese christlichen Überzeugungen ins Gespräch. Die Frau des derzeitigen Pfarrers nimmt sich mit viel Freude dieser Aufgabe an. Hat man anfangs gedacht, die Eltern kommen wegen ihrer Kinder zur Märchenstunde, kann man heute sogar zur Reihe »Märchen für Erwachsene« einladen.

Eine emsige Öffentlichkeitsarbeit, vor allem in der Presse, ist nötig. Sie ist ein Signal der evangelischen Gemeinde nach außen. Nach innen ist der Stellenwert nicht so hoch, die Kommunikation hier lebt eher vom persönlichen Kontakt.

7 ÜBERPAROCHIALE KOOPERATIONEN

Die Gemeinde in Lindern wird vom Pfarramt des benachbarten Lastrup mitversorgt. Durch diesen Umstand ist schon immer die Zusammenarbeit mit der Nachbargemeinde gut. Lindern hat keinen eigenen Kirchenchor. Wenn jemand singen will, besucht er den Chor in Lastrup, der auch in Lindern den Gottesdienst musikalisch unterstützt. Sowohl im Erwachsenenwie im Jugendbereich gibt es gemeinsame Ausflüge.

Die Zusammenarbeit mit weiteren Gemeinden beim Aufbau der Kinder- und Jugendarbeit wurde bereits erwähnt. Im Kirchenkreis soll nun die überparochiale Kooperation institutionalisiert werden. Die Gemeinden einer Region geben einen gemeinsamen Gemeindebrief heraus. Konfirmandenfreizeiten werden gemeinsam geplant und durchgeführt. Es gibt Schwerpunkt- und Projektchöre besonders für jüngere Sänger. Weniger die Notwendigkeit zur Einsparung veranlasste diese Kooperationen, man erhofft sich einen Qualitätsgewinn. Den Lindernern machen diese Planungen kaum Schwierigkeiten, ist doch ihre Arbeit schon längst so angelegt.

8 RELIGIÖSES UMFELD

Die Spätaussiedler bilden keine homogene Gruppe. Befreundete Familien gehen gerne an denselben Ort. Doch sind sie unterschiedlich geprägt und sozialisiert. Die Linderner Spätaussiedler hatten oft eine evangelische Prägung. Der Anschluss an die Gemeinde in der Diasporasituation fiel ihnen nicht schwer. So war die 20 km entfernte, im Nachbarort ansässige, 2000 Glieder zählende Pfingstgemeinde, die sich aus Spätaussiedlern gebildet hat, für die meisten Gemeindeglieder nie eine Alternative. Man blieb in der gewohnten mitgebrachten Tradition, da es eine Möglichkeit gab, diese auch zu leben.

Die Zusammenarbeit mit der katholischen Gemeinde findet schon punktuell statt. Erst allmählich wird man als Partner wahrgenommen.

9 RAHMENBEDINGUNGEN UND FINANZIELLE SITUATION

Das Gemeindezentrum mit dem Kirchenraum ist das einzige Gebäude. Es ist zwar auch schon in die Jahre gekommen und der Gruppenraum ist oft zu klein, es befindet sich aber in einem guten Erhaltungszustand. Das Haus wie auch die Grünanlagen sind sehr gepflegt und wirken einladend. Das ist sicher kein Wachstumsfaktor. Kein Besucher kommt deswegen. Aber denjenigen, die kommen, macht es sichtlich Freude.

Das Haushaltsvolumen ist mit 26 000 € klein. Neben dem Gebäudeunterhalt bilden die Nebenamtlichen die laufenden Fixkosten. Trotzdem hat man einen kleinen Anteil von freien Mitteln (ca. 5 % des Haushalts), die für Neues oder als Rücklage eingesetzt werden. Spenden und das freiwillige Kirchgeld (ca. 7 % des Haushalts) geben der Gemeinde einen zusätzlichen finanziellen Spielraum. Eine entspannte finanzielle Lage öffnet die Diskussionen im Kirchengemeinderat für eher inhaltliche Fragen.

Fazit: Eine kleine Gemeinde nutzt liebevoll neue Möglichkeiten

Das Konzept, aus Zuzug inneres Gemeindewachstum zu generieren, ist nicht an die Sondersituation Spätaussiedler gebunden. Zuzug gibt es in vielen Gegenden Deutschlands, oft hängt er mit Neubaugebieten zusammen. Die Chance zu nutzen und aus dem äußeren Wachstum auch ein inneres zu machen (hier: Zuzüge werden zu

Taufen), dazu macht das Linderner Beispiel Mut. Es zeigt, wie wichtig die Außendarstellung für die Integration von Menschen in der Gemeinde ist. Die Gemeinde hat sich einen Status vor Ort erarbeitet und davon profitieren ihre Mitglieder. Ob ein Pfarrer am Ort wohnt oder nicht, spielt dabei keine Rolle, wichtig ist seine Präsenz in der Öffentlichkeit und in den Häusern seiner Gemeindeglieder. Beziehungsarbeit ist also in Lindern ein Wachstumsfaktor in doppelter Hinsicht: Die Beziehungen nach innen und außen stärken die Gemeinde. Spektakulärer Aktionen bedurfte es dabei nicht. Die Orientierung an Kindern und Familien und die Öffnung in den Ort durch niederschwellige Angebote für alle Linderner förderten das Gemeindeleben.

Evangelisch-lutherische Stadtkirchengemeinde Ludwigslust

Ort:	Ludwigslust
Einwohnerzahl:	12907, davon 2711 Evangelische (21%)
Bundesland:	Mecklenburg-Vorpommern
Landeskirche:	Mecklenburg
Gemeindegröße 2003:	2847
Gemeindegröße 2006:	2688
Gottesdienstbesuch 2003:	72
Gottesdienstbesuch 2006:	96
Wachstum:	33,3%
Anschrift:	Stadtkirchengemeinde Ludwigslust, Clara-Zetkin-Str. 12, 19288 Ludwigslust; Telefon: 03874/21968
E-Mail:	ludwigslust@kirchenkreis-parchim.de

1 DIE SITUATION DER STADTKIRCHENGEMEINDE LUDWIGSLUST

Die ehemalige Residenzstadt Ludwigslust liegt im Süden Mecklenburgs und verzaubert ihre Besucher heute noch mit dem Flair vergangener Tage. Schloss, Landschaftspark, Stadtkirche und Stiftskirche sind architektonische Kleinode und wurden in den vergangenen 15 Jahren aufwendig renoviert. Zunehmend finden Touristen ihren Weg in die barocke Stadt, wobei die üblichen Touristenrouten noch an Ludwigslust vorbeilaufen. Die Stadtkirche Ludwigslusts, in den Jahren 1765 bis 1770 errichtet, ist ein Wahrzeichen der Stadt. Ungewöhnlich für mecklenburgische Verhältnisse ist ihr »tempelartiges« Äußeres mit einem breiten Portal, das den Besucher mit sechs dorischen Säulen und einem weithin sichtbaren Christogramm empfängt. Das Innere des Kirchengebäudes wird von einem die ganze Apsis ausfüllenden Altargemälde ausgeschmückt. Das Christogramm erinnert den Besucher an eine Zeit, in welcher der evangelisch-lutherische Glaube für die Bewohner Ludwigslusts noch eine Selbstverständlichkeit war und die Kirche eine wichtige Rolle im gesellschaftlichen Leben der Stadt spielte. Diese Tradition wurde durch die Jahrzehnte der SED-Herrschaft über Ludwigslust nicht nur unterbrochen, sondern leider zum größten Teil abgebrochen. Die Entkirchlichung der Bevölkerung setzt sich dabei mittlerweile über drei Generationen fort. Zudem kämpft Ludwigslust, wie so viele Städte des Ostens, mit einem großen Bevölkerungsverlust im Zuge der Wanderungsbewegung vieler Menschen, die auf der Suche nach Arbeit die Stadt verlassen. Die Stadtkirchengemeinde in Ludwigslust jedoch stemmt sich tapfer gegen diesen allgemeinen Trend, der nicht wenige Menschen in Ostdeutschland resignieren lässt. Auch wenn der Wegzug und die schwierige ökonomische Situation, die manchen aus Spargründen zum Kirchenaustritt bringt, die Anzahl der Gemeindemitglieder der Stadtkirchengemeinde noch immer reduzieren, so erfährt die Gemeinde doch ein kräftiges inneres Wachstum, welches sich insbesondere in dem stark gewachsenen Gottesdienstbesuch verdeutlicht. Zudem mildern Kircheneintritte bzw. Wiedereintritte den Abwärtstrend in der Mitgliederzahl der Stadtgemeinde stark ab.

2 BEZIEHUNGSARBEIT ALS WACHSTUMSIMPULS

Als das neue Pastorenpaar seine Stelle in Ludwigslust antrat, fanden sich zu Arbeitsbeginn schnell drei dicke Aktenordner voll mit allen Austrittsmeldungen seit der Wende. Der Befund animierte dazu, auf diese Personen zuzugehen und sie wieder für den Eintritt in die Kirche zu gewinnen. Zudem findet sich neben der großen Gruppe der Konfessionslosen, die teilweise schon mehrere Generationen in einer Familie umfasst, auch in Ludwigslust eine Vielzahl von Menschen, die einmal getauft wurden, deren Beziehung zur Kirche und zum Glauben aber eingeschlafen war, so dass sie die Kirche verließen. Bei manchen Menschen erfolgte der Austritt vor der Wende auch erzwungenermaßen durch ihre Berufswahl, ein Wiedereintritt nach der Wende kam für viele von ihnen dann aus unterschiedlichen Gründen nicht in Frage. Nicht nur die Kirchensteuer, auch die Angst, nach dem Ende der sozialistischen Bevormundung nun wieder in eine Situation der Bevormundung, diesmal durch die Kirche, zu geraten, schreckt einen nicht unerheblichen Teil der Menschen davon ab, ihre einstmalige Bindung an die Kirche zu erneuern. Zudem sind die Kirche als Institution und die Aussagen des christlichen Glaubens vielen Menschen so fremd geworden, dass sie nicht von sich aus einen neuen Kontakt zur Kirche suchen.

Der große Wachstumsimpuls für die Stadtkirchengemeinde war der Entschluss, all diesen Menschen, die irgendwann einmal eine Beziehung zur Kirche hatten, die Möglichkeit zu geben, diese Beziehung zu erneuern. Diese Entscheidung bedeutete zunächst, sich nicht mit der gegebenen Situation abzufinden, eine Tatsache, die nicht unterschätzt werden darf. Bedeutet sie doch für die Gemeinde, sich nicht von den Gegebenheiten einschüchtern und erschüttern zu lassen, sondern visionär über die gegenwärtigen Schwierigkeiten hinauszublicken und eine Zukunftsperspektive des Wachstums zu entwerfen und zu verinnerlichen. Dies bedeutet aber auch, all die Menschen, die einst die Kirche verlassen haben, als Chance zu begreifen, und ihnen nicht im Nachhinein ihre Abkehr von der Kirche nachzutragen. Für die Stadtkirchengemeinde war und ist es daher ein großes Anliegen, zu diesen Menschen wieder eine Beziehung herzustellen und sie so erneut in Kontakt zur Kirche zu bringen.

Diese Beziehungsarbeit, so war schnell klar, muss aktiv von der Gemeinde ausgestaltet werden. »Die Chance, dass einfach jemand so vorbeikommt, ist eigentlich sehr gering. Wir sind ja nicht unbekannt vor Ort, man weiß ja, wo man uns findet.« Für die Beziehungsarbeit nutzt die Gemeinde vor allem die Möglichkeiten der Kontaktaufnahme

– durch Besuche,
– durch Einladungen zu gemeindlichen Veranstaltungen und
– durch Briefaktionen.

Letztere zeigten sich als eine gute Möglichkeit, sich zunächst einmal wieder in das Bewusstsein der Menschen, die man erreichen möchte, »zu schreiben«. Die Stadtkirchengemeinde hat dabei zwei unterschiedliche Briefformate entwickelt. Der erste Brief wendet sich an alle, die aus der Kirche ausgetreten sind. Sein Text versucht, ohne Verurteilung, aber auch ohne

Anbiederei, die Gründe für die Austrittsentscheidung zu klären und klarzustellen, dass die Tür der Gemeinde auch weiterhin weit offen steht.

Sehr geehrte …

Mit Bedauern habe ich durch Datenübermittlung vom Einwohnermeldeamt erfahren, dass Sie aus der Kirche ausgetreten sind.

Sollte Sie zu diesem Schritt irgendein Verhalten unserer Kirchgemeinde oder durch mich als Pastor veranlasst haben, lassen Sie uns dieses wissen, damit wir wenigstens in Zukunft solchen Anstoß vermeiden.

Vielleicht ist Ihnen auch der Glaube fremd geworden, ist »unglaubwürdig«, wie die Bibel und wie Christen von Gott sprechen und sich vielleicht ganz anders verhalten.

Im Hebräerbrief des Bibel heißt es vom Glauben:

»Es ist aber der Glaube eine feste Zuversicht auf das, was man hofft, und ein Nichtzweifeln an dem, was man nicht sieht.«

Ich wünsche Ihnen, dass sie vielleicht später einmal diesen Schatz des christlichen Glaubens doch finden werden.

Wenn Sie die Höhe Ihrer Kirchensteuer zu diesem Schritt veranlasst hat, so können wir darauf keinen Einfluss nehmen. In unserem Land ist es aus sozialen Gründen so, dass höhere Einkommen verhältnismäßig hoch belastet werden, während Geringverdienende und Familien weniger oder nichts zahlen müssen. Dafür kann die Kirchensteuer genau wie Spenden als Sonderausgabe von der Gesamtsteuerschuld abgesetzt werden.

Mir selber geht es mit meinem Krankenkassenbeitrag so. Obwohl ich selten zum Arzt gehe, werde ich monatlich zur Kasse gebeten. Da ist die Kirchensteuer, die auch ich zahle, gar nichts dagegen.

Und doch weiß ich, Krankenhäuser und Kirchen sind auf meinen Beitrag angewiesen, auch damit sie für andere da und offen sind.

Auch nach einem Kirchenaustritt bleibt Ihre Taufe gültig. Sie können Veranstaltungen und Angebote der Kirchgemeinde besuchen. Nicht mehr möglich sind die Übernahme des Patenamtes, eine kirchliche Trauung und die Teilnahme an der Abendmahlsfeier.

Sollten sie sich einmal zu einem Kirchenwiedereintritt entschließen, melden Sie sich dafür bei mir oder einem anderen Pastor zum Gespräch an, um über alles damit Zusammenhängende zu sprechen.

Ich würde mich freuen, Sie bei dieser oder anderer Gelegenheit einmal wiederzusehen.

Eine gesegnete Advents- und Weihnachtszeit wünscht Pastor

Mit einem weiteren Brief wendet sich die Gemeinde an jene, die einstmals in Ludwigslust konfirmiert wurden, und nimmt das Goldene Jubiläum ihrer Konfirmation zum Anlass, mit ihnen in Kontakt zu treten bzw. diesen Kontakt durch eine gemeinsame Feier zu festigen.

Liebe Jubilare,
erinnern Sie sich: Vor 50 Jahren wurden Sie in Ludwigslust konfirmiert, entweder in der Stadtkirche oder in der Bethlehemskirche. Damals traten 129 Mädchen und Jungen, die durch Propst Schönrock und Pastor Simon vorbereitet wurden, vor den Altar und dazu 22 aus Techentin und Hornkaten.
Haben Sie der Segen Gottes, der Konfirmationsspruch, die gelernten Lieder durch ihr Leben begleitet und können Sie sagen oder besser singen: »Bis hierher hat mich Gott gebracht durch seine große Güte«? Oder sind Sie dem Glauben und der Kirche entfremdet worden durch staatlichen Druck, persönliche Enttäuschungen oder kirchliches Versagen?
Manche von Ihnen sind immer in Ludwigslust geblieben, andere weit weggezogen.
Wir laden Sie alle ein, auch mit Ihrem Ehepartner. Wir freuen uns, wenn jemand die Goldene Konfirmation als Anlass nimmt, wieder in die Kirche einzutreten oder seine Glaubenswurzeln zu entdecken. Wir respektieren aber auch Abstand zur Kirchenzugehörigkeit und laden dennoch ein, mitzufeiern und sich zu erinnern.
96 Adressen haben wir schon herausgefunden, vielleicht können Sie noch weitere beisteuern oder Mitkonfirmanden auf diesen Termin aufmerksam machen. Mitfeiern kann auch, wer damals woanders konfirmiert wurde, aber jetzt in Ludwigslust lebt. (...)

Die Briefaktionen sind bisher auf eine gute Resonanz gestoßen und haben zu einer signifikanten Zahl von Wiedereintritten geführt. Für die Gemeinde ist es sehr wichtig festzuhalten, dass dann, wenn sich Menschen angesprochen fühlen und beginnen, sich wieder auf die Kirche zu besinnen, diese dann auch tatsächlich für sie da sein muss. Dies erreicht die Kirchengemeinde vor allem durch ihre vielen Besuche, die sie organisiert und ausführt. Hierfür stehen sowohl die Pastoren als auch ein Besuchskreis bereit. Zudem ist man bemüht, neue Menschen, die in die Gemeindeveranstaltungen oder in den Gottesdienst kommen, anzusprechen und mit ihnen in Kontakt zu kommen. Positiv wirkt sich für die Kircheneintritte auch aus, dass der Wiedereintritt in die Mecklenburgische Landeskirche sehr einfach ist und keine Hürden aufbaut, die abschrecken könnten.

3 DAS GEMEINDELEBEN

Für die Stadtkirchengemeinde bildet der traditionelle Gottesdienst an
Sonn- und Feiertagen das Zentrum des Gemeindelebens. Die Identifikation
mit dem Kirchengebäude ist hoch, man kommt gern in den Gottesdienst
und erwartet einen soliden lutherischen Gottesdienst, in dessen Zentrum
ein ansprechende Predigt steht, welche die alltäglichen Sorgen und Nöte
der Menschen aufgreift und auch auf aktuelle Ereignisse Bezug nimmt.
Hierbei zeigt es sich, dass eine Predigt, der es gelingt, den biblischen Text auf
den Alltag der Gottesdienstbesucher zu beziehen, stark zum Wachstum der
Zahl der Gottesdienstbesucher beiträgt. Regelmäßig findet der Sonntagsgottesdienst auch als Familiengottesdienst statt. Ein besonderer Gottesdienst, der viel Zuspruch der Gemeinde gefunden hat, war ein Gospelgot-
tesdienst im Rahmen des Gemeindefestes. Das hat die Gemeinde angeregt,
diese Form des Gottesdienstes häufiger zu feiern. Zudem finden regelmäßig
Gottesdienste in der Stiftskirche statt, die Teil des Stiftes in Ludwigslust ist,
das ein Krankenhaus und ein Seniorenheim beherbergt.

Die Ausrichtung des christlichen Glaubens auf die Lebenspraxis kommt
ebenso wie in den gottesdienstlichen Feiern auch im Leitbild der Gemeinde
zum Ausdruck:

> Unser Leitbild:
> Wir wollen helfen, Formen für ein Leben im Glauben an Jesus Chris-
> tus zu finden, und den großen Erfahrungsschatz aller Generationen
> entdecken und nutzen.

Der Gemeinde ist es ein Anliegen, eine »christliche Gemeinschaft der Generationen« zu sein, in der sich Jung und Alt aufgehoben fühlen. Hierzu
gehört, dass man mit der Briefaktion zur Goldenen Konfirmation auch bewusst ältere Menschen angesprochen hat. Das Gemeindeleben der Stadtgemeinde Ludwigslust organisiert sich in klassischen Kreisen wie u. a. einem
Seniorenkreis, einem Gemeindekreis, dem Frauenkreis und einem Besuchskreis. Auch regelmäßige Gemeindenachmittage und gemeinsame Ausflüge
stärken die Gemeinschaft. Zudem organisiert eine Kantorin die Kirchenmusik in der Gemeinde.

Neben der Konfirmandenarbeit gibt es in der Gemeinde für die Kinder
der 1.–6. Klasse die Christenlehre als regelmäßige Einrichtung. Die Gemeinde versucht, ihren ehrenamtlichen Mitarbeitern einen großen eigenverantwortlichen Freiraum zu geben. Wichtig ist ihr, dass allen Mitarbeitern
für ihre Mitarbeit regelmäßig gedankt wird und sie eine hohe Wertschätzung erfahren. Positiv für die Gemeinde wirken sich die ca. 25 000 Touris-

ten aus, welche die Stiftskirche aufsuchen. Besonders für sie ist das Kirchengebäude in den Sommermonaten täglich geöffnet. Darüber hinaus finden regelmäßig Konzertveranstaltungen in der Stadtkirche statt. Die Spenden der Touristen helfen der Gemeinde, das Kirchengebäude in Stand zu halten und Neuanschaffungen zu bewerkstelligen, erfordern aber auch von der Gemeinde, sich auf die besonderen touristischen Bedürfnisse einzustellen – z. B. mit dem Konzept der offenen Kirche.

Erwähnenswert ist zudem die hohe Spendenbereitschaft für die Arbeit der Stadtkirchengemeinde. Die Gemeinde macht dabei die Erfahrung, dass die Spendenbereitschaft dann sehr hoch ist, wenn das Geld, das gesammelt wird, konkreten Projekten zugeordnet ist. Außerdem hilft ein jährliches, auf freiwilliger Basis gezahltes Kirchgeld dabei, die Personalkosten anteilig zu finanzieren und die Kosten für das Kirchengebäude und das Gemeindehaus zu tragen. Bei der Spendenbereitschaft zeigt sich, dass es eine Vielzahl von Menschen in Ludwigslust gibt, die zwar nicht aktiv am Gemeindeleben teilnehmen, sich aber finanziell gern einbringen und auf diese Weise ihre Beziehung zur Stadtkirchengemeinde zum Ausdruck bringen.

Fazit: Eine Gemeinde die wächst, weil sie den Menschen nachgeht

Auf den ersten Blick ist die Stadtkirchengemeinde Ludwigslust eine ganz normale Gemeinde, in der weder außergewöhnliche Eventgottesdienste stattfinden noch außergewöhnliche Gemeindeangebote locken noch ein ausgefeiltes Gemeindekonzept existiert. Aber die Gemeinde wächst – und das unter den schwierigen Bedingungen der neuen Bundesländer. Erst der zweite Blick zeigt ihre Besonderheit, die darin besteht, den Menschen, die der Kirche den Rücken gekehrt haben, nachzugehen, sie anzuschreiben, sie aufzusuchen, sie einzuladen und ihnen weiterhin das Angebot der Beziehungsaufnahme zu machen. Die Stadtgemeinde Ludwigslust ist eine Gemeinde, die ankämpft gegen Mutlosigkeit und Resignation und sich nicht abfindet mit ihrer Situation. Ihr Beispiel zeigt, wie auch kleine Veränderungen eine große Wirkung für das Wachstum einer Gemeinde haben können. Insofern ist sie nicht nur Mutmacherin für Gemeinden im Osten, sondern weit darüber hinaus.

Evangelische Domgemeinde Magdeburg

Foto: Constantin Beyer

Ort:	Magdeburg
Einwohnerzahl:	229 266, davon 20 324 (9 %) Evangelische
Bundesland:	Sachsen-Anhalt
Landeskirche:	Kirchenprovinz Sachsen
Gemeindegröße 2003:	877
Gemeindegröße 2006:	1079
Wachstum:	22 %
Gottesdienstbesuch 2003:	200
Gottesdienstbesuch 2006:	220
Wachstum:	10 %
Anschrift:	Evangelische Domgemeinde, Am Dom 1, 39104 Magdeburg; Telefon: 0391-5433131
Homepage:	www.magdeburgerdom.de

1 DIE AUSGANGSSITUATION DER DOMGEMEINDE

Der Magdeburger Dom blickt auf eine bald 800-jährige, äußert wechsel-volle Geschichte zurück. Als Grablege des ersten deutschen Kaisers, Ottos des Großen, und als erster gotischer Dom auf deutschem Boden reicht seine kultur- und kunsthistorische Bedeutung weit über Magdeburg hinaus. Der Dom, der größte Sakralbau Ostdeutschlands, ist das Wahrzeichen der Lan-deshauptstadt Sachsen-Anhalts und ein Magnet für Besucher aus aller Welt. Das Schicksal seiner Gemeinde zu Zeiten der DDR steht exemplarisch für viele Kirchengemeinden während der SED-Diktatur. So hatte vor der Wende die Zahl der Gemeindeglieder der Domgemeinde dramatisch ab-genommen. Einer der Hauptgründe hierfür war der enorme politische Druck der sozialistischen Staatsführung in den 60er und 70er Jahren, der schon bei der vorangehenden Generation einen Glaubens- und Kirchen-verlust bedeutete und keine Glaubensweitergabe an die nächste Generation mehr ermöglichte. Die Zahl der Taufen und Trauungen ging dement-sprechend drastisch zurück. Gleichzeitig profilierte sich die Evangelische Kirche und hier auch speziell die Domgemeinde durch die Friedensarbeit als Schutzraum für Ausgegrenzte, Oppositionelle und Friedensgruppen. Im Dom waren dies seit 1983 die wöchentlichen Friedensgebete am Bar-lachmahnmal, die immer größere Anziehungskraft gewannen, zuletzt für Jugendliche, Punker, Menschenrechtler und Ausreiseantragsteller, sowie die jährlichen Friedenssonntage und Friedensdekaden. Sie brachten eine große Anzahl nichtkirchlicher Menschen mit der Kirche in Berührung, die hier Annahme, Raum, Freiheit und eine Kirche ohne traditionelle Klischees vorfanden. Diese Bewegung mündete unmittelbar in die Montagsgebete um gesellschaftliche Erneuerung im Herbst 1989, bei denen innerhalb we-niger Wochen von anfangs 150 bis schließlich 10000 Teilnehmer in den Dom kamen, von dem dann auch in Magdeburg die großen Demonstrati-onen und öffentlichen Foren mit bis zu 60000 Teilnehmern in der Wende ausgingen.

Auch der Domgemeinde blieb jedoch nach der Wende die Erfahrung nicht erspart, dass sich nach der Maueröffnung die Kirche wieder leerte. Für viele Bürger der DDR hatte sie in einem Staat, der nicht offen war, Räume der Freiheit und Opposition geboten, die keine andere Institution bieten konnte. Diese Funktion war nun erfüllt. Den Weg zum Glauben und zur Taufe fanden nur wenige der Menschen, die zuvor in Massen im Dom waren. Die Dommitgliederzahlen belegen dies: In den ersten Jahren nach der Wende stiegen die Zahlen nicht erheblich, sondern erst ab 1994, nach-dem 1993 das EKD-Recht auf freie Gemeindewahl innerhalb des Kirchen-kreises Magdeburg eingeführt worden war. Viele Liebhaber des Domes (Domchorfamilien aus der ganzen Stadt, ehrenamtlich Engagierte, Kirchenmusikliebhaber usw.) legalisierten jetzt ihr Verhältnis zum Dom, in den sie schon immer gegangen waren, auch durch ihre Mitgliedschaft. Dieses Wachstum kam jedoch schnell wieder zu einem Ende. In der schlechten ökonomischen Situation des Ostens, die viele Menschen zu wirtschaftlichen Konsequenzen zwang, entschlossen sich nicht wenige, die Kirchensteuer zu sparen, also aus der Kirche auszutreten. Zudem setzte ein breiter Wegzug von Menschen ein, die in die alten Bundesländer zogen. So verlor die Stadt Magdeburg seit 1990 über 50 000 Einwohner. Während in Magdeburg – einer alten Industrie- und Arbeiterstadt mit unterdurchschnittlicher Kirchenmitgliedschaft und einem »harten Pflaster« für die Kirche – die Mitgliederzahlen der meisten anderen Gemeinden des evangelischen Kirchenkreises seither weiter bergab gehen, wächst die Domgemeinde seit 1998 langsam, aber stetig wieder ›gegen den Trend‹. Für die Kontinuität der Domgemeinde steht der seit nunmehr 27 Jahren an der Domgemeinde tätige Domprediger, der in der Zeit der Wende zu einer prägenden Persönlichkeit wurde und in seiner Person die alte, vergangene Zeit mit der neuen verbindet.

2 DAS WACHSTUM DER DOMGEMEINDE

Das Wachstum der Domgemeinde setzte weder schlagartig noch ohne Weiteres ein. Zu den äußeren Ursachen des Wachstums zählen:

1.) das Neubürgertum in Magdeburg, welches sich häufig durch Zuzüge aus den alten Bundesländern generiert und oftmals in den Einrichtungen der Landesregierung ein gesichertes Einkommen findet. Hierbei kommt auch die Dommitgliedschaft aus karriereförderlichen Prestigegründen in den Blick, die einerseits der Gemeinde dienlich ist, aber auch für den Anspruch eigenen Christseins zwiespältig betrachtet wird.

2.) profitiert die Domgemeinde von ihrer Nähe zum Ökumenischen Domgymnasium, durch das Familien den Konfirmandenunterricht am Dom wählen und damit wieder in Kontakt zur Kirche und speziell zur Domgemeinde gelangen.

3.) gibt es den Zwang für Magdeburger Studenten, aus Steuergründen die Zweitwohnung als Hauptwohnsitz anzumelden, so dass die Domgemeinde auch vom Zuzug der Studenten profitiert.

4.) zieht der Dom als Kirchengebäude Menschen an, sich (neu) der Kirche und dem Glauben anzunähern.

Diese äußeren Faktoren stellten die Domgemeinde vor die Situation, innerhalb der Gemeinde einen Meinungsbildungs- und Klärungsprozess zu beginnen, wie mit dieser neuen Situation umgegangen werden kann und sollte, der insbesondere für jene Gemeindemitglieder, die zu Zeiten der DDR zur Kirche standen und denen durch ihre Entscheidung vom Staat Karrierechancen genommen wurden, mit starker Emotionalität verbunden war. So wurde der neue Opportunismus, wieder in die Kirche einzutreten, in der Domgemeinde ebenso kritisch behandelt wie der Opportunismus vor der Wende, aus Gründen des besseren Fortkommens aus der Kirche aus- und in die SED einzutreten. Diese Klärungsprozesse halfen, die Vergangenheit nicht zu verdrängen und dennoch die neue Situation als eine besondere Chance zu begreifen. Die Domgemeinde ist sich bewusst, dass diese äußeren Faktoren aber nur dann zu einem ›echten Wachstum‹ der Gemeinde beitragen, wenn es ihr gelingt, die Menschen, die auf diese Weise von außen kommen, auch zu integrieren und ihnen die Mitgliedschaft in der Domgemeinde zu einer Herzensangelegenheit zu machen. Die inneren Gründe, die Menschen zu Domgemeinde führen, sind die bewusste Wahl der Domgemeinde auf Grund des Gottesdienstes, des Konfirmandenunterrichts, der Kirchenmusik und der Gemeindestruktur. Für nicht wenige Menschen in Magdeburg spielt der Dom immer noch eine wichtige Rolle als Garant für Freiraum, Gerechtigkeit, Geborgenheit und Gemeinschaft in aktuellen und politischen Situationen. Weil viele Menschen kommen und die Gemeinschaft attraktiv machen, ergibt sich eine Art Schneeballeffekt, der die Gemeinde wachsen lässt und dabei immer mehr Menschen mit anzieht.

3 GOTTESDIENST UND PREDIGT

Gottesdienste finden im Dom jeden Sonn- und Feiertag um 10.00 Uhr statt. Im Winterhalbjahr weicht man auf Grund der Kälte im Dom selbst in den Dom-Remter aus. Neben den Hauptgottesdiensten gibt es im Dom auch die Schulgottesdienste für das Ökumenische Domgymnasium, so. z. B. einen Schulanfangsgottesdienst und einen Schulabschlussgottesdienst, einen Abiturgottesdienst, und besondere Gottesdienste, wie z. B. einen Bikergottesdienst für Motorradfahrer. Der Dom ist zugleich die Verkündigungskirche des Bischofs, der in ihm regelmäßig predigt, mit großen übergemeindlichen ökumenischen und gesamtdeutschen Gottesdiensten. Zudem ist der Dom der Ort, an dem das Land Sachsen-Anhalt seine gottesdienstlichen Feierlichkeiten begeht. Diese Funktion als Repräsentationsort des Staates fördert den Dom in seiner Bekanntheit in der Öffentlichkeit, zugleich jedoch stellt sie die Domgemeinde vor die Frage, wie das Verhältnis von Kirche und Staat so ausgestaltet werden kann, dass das Erbe der Domgemeinde aus DDR-Zeiten, kritisches Gegenüber des Staates zu sein, nicht an Bedeutung verliert und gleichzeitig die neue kooperative Situation von

Staat und Kirche angemessen zum Ausdruck kommt. Diese Frage stellt auch für die Predigt eine besondere Herausforderung dar.

Innerhalb des Gottesdienstes legt die Domgemeinde großen Wert auf eine geistlich, sprachlich und rhetorisch anspruchvolle Predigt, von der erwartet wird, dass sie ›dicht dran‹ ist am Leben der Menschen und ihren täglichen Sorgen und Nöten. Hierzu gehört, dass sie die wunden Punkte des gesellschaftlichen und politischen Lebens aufzeigt und durchaus auch deutliche Kritik formuliert. Wann immer ihr dies gelingt, zeigt sich die Predigt als ein großer Wachstumsimpuls für die Gemeinde, der viele interessierte Menschen auch in die kommenden Gottesdienste zieht. Gleichzeitig jedoch war diese inhaltliche Ausrichtung der Predigt für einige, verhältnismäßig wenige Gemeindemitglieder auch der Grund, die Domgemeinde wieder zu verlassen. Neben der Predigt spielt eine der Größe und dem Raum des Kathedralbaus angemessene liturgische Gestaltung des Gottesdienstes eine wichtige Rolle. Die Gemeinde ist sich des Domes als kunsthistorischem Schatz bewusst und versucht, diesem großen Erbe durch eine angemessene liturgische Gestaltung gerecht zu werden. Hierzu gehören sowohl liturgische Präsenz als auch Format und Stil aller am Gottesdienst Beteiligter. Die Gottesdienste werden sehr festlich nach der Grundform I des Evangelischen Gottesdienstbuches gestaltet. Die Kirchenmusik, ein Schwerpunkt der Domgemeindearbeit, wird regelmäßig in die Gottesdienste mit einbezogen und sorgt für die hohe Attraktivität der Gottesdienste. So werden die Hauptgottesdienste größtenteils vom Magdeburger Domchor und seinen Teilchören oder den Magdeburger Dombläsern begleitet.

Auch gottesdienstliche Familien- und Kinderfreundlichkeit bedeuten der Domgemeinde viel. Während der Predigt wird ein Kindergottesdienst angeboten, der so gestaltet ist, dass die Kinder den Gottesdienst mit den Erwachsenen gemeinsam feiern, aber während der Predigt eine eigene Kinderpredigt erhalten. Kinder sind nach Entscheidung der Eltern beim Abendmahl zugelassen. Für Eltern mit Kleinkindern wird die Predigt per Lautsprecher in einen gesonderten Raum übertragen. Einmal im Quartal findet der Sonntagsgottesdienst als Familiengottesdienst statt.

Zweimal im Monat richtet jeweils einer der Gemeindekreise des Doms in Anschluss an den Gottesdienst ein Domcafé aus, in dem den Gottesdienstbesuchern Gelegenheit gegeben wird, miteinander ins Gespräch zu kommen. Ein Blick auf die Statistik der durchschnittlichen Gottesdienstbesucherzahlen zeigt jedoch, dass es in den vergangenen Jahren quantitativ zu keiner nennenswerten Steigerung der Besucherzahlen kam. Hinsichtlich ihrer Zusammensetzung jedoch hat sich die Gottesdienstgemeinde signifikant verjüngt. Viele neue junge Familien und auch einzelne junge Menschen besuchen den Gottesdienst, während manche ältere Gemeindemitglieder nicht mehr kommen können oder auch aus der Innenstadt Magdeburgs wegziehen.

Im Sommer gesellen sich zu den Gottesdienstbesuchern viele Touristen. Besonders vor diesem Hintergrund stellt sich für die Domgemeinde die Frage, wie sie den touristischen Bedürfnissen nach Information, Führungen, Fotos, Postkarten und weiteren Andenkenartikeln Rechnung tragen kann, ohne die hohe Bedeutung des Domes als Sakralraum zu schmälern. Der Klärungsprozess zu dieser Frage ist zurzeit noch nicht abgeschlossen, zumal auch hier wieder die Frage ›Anpassung oder Widerstand‹ gegen den allgemeinen (hier speziell Merchandising-)Trend berührt ist.

Neben den Gottesdiensten bietet die Domgemeinde auch mehrere Gebetszeiten an. Mittags wird werktags gemeinsam mit den Mitarbeitern des Kirchenamtes ein Mittagsgebet gehalten. Einmal im Monat wird ein Taizé-Gebet mit Gesängen und Meditation gehalten. Zudem wird wöchentlich das traditionelle ökumenische Gebet um Frieden, Gerechtigkeit und Bewahrung der Schöpfung weitergeführt, das in Not- und Katastrophensituationen wie z.B. dem 11. September 2001 oder dem Elbehochwasser 2002 immer wieder Zufluchtsort vieler Magdeburger wird.

4 DAS GEMEINDELEBEN

Im Zentrum des Gemeindelebens des Domes steht der gemeinsame sonntägliche Gottesdienst. Das aktive weitere Leben der Gemeinde organisiert sich vor allem in seinen vielfältigen Haus- und Gesprächskreisen, in denen Fragen des Glaubens thematisiert werden. Unterschiedliche Gesprächskreise sind aus den in der Domgemeinde regelmäßig veranstalteten Glaubensseminaren entstanden. Der Vermittlung von Kenntnissen über das Christentum und den christlichen Glauben kommt in der Domgemeinde, gerade auch auf Grund ihrer säkularen und oftmals auch atheistisch geprägten Umgebung, eine besondere Bedeutung zu. Die Glaubensseminare finden jedes Jahr von Oktober bis Ostern wöchentlich statt und geben Interessierten die Möglichkeit, sich mit dem christlichen Glauben auseinanderzusetzen. Dies kann rein informativ sein, aber auch zur Vorbereitung auf eine Taufe oder Konfirmation in der Osternacht dienen. Zudem gibt es viele verschiedene Hauskreise. Man trifft sich im Pfarrhaus, zu Hause oder manchmal auch in Kneipen. Auch gibt es Gesprächskreise für unterschiedliche Altersgruppen, u.a. den offenen Gesprächskreis »20Plus« für junge Erwachsene, einen offenen Gesprächskreis für 30–50-Jährige, einen Frauenkreis und einen Seniorenkreis. Für die Jugendlichen zwischen 16 bis 20 bietet die Junge Gemeinde wöchentlich die Möglichkeit eines Raumes für Austausch und Gemeinsamkeit. Die Junge Gemeinde spricht die Jugendlichen am Ende ihrer Konfirmandenzeit an, die in der Domgemeinde bewusst drei Jahre dauert, in der 7. Klasse beginnt und mit der 9. Klasse endet. Für die Kinder der 1.–6. Klasse finden die wöchentlichen Treffen der Christenlehre statt, die von der Gemeindepädagogin organisiert und geleitet werden, zudem gibt es regelmäßige Rüstzeiten für Kinder und Jugendliche, die auch von den Familien- und Erwachsenenkreisen fortgeführt werden. Die unterschiedlichen zielgruppenorientierten Angebote sind Ausdruck einer Gemeinde, in der alle Altersgruppen gleichermaßen stark vertreten sind.

Die Kirchenmusik des Domes bietet ebenfalls ein breit gefächertes Angebot für alle Altersstufen. Maßgeblich für die Musik am Magdeburger Dom ist der Magdeburger Domchor, der aus den zwei Teilbereichen Jugendchor und Motettenchor besteht, die Konzerte und Reisen gemeinsam bestreiten, aber auch als voneinander unabhängige Chöre singen können. Zur Vorbereitung auf das Singen im Dom gibt es eine Singschule des Domchores für Kinder ab dem vierten Lebensjahr. Neben den eigenen Dom-Musiken, Chor- und Orgelkonzerten finden im Dom auch eine Reihe von Sonderkonzerten statt, die viele kirchenferne Besucher in den Kirchbau ziehen und Interesse an der Domgemeinde wecken. Neben der Verkündigung und der Musik ist für die Gemeinde die seelsorgerische Arbeit besonders wichtig. Beratung, Begleitung und Vermittlung, aber auch Beichte und Absolution sind Hilfeangebote, für die alle Verkündigungsmitarbeiter der Gemeinde zur Verfügung stehen, insbesondere ein Besuchskreis und der Domprediger. Die seelsorgerische Arbeit der Gemeinde korrespondiert mit der Predigtanforderung, ›nahe an den Menschen zu sein‹. Zudem wird das Thema soziale Gerechtigkeit regelmäßig in den Gottesdiensten thematisiert und neu ins Gedächtnis gerufen. Diese direkte Nähe zu den Menschen und ihren Problemen erweist sich ebenfalls als Wachstumsimpuls für die Gemeinde.

Die Domgemeinde versteht sich als eine aktive Gemeinde, die erwartet, dass sich jeder, der kommt, nach gewisser Zeit auch aktiv in das Gemeindeleben mit einbringt. Ihr ist es wichtig, dass »dort, wo Kirche draufsteht, auch Kirche drin ist«. Niederschwellige Angebote jenseits der musikalischen Angebote sind daher nicht ihre Sache. Vielmehr legt sie Wert auf klare christliche Positionen, an denen sich die entkirchlichten Menschen Magdeburgs reiben können. Eine klare politische Position, die weit in die Stadt hineinreicht, bezieht die Gemeinde gemeinsam mit anderen in ihren Aktionen gegen Rechtsextremismus und Ausländerfeindlichkeit in Magdeburg.

Finanziell profitiert die Gemeinde von der großen Bereitschaft der Menschen, Geld für ›ihren‹ Dom zur Verfügung zu stellen. So ist es der Gemeinde möglich, zusätzlich zur Stelle des Dompredigers, eine halbe Pfarrstelle selbständig zu finanzieren. Als ein Glücksfall für die Gemeinde erweist sich die Tatsache, dass das Domgebäude selbst einer Stiftung des Landes Sachsen-Anhalt gehört, die baulich und finanziell dafür aufkommt. Sowohl die Spendenbereitschaft innerhalb der Gemeinde als auch innerhalb Magdeburgs für den Dom und seine Gemeindearbeit ist auf Grund des starken Verbundenheitsgefühles mit dem Dom sehr hoch. So konnten z. B. Dank großzügiger Spenden für den Dom in den vergangenen Jahren neue liturgische Ausstattungsstücke angeschafft werden. Drei Fördervereine haben sich gegründet. Ein Förderverein widmet sich dem Domgebäude, einer dem Magdeburger Domchor und der dritte ist verantwortlich für die Neuanschaffung der großen Domorgel, die 1944 zerstört wurde. Von den seit 1997 gesammelten dafür benötigten zwei Millionen Euro fehlen zurzeit nur noch 50 000 Euro. Die Orgel wird schon gebaut und ihre Einweihung ist für den Mai 2008 geplant, ein Termin, der von der musikverwöhnten Domgemeinde schon sehnsüchtig erwartet wird.

Fazit: Eine kleine Innenstadtgemeinde mit großer Ausstrahlung in den öffentlichen Raum

Die Evangelische Domgemeinde Magdeburg ist wie viele Kathedralgemeinden eine kleine Innenstadtgemeinde mit großer öffentlicher Verantwortung. Durch das Domgebäude als öffentliches Wahrzeichen der Stadt Magdeburg wird in ihr die Kirche vor Ort sichtbar. Mit ihren Friedensgebeten und dem Raum, den sie oppositionellen Gruppen bot, war sie aktiv am friedlichen Umsturz in der DDR beteiligt. Diesem Erbe verpflichtet, hat sie sich ihr kritisches Potential bewahrt, das die Sorgen und Nöte der Menschen vor Ort aufnimmt und zu Gehör bringt. Gleichzeitig jedoch bringt sie ihr Erbe des ersten gotischen Domgebäudes auf deutschem Boden durch eine dem Gebäude angemessene Gottesdienstgestaltung und große Kirchenmusik attraktiv zur Geltung. Die Gemeinde versteht sich als eine ›Komm-Gemeinde‹, in die sich die zu ihr kommenden Menschen einbringen sollen. Insbesondere die widerständige Entscheidung, sich nicht dem Trend niedrigschwelliger Gemeindeangebote anzupassen, verstärkt ihre christliche Identität und wirkt sehr attraktiv auf viele Menschen, die in einer überwiegend entkirchlichten Stadt erneut die Kirche suchen.

Auferstehungsgemeinde Mainz

Ort:	Mainz-Hartenberg
Einwohnerzahl des Ortsteils:	15 962, davon ca. 4000 Evangelische in zwei Gemeinden
Bundesland:	Rheinland-Pfalz
Landeskirche:	Evangelische Kirche in Hessen und Nassau
Gemeindegröße 2003:	1930
Gemeindegröße 2006:	2229
Wachstum:	15%
Gottesdienstbesuch 2003:	280
Gottesdienstbesuch 2006:	310
Wachstum:	11%
Adresse:	Evangelische Auferstehungsgemeinde, Am Fort Gonsenheim 151, 55122 Mainz; Telefon: 06131/320972
Homepage:	www.auferstehungsgemeinde.de

1 ZUR ENTSTEHUNGS- UND ENTWICKLUNGS-GESCHICHTE DER AUFERSTEHUNGSGEMEINDE

Die Auferstehungs-Gemeinde entstand mit dem Mainzer Stadtteil Harten-berg, in dem sie sich befindet, erst nach dem Zweiten Weltkrieg. Sie hat also keine lange Vorgeschichte, sondern ist eine relativ junge Gemeinde, die sich ursprünglich vor allem aus Zugezogenen (Flüchtlingen u. a.) zusammen-setzte. Von dem ersten Pfarrer dieser Gemeinde wird berichtet, er habe während seines langjährigen Wirkens allsonntäglich um eine Erweckung in der Gemeinde gebetet, diese aber selbst nicht erlebt. Einen Aufbruch und ein seitdem sich – in Wellenbewegungen – fortsetzendes Wachstum erlebte die Auferstehungsgemeinde jedoch unter seinen Nachfolgern. Dabei reichen die Anfänge bis an das Ende der 70er Jahre des 20. Jahrhunderts zurück. Was damals begann, kann man als gottesdienstorientierten Gemein-deaufbau bezeichnen, in dem liturgische Elemente der Berneuchener Be-wegung (Michaelsbruderschaft), Elemente der orthodoxen Liturgie und Elemente von Taizé miteinander verbunden wurden. Begleitet wurde dies (wie später in der Jakobusgemeinde in Tübingen) durch den Wechsel vom schwarzen Preußischen Talar zur Albe mit Stola als liturgischem Gewand. Anfang der 80er Jahre wurde das allsonntägliche Abendmahl eingeführt und bis heute beibehalten. Gelegentlich kam es bei Neuerungen zu Wachstum und gleichzeitigen Konflikten. Letztere waren vor allem dadurch bedingt, dass neue Musik, die Anfang der 80er und Mitte der 90er Jahre in den Gottesdienst Einzug hielt, auf manche Gottesdienstbesucher fremdartig und irritierend wirkte, so dass sie sich zurückzogen. Inzwischen hat die Ge-meinde (wieder) zu einer Balance zwischen den verschiedenen Erwartun-gen und Interessen gefunden und befindet sich in einer Phase gleichmä-ßigen Wachstums.

Auch im Dekanat gab es zeitweilig Konflikte, die dadurch entstanden, dass Menschen sich verstärkt in die Auferstehungsgemeinde ummeldeten. Die besondere Prägung der Gottesdienste führte bisweilen zu Vorhaltungen, sich »elitär« zu entwickeln und Menschen »abzuwerben«. Solche Vorwürfe sind inzwischen ausgeräumt bzw. behoben. Entscheidend dafür war und ist offensichtlich, dass der derzeitige Pfarrstelleninhaber und der Kirchen-vorstand sich – stärker als sein(e) Vorgänger – in der Dekanatssynode enga-gieren und das Dekanat an den räumlichen und personellen Möglichkeiten der Auferstehungsgemeinde Anteil haben lassen (›aktive Beziehungspflege im Dekanat‹). Die Gemeinde betreibt auch bewusst keine gezielte Ab-werbung von Mitgliedern aus anderen Gemeinden, was aber nichts daran ändert, dass ein großer Teil der Gemeindeglieder und Gottesdienstbesucher nicht in der Parochie wohnt, sondern von außerhalb zu dieser Gemeinde kommt. Eine vor zehn Jahren durchgeführte Erhebung ergab, dass nur etwa ein Viertel der Gottesdienstbesucher aus der Parochie stammen. Unter den 75 %, die aus dem Umland kommen, sind bemerkenswerterweise auch ca. 10 % katholische Mitchristen.

2 GABEN, AUFGABEN, ZIELE

Für das Konzept der Mainzer Auferstehungsgemeinde ist es grundlegend, dass Aufgaben und Ziele nicht den Ausgangspunkt bilden, sondern dass am Anfang aller kirchlichen Arbeit die Besinnung auf die eigenen Gaben und Möglichkeiten steht, die dann in Auseinandersetzung mit dem Auftrag der Kirche in konkrete Arbeitsplanungen und -schritte überführt werden. Dementsprechend heißt es in dem Blatt, in dem die Auferstehungs-gemeinde sich unter der Überschrift ›Wer sind wir?‹ vorstellt:

»Als Auferstehungsgemeinde sind wir an folgenden Gottesgaben zu erkennen:

– Wir feiern am liebsten Gottesdienst. Wir sind eine Gemeinde Jesu Christi, die vom Gottesdienst her und zum Gottesdienst hin lebt. Unser Feiern lebt aus der Freude an lebendiger Liturgie und am sonntäglichen Abendmahl. Wir schätzen biblisch begründete Pre-digten, die sich auf unseren Alltag beziehen. Es ist gut, dass wir ver-schiedene Predigerinnen und Prediger hören, dass viele von uns verantwortlich am Gottesdienst mitwirken.

– Wir glauben fürs Leben gern. Uns verbindet das Vertrauen zu Jesus Christus, zu dem wir gemeinsam und persönlich beten. Die per-sönliche Frömmigkeit der Einzelnen drückt sich aus in der Glau-benspraxis der vielen Gruppen und Hauskreise und in der großen Zahl verantwortlich Mitarbeitender. So gelebter Glaube hilft auch in unserem Alltag.

– Wir lieben die Vielfalt. Wir kommen aus unterschiedlichen Him-melsrichtungen zusammen: vom Hartenberg und von außerhalb. Wir kommen aus unterschiedlichen Glaubensrichtungen zusam-men. Dadurch werden wir bereichert, aber auch herausgefordert. Wir freuen uns über das breite Altersspektrum und die Beteiligung der vielen Familien mit Kindern. Wir sind eine ökumenisch offene und in Anspruch genommene Gemeinde.«

Aus diesen Gaben haben sich im Verlauf des Prozesses die Aufgaben der Ge-meinde entwickelt, die sich in folgenden vier Leitsätzen ausdrücken:

– Gott feiern
– Gästen Heimat geben
– Mit Generationen zusammenleben
– Gottes Gaben ausleben

3 GOTTESDIENST UND GEBET

Wie aus der obigen Selbstvorstellung hervorgeht, bildet der sonntägliche Gottesdienst mit Abendmahl das Zentrum der kirchlichen Arbeit. Dabei sind es hier nicht charismatische und von Spontaneität geprägte Elemente, die den Gottesdienst und seine Liturgie bestimmen, sondern eine in jeder Hinsicht ›gepflegte‹, anspruchsvolle Gestaltung, die auch schon in dem mehrfarbigen gedruckten ›Sonntagsblatt‹ zum Ausdruck kommt, das allen Gottesdienstbesuchern in Verbindung mit einer freundlichen Begrüßung durch das jeweils dafür zuständige Team am Eingang ausgehändigt wird, das sowohl über die wesentlichen Stücke des Gottesdienstes (einschließlich Predigttext) informiert als auch sämtliche Abkündigungen enthält, die darum im Gottesdienst nicht eigens vorgetragen werden müssen. Diese beiden Elemente – verbunden mit einer exzellenten organisatorischen Vorbereitung – machen den lutherisch geprägten Gottesdienst in der Auferstehungsgemeinde (auch) zu einem ästhetischen Erlebnis.

Es würde jedoch Entscheidendes fehlen, wenn in diesem Zusammenhang nicht die umfassende Bedeutung des Gebets erwähnt würde, durch das der Gottesdienst allsonntäglich vorbereitet wird und das alltäglich alle anwesenden Mitarbeiter in Form eines Mittagsgebets zusammenführt. Als Hilfe dafür gibt es ein Heft ›Gemeinde-Fürbitten‹, das regelmäßig neu erscheint und dazu beitragen soll, dass alle Personen, Gruppen und Veranstaltungen, die der Fürbitte bedürfen, bewusst gemacht bzw. bewusst gehalten werden.

4 GLAUBEN LEBEN UND VERTIEFEN

In der Auferstehungsgemeinde spielt darüber hinaus das Anliegen der Vertiefung des lebensbestimmenden christlichen Glaubens eine große Rolle. Dem dienen auch die – eher zufällig als konzeptionell durchdacht entstandenen – Hauskreise. Vor allem aber hat die Gemeinde hierfür ein regelmäßiges Angebot von Glaubenskursen entwickelt, wobei mit unterschiedlichen Modellen gearbeitet wurde und wird:
– Es gibt den ›glaubenskurs gottesdienst‹, der von einem Team unter der Leitung des Pfarrers und zweier Prädikanten mit jeweils ca. 30 Teilnehmenden insgesamt dreimal durchgeführt wurde.

– Den Kurs ›Christ werden, Christ bleiben‹ hat die Gemeinde auf ihre Verhältnisse »umgebaut« und umbenannt in: »Ich will weiterkommen«. Auch dieser Kurs wurde von einem Team, zusammen mit zwei Pfarrern, vorbereitet und geleitet. Er wurde zweimal mit je ca. 25 Teilnehmenden durchgeführt.

– ›Alpha-Kurse‹ finden seit etwa 2000 jährlich statt mit einer Teilnehmerzahl von 5–20 Personen. Sie werden von einem rein ehrenamtlichen Team (6–8 Personen) geleitet.

– Schließlich gab es noch einen (zweimal durchgeführten) Kurs für Ehepaare unter dem Titel: »Liebe ist kein Zufall«.

– In Vorbereitung befindet sich ein (aus Celle übernommener) Kurs »Spiritualität im Alltag«, der ab dem Frühjahr 2008 angeboten werden soll.

In diesen Glaubenskursen geht es darum, die Inhalte des christlichen Glaubens nicht nur besser zu verstehen, sondern sie auch noch konkreter zu der alltäglichen Lebenswelt und -wirklichkeit in Beziehung setzen zu können, als dies in Gottesdienst und Predigt normalerweise möglich ist. In diesem Zusammenhang sollen auch die Kurse für Mitarbeiter (Jugendmitarbeiter, Lektoren und Prädikanten) erwähnt werden, die sich stärker an der Vermittlungs- und Verkündigungsaufgabe orientieren, aber zugleich zeigen, dass das Vorhandensein eines großen Kreises an Mitarbeitenden auch als Herausforderung und Aufgabe ernst genommen wird, ihnen bei der Entwicklung ihrer Gaben und Fähigkeiten Hilfestellung zu geben.

5 DAS ›MITMACHBUCH‹

Zu den Besonderheiten der Auferstehungsgemeinde gehört das (75 lose Seiten umfassende) Mitmachbuch, das allen an Mitarbeit Interessierten zur Einsichtnahme ausgehändigt wird. Durch dieses Buch lässt sich einerseits ein guter Überblick über die gemeindlichen Aktivitäten gewinnen, andererseits gibt es eine hervorragende Hilfe, um Aufgaben und Tätigkeitsfelder zu entdecken, die den eigenen Gaben, Möglichkeiten und Interessen entsprechen. Jeder Tätigkeitsbereich wird dabei unter sieben Rubriken kurz charakterisiert:

– Wer ist für diesen Bereich verantwortlich? (Angabe von Namen und Telefonnummern)
– Beschreibung der Tätigkeit
– Zeitlicher Bedarf
– Voraussetzungen

– Benötigte Mitarbeiter (wie viele Personen wie oft?)
– Persönlicher Gewinn für die Mitarbeitenden
– Bedeutung für die Gemeinde

In diesem Mitmachbuch finden sich auch die vielen Formen kirchlicher Kinder- und Jugendarbeit, die vor allem durch den CVJM in Zusammenarbeit mit den Gemeindepädagogen durchgeführt werden. Die Auferstehungsgemeinde ist hier insofern einen besonderen Weg gegangen, als der CVJM innerhalb der Gemeinde gegründet und etabliert wurde, die Gemeinde-Jugendarbeit trägt und dessen Vorstand gleichzeitig als Jugendausschuss der Gemeinde fungiert.

Drei weitere Aktivitäten finden jedoch – aus gutem Grund – im Mitmachbuch keine Erwähnung, sind jedoch für das Gesamtbild der Gemeindearbeit wichtig:

a) Die Kindertagesstätte der Kirchengemeinde, die sich mit einem gut gemachten Flyer unter der Überschrift vorstellt: ›Evangelisch steht drauf – evangelisch ist drin‹. In unübersehbarer Deutlichkeit wird mit dieser Überschrift und ihrer inhaltlichen Entfaltung das evangelische Profil dieser Kindertagesstätte beschrieben, wenn es in diesem Flyer heißt:

»Den Garten der Seele wollen wir … behutsam pflegen mit Geschichten aus der Bibel, mit Liedern und Gebeten, die auf seelische Grundbedürfnisse eingehen. Die Kinder sollen so die religiöse Dimension des Lebens entfalten, den christlichen Gott kennen lernen und Kontakte zu ihm pflegen können … Deshalb gibt es in unserer Kita für alle Kinder wöchentliche Stuhlkreise mit biblischen Geschichten, zu kirchlichen Festen und zu Lebensthemen der Kinder. Deshalb gibt es die Kinderbibeltage. Dafür hat die Auferstehungsgemeinde ohne öffentliche Förderung eine Gemeindepädagogin aus eigenen Mitteln finanziert und für mehrere Wochenstunden mit der religionspädagogischen Arbeit in der Kita beauftragt.«

b) Die Taufbegleiter
Jedes in der Auferstehungsgemeinde getaufte Kind erhält einen Taufbegleiter, der das Amt der Paten nicht ersetzen, aber in gewisser Hinsicht ergänzen soll. Die erste Kontaktaufnahme erfolgt durch das Überbringen der Taufurkunde, die zweite durch einen Besuch am ersten Jahrestag der Taufe, schließlich bei der Überbringung einer Kinderbibel für das getaufte Kind. Man kann dies als eine Form gemeindlicher Taufverantwor-

tung verstehen, durch die zugleich das gegenseitige Kennenlernen und der Zusammenhalt innerhalb der Gemeinde gestärkt werden.

c) Ansprechpartner im Nahbereich

Ein besonders innovatives und interessantes Element von Mitarbeit wird in der Auferstehungsgemeinde erprobt, kontinuierlich eingeführt und entwickelt durch die Suche nach geeigneten Ansprechpartnern im Wohnbereich bzw. in der näheren Umgebung. Dabei sucht die Gemeinde Personen, die fähig und willens sind, sich als überzeugte evangelische Christenmenschen in ihrem Wohn- und Lebensumfeld zu erkennen zu geben, um auf diese Weise ansprechbar zu sein, Kontakte herzustellen oder auch Brücken zur Gemeinde zu bauen. Angesichts der hohen Anforderungen, die mit dieser Aufgabe verbunden sind, kann nicht einfach ein flächendeckendes ›System von Ansprechpartnern‹ etabliert werden, sondern man geht – auch hier – vom Vorhandensein entsprechender Begabungen aus und schafft so punktuell Ausstrahlungs- und Kontaktzentren für die Kirchengemeinde im Bereich der Parochie.

6 FINANZIERUNG DER GEMEINDEARBEIT

Umgemeindungen werden in der EKHN auch hinsichtlich der zugewiesenen Finanzmittel wirksam. Insofern ›profitiert‹ die Auferstehungsgemeinde in Mainz (anders als ihre Partnergemeinde in Tübingen) von den zahlreichen Umgemeindungen aus anderen evangelischen Kirchengemeinden des Umfeldes. Aber zur Finanzierung der ausgedehnten kirchlichen Arbeit reicht dies bei Weitem nicht aus. Deshalb spielt auch in dieser wachsenden Gemeinde das Thema Spenden-Akquirierung eine wichtige Rolle. Dabei ist es in den zurückliegenden Jahren gelungen, einen festen Spenderkreis von inzwischen 86 Personen zu finden, dessen regelmäßige Zuwendungen die Finanzierung einer Gemeindepädagogen-Stelle und weiterer Aktivitäten ermöglicht. Es scheint so, als wäre die wachsende Spendenbereitschaft auch hier eine äußerlich sichtbare und wirksame Begleiterscheinung des Gemeindewachstums, so dass man vermuten darf, dass solches Wachstum nicht durch fehlende Finanzmittel zu Stillstand oder Erliegen kommt, sondern umgekehrt das Gemeindewachstum auch die Mittel zum Sprudeln bringt, die in finanzieller Hinsicht für seine Erhaltung und Pflege erforderlich sind.

Fazit: Im Gottesdienst verbunden – weit ausstrahlend

Auf die Frage: »Was war – im Rückblick geurteilt – der wichtigste *positive* Faktor in dem ganzen Wachstumsprozess?« antwortet die Auferstehungsgemeinde: »Klare Gottesdienstzentrierung der Gemeinde. Gute Teamarbeit«. Das wird beim Gemeindebesuch ebenso erlebbar wie die Selbstkennzeichnung der geistlichen Prägung dieser Gemeinde als »lutherisch, vielseitig, katholisch und freikirchlich inspiriert«. Dem ist freilich sofort hinzuzufügen, dass es sich bei diesen Kennzeichnungen nicht um additive Elemente handelt, sondern dass eine erstaunlich homogene Synthese gelungen ist. Dafür könnte ausschlaggebend sein, dass einerseits das Gebet in dieser Gemeindearbeit eine umfassende und tragende Rolle spielt und dass andererseits die kirchliche Arbeit im Ganzen sowie die Liturgie und Predigt im Besonderen von der Überzeugung getragen sind, dass die biblische Botschaft nicht unserer Modernisierungsbemühungen bedarf, um Menschen zu erreichen und für den christlichen Glauben zu gewinnen, sondern dass der Kirche Jesu Christi alles *gegeben* ist und sie als christliche Kirche dies nur dankbar anzunehmen und aufrichtig zu bezeugen hat. Welches Potential an intensiver Mitarbeit und guter Zusammenarbeit darin enthalten ist und dadurch fruchtbar werden kann, lässt sich an dieser Gemeinde und ihrer Ausstrahlung gut wahrnehmen.

Evangelisch-lutherische Kirchengemeinde St. Georg in Meinersen

Ort:	Meinersen
Einwohnerzahl 2006:	5070, davon 2631 Evangelische (52%)
Bundesland:	Niedersachsen
Landeskirche:	Hannover
Gemeindegröße 2003:	2712
Gemeindegröße 2006:	2631
Gottesdienstbesuch 2003:	130
Gottesdienstbesuch 2006:	147
Wachstum:	13%
Anschrift:	St. Georg-Kirchengemeinde Meinersen, Alte Str. 15, 38536 Meinersen; Telefon: 05372/409
Homepage:	www.kirche-meinersen.de

1 IM MINIMAXI – ANNÄHERUNGEN AN DIE KIRCHENGEMEINDE MEINERSEN

Noch ist es eine gute Viertelstunde Zeit bis zum Beginn des Gottesdienstes, doch schon ist die Kirche bis auf den letzten Platz besetzt und sozusagen »rappelvoll«. Viele der kleineren Kinder sitzen bereits auf dem Boden vor dem Altar, einige Kinder springen noch aufgeregt zwischen den Bankreihen hin und her, die Erwachsenen rücken in ihren Bänken zusammen. Konfirmanden räumen ihre Plätze für ältere Gemeindemitglieder, viele, die jetzt erst kommen, müssen mit Stehplätzen Vorlieb nehmen. Die kleine alte Kirche von Meinersen platzt aus allen Nähten. Ein genauer Blick in ihren Innenraum offenbart manche Merkwürdigkeiten. Hängen dort nicht lauter Fische an den Bänken, sind da nicht lauter Muscheln an den Wänden? Ist dort vorne nicht ein großes Fischernetz? Ein genauerer Blick in den Altarraum lässt weiter staunen: Ein knallgelbes Paddelboot steht vor dem Altar und von der Kanzel hoch über dem Altarraum ragt ein Balken hervor, an dem ein langes Seil mit großem Haken hängt. Und liegen da nicht süße Knuddel-Robben auf dem Altar? Die Spannung der Kinder steigt und auch die Erwachsenen lassen sich von ihrer Neugierde anstecken. Dann geht es los: »Herzlich Willkommen im miniMAXI, dem Familiengottesdienst für Kleine und Große«. Eine Band spielt ein Willkommenslied, dessen Texte mit einem Beamer an die Kirchenwand projiziert werden. Das Thema des heutigen Gottesdienstes lautet »Von Schatzsuchern und Perlentauchern«, und kaum ist das erste Lied verklungen, da treten auch schon zwei Taucher in voller Montur auf, beeindrucken mit ihren Taucherflossen und Sauerstoffflaschen und begeben sich mit der Gemeinde auf die Suche nach dem, was wirklich wichtig ist. Damit ihre Suche auch von allen Plätzen gesehen werden kann, wird diese von einer Kamera aufgezeichnet und gut sichtbar an die Wand projiziert. Der weitere Verlauf des Gottesdienstes ist geprägt von einer fröhlichen Mischung aus Lachen und Spannung, Nachdenklichem und Fröhlichem. Die kurze Predigt des Pastors ist sehr persönlich gehalten, er erzählt von seiner eigenen Suche nach Gott, dem Schatz, der jede Suche lohnt. »Jeder Sonntag ein Fest!«, verkündet der Gemeindebrief der Evangelisch-lutherischen Kirchengemeinde Meinersen, und dieser Familiengottesdienst ist in der Tat ein Fest, das sowohl Kinder als auch Erwachsene begeistert. Im Anschluss an den Gottesdienst findet diesmal das jährliche Gemeindefest statt und dem Beobachter dieses bunten Treibens scheint es, als setze sich in ihm eine Heiterkeit im gemeinschaftlichen Umgang miteinander und eine Begeisterung für den gemeinsamen Glauben fort, welche die Gemeinde in Meinersen das ganze Jahr über prägen.

2 »GOTT BEGEGNEN – EINANDER NAHE SEIN«

Die Gemeinde Meinersen liegt nördlich von Braunschweig im Landkreis Gifhorn und setzt sich aus sieben kleineren Ortschaften zusammen, wobei der Hauptort Meinersen die größte Ortschaft bildet. Die Menschen in der landwirtschaftlich geprägten Region profitieren von der leichten Erreichbarkeit der Arbeitsplätze in Hannover, Wolfsburg, Braunschweig und Celle. Die Ortschaft Meinersen ist übersichtlich, viele Menschen, die bereits selbst in Meinersen aufgewachsen sind, gründen hier ihre eigene Familie und ziehen nun selbst ihre Kinder in Meinersen groß. 2001 übernahm ein neuer Pastor die Gemeinde, dem es gelang, eine Öffnung der Gemeinde in den Ort hinein zu initiieren, durch welche sich die Menschen in Meinersen positiv angesprochen fühlten und neugierig auf die Gemeinde wurden. Grundsätzlich galt es jedoch zunächst, die unterschiedlichen Strömungen innerhalb der Gemeinde, insbesonders die Anhänger einer eher volkskirchlichen und einer eher charismatischen Tradition, miteinander zu versöhnen und zu einer gemeinsamen Vorstellung von Gemeindeleben zusammenzuführen. Der Gemeinde gelang es, das Positive beider Traditionen für sich zu entdecken und für das Gemeindeleben und den Gemeindeaufbau fruchtbar zu machen. »Gott begegnen – einander nahe sein«, lautet der Leitspruch, den sich die Gemeinde gewählt hat und an dem sie ihre Aktivitäten bemisst. Dabei versteht sich die Gemeinde als der Ort, an dem sich Gott begegnen lässt und die Menschen einander nahe sein können.

> »Immer wieder erleben wir, dass Gott uns begegnet: In den Gottesdiensten, wenn ER durch Lieder oder Gebete unser Herz berührt; in den Predigten SEIN Wort uns trifft. Auch in den Gruppen und Kreisen erfahren wir: Gott ist lebendig! ER spricht zu uns durch biblische Geschichten und Texte. ER hört uns zu, wenn wir mit IHM reden. Gott begegnet uns vor allem dann, wenn wir als Christinnen und Christen zusammenkommen – das ist unsere Erfahrung.«

Hinsichtlich mancher Trennungen in der Vergangenheit spielt die gemeinsame Nähe für die Menschen in der Gemeinde ein große Rolle. Erst durch die Gemeinsamkeit der verschiedenen Gemeindemitglieder miteinander konnte sie zu der Lebendigkeit und Begeisterung finden, die sie heute auszeichnet und trägt. Menschliche Nähe bedeutet für die Gemeinde, dass man in ihr auf Menschen treffen kann, die ein ehrliches Interesse aneinander haben, die ihre Erfolge miteinander feiern und ihre Misserfolge miteinander beklagen und sich gemeinsam zur Seite stehen, wenn Hilfe nötig ist. »Tiefe Freundschaften, tragende Beziehungen entstehen vor allem dort, wo wir als

Christinnen und Christen zusammenkommen – auch das ist unsere Erfahrung.« Die Gemeinde steht für alle Menschen offen, die auf der Suche nach Gott und menschlicher Nähe sind. Die geistliche Prägung der Gemeinde lässt sich am besten als missionarischer Gemeindeaufbau innerhalb volkskirchlicher Strukturen beschreiben, in den sowohl charismatische als auch pietistische Elemente und Impulse von Willow Creek einfließen. Seit der Neuausrichtung der Gemeinde hat sich die Beteiligung an den Gruppen und Kreisen und insbesondere den Gottesdiensten so rasant erhöht, dass mittlerweile die kleine alte Kirche nicht mehr allen Gottesdienstbesuchern ausreichend Platz bieten kann. Bauliche Erweiterungen an der Kirche sind kaum möglich, so dass überlegt wird, zu dem üblichen Gottesdienst am Sonntag noch einen zusätzlichen Gottesdienst einzuführen. An Heiligabend finden zwei Gottesdienste mit jeweils ca. 500 Teilnehmern aus Platzgründen schon im Kulturzentrum statt.

3 DAS LEITBILD DER GEMEINDE

Zwei biblische Leitsätze bilden für die Gemeinde in Meinersen das Grundgerüst ihrer theologischen Ausrichtung: »Du sollst den Herrn, deinen Gott, lieben von ganzem Herzen, von ganzer Seele und von ganzem Gemüt (= Anbetung) ... Du sollst deinen Nächsten lieben wie dich selbst (= Dienst) (Mt 22,37–40)« und »Darum gehet hin (= Evangelisation) und machet zu Jüngern alle Völker: Taufet (= Gemeinschaft) sie auf den Namen des Vaters und des Sohnes und des heiligen Geistes und lehret sie halten alles (= Nachfolge), was ich euch befohlen habe. Und siehe, ich bin bei euch alle Tage bis an der Welt Ende (Mt 28,19–20).« »Als Gemeinde sind wir Menschen, die Gemeinschaft erleben, all ihre Lebensbereiche vom Geist Gottes gestalten lassen, Gottes Liebe feiern, diese Liebe an andere weitergeben und Jesus Christus bezeugen.« Hieraus ergeben sich für die Gemeinde die Leitworte:

> - **Gemeinschaft:** Die Taufe steht für die Gemeinschaft als Leib Christi. (...) Als Christen sind wir nicht allein, sondern haben einander zur Unterstützung, Ermutigung und Korrektur.
> - **Nachfolge:** Als Gemeinde haben wir den Auftrag, Gottes Kinder für die Nachfolge zuzurüsten (Lehre). Nachfolge (Jüngerschaft) ist der Prozess, in dem wir in unseren Gedanken, Worten und Werken Christus ähnlicher werden. Dazu bedarf es der Begleitung und Anleitung durch von der Gemeinde beauftragte Personen.

> - **Anbetung** bedeutet, unsere Liebe zu Gott zum Ausdruck zu bringen.
> - **Dienst** ist es, wenn wir unseren Nächsten lieben, dann dienen wir ihm. Dienst ist neben der konkreten Tat vor allem eine Herzenshaltung.
> - **Evangelisation:** Als Nachfolger Christi und als Gemeinde sind wir dazu da, die Gute Nachricht weiterzusagen.

4 DIE GEMEINDE BEKANNT MACHEN: GEMEINDEBRIEF UND INTERNET

Mit »Kreuz und quer« besitzt die Meinersener Gemeinde einen anregenden, qualitativ sehr hochwertigen Gemeindebrief. Er erscheint alle drei Monate und unterscheidet sich in seiner Aufmachung deutlich von den durchschnittlichen Gemeindebriefen anderer Gemeinden. Vorder- und Rückseite des Gemeindebriefes erscheinen vielfarbig. Die ansprechenden Bilder der Vorderseite verweisen zumeist auf ein kommendes Ereignis im Gemeindeleben. Auf der Rückseite befindet sich mit dem »Kirchenfenster« eine Rubrik, in der die Bilder von den wichtigen Gemeindeereignissen der vergangenen Monate ihren Platz finden. Der Inhalt des Gemeindebriefes ist sehr übersichtlich gestaltet und attraktiv layoutet. Neben den notwendigen Informationen über die regelmäßigen Veranstaltungen und dem Gottesdienst- und Terminkalender findet sich auch die regelmäßige Rubrik »Neues aus dem Kirchenvorstand«, in der die Gemeinde über alle neuen Entwicklungen im Kirchenvorstand unterrichtet wird. Zusätzlich stellen sich in jeder Ausgabe einzelne Kreise ausführlich vor. In der festen Rubrik »Im Gespräch« werden in der Form eines kleinen Interviews jeweils Menschen der Gemeinde vorgestellt. Der Gemeindebrief gewährt mit seinem Inhalt einen guten Einblick in das Leben der Gemeinde und schafft durch seine regelmäßigen Rubriken eine hohe Transparenz. Unter der Rubrik »Wichtiges in Kürze« weist der Gemeindebrief darauf hin, dass sich die Gemeinde als einen Ort verstehe, an dem das Miteinander erfahrbar wird, ein »Zuhause«, in dem einer für den anderen da ist. Dieses Verständnis von Gemeinde verdeutlichen einige Punkte: So wird ausdrücklich darauf hingewiesen, dass der Pastor jederzeit zu Haus- und Krankenbesuchen bereit sei. Gerne komme dieser auch zu Abendmahlsfeiern ins Haus. Weiterhin wird darauf hingewiesen, dass die Gemeinde aus Mitfreude an der Geburt eines Kindes für dieses gern die Glocke läutet. Für Eltern mit Kleinkindern werden alle Gottesdienste per Ton in das Gemeindehaus übertragen, so dass sie den Gottesdienst mitverfolgen können, während ihre Kinder spielen. Auch an einen Wickeltisch ist im Gemeindehaus gedacht. Ferner können Kassetten von den Gottesdiensten kostenlos ausgeliehen werden. Nicht zuletzt ist der Posaunenchor gern bereit, hohe »runde« Geburtstage oder Ehejubiläen festlich mitzugestalten. Ebenso ansprechend und informativ wie der Gemeindebrief ist die Homepage der Gemeinde. Die Homepage gewährt einen gründlichen und aktuellen Einblick in die Gemeinde. Auf ihr finden sich die Selbstdarstellung der Gemeinde, die wichtigen Termine, die Kurzbeschreibungen ihrer Gruppen und Kreise, aber auch viele Bilder von den Ereignissen in der Gemeinde wie Konfirmation und Sommerfest. Zudem lassen sich die letzten Predigten sowohl als Text als auch als Tonmitschnitt abrufen. Zwei Rubriken informieren ausführlich über die Taufe und die Trauung, zudem lassen sich die Anmeldeformulare zur Taufe, zur Trauung und zum Konfirmandenunterricht herunterladen. Sowohl mit ihrem Gemeindebrief als auch mit ihrer Internetpräsenz zeigt die Gemeinde, wie wichtig ihr die Darstellung nach außen ist, aber auch innergemeindlich sorgt dieses Angebot für eine gute informative Vernetzung des Gemeindelebens.

5 »GOTT BEGEGNEN UND EINANDER NAHE SEIN« – DAS GEMEINDELEBEN

Das Gemeindeleben in Meinersen ist geprägt durch eine Vielzahl von Gruppen, Kreisen und Veranstaltungen. Mittelpunkt allen Gemeindelebens ist jedoch der gemeinsame Gottesdienst, zu dem die Gemeinde zusammenkommt und in Gemeinschaft »Gottes Liebe feiert«. Da der Gottesdienst der Ort ist, an dem sich die ganze Gemeinde nahe ist, stellt die Einrichtung eines zweiten sonntäglichen Gottesdienstes als Antwort auf das angesprochene Platzproblem für die Gemeinde nur eine suboptimale Lösung dar. Alle sechs bis acht Wochen finden in der Gemeinde auch Gottesdienste in anderer Form statt, so z. B. der vierteljährliche oben beschriebene Familiengottesdienst miniMAXI, ein Feierabendmahl am Gründonnerstag, Gottesdienste mit Meditation und symbolischen Handlungen in der Passionszeit, am Buß- und Bettag und Silvester. Zudem finden auch musikalische Gottesdienste unter Beteiligung verschiedener Musikgruppen, eine Deutsche Messe, eine Hubertusmesse und ein Gospelchorgottesdienst statt. Hervorzuheben ist die besondere Qualität und Vielfalt der Kirchenmusik in der Gemeinde. Kirchen- und Posaunenchor bereichern die gottesdienstliche Musik mit ihrem gemischten Repertoire aus klassischer und moderner Kirchenmusik. Auch Musikgruppen mit ihrem modernen geistlichen Liedgut bereichern den Gottesdienst. Insbesondere die Kombination aus traditionellen Chorälen und modernen Liedern mit Orgel- bzw. Bandbegleitung macht sich im Gottesdienst sehr positiv bemerkbar. Die Gottesdienstgemeinde ist offen für neue Elemente: Der Einsatz moderner Medien, symbolischer Handlungen oder meditativer Elemente ist problemlos möglich. Zu den besonderen symbolischen Handlungen zählt u. a. auch die Taufe während eines Freiluftgottesdienstes in der Fischtreppe, einem fließenden Gewässer in Meinersen, die bewusst an die Taufe zu Zeiten der ersten Christen anknüpft. Eine weitere Säule im Gemeindeleben stellen die insgesamt 13 Hauskreise der Gemeinde mit über 90 Teilnehmern dar. Viele dieser Hauskreise sind im Anschluss an den in der Gemeinde durchgeführten Glaubenskurs »Christ werden – Christ bleiben« gegründet worden. Zum mittlerweile dritten Mal wird in der Gemeinde zudem der Neue Bethel-Bibelkurs angeboten, was zeigt, dass die Gemeinde die theologische Fortbildung ihrer Mitglieder entsprechend ihren Leitworten sehr ernst nimmt.

Ein weiterer Schwerpunkt in der Gemeindearbeit liegt auf der Kinder- und Jugendarbeit. Hier finden sich u. a. feste Spielkreise für Eltern mit Kindern, der »Glühwürmchentreff« für Kinder und verschiedene, auf die Altersgruppe bezogene Jugendgruppen. Ein neues Konzept in der Gemeindearbeit, das immer größeren Anklang findet und sich wachsenden Interesses erfreut, ist das Konzept des Männerfrühstückes »Treffpunkt Mann«. Mittlerweile kommen zu diesem Treffen knapp 80 Männer zu einem Frühstück mit anschließendem Vortrag zusammen. Besonders positiv fällt hierbei der hohe Anteil der Nichtkirchgänger auf, und dass sich Männer allen Alters, aller Berufsgruppen und Konfessionen gleichermaßen angesprochen fühlen. Eine Besonderheit unter den Gruppen, die sich unter dem Dach der Gemeinde treffen, ist die »Selbsthilfegruppe Alkohol Meinersen«, eine Gruppe, die seit nunmehr über 25 Jahren besteht und in der alkoholkranke Menschen Hilfe und Unterstützung erfahren. Um das qualitative Wachstum der unterschiedlichen Kreise und Gruppen besser steuern zu können und die Vernetzung der einzelnen Gruppen besser zu fördern, hat der Kirchenvorstand eine neue sog. »Verantwortungsstruktur« festgelegt. Ihr Ziel ist es, die Arbeit im Kirchenvorstand effektiver zu gestalten, indem zu wichtigen Themen Ansprechpartner benannt werden, so dass die Zusammenarbeit der vielen ehrenamtlichen Mitarbeiter erleichtert wird. Innerhalb dieser Struktur werden einzelne Bereiche der Gemeindearbeit fest voneinander abgegrenzt, wie z. B. Hauskreise und Kleingruppen, bauliche Vorhaben und Bestandserhaltung, Finanzen und Fundraising, Kinder- und Jugendarbeit, die Verzahnung mit dem Verein für Innere Mission. Jedem dieser Bereiche ist ein Kirchenvorstandmitglied direkt zugeordnet, es übernimmt für ihn die Verantwortung und ist der entsprechende Ansprechpartner für die Gemeinde. Diese klare Zuordnung von Zuständigkeiten erhöht die Effektivität der gemeindlichen Arbeit und schafft Transparenz.

6 »EINANDER NAHE SEIN« –
DIE VERBUNDENHEIT MIT DER GEMEINDE

Die Verbundenheit der Meinersener mit ihrer Gemeinde ist sehr groß. Die Gemeindemitglieder gehen sehr freundschaftlich miteinander um, und es ist eine große Begeisterung für die eigene Gemeinde spürbar. Zudem bringen sich sehr viele Gemeindemitglieder als ehrenamtliche Helfer mit in die Gemeindearbeit ein. Diese Beobachtung wird gestützt durch die Auswertung der Mitgliederbefragung 2006 des Sozialwissenschaftlichen Institutes der EKD. Während in der Repräsentativbefragung für die Landeskirche auf die Frage » Wie stark fühlen Sie sich – rein gefühlsmäßig – mit Ihrer Kirchengemeinde verbunden?« 14 % der Befragten mit »sehr«, 20 % mit »ziemlich« und 34 % mit »etwas« antworteten, gaben in Meinersen 35 % die Antwort »sehr«, 31 % antworteten mit »ziemlich« und 27 % mit »etwas«. 81 % der Befragten gaben an, den Pastor persönlich zu kennen, 55 % hören von den Gottesdiensten »nur Gutes« (landeskirchlicher Durchschnitt 16 %) und 35 % »überwiegend Gutes« (Landeskirche 36 %). Die Identifikation mit »ihrer« Kirchengemeinde zeigen die Gemeindemitglieder in Meinersen auch mit ihrer finanzielle Unterstützung der haupt- und nebenamtlich Beschäftigten. Bereit seit 20 Jahren finanziert der »Verein für Innere Mission Meinersen« die Stelle des Diakons der Kirchengemeinde aus Spendenmitteln. Zudem wurde Anfang 2004 ein Personalfonds aufgelegt, um auch bei geringeren Zuweisungen aus Kirchensteuern die Personalkosten für Pastor, Diakon, Küsterin, Sekretärin und Kirchenmusik decken zu können. Außerdem konnte die Gemeinde mit Hilfe des von den Gemeindemitgliedern gespendeten freiwilligen Kirchgeldes ein Jugendhaus errichten, dessen Einweihung während des vergangenen Sommerfestes groß gefeiert wurde. Für das Gemeindeleben ist es sehr wichtig, dass sich die ›Nähe‹ und Wertschätzung der Gemeindemitglieder füreinander auch in der Übernahme finanzieller Verantwortung ausdrückt.

Fazit: Begeisterung für Gott und Freude aneinander

Der Kirchengemeinde Meinersen ist es gelungen, zu einem Ort zu werden, an dem sich die Menschen gemeinsam für Gott begeistern und von ihrem Glauben offen berichten. Die Gemeinde versteht sich als eine Gemeinschaft, in der die einzelnen Mitglieder füreinander da sind, in der Nähe gelebt wird, Freude, aber auch Nöte gemeinschaftlich geteilt werden. Durch das Miteinander von traditionellen und neueren Elementen, sowohl im Gottesdienst als auch im Gemeinde-

---

leben, erreicht die Gemeinde eine Vielzahl unterschiedlicher Menschen, die sich stark mit ihrer Gemeinde identifizieren, sich gern einbringen und auch finanzielle Verantwortung übernehmen. Der Wachstumsimpuls für die Gemeinde ging von der bewussten Entscheidung aus, sich für den Ort Meinersen zu öffnen und bewusst Evangelisation und innere Mission zu betreiben. Diese Entscheidung hat sich für Meinersen überaus gelohnt.

Evangelische Kirchengemeinde Neuenburg und Zienken

Ort:	Neuenburg
Einwohnerzahl:	11976, davon 3076 Evangelische (25,6%)
Bundesland:	Baden-Württemberg
Landeskirche:	Evangelische Landeskirche in Baden
Gemeindegröße 2003:	2961
Gemeindegröße 2006:	3076
Wachstum:	3,8%
Gottesdienstbesuch 2003:	400
Gottesdienstbesuch 2006:	500
Wachstum:	25%
Adresse:	Ulmenweg 6, 79395 Neuenburg; Telefon: 07631/798758
Homepage:	www.ek-neuenburg.de

1 ZUR GEGENWÄRTIGEN SITUATION DER GEMEINDE IN DER REGION

Die Stadt Neuenburg am Rhein liegt im Süden Badens, zwischen Freiburg und Basel. Durch ihre günstige Lage und ihren Autobahnanschluss ist die Kleinstadt anziehend für Berufspendler, aber auch für Industrieansiedlung. Neubaugebiete prägen das Bild. Entsprechend ist die Stadt und mit ihr die Evangelische Kirchengemeinde stark gewachsen. Sie besteht aus dem Hauptort Neuenburg mit Kirche und Gemeindehaus und dem traditionell geprägten Nebenort Zienken. Der Schwerpunkt der kirchlichen Arbeit liegt in Neuenburg.

Das Umland Neuenburgs, das Markgräflerland, ist protestantisch geprägt, Neuenburg dagegen war eine ehemals rein katholische Enklave. Inzwischen machen die Evangelischen fast 26% an der Gesamtbevölkerung aus, die Katholischen 39%. Auf Grund von Zuzügen aus dem Umland und dem demographischen Wandel nähern sich die Anteile an.

Die Altersstruktur spiegelt diese Entwicklung wider: 70% der Evangelischen sind unter 50 Jahren; 20% sind im Kindes- und Teenageralter (0–14 Jahre). Über 75-Jährige gibt es dagegen nur 5%. In Neuenburg handelt es sich also um eine junge Gemeinde mit einem beträchtlichen Anteil an Mittelschichtfamilien.

2 DAS WACHSTUM DER GEMEINDE UND SEIN VERLAUF

Ein wesentlicher Faktor für das Wachstum an Gemeindegliedern ist sicher die günstige Lage Neuenburgs. Das Wachstum des Gemeindelebens im Gottesdienst, in den Gemeindekreisen und Aktivitäten ist dagegen ein lang andauernder, gesteuerter Prozess. Als Ausgangspunkt kann das Jahr 1982 gelten. Das Gemeindeleben ist damals zum Erliegen gekommen. Die Gottesdienste wurden nur noch von einer Handvoll Menschen besucht. Man erinnert sich noch heute an sie, wie sie unablässig für einen Neuanfang und einen neuen Pfarrer beteten.

Die Besetzung der Pfarrstelle gelang. Der damalige von der charismatischen Geistlichen Gemeindeerneuerung (GGE) geprägte Pfarrer begann seinen Dienst unter dem Verheißungswort: »Gott kann die Steppe blühend machen« (Jes 35,1)

Die Schwerpunkte seiner Arbeit waren:

– Der Glaube: In der Verkündigung, Seelsorge und in Glaubenskursen wurde für eine persönlich gelebte Beziehung zu Jesus Christus geworben.

– Die Gemeinschaft: Die Gläubigen wurden in Kleingruppen gesammelt. Diese waren die Grundbausteine der Gemeinde.
– Dienst: Mitarbeiter bekamen Verantwortung in unterschiedlichen Bereichen der Gemeinde.

Der Ausgangspunkt war die eigene Pfarrfamilie. Sie bildete den Kern der Gruppe, die sich wöchentlich zu Lobpreis, Bibellesen, Austausch und Gebet traf. Die Familienglieder waren die ersten Mitarbeiter, die den Gottesdienst gestalteten, Kindergottesdienst und Jugendarbeit organisierten. Hausbesuche wurden in diese Pionierphase ein unverzichtbares Element des Gemeindeaufbaus. Das Knüpfen persönlicher Kontakte, aber auch die Seelsorge in den Häusern prägte diese Gemeinde. Ihre familiäre und freundschaftliche Atmosphäre hat wohl ihre Wurzeln in dieser Zeit.

1992 wurde die Kirche von 150 auf 300 Plätze erweitert. Dadurch gewann sie auch gestalterisch. Aus einem einfachen Längsschiff mit historisierenden Kirchenbänken wurde ein von Licht durchfluteter Raum in Kreuzform. Mittlerweile ist auch er zu klein geworden, so dass zwei Gottesdienste nacheinander angeboten werden.

Nach der Pensionierung des Stelleninhabers, setzte der Nachfolger die Arbeit konsequent fort. Neue Akzente wurden mit der Adaption des Promiseland-Konzeptes (Willow Creek) gesetzt. Auch wurde die Jugendarbeit neu konzeptioniert.

3 DIE GEMEINDE AUS KLEINGRUPPEN UND IHR GOTTESDIENST

Die Gemeindearbeit basiert auf Kleingruppen. »Die Gemeinde bietet nicht nur Hauskreise an, sie besteht aus Hauskreisen.« Diese intensive Hauskreisarbeit hängt unmittelbar mit dem Anwachsen der Gottesdienste zusammen. Mal war das eine der Motor für das andere, mal war es umgekehrt.

3.1 Kleingruppenarbeit und Hauskreise als Pionierarbeit

Die Organisation in Kleingruppen, die später in eine ausgedehnte Hauskreisarbeit mündete, war die Keimzelle des Wachstums. Zuerst traf sich die Pfarrersfamilie im eigenen Wohnzimmer. Aus dieser Zeit stammt auch das besondere Gepräge der Hauskreise. Hauskreise verbringen oft ihre Freizeit zusammen. Sie bieten einander Seelsorge und nicht zuletzt Leibsorge in den elementarsten Situationen und Dingen des täglichen Lebens (diakonische Arbeit, Krankheit, Arbeitslosigkeit). Dies spiegeln die formulierten Ziele wider:

> Die Kleingruppen
> – … sind auf authentische Beziehungen aufgebaut.
> – … sind der Schnittpunkt von Wahrheit und Leben.
> – … bieten Rahmen für gesunde Auseinandersetzungen.
> – … sorgen für ein ausgewogenes Hirtenamt. Jeder sorgt für andere und für jeden wird gesorgt.

Zurzeit engagieren sich ca. 175 Personen in 20 Hauskreisen. Sie treffen sich an einem von drei für Hauskreise vorgesehenen Tagen. Die restlichen vier Tage werden für Gemeindeveranstaltungen freigehalten. Es gibt jeweils einen Hauskreisleiter und einen Stellvertreter. Diese werden von den sog. Hauskreis-Coaches begleitet und geschult. Auch bei zwischenmenschlichen Problemen sind die Coaches primäre Ansprechpartner. Neben einem theologischen (6 x pro Jahr) wurde auch ein methodisches Schulungsprogramm (1 x pro Jahr) entwickelt.

Während in der Anfangsphase die Kleingruppenarbeit Menschen gesammelt und für den Gottesdienst geworben hat, kamen später wichtige Wachstumsimpulse für die Hauskreise aus den niederschwelligen Gottesdienstformen. Menschen, die in die Gottesdienste kamen, wollten ihre Erfahrungen in der Gemeinschaft vertiefen und gingen in Hauskreise.

Momentan befindet man sich in einer Phase der Entwicklung, in der die Menschen, die nun erreicht werden sollen, der Kirche so fern sind, dass sowohl der übliche Hauskreis als auch jede Form von Gottesdienst eine zu hohe Hürde darstellen. Kreativität muss nun in die Vielheit der Beziehungen investiert werden. Darum geht man zu den Methoden des Anfangs zurück. Die Öffnung der Häuser und ein reger Besuchsdienst für Neuzugezogene werden schon umgesetzt (siehe auch Ichthys-Besuchsdienst s. u.). Kleingruppen mit höherer Zugänglichkeit und einem neuen Kommunikationsschema sollen initiiert werden. Aufhänger sind gemeinsame Interessen und Freizeitaktivitäten, wie Sportangebote, Motorradfahren oder eine Erlebnisfreizeit für Männer. Auch soll gezielter an wichtigen sozialen Orten geworben werden. So trainieren einige Gemeindeglieder regelmäßig im Fitnesscenter und haben inzwischen guten Kontakt zu den Fitnesstrainern. Diese kommen zu den Gottesdiensten und laden wieder ein.

3.2 GLAUBENSKURSE

Gerade in der Anfangsphase waren Glaubenskurse ein wesentliches Element gemeindlicher Arbeit. Der Glaubenskurs von Kopfermann (GGE) wurde für die Gegebenheiten vor Ort adaptiert. Dann wurde der Alpha-Kurs – oft 3 x pro Jahr – verwendet. Das gemeinsame Essen kam als ein die Beziehun-

gen stärkendes Element hinzu. Als der Zulauf zur Gemeinde von Freikirchlern und Gemeinschaftsleuten, die kein Interesse an einem solchen Einfüh-
rungskurs hatten, groß war, legte das Vorbereitungsteam zwischendurch eine
›Atempause‹ ein.

3.3 Veränderungen im Gottesdienst

Der Gottesdienst führt die Menschen aus den Kleingruppen zusammen zu
einer Gemeinde, bestärkt und rüstet sie zu für ihren Dienst. Er führt die
Menschen aus den Kursen in die Gemeinde ein und integriert sie. Er ist die
Klammer der Gemeinde und gleichzeitig der Brennpunkt, um den sie sich
sammelt.

Heute feiert man am Sonntagmorgen um 9 Uhr und um 11 Uhr zwei
weitgehend identische Gottesdienste. Der Gottesdienst in seiner heutigen
Form ist gewachsen. Die Gemeinde konnte an keine Tradition vor Ort anknüpfen, was so manche Entscheidung erleichterte. Einige Entwicklungs-
stadien seien aufgezählt.

Die Gemeinde bot in den letzten 20 Jahren ›Zweitgottesdienste‹ neben
dem agendarisch geprägten an. Am Anfang stand ein charismatischer Gottesdienst für junge Menschen. Als diese aus dem Jugendalter herauswuchsen,
gingen sie in den Sonntagsgottesdienst und brachten ihre Musik und ihre
Liturgie mit. In diese Zeit fiel die Neuanschaffung einer Orgel. Man entschied sich gegen ein klassisches Instrument. Eine Elektronikorgel oder oft
eine ganze Band übernehmen die Liedbegleitung. Wobei auch klassische
Choräle für diese Instrumentierung neu arrangiert werden.

In den 90er Jahren wurde ein Begrüßungs- und Gästegottesdienst (Seeker-Gottesdienst) angeboten. Die Absicht, dessen Besucher in den »normalen« Sonntagsgottesdienst zu integrieren, führte dort zu einer Reduktion
der klassischen Formen. Heute sagt man: »Alle unsere Gottesdienst sind –
was ihre Ausgestaltung anbetrifft – niederschwellig.«

Die aus mehreren Liedern bestehende Lobpreiszeit entwickelte sich aus
dem sog. Kinderlobpreis. Hier standen die Kinder mit Lobpreis- und Bewe-
gungsliedern ganz im Mittelpunkt, bevor sie aus dem Gottesdienst der Erwachsenen ›entlassen‹ wurden. Als das neue Kindergottesdienst-Konzept
und die große Anzahl der Kinder einen gemeinsamen Gottesdienstanfang
unmöglich machten, wurde die Lobpreiszeit beibehalten – aber für die Erwachsenen. Das Bedürfnis dazu wurde vor allem durch die Abendmahlsfeiern geweckt. Sie dauerten auf Grund der Teilnehmerzahl und der Organisation in kleinen Kreisen immer recht lange. Diese Zeit versuchte die
Gottesdienstband durch Lieder, die sie aus dem Abendgottesdienst mitbrachte, auszufüllen. Was anfangs nur als instrumentale Begleitung gedacht
war, änderte sich, als die Gemeinde einstimmte.

Die Herausbildung der eigenen Liturgie war für eine Gottesdienstvertretung nicht ideal. Man behalf sich damit, dass ein Ältester die Liturgie übernahm. Dies bürgerte sich ein. Heute wird jeder Gottesdienst moderiert. Es wird aber darauf geachtet, dass allein der Prediger die geistlichen Akzente setzt. Da der Moderator und keiner der im Gottesdienst Mitwirkenden einen Talar tragen, entfiel der auch für den Prediger. Oft gibt es ein Anspiel, das die Predigt vorbereitet und illustriert. Es ist aber nicht konstitutiv. Den Schwerpunkt bildet die lehrhafte Predigt, die auch schon einmal 40 Minuten dauern darf.

4 TREFFPUNKT VATERHAUS UND ICHTHYS – DIE WACHSTUMSIMPULSE AUS DER ARBEIT MIT KINDERN UND FAMILIEN

4.1 TREFFPUNKT VATERHAUS

»Eine Gemeinde in einem Zuzugsgebiet mit überdurchschnittlich vielen jungen Familien braucht ein Angebot für sie«, wobei die integrative Aufgabe dieser Arbeit besonders hervorgehoben wird.

In Neuenburg führt man sich die typische Situation einer Zuzugsfamilie vor Augen: »Sie kommt nicht aus der näheren Umgebung, kennt am Ort niemanden. Sie hat also kein Netzwerk, das durch die Betreuung der kleinen Kinder und so manchen Rat Hilfestellung leisten könnte. Es dauert Jahre, bis man Wurzeln schlägt und Verbindungen knüpft.«

Die Neuzugezogenen werden nun von Mitarbeitern besucht und eingeladen. Oft verstärkt ein Taufgespräch diesen Erstkontakt. Manchmal sind es auch Nachbarn, die einladen, oder die Kinder erfahren über Gleichaltrige vom kirchlichen Angebot. Kinder kommen und ziehen ihre Eltern nach.

Bis 1999 hatte die Gemeinde in Neuenburg einen, mit bis zu 40 Kindern gut besuchten, Kindergottesdienst. Für ein weiteres Wachstum gab es entscheidende Hemmnisse: Je größer die Gruppe, desto schwerer war sie zu managen. Die Disziplinprobleme einiger weniger beeinträchtigten das Gruppenklima. Das klassische Teilen von Gruppen brachte nicht den gewünschten Erfolg. Denn damit wurden auch die Mitarbeitenden aufgeteilt. Auf ihnen lastete plötzliche die alleinige Verantwortung für eine Gruppe. Gerade an der Lehrerfahrung mangelte es bei vielen. Die Probleme wurden erkannt und analysiert. Vergleichbar war die Situation mit dem Wachstumsknoten einer Pflanze. Sie speichert vor dem nächsten Wachstumsschub ihre Energie in einem Knoten, der plötzlich mit beschleunigtem Wachstum aufbricht. Doch zunächst sieht man nur das Wachsen des Knotens und nicht das der Pflanze.

Das Promiseland-Konzept, das man auf einem Willow Creek-Kongress kennen lernte, löste die erkannten Probleme. Innerhalb von sechs Wochen strukturierte man den Kindergottesdienst um, erarbeitete sich ein Konzept und fand Mitarbeitende. Es wurden Teams gebildet, die für bestimmte Bereiche zuständig waren: Musik, Technik, Versorgung, Programm etc. Die Spezialisierung, Gabenorientierung und Organisation in Teams entlastet den Einzelnen und weckt so die Bereitschaft mitzuarbeiten. Die Gruppenleitungen sind immer doppelt besetzt, so dass Vertretung möglich ist. Der Ablauf (Ankommen mit Freispielphase – Plenum – Kleingruppe – Plenum) schafft Abwechslung und Kurzweil. Probleme mit der Disziplin gibt es kaum noch. Mit der Bündelung im Plenum kann man die Mitarbeitenden mit Lehrererfahrung gezielt einsetzen. Die Kinder identifizieren sich zudem mit ihrer Kleingruppe und treten oft in eine gesunde Konkurrenz zu anderen Gruppen. So gelingt es, auf die einzelnen Altersgruppen und die geschlechtsspezifischen Anliegen der Kinder einzugehen. Denn die Beziehungsarbeit ist neben der Kindgemäßheit, Kreativität und Relevanz ein Hauptwert der Kindergottesdienstarbeit. Das Gesamtkonzept trägt in Neuenburg den Namen »Treffpunkt Vaterhaus«. Es wird jeden Sonntag zweimal parallel zu den Gottesdiensten durchgeführt.

Es sind oft die Kleinigkeiten, die diesem Kindergottesdienst seinen Charme verleihen. So bekommen die Kinder beim Ankommen ein Namensschild, das ihre Gruppenzugehörigkeit symbolisiert. Die Teilnahme wird darauf vermerkt. Zudem ermöglicht dies, die oft 150 Kinder pro Sonntag auch mit Namen anzusprechen. Lieder – auch die klassischen – werden von der Band oft neu arrangiert. In der Freispielphase wird jedes Kind individuell angesprochen auf das, was es mitbringt. Die Anspiele, mit denen oft illustriert und verdeutlicht wird, sind auf die Kinder zugeschnitten. Über die Hälfte der inzwischen 85 Mitarbeitenden sind Männer. Gerade für die Beziehungsarbeit mit den Jungen ist das wichtig.

Ein weiterer Faktor, der für dieses Konzept förderlich ist, ist die Verbindung zum Kindergarten. Da er in einem Bereich des Gemeindehauses untergebracht ist, können dessen Räume mit genutzt werden. Auch arbeiten Erzieherinnen in den Teams mit. Durch die personelle und räumliche Kontinuität gelingt es, viele Kinder aus dem Kindergarten für das Vaterhaus anzusprechen.

4.2 ICHTHYS

Der nächste Wachstumsschritt war es, das »Vaterhaus« auf die Jungschararbeit zu übertragen und damit eine ganz eigene Kreation namens »Ichthys« zu schaffen. Angesprochen werden Kinder der 1.–6. Klasse, die den Kindergottesdienst nicht besuchen können. »Ichthys« ist etwas missionarischer und niederschwelliger, räumt den Freispiel- und Aktionsphasen mehr Raum ein und ist stärker an Medien orientiert. Der Ablauf gestaltete sich so:

- Vorprogramm: Freispielphase oder Kinderfilme
- Begrüßung der Kinder und Mitarbeiter, Vorstellung der Neuen
- Start-up: kreativer Einstieg ins Thema
- Games: Spiele, meist mit sehr viel Bewegung
- Musikkonzert: gemeinsames Singen
- Geschichten aus der Bibel und dem Leben
- Kleingruppen: zur Vertiefung des Gehörten oder zum kreativen Umsetzten

Ein wichtiges Element der Ichthys-Arbeit ist der Besuchsdienst. Seit Jahren werden jede Woche die teilnehmenden Kinder, aber auch Kinder, die eingeladen werden sollen, von den Mitarbeitenden des Ichthys besucht. Jedes Kind bekommt dabei ein kleines Geschenk und ein Rätsel, mit dem es an der Ichthys-Kinder-Lotterie teilnehmen kann. Die Besuche haben neben dem werbenden und einladenden Aspekt die für Eltern wichtige Aufgabe der Information und Rückmeldung. Die Besuchsdienstarbeit des Ichthys setzt dabei Standards, die man so nicht von anderen Institutionen oder Vereinen kennt.

4.3 ELTERN-KIND-ARBEIT

Die Neuenburger Kirchengemeinde bietet für Kleinkinder von 0–3 Jahren Eltern-Kind-Gruppen an. Diese Krabbelgruppen sind ein bewusst niederschwellig gestaltetes Angebot. Nicht einmal christliche Fingerspiele und Lieder werden verwendet. Ziel ist es, Menschen mit der Gemeinde und den Räumlichkeiten bekannt zu machen. Menschen, die nie mit einer Kirche in Berührung gekommen sind, sollen so zur Gemeinde geführt werden. Die Brücke zur sonstigen Gemeindetätigkeit bilden Einladungen zu Gottesdiensten – hier werden vor allem die Festtage und der Muttertag beworben – und zum »Vaterhaus«, das mit dem »Igelnest« ein Angebot für 0–3-Jährige aufweist. »Anbieten ohne zu Drängen«, ist das Motto. Der Schwerpunkt liegt im Knüpfen von Beziehungen.

Die Eltern sind über dieses Angebot froh. Kommen sie doch so leicht in Kontakt mit Menschen in der gleichen Lebenssituation. Sie finden jemanden, mit dem man sich austauschen kann, der mit Rat und Tat zur Seite steht. Im Jahr 2005 waren 135 Frauen und vier Männer mit 154 Kleinkindern regelmäßige Teilnehmer der acht Gruppen.

5 JESUS HOUSE – WACHSTUM DES »VATERHAUSES« INS JUGENDALTER HINEIN

»Jesus House« fasst die gesamte Jugendarbeit einschließlich der Konfirmandenzeit zusammen und signalisiert durch den Oberbegriff die enge Verzahnung dieser Bereiche.

5.1 »KONFI(SCH)«

Im Schnitt werden 50 junge Menschen pro Jahr konfirmiert. In der Konfirmandenzeit sind sie in Kleingruppen eingeteilt, in denen jeweils die wichtigsten Inhalte vermittelt werden. Betreut werden die Gruppen von ehrenamtlichen Teams. Diese wiederum werden begleitet vom Jugenddiakon und dem Pfarrer. Alle sechs Wochen findet ein Plenum statt, bei dem sich der ganze Jahrgang trifft. In Elternabenden wird über die Arbeit informiert. Zusätzlich findet jedes Jahr eine Evaluation statt.

5.2 »HORSCHT« UND »HARALD« – DIE JUGENDGOTTESDIENSTE

Auch in der Jugendarbeit galt es, aus einem Wachstumsknoten herauszuwachsen. In den 90er Jahren gab es einen Jugendkreis. Doch oft war bei 25 Jugendlichen die Obergrenze erreicht. Grüppchenbildung und Disziplinprobleme Einzelner behinderten die inhaltliche Arbeit.

Kleingruppen wurden gebildet. Diese waren wertvoll, boten sie doch die Voraussetzung und die Keimzelle für die Veränderung, die vor allem durch die persönliche Beziehungsarbeit der Leiter gefördert wurde. Inzwischen zählt man 14 Kleingruppen und neun Konfirmandengruppen.

Kristallisationspunkt aller Gruppen wurde der Jugendgottesdienst (»Horscht«). Mit aktuellen Themen, Technik, Effekten und Musik soll die Barriere zur Kirche so gering wie möglich gehalten werden. Im Moment findet diese Gottesdienstform vier bis fünf Mal im Jahr statt. Wegen des großen Andrangs von manchmal über 200 Jugendlichen musste man ins städtische Stadthaus umziehen. Daneben gibt es auch einen Gottesdienst für Jugendliche, die schon länger zur Gemeinde gehören. Während »Horscht« zum Glauben einlädt, soll »Harald« dabei helfen, das Christsein im Alltag zu leben. Die Technik und die Effekte treten zurück, der Schwerpunkt liegt auf der Predigt. Der »Harald« wirkt also nach innen und stärkt die Kleingruppenarbeit. Weitere Angebote kamen über die Jahre hinzu und fächern das Konzept weiter auf.

6 DIE ORGANISATION DER MITARBEITENDEN

Mitarbeitergewinnung stellt in Neuenburg auf Grund der regen Hauskreis- und Jugendarbeit kein Problem dar. Es werden hohe Maßstäbe an die Qualität der Arbeit gestellt, was aber auch ein Moment der Wertschätzung beinhaltet. Man traut den Mitarbeitenden etwas zu. Die hohen Ansprüche, z. B. im Technikbereich, spornen zusätzlich an und machen Spaß. Viele Positionen sind doppelt bis dreifach besetzt, damit turnusmäßige Wechsel möglich sind. So gibt es z. B. zwei Kindergottesdienst-Bands, damit ihre Mitglieder die Chance haben, den Hauptgottesdienst zu besuchen.

In einem Personalschulungs- und -förderungskonzept werden die Mitarbeitenden auf ihre neue Aufgabe vorbereitet (ähnlich D.I.E.N.S.T.). Viele sammeln als Stellvertreter Erfahrung. Die Übertragung von Aufgaben hat zudem das Moment des Lobes und der Belohnung. Die Verantwortlichkeit ist gestuft. Das System beinhaltet definierte Zuständigkeiten, strenge Arbeitsteilung, Spezialisierung und einen ausgeprägten Teamgedanken.

Viele der praktischen Fragen werden auf den 14-tägig stattfindenden Sitzungen der Bereichsleiter erörtert. Dort werden auch Anregungen und neue Ideen gesammelt, um sie dann in den Kirchengemeinderat zu tragen. Dieser kann sich so auf den Schwerpunkt der geistlichen Leitung konzentrieren.

7 VORGÄNGER UND NACHFOLGER: WELCHER PFARRER PASST IN WELCHER PHASE ZU EINER GEMEINDE?

Der Wechsel im Pfarramt bietet für diese Untersuchung eine interessante Beobachtungsmöglichkeit. Der Vorgänger blieb nach seiner Pensionierung mit dem Einverständnis des Nachfolgers am Ort wohnen und leistet noch immer wertvolle Dienste. Daher lässt es sich in Neuenburg gut beobachten, welche Eigenschaften des Pfarrers in welcher Phase des Wachstums gefragt waren.

Vorgänger und Nachfolger haben eine ähnliche geistliche Ausrichtung, sind aber ganz unterschiedliche Persönlichkeiten. Die Pionierphase war von wenigen Kleingruppen und der persönlichen Beziehung zum Pfarrer geprägt. Er war als Seelsorger in den Familien zu Hause und prägte mit seiner Person die familiäre, seelsorgerische Ausrichtung der Gemeinde. Am Ende seiner Amtszeit propagierte er die Organisation der Mitarbeiterschaft in Teams und etablierte so ein neues Leitungsverständnis. In diese Phase passte die Person des Nachfolgers. Von seinem Typ her ist er eher der biblische Lehrer und visionäre Leiter. Er konzentriert sich auf diese Aufgaben der Gemeindearbeit. Wichtig ist bei beiden, dass sie um ihre Stärken und Schwächen wissen und dass sie im Team mit anders Begabten arbeiten.

8 WACHSTUMSPHASEN UND AUSBLICK

Die Gemeinde ist in den letzten 25 Jahren, ausgehend von einer ungünstigen Situation, stetig gewachsen. Dieses Wachstum verlief in unterschiedlichen Phasen. Auf die Sammlung der bereitwilligen Kräfte folgte eine Pionierphase, die zu einer Konzentration und Profilierung führte. Dann kam eine Phase, in der durch Glaubenskurse und niederschwellige Gottesdienstangebote Interessierte erreicht wurden. Aus einem Umkreis von ca. 10 km kamen Menschen hinzu, die die in Neuenburg gelebte Frömmigkeit anzog. Die Gemeinde erlangte überparochiale Bedeutung. Das »Vaterhaus« brachte einen weiteren Schub, der weniger an inhaltlichen Änderungen festzumachen ist als vielmehr an der organisatorischen Neustrukturierung des Kinder- und Jugendbereiches. Nun stellt man sich in Neuenburg die Frage: Wie kann man organisch weiterwachsen?

8.1 AUSBLICK: WACHSTUM VOR ORT

Durch zwei Personengruppen wächst die Gemeinde im Moment:

Die große Herausforderung der nächsten Jahre wird es sein, Menschen zu erreichen, die noch nie etwas mit Kirche zu tun hatten. Hier setzt man wie in der Pionierphase auf Beziehungsarbeit, die nun in noch niederschwelligeren Freizeitangeboten Gestalt gewinnt.

Eine freikirchliche Gemeinde im Nachbarort hat sich gespalten. Viele der enttäuschten Mitglieder beginnen, Heimat in der Evangelischen Kirchengemeinde Neuenburg zu finden. Hinzu kommen Mitglieder aus Gemeinschaften. Auch wird die evangelische Gemeinde zunehmend attraktiver für manche katholische Christen. Zur Konversion wird niemand gedrängt. Diese Personen mit so unterschiedlicher religiöser Prägung zu integrieren, wird eine der zukünftigen Aufgaben sein.

Weitere Arbeitsbereiche wachsen organisch. Ein gutes Beispiel ist die Jugendarbeit. Sie wächst im Moment aus dem »Vaterhaus« heraus und bildet eine eigene Säule. Bald wird man auch Gruppen für 18–25-Jährige anbieten können, ein »weißer Fleck« beim Gottesdienstbesuch, wie man selbst sagt.

Einige Wachstumsbereiche wurden herausgehoben und eingehender beschrieben. Doch soll ausdrücklich erwähnt werden, dass auch andere Kreise und Gruppen wachsen. So besuchen inzwischen 80 Gemeindeglieder die Seniorenkreise.

Wachstum braucht Räume. Nachdem vor zehn Jahren die Kirche erweitert wurde, die Pfarrwohnung in das Gemeindehaus integriert und ein neues Pfarrhaus gebaut wurde, ist der Platz inzwischen wieder zu knapp geworden. Vor allem eine größere Küche und ein Foyer mit integriertem Bistro, in dem man sich nach dem Gottesdienst auch treffen kann, wären förderlich.

Um das Wachstum durch weitere Hauptamtliche zu unterstützen, hat man vor Jahren den Förderverein »Apostelgeschichte e. V.« gegründet. Durch die jährliche Spendensumme von 126 000 € (Stand 2006) konnten zwei Gemeindediakone im Kinder- und Jugendbereich, eine Sozialpädagogin zu 40 % für den Eltern-Kind-Bereich und zwei Mitarbeiterinnen auf 400 €-Basis angestellt werden. Wenn es die Mittel aus dem Spenderverein ermöglichen, denkt man über eine Verstärkung im Bereich der Begleitung der Mitarbeiterschaft nach.

8.2 AUSBLICK: WACHSTUM ÜBER DIE EIGENE GEMEINDE HINAUS

Die Gemeinde in Neuenburg will nicht nur vor Ort wachsen, sondern Konzepte, Inhalte und Erfahrungen an andere Gemeinden weitergeben. Angefangen hat dies mit gehäuften Anfragen zum Konzept »Treffpunkt Vaterhaus«. Man wollte sie nicht einzeln behandeln, sondern in Form einer Konferenz umfassend informieren. Auf zwölf Konferenzen wurden bisher 3000–4000 Mitarbeiter anderer Gemeinden geschult, bei der letzten waren es 850 Tagungsgäste. Zielgruppe sind Kindergottesdienst- und Jungscharmitarbeiter aus landeskirchlichen und freien Gemeinden. Erfahrungsgemäß praktizieren zwei Drittel der Teilnehmer dieses Konzept noch nicht. Gerne gibt man auch Material für 150 geplante Sonntage weiter. Doch mahnt man eine Anpassung des Konzeptes an die Verhältnisse vor Ort an.

Eine solche Veranstaltung stellt eine enorme Herausforderung für Haupt- und Ehrenamtliche dar, kommen doch Teilnehmer aus vielen verschiedenen Gemeinden mit ihren oft frustrierenden Erfahrungen. Häufig weiß man nicht, wie man die Kinder erreicht, oft fehlt die Wertschätzung der Kindergottesdienst-Arbeit, manchmal fehlen Geld oder Räume. Diese Menschen zu stärken und sie zu motivieren, ist neben der Vermittlung der Inhalte und Methoden ein wichtiges Moment. Entsprechend viel wird in Kleingruppen und Workshops gearbeitet (z. B. »Spiele, die begeistern«, »Kindern Lust am beten vermitteln«, »Mitreißendes und altersgemäßes Singen« etc.).

Durch die Konferenzen wird die Identifizierung der Neuenburger Mitarbeitenden mit ihrer Sache gestärkt. Die Vorbereitung zwingt zur intensiven Reflexion. Neben dem Hauptziel, »anderen Gemeinden weiterzugeben, was wir empfangen haben«, wird so auch eine Steigerung der Qualität erreicht.

9 DIE GEMEINDE IN DER REGION, IM KIRCHEN-BEZIRK UND IN DER LANDESKIRCHE

Neben der angestammten katholischen und der profilierten evangelischen Gemeinde konnte sich nie eine weitere religiöse Gemeinschaft in Neuenburg etablieren. Eine Evangelische Freikirche im Nachbarort ist keine Konkurrenz, man arbeitet in der evangelischen Allianz mit ihr zusammen. Selten gehen Gemeindeglieder zu Freikirchen. Im Moment nimmt man eher aus diesem Bereich auf.

Manchmal bestand bei den Nachbarn Skepsis, zumal die Anziehungskraft durch die groß angelegte Kinderarbeit gewaltig ist. Doch man konnte versichern, dass kein Interesse besteht, eine Regiokirche aufzubauen. Man will vielmehr Neuenburg gewinnen. Freilich kommen etliche Mitarbeiter aus den umliegenden Gemeinden, sogar Neuenburger Hauskreise tagen außerhalb der Parochie. Doch es kann belegt werden, dass kein aktives Gemeindeglied aus einer anderen Gemeinde abgezogen wurde. Erreicht werden nur Menschen, die »in ihrer eigenen Parochie keine Heimat hatten«. Insofern übernimmt die Gemeinde in Neuenburg mit ihrem speziellen geistlichen Profil eine gewichtige Rolle in der Region. Sie bietet denen Heimat, die sich in ihrer Gemeinde mit ihrem Frömmigkeitstyp nicht zu Hause fühlen. Als Profilgemeinde fühlt man sich dennoch nicht. Man hat den Anspruch, alles Volk zu erreichen und damit bewusst Volkskirche zu sein.

Eine Klärung des Status in der Region brachte auch die zweimalige Verleihung des Henhoefer-Preises durch die Badische Landeskirche. Der »Treffpunkt Vaterhaus« wurde zudem von der EKD prämiert. Die Anerkennung in der Region wuchs, die Bedeutung für die anderen Gemeinden wurde herausgestellt.

Positiv wird auch empfunden, dass die Landeskirche gleichsam einen schützenden Rahmen gibt. Die volkskirchlichen Selbstverständlichkeiten wie das Tauf- oder Traugespräch oder den Trauerbesuch geben eine gute missionarische Gelegenheit in dem Sinne, dass man sich als Gemeinde zeigt, die sich Zeit für die Menschen nimmt und die Feiern ansprechend gestaltet.

Fazit: Eine Gemeinde, die seit Jahrzehnten durch die Erschließung neuer Bereiche immer weiter wächst

In Neuenburg kann man ein gesteuertes kontinuierliches Wachstum beobachten. Man sieht, dass unterschiedliche Wachstumsphasen neue Methoden, Strukturen und auch neue Personen erfordern. Interessanterweise führte der Weg von einer Konzentrationsbewegung zu

---

einer Ausweitung der Angebote, vor allem der niederschwelligen. Denn man begnügt sich nicht mehr mit dem Sammeln von Menschen, die die gleiche religiöse Prägung haben. Man will nun auch auf Menschen zugehen, die nie Kontakt zur Kirche hatten. Beziehungsarbeit, das Leben in Kleingruppen, die verantwortliche Mitarbeit, eine charismatisch geprägte Frömmigkeit sind in diesem Wachstumsprozess die Konstanten geblieben.

Durch die Adaption des Promiseland-Konzeptes der Willow Creek-Gemeinde konnte eine umfangreiche, wohlstrukturierte und ansprechende Kinderarbeit etabliert werden, die auch im Jugendbereich weitergeführt wird. Dieser Arbeitsbereich ist nun zu einem Motor der Gemeindearbeit geworden. Hochmotivierte Mitarbeiter geben ihr Wissen auf Kongressen weiter und initiieren so ein Wachstum über die eigenen Gemeindegrenzen hinaus.

In Neuenburg hat man es geschafft, nicht zuletzt durch eine gut geschulte und strukturierte Mitarbeiterschaft, Hürden zu überwinden, die die Größe mit sich brachten, und sich dabei den Charme des Anfangs zu bewahren: eine familiäre Atmosphäre, in der sich jeder aufgehoben weiß.

Evangelische Andreasgemeinde Niederhöchstadt

Ort:	Eschborn
Einwohnerzahl des Stadtteils:	ca. 6000, davon 2300 Evangelische (38,3%)
Bundesland:	Hessen
Landeskirche:	Evangelische Kirche in Hessen und Nassau
Gemeindegröße 2003:	2300
Gemeindegröße 2006:	2300
Gottesdienstbesuch 2003:	320
Gottesdienstbesuch 2006:	380
Wachstum:	15,7%
Adresse:	Langer Weg 2, 65760 Eschborn; Telefon: 06173/63534
Homepage:	www.andreasgemeinde.de

1 ZUR GEGENWÄRTIGEN SITUATION DER GEMEINDE IN DER REGION

Die Andreasgemeinde ist für die Pastoration von Niederhöchstadt, seit 1972 ein Stadtteil von Eschborn, verantwortlich. Eschborn liegt im Norden Frankfurts und damit im Ballungs- und Wirtschaftsraum Rhein-Main. Seine Wirtschaftskraft ist auch für Niederhöchstadt bedeutend, siedelten sich doch in den letzten Jahrzehnten viele Familien, die in Frankfurt Arbeit fanden, hier an und ließen so die Kommune kräftig anwachsen. Dementsprechend kann man in Niederhöchstadt von einem gehobenen Wohnniveau sprechen. Bildungsbürgertum, wenn man den klassischen Begriff verwenden will, ist hier zu finden. Niederhöchstadt ist ursprünglich katholisch geprägt. Durch Zuzüge hat sich das zahlenmäßige Verhältnis der Konfessionen inzwischen fast ausgeglichen. In der folgenden Darstellung soll der Schwerpunkt nicht so sehr auf der parochialen, sondern auf der regionalen Bedeutung der Andreasgemeinde liegen.

2 DAS WACHSTUM UND SEIN BEGINN

Zu den äußeren Daten des Wachstums weiß der Pfarrer Folgendes zu berichten: »Als ich im August 1989 in dieser Gemeinde anfing, hatten wir einen durchschnittlichen Gottesdienstbesuch von rund 30. Heute haben wir an einem normalen Sonntag in drei Gottesdiensten über 300 Besucher, an jedem zweiten Sonntag im Monat zwischen 800 und 1000. Während es 1989 nur einen Jugendbibel- und einen Gesprächskreis gab, haben wir heute rund 40 Haus-, Gesprächs- oder Gebetskreise. Mehr als 300 Mitarbeiter/innen sind in die rund 80 Dienste und Arbeitskreise involviert.«

Dabei hat dieses Wachstum mehr mit gezielten Impulsen zu tun als mit der Person des Pfarrers, denn – so betont er selbst – ein Pfarrerfanclub hat keinen Bestand und Nachhaltigkeit.

Die ersten Impulse für das Wachstum sind folgende:

»Suche nach Kristallisationspunkten«: Die Möglichkeiten der Begegnung nach dem Gottesdienst waren beschränkt. Der Pfarrer verabschiedete die Gottesdienstbesucher am Ausgang. Diese enteilten. Das änderte sich, als er sich in die Mitte des Foyers stellte und zum Verweilen an den aufgestellten Tischen einlud. Man kam miteinander ins Gespräch. Begegnungsräume entstanden.

In Glaubenskursen wurden Menschen gesammelt, deren Bindung zur Kirche lose geworden war. Nach Jahren bilanzierte man: 50% engagieren sich nach dem Glaubenskurs in der Gemeinde.

Hauskreise wurden gegründet. Zuerst war es einer, im Folgejahr waren es zwei, dann vier.

Die Zahl der Gottesdienstbesucher wuchs sehr schnell an. Doch bei rund 100/120 war eine Wachstumsgrenze erreicht. Der Kontakt mit der Willow Creek-Gemeinde 1993 brachte neue Impulse:

Ein niederschwelliger Gottesdienst (GoSpecial) für Kirchendistanzierte wurde monatlich angeboten.

Die Mitarbeiterschaft wurde neu organisiert, professionell betreut und geschult.

Das Pfarrerbild wurde überdacht und damit auch seine Stellung in der Gemeinde.

Das Hauskreissystem wurde überarbeitet, das Gemeindeseminar etabliert.

›GoSpecial‹ erlangte regionale Bedeutung und man erschloss sich bald das gesamte Einzugsgebiet Rhein-Main. Auf Gund der Urbanität dieses nahezu geschlossenen Raumes und der Flexibilität seiner Bewohner, die es gewohnt sind, weite Strecken zur Arbeit oder Freizeitgestaltung zurückzulegen, entwickelte sich eine Personalgemeinde für den gesamten Raum. Die Andreasgemeinde beherbergt heute im Grunde eine Parochialgemeinde, die zuständig ist für Niederhöchstadt, und eine Personal- oder Richtungsgemeinde für das gesamte Rhein-Main Gebiet. Mittlerweile gibt es rund 20 »Ableger« von GoSpecial in der näheren Umgebung, die viele Menschen wieder in ihre eigenen oder in eine der näher gelegenen Gemeinden führen. Diese Entwicklung wird von der Andreasgemeinde gefördert.

Während man sich strukturell und methodisch in den genannten Arbeitsfeldern auf die Willow Creek-Gemeinde beruft, distanziert man sich in der Theologie deutlich. Man will die unterschiedlichen Strömungen in der Gemeinde beieinanderhalten. Pietistische Elemente, liberale Theologie und einen charismatischen Einfluss, dessen Grenzen immer wieder betont werden, gilt es, zusammenzuhalten, um »kompatibel mit einer guten, bodenständigen, lutherischen Theologie« zu bleiben.

Die eigene Theologie wurde in einem Leitbildprozess überdacht und in einer »Gemeindephilosophie« festgehalten. Sie gibt Auskunft darüber, welche Ziele in der Gemeindearbeit verfolgt werden. Jede Aktivität wird direkt oder indirekt auf sie zurückgeführt.

3 DIE THEOLOGIE DER GEMEINDE (GEMEINDEPHILOSPHIE)

Die Vision der Gemeinde baut auf zwei Sätzen des Neuen Testaments auf: dem Doppelgebot der Liebe (Lk 10,27) und dem Taufbefehl (Mt 28,19–20). Daraus werden fünf Zweckbestimmungen der Kirche abgeleitet. Wichtig ist, dass sich diese Faktoren in einer gewissen Ausgewogenheit entwickeln können. Die Faktoren in logischer Reihenfolge sind:

Gott kennen lernen: Dies wird verwirklicht, indem möglichst viele Menschen eine persönliche Beziehung zu Jesus Christus knüpfen. Angebote der Gemeinde sind Glaubenskurse, GoSpecial oder weitere niederschwellige Veranstaltungen.

Miteinander leben: Glaube ist keine Privatsache. Darum sind Christen nicht nur berufen zu glauben, sondern auch, miteinander zu leben, einander zu begleiten, sich gegenseitig liebevoll aufzubauen und zu helfen. Hier wäre die Hauskreis- und Kleingruppenarbeit zu nennen.

Im Glauben wachsen: Christen sollen ein zunehmendes Bedürfnis und eine zunehmende Fertigkeit darin entwickeln, ein Leben in der Jüngerschaft Jesu zu leben, d. h. ihm zu vertrauen, ihm nachzufolgen, ihm zu gehorchen und Frucht für ihn zu bringen. Dazu gehört die zunehmende Fähigkeit, für das Evangelium von der Liebe Gottes in Wort und Tat einzustehen. Hier wären ebenfalls die Hauskreise zu nennen oder die vielfältigen Angebote im Bereich Seminare und persönliche Begleitung.

Für einander da sein: Kirche ist nur Kirche, wenn sie für andere da ist. Es ist Auftrag der Gemeinde und jedes einzelnen Christen, dem Nächsten in seinen geistlichen, emotionalen, leiblichen und in seinen Beziehungsnöten zu helfen. Jedes Glied der Gemeinde ist dazu berufen. Dies spiegelt sich in den zahlreichen Diensten und Arbeitsgruppen wider.

Gott von ganzem Herzen lieben: Diese Liebe bei möglichst vielen Menschen zu entfachen, ihr Ausdruck zu verleihen und sie zu verstärken, wird als zentraler Auftrag der Gemeinde angesehen. Darum spielt die Spiritualität eine wesentliche Rolle. Sie äußert sich insbesondere im Gebet, im Lesen der Bibel, in Lobpreis und Anbetung und in der Praxis der Einzelsegnung.

In der Andreas-Kirchengemeinde hat sich eine Art »idealtypischer Weg« herausgebildet, wie ein Mensch mehr und mehr in den Glauben und in die Gemeinde hineinwächst. Die Gemeinde schlägt ihn vor im Wissen, dass

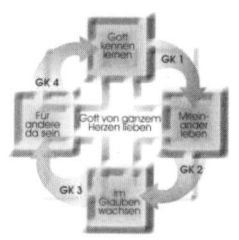

Wege verschieden sind und niemand diesen Weg so gehen muss. Keiner wird gedrängt, keiner soll gezwungen werden, man will Menschen vielmehr mit unterschiedlichen Angeboten begleiten:

Erstkontakt zur Gemeinde durch Einladung eines Freundes und anderweitig gewecktes Interesse, z. B. durch GoSpecial.

Zunehmender Besuch der Gottesdienste und daraus resultierend wachsendes Interesse an Gott, Glaube und Gemeinde.

Teilnahme am Glaubenskurs 1 (GK 1 s. o. Schaubild) mit dem Ziel, Gott persönlich kennen zu lernen und Mitglied einer Kleingruppe oder eines Hauskreises zu werden.

Teilnahme an einem Hauskreis oder an einer ganzheitlichen Kleingruppe.

Zunehmende Verantwortung für das eigene geistliche Wachstum: persönliche Bibellese, Gebet, Inanspruchnahme von Coaching und Mentoring, Besuch vom Glaubenskurs 2 mit dem Ziel: Menschen werden befähigt, für ihr eigenes geistliches Wachstum zu sorgen und eine leidenschaftliche Spiritualität zu leben.

Zunehmende Übernahme von Verantwortung für die Gemeinde: Besuch vom Glaubenskurs 3 »Entdecke Dich und Dein Potential« mit dem Ziel: Christen in ihre geistliche Berufung zu führen und zum Dienst freizusetzen, Mitarbeit in einem der Dienste, finanzielle Unterstützung der Gemeinde durch das Geben des »Zehnten«, Gebet für die Gemeinde, Ausbau und Multiplikation des eigenen Dienstes etc.

Zunehmende Übernahme von Verantwortung für die Welt: Engagement in sozialen Projekten, Übernahme von Verantwortung für die Gestaltung der Gesellschaft, Gebetsdienste etc.

Zunehmende Übernahme von Verantwortung für das geistliche Wachstum anderer: Besuch des Glaubenskurses 4 »Vom Glauben leise reden« mit dem Ziel: Christen helfen, sich zu multiplizieren, indem sie ihre Freunde einladen, Gott kennen zu lernen.

Die Andreasgemeinde stellt sich in ihrer Gemeindephilosophie selbst die Frage: »Welchen Stil und welche besondere Färbung haben wir?« Als Antwort formuliert sie acht Werte, mit denen sie ihre Gemeindevision erreichen will. Dazu gehören …

1.) *Offenheit:* Es wird versucht, Menschen von heute das Evangelium in einer sie ansprechenden Weise darzubieten.
2.) *Begeisterung:* Es wird versucht, die Grundformen der christlichen Spiritualität – Glaube, Gebet, Bibellese, Gemeinschaft, Bekenntnis und Liebe – in einer möglichst leidenschaftlichen und ansteckenden Weise zu leben.
3.) *Wachstum:* Das Wachstum eines jeden soll gefördert werden. Darum soll eine Kultur entwickelt werden, in der Menschen gelobt, aufgebaut und in jeder Hinsicht gefördert werden, das volle Potential zu erreichen, das Gott in sie hineingelegt hat.

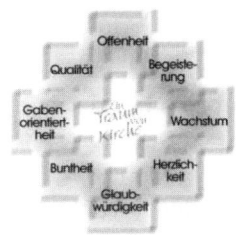

4.) *Herzlichkeit*: Liebevolle Beziehungen sollen jeden Aspekt des Gemeindelebens prägen. Dazu gehört ein Klima der gegenseitigen Annahme, der Fehlerfreundlichkeit, des Humors und der Gastfreundlichkeit. Notwendige Kritik wird in möglichst liebevoller Weise vermittelt.
5.) *Glaubwürdigkeit:* Das Christentum soll ungezwungen und authentisch sein. Was förmlich oder künstlich wirkt, wird systematisch abgebaut.

6.) *Buntheit*: Die Andreasgemeinde will eine Gemeinde mit einer klaren Mitte, aber mit vielfältigen Ausdrucksformen dieser Mitte sein.

7.) *Gabenorientierung*: Die Gemeinde bietet Hilfen an, dass alle ihre Gaben entdecken, fördern und ausüben können.

8.) *Qualität*: Die Gemeinde will, dass jeder Christ an dem Ort, an dem er mitarbeitet, sein persönlich Bestes gibt – zur Ehre Gottes und aus Respekt den Menschen gegenüber.

»Die verbindende Mitte der acht Werte ist das Kreuz. Dieses Kreuz steht für die spirituelle Mitte all dessen, was getan, gesagt und gelebt wird.«

4 HAUSKREISE UND GLAUBENSKURSE ALS FAKTOREN EINES INNEREN WACHSTUMS

Die Andreasgemeinde in Niederhöchstadt ist in den letzten Jahren rasant gewachsen. Dass dieses Größenwachstum auch an Tiefe gewinnt, die Gemeinde sich stabilisiert und noch weiterwachsen kann, dafür sollen vornehmlich die Glaubenskurse und die Hauskreise sorgen:

Es gibt, wie oben aufgezeigt, unterschiedliche Glaubenskurse auf dem »idealen Weg«. Als Glaubenskurs fungierte von Anfang an der in der Andreasgemeinde entwickelte Kurs »Glaube hat Gründe«. Neben diesem eher kognitiven Ansatz versucht die Gemeinde ein eher gemeinschaftsorientiertes Angebot zu entwickeln, wie etwa der Alpha-Kurs eines ist, der aber nicht zur Andreasgemeinde passte.

Die Bedeutung der Hauskreise macht die Andreasgemeinde deutlich, indem sie sagt, »sie bietet nicht nur Hauskreise an, sie besteht aus Hauskreisen«. Hauskreise gehören also zum Wesen dieser Gemeinde. In ihnen werden Fragen des Lebens und des Glaubens besprochen, werden verschiedene Formen der Spiritualität eingeübt und praktiziert und wird vor allem versucht, im gemeinsamen Gespräch herauszufinden, wie man Worte der Bibel in praktisch gelebtes Leben umsetzen kann. Immer im April endet ein Hauskreisjahr und die Kreise werden mit neuen Terminen, Themenund evtl. auch anderen Teilnehmern neu formiert (Motto: »April, April ...«). Die Hauskreisleiter bereiten Themen vor, werben für sie und treten sogar auf einem Hauskreisabend in eine gewisse Konkurrenz zueinander. Jeder Interessierte kann sich entscheiden. Wie unterschiedlich diese Angebote sind, zeigen Beispiele aus diesem Jahr: »Johannesevangelium – für Einsteiger«, »Die Gleichnisse – wie Jesus von Gott erzählt«, »Hauskreis für Frauen«, »Gottes Wege sind für uns oft unbegreiflich, aber trotzdem weise und wunderbar«, »Biblische Texte zur Sexualität – was würde Jesus heute sagen?«, »Paa'n Zwansisch – Hauskreis für Leute zwischen 20 und 30 Jahren«, »Predigtnachbesprechung«, »CSG = Christlich, Sicher, Geborgen – der Hauskreis für homosexuelle Christinnen und Christen«, »Über Gott und die Welt – Mission«, »Ganz leise wirbst Du um mein Herz – wie Gott unsere Sehnsucht stillt«, »Hauskreis für Mütter«, »Reise zum Leben – Geistliche Übungen für Menschen wie Du und ich«, etc. etc. Oft gibt es auch Hauskreise für Einsteiger, die sog. Abende am Kamin.

5 DIE GOTTESDIENSTE

1999 fand in Niederhöchstadt eine Mitgliederbefragung – die Gemeinde hat insgesamt eine hohe Feedback-Kultur – statt. Erfragt wurde von den Gottesdienstzeiten bis hin zur inhaltlichen Ausrichtung alles, was zum Gottesdienst gehört und darüber hinaus. Jeder Mitarbeiter bekam sechs Fragebogen für Menschen, die er gerne im Gottesdienst sehen möchte. Nach der Umgestaltung durch die Befragung wurden dieselben sechs in den Gottesdienst eingeladen zur Begutachtung des Ergebnisses.

Bis heute haben sich in der Andreasgemeinde fünf Gottesdienstarten etabliert. Auf Grund der Platzprobleme im Gottesdienstraum müssen am Sonntag drei Gottesdienste gefeiert werden, was aber auch die Möglichkeit gibt, nach Zielgruppen zu differenzieren. Es handelt sich um folgende Formen:

Klassisch: Liturgischer Gottesdienst mit einer Mischung aus Orgel, klassischer Musik, Chorgesang und alten Liedern. Der Lobpreis wird liturgisch oder kirchenmusikalisch gestaltet (ca. 6–10 Minuten). Die Predigt folgt der Perikopenordnung. Kennzeichen: Weißer Talar, selten Abendmahl.

Aufgelockert-Traditionell: Mischung von alten und neuen Liedern (Orgel und elektronisch). Kennzeichen: aufgelockerte Liturgie, meditative Elemente, weißer Talar, oft Abendmahl, oft Einzelsegnungen, Lobpreis max. 10 Minuten, Reihenpredigten und vorgeschlagene Predigttexte.

Modern: Elektronische Musik, Schlagzeug, neue Lieder, Theater-/Kreativstücke, Frage und Antwort nach der Predigt, oft Einzelsegnungen, Abendmahl, Experimente, Interaktion mit Gottesdienstbesuchern und mitunter »kreatives Chaos«; Lobpreis (15–20 Minuten) oft im Stehen. Reihenpredigten und vorgeschlagene Predigttexte.

Kompakt: Kompakter (= unter einer Stunde) Gottesdienst in moderner Gestalt mit modernem Lobpreis (10 Minuten) oft im Stehen, ohne Talar, mit kurzer Predigt mit Frage und Antwort, Reihenpredigten.

Auszeit: Spirituell-meditativer Gottesdienst, der alle Sinne ansprechen soll mit Gesängen, musikalischen Meditationen und aufgelockerter Liturgie zum »Chillen«. Statt einer Predigt wird über einen Text oder ein Bild medi-

tiert und zum inneren Gespräch mit Gott eingeladen. Darüber hinaus gibt
es ein Loslassritual und ein Agapemahl. Lobpreis geschieht mit Taizé-Gesängen und anderen meditativen Liedern in freier Körperhaltung.

Die Gottesdienste verteilen sich in dieser Weise über die Sonntage:

Sonntage	10:00 Uhr	17:00 Uhr	18:30 Uhr
1. So	Aufgelockert-Traditionell	Kompakt	Modern
2. So	Klassisch	11 Uhr GoSpecial	»Auszeit«
3. So	Aufgelockert-Traditionell mit Abendmahl und Segnung	Kompakt	Modern
4. So	Aufgelockert-Traditionell	Kompakt	Modern mit Abendmahl und Segnung
5. So	Aufgelockert-Traditionell	Kompakt	Modern

Die beschriebenen Gottesdienste finden im Gemeindezentrum in Nieder-
höchststadt statt. Angesprochen wird die Gemeinde. GoSpecial dagegen
stellt einen Erstkontakt für Distanzierte und Entkirchlichte dar. Durch die
Evaluation hat sich ergeben, dass ein Drittel der Gottesdienstteilnehmer
vorher nie einen Gottesdienst besucht hat. Der Erst- oder Wiederzugang
soll über neue Formen, elektronische Musik, eine Predigt mit Frage und
Antwort, Theater-/Kreativstücke, Experimente, Interaktionen mit Gottesdienstbesuchern und einen hohen und professionellen Technikeinsatz gelingen. Auch beim Lobpreis will man den Besucher nicht überfordern.
Dieses bewusst niederschwellige Angebot findet in einem Großraumkino
statt. Einzugsgebiet ist die gesamte Region Rhein-Main. Aus dem Gemeindezentrum musste man aus Platzgründen ausziehen und ist schon wieder
auf der Suche nach neuen Räumlichkeiten. Denn man hat die Erfahrung
gemacht, dass Menschen sich nicht mehr wohlfühlen, wenn ein Raum über
80 % besetzt ist (Platzsuche, Enge, »keiner braucht mich«, etc.).

Man räumt ein, dass möglicherweise der eine oder andere zum Enter-
tainment oder aus Neugier kommt. Doch hat man durch Erhebungen he-

rausgefunden, dass Menschen wegen der Inhalte wiederkommen, ansonsten bleiben sie schnell weg. Es gibt nur wenige, die dauerhaft zum GoSpecial kommen. Nach spätestens sechs Gottesdiensten nehmen sie die am Ende des GoSpecial empfohlenen »Follow up Angebote« in Niederhöchstadt oder in anderen Gemeinden wahr oder bleiben ganz weg.

Jeder GoSpecial hat ein Thema. Beispiele aus diesem Jahr seien genannt: »Hauptsache Ich – die freche Lust am Egoismus«, »GoBlind – Der erste Gottesdienst im Dunkeln«, »Chaos im Kopf. Vom Umgang mit psychischen Erkrankungen«, »Die Entdeckung der Langsamkeit. Schluss mit Stress und Hektik«, »Tanze Samba mit mir. Der ultimative Schlager-GoSpecial«.

6 DIE STRUKTURIERUNG DER MITARBEITERSCHAFT

In der Andreasgemeinde gilt die Devise: »Jeder Christ ist ein Mitarbeiter«. Menschen werden mit ihren jeweiligen Gaben gefordert, sich einzubringen. Die Gemeinde zeichnet sich dadurch aus, dass nicht alles auf den Pfarrer bzw. die pastoralen Mitarbeiter zuläuft, sondern dass die Arbeit auf eine Vielzahl von Mitarbeitenden mit hoher Kompetenz und Eigenverantwortlichkeit verteilt ist. Durch »D.I.E.N.S.T.-Seminare« soll jeder seine Gaben und seinen Platz in der Gemeinde entdecken. Immer wieder werden dabei »Traumjobbörsen« durchgeführt, wo Dienste in der Gemeinde quasi ausgeschrieben werden. Wichtig ist für die Mitarbeiterschaft ein besonderes Klima der Ermutigung und Auferbauung. Eine wichtige Rolle spielen dabei Ausbildung, Schulung, Qualitätssicherung und Begleitung. Eine hauptamtliche Mitarbeiterin begleitet durch Coaching (Mitarbeiterbegleitung im Bereich der Gaben) und Mentoring (geistliche Begleitung: »wie kann ich geistlich wachsen«) Mitarbeitende oder diejenigen, die auf dem Weg dorthin sind. Streng unterschieden davon ist die Seelsorge als Krisenbewältigung.

Die Mitarbeiterschaft ist in Teams organisiert und über unterschiedliche Ebenen der Verantwortlichkeit gegliedert. Das Presbyterium beschränkt sich dabei auf die geistliche Leitung. Interessant ist in diesem Leitungsgremium, dass der Vorsitz alle eineinhalb Jahre wechselt. Der Vorsitzende wählt für seine Amtszeit – ähnlich den Service Clubs (Lion, Rotary etc.) – ein Motto und nimmt sich Aufgaben vor, mit denen er die Gemeinde prägen will.

Wichtig ist für die Mitarbeitenden wie auch für die Gemeindeglieder der Informationsfluss. Neben Gemeindebrief und Website gibt es die »Montagsmail«, den wöchentlichen elektronischen Infobrief.

7 AUFFÄCHERUNG IN EINER
»CARING COMMUNITY«

In der Anfangsphase des Gemeindewachstums war durch die Zielgruppen-
profilierung eher eine Konzentrationsbewegung zu verzeichnen. In der
momentanen Phase des Wachstums kann man von einer Auffächerung des
Angebots sprechen, um viele Menschen zu erreichen. Ein Beispiel dafür ist
die Buchhandlung »Der 7. Himmel«. Entstanden ist sie aus einem Büchertisch. Als sich die Gelegenheit in Form eines leeren Ladens in der besten
Geschäftslage Niederhöchstadts bot, richtete man einen »weltlichen« Buchladen ein. Er führt zwar ein breites christliches Programm, man findet dort
aber auch jeden Krimi. Daneben ist er Kommunikationsort – ein Kaffee ist
obligatorisch –, zudem Kircheneintrittsstelle und eine Beratungsstelle für
alle Glaubens- und Lebensfragen. Psychologen und Seelsorger bieten
kostenlos ihre Hilfe an. In einem Kulturkeller werden im monatlichen
Turnus Kulturveranstaltungen durchgeführt, kleine Konzerte, Autoren-
lesungen, Kabarett usw. Man nutzt das Geschäft und die Kultur, um Menschen zu erreichen, denen es leichter fällt, in ein Geschäft zu gehen als ins
Pfarramt.

Das diakonische Projekt »Begleiten, Beraten, Begegnen« umfasst eine
wachsende Zahl an praktischen Hilfen, Begleitungsmöglichkeiten und Be-
ratungen in Zeiten der Unsicherheit, von Krisen, Umbrüchen und Neu-
orientierungen im Leben. Es beschränkt sich nicht nur auf die Unterstützung von alten Menschen, sondern will auch Singles, Alleinerziehenden,
(Ehe-)Paaren, (werdenden) Familien, Jugendlichen und Kindern mit einer
Vielfalt an Angeboten zur Seite stehen. »Begleiten, Beraten, Begegnen« basiert in Anlehnung an die »Community Care« der Willow Creek-Gemeinde
auf der Annahme, dass das Leben miteinander besser gelingen kann. Die diakonische Arbeit wird nicht ausgelagert und an Fachleute delegiert, sondern
als Aufgabe der Gemeinde gesehen mit dem Ziel, für Menschen zu sorgen
und sie so auch mit der Botschaft zu erreichen. Die alte Idee der Nachbarschaftshilfe wird so neu gefüllt und sorgt für ein besonderes Klima in der
Gemeinde. Die Andreasgemeinde möchte im Bereich der »Community
Care« noch wachsen. Ein vielfältiges Hilfsnetzwerk soll entstehen.

8 DAS INEINANDER VON PAROCHIAL-
UND RICHTUNGSGEMEINDE –
AUSBLICK AUF WEITERE ENTWICKLUNGEN

Das Incinander von parochialer und regionaler Arbeit ist in vielen Berei-chen unlösbar verbunden. Freilich sind die Amtshandlungen, Konfirman-denunterricht, große Teile der diakonischen Arbeit auf die Parochie bezo-gen, auch haben die Kinder- und Jugendarbeit, die Buchhandlung, die Senioren- und Besuchsdienstarbeit einen starken parochialen Akzent. An-dere Arbeitsfelder wie der GoSpecial, die Veranstaltung von Kongressen für andere Gemeinden oder auch die Hauskreisarbeit haben überregionalen Charakter. Doch ist der sonntägliche Gottesdienst im Gemeindezentrum ein Symbol der Zusammengehörigkeit beider Ebenen der Arbeit. Darum ist die Raumfrage – besonders der Kirchenraum im Gemeindezentrum – der Punkt, an dem das Problem auf- und das Ineinander möglicherweise ausein-anderbricht. Denn das Gebäude ist zu klein geworden. Die drei, möglicher-weise bald vier Gottesdienste beginnen die Mitarbeitenden kräftemäßig zu überfordern. Daher denkt man über zukünftige Strukturen nach.

Eine Trennung in eine Parochial- und in eine Personalgemeinde für das gesamte Rhein-Main-Gebiet kann man sich kaum vorstellen. Zu eng ist die Verflechtung, zu sehr ist man auf die Arbeit der Ehrenamtlichen vor Ort angewiesen. Viel eher denkbar ist die Bildung von Netzwerken. Andere Gemeinden in der Region übernehmen das Konzept, tragen gemeinsam die regionalen Projekte und stellen so lokale Kristallisationspunkte dar. Die Großveranstaltungen also zusammen, die Arbeit vor Ort dagegen gemein-sam koordiniert, aber getrennt. Ein Problem könnte aber die Strahlkraft Niederhöchstadts sein. Viele werden sich fragen, warum sie viele Jahre an Aufbauarbeit investieren sollen, wenn sie zum »Original« gehen können.

Denkbar wäre aber auch die Beibehaltung des jetzigen Konzepts mit größeren Räumen, doch dagegen spricht der örtliche Bebauungsplan. Man überlegt auch zusammen mit der Landeskirche adäquate Strukturmodelle.

9 DER WANDEL DES PFARRBILDES

Mit der Größe, aber auch mit der Organisation der Mitarbeitenden und der Gemeinde hat sich das Bild des Pfarrers gewandelt. Er ist nicht mehr der, der für alles da ist, sondern eher der, der alles organisiert und dafür sorgt, dass für alles und alle jemand da ist, er ist also Begleiter der Begleiter. Der Pfarrer ist also nicht mehr Generalist, sondern der Schwerpunkt seiner Arbeit liegt in der Andreaskirche in der Leitung, Planung und Lehre. Als der Inhaber einer landeskirchlichen Stelle hält der Pfarrer die Verbindung zur Kirchenleitung, verantwortet die Gottesdienste, leitet das Hauptamtlichenteam, arbeitet an Vision, Lehre und Strategie und übernimmt oft die Außenvertretung (z. B. bei der »Marke Andreas« (Andreasedition etc.). Als Pfarrer der gesamten Gemeinde symbolisiert er ihre Einheit. Es ist sein stetes Bemühen, die unterschiedlichen Strömungen zusammenzuhalten und diese zum nötigen Respekt im Umgang miteinander anzuhalten. In Niederhöchstadt bemüht man für diesen Wandel im Pfarrbild die Hirtenmetapher: Aus dem Hirten wurde ein Rancher.

10 RAHMENBEDINGUNGEN

Betrachtet man die Rahmenbedingungen der Andreasgemeinde, fallen drei Ebenen auf:

Der Haushalt der Kirchengemeinde deckt die laufenden Kosten der Parochialarbeit, der Gebäude und ihrer Unterhaltung. Auf dieser Ebene wird auch über die Renovierung und Erweiterung des Gemeindezentrums nachgedacht.

Ein Gemeindeaufbauverein sammelt Spenden (ca. 250 000 € pro Jahr), um Projekte zu ermöglichen, die technische Ausrüstung zu verbessern oder das zusätzliche Personal anzustellen. Der Schwerpunkt der Werbung liegt dabei auf vielen, regelmäßigen Spendern mit eher kleinen Beträgen. Sie helfen eine Langfristplanung zu stabilisieren, die gerade im Personalbereich wichtig ist. Der Gemeindeaufbauverein ist Anstellungsträger für Mitarbeiter in folgenden Bereichen:

– pastorale Mitarbeit, vor allem für Seminare und Mitarbeiterschulungen und die Leitung des GoSpecial-Teams ($^3/_4$-Deputat),
– zusätzliche Gottesdienste, Begleitung der Hauskreise und Aufbau seelsorgerlicher Arbeit,
– Konfirmanden- und Jugendarbeit, Jugendgottesdienste und Jugendfreizeiten ($^1/_2$-Deputat),
– Seniorenarbeit, Mitarbeiter und Diakonie,
– Kinderbereich,
– pastorale Geschäftsführung, Organisation der Gemeinde, Coaching, Mentoring, Hauskreisarbeit, Paararbeit und die Projektleitung des »7. Himmels«.

Die Gemeinde hat zudem eine gGmbH (gemeinnützige GmbH) gegründet. Über sie werden der Buchladen verwaltet und Projekte abgewickelt, die auf Grund ihrer Größe nicht in den Bereich der Kirchengemeinde oder des Vereins fallen können. Zudem bietet die gGmbH Vorteile beim Firmensponsoring.

Fazit: Eine große Profilgemeinde wächst, indem sie auf andere ausstrahlt und mit ihnen ein Netzwerk bildet

Die Andreasgemeinde ist gezielt und geplant gewachsen. Sie hat regionale Bedeutung und ist insofern eine Profilgemeinde im Großraum Rhein-Main. Als solche arbeitet sie sowohl parochial, als auch regional. Eine Trennung beider Elemente ist schwer vorstellbar, auch wenn im Moment Raumprobleme zu Strukturüberlegungen zwingen. Ein Netzwerk von Gemeinden nach dem Vorbild der Andreasgemeinde, die gemeinsam die regionale Arbeit verantworten, könnte die Lösung sein. Insgesamt spricht für die Verbindung von Parochie und Regionalgemeinde, dass beide voneinander profitieren.

Schon früh wurden wesentliche Elemente aus dem Konzept der Willow Creek-Gemeinde übernommen. In einem Leitbildprozess wurde dazu die »eigene« Theologie formuliert. Man entwarf einen idealtypischen Weg in die Gemeinde, den man vielen schon vorgeschlagen hat, und machte sich über die Werte der Gemeinde Gedanken. Man beschrieb das gemeindliche Leben als Leitlinie und Vision.

In Niederhöchstadt merkte man bald, dass sich mit der Größe der Gemeinde, aber auch mit ihrer Leitungsstruktur das Pfarrerbild ändert. Leitung, Planung und Lehre bilden nun seine Arbeitsfelder.

Die Gemeinde hat schon längst die Phase der Konzentration und Profilierung verlassen. Sie weitet nun ihr Angebot aus. Die diakonische Arbeit innerhalb des Community-Care-Konzepts und ein Buchladen sprechen Menschen an, denen selbst die Schwelle zu niederschwelligen Gottesdiensten oder Hauskreisen zu hoch ist. Innerhalb dieses Konzepts kommt vermehrt die Zielgruppe der Senioren in den Blick, ein Feld zukünftigen Wachstums.

Thomasgemeinde Rastatt

Ort: Rastatt
Einwohnerzahl: 47327, davon 11500 (24,3%) Evangelische in
                                vier Gemeinden
Bundesland: Baden-Württemberg
Landeskirche: Evangelische Landesirche in Baden
Gemeindegröße 2003:   2230
Gemeindegröße 2006:   2466
Wachstum: 16%
Gottesdienstbesuch 2003:   144
Gottesdienstbesuch 2006:   175
Wachstum: 21,5%
Adresse: Thomasgemeinde, Münchfeldstraße 2,
                                76437 Rastatt;
                                Telefon: 07222/39176
Homepage: www.thomasgemeinde-rastatt.de

1 ZUR GEGENWÄRTIGEN SITUATION DER GEMEINDE IN DER REGION

Rastatt liegt etwa 20 km südlich von Karlsruhe entfernt. Die Thomasgemeinde Rastatt liegt im Süden der Stadt. Der Stadtteil ist geprägt von
Häusern »Alteingesessener«, die inzwischen in zweiter oder dritter Generation bewohnt oder verkauft werden. Daneben gibt es in der Gemeinde
aber auch ein größeres Zuzugsgebiet für Pendler vor allem nach Karlsruhe
und einen sozialen Brennpunkt mit hohem Ausländeranteil und hohem
Konfliktpotential, aus dem allerdings bisher nicht viele Menschen für die
Gemeindearbeit gewonnen werden konnten. Die Zusammensetzung der
Gemeinde muss vor diesem Hintergrund als gemischt gekennzeichnet werden, auch wenn die Bewohner und Bewohnerinnen des sozial problemati-
schen Teils der Gemeinde in der Gemeindearbeit nicht stark präsent sind.

In der Thomasgemeinde überwiegen jüngere Erwachsene und Familien.
Die Jugendarbeit ist durch jahrzehntelange CVJM-Arbeit in der Gemeinde
traditionell stark ausgeprägt, darüber hinaus werden junge Familien und
jüngere Erwachsene von der Gemeindearbeit besonders angesprochen.
Auffallend ist auch, dass Menschen, die in der Vergangenheit in Rastatt
wohnten, inzwischen aber im Umkreis leben, sich immer noch zur Gemeinde zugehörig fühlen und den Gottesdienst besuchen oder sich sogar
umgemeinden lassen. Auch die Mitglieder des Ältestenkreises sind zum
großen Teil nicht im Gebiet der Thomasgemeinde ansässig. Die Zahl der
Senioren, die sich zur Gemeinde zugehörig fühlen, nimmt demgegenüber
eher ab.

In Rastatt gibt es vier evangelische Gemeinden, die von ihrer Arbeit und
ihrem Profil her so unterschiedlich ausgerichtet sind, dass die Vielfalt als
bereichernd empfunden wird. Im Gemeindegebiet gibt es Katholiken,
Baptisten und Adventisten, die nicht als Konkurrenten, sondern eher als
Ergänzung gelten. Gemeindeglieder, die nach Gemeindeleben suchen, das
ihnen die Thomasgemeinde aus unterschiedlichen Gründen und wegen
unterschiedlicher Prägungen nicht geben kann, werden ausdrücklich an die
umliegenden evangelischen oder freikirchlichen Gemeinden verwiesen. Die
starke Prägung der Jugendarbeit durch den CVJM bringt es außerdem mit
sich, dass einige katholische Kinder und Jugendliche in die Kinder- und
Jugendarbeit eingebunden sind, die sich mit der Gemeinde verbunden
fühlen.

2 ZUR SITUATION VOR DEM WACHSTUM

Das Gemeindewachstum der Thomaskirche kann auf eine reiche Tradition der Gemeindearbeit zurückgreifen, die ihre Gründe vor allem in der engen Vernetzung von CVJM-Arbeit mit der Gemeindearbeit hat. Die Vorstände des CVJM sind alle Mitglieder der Kirchengemeinde, die Kirchenältesten sind Mitglieder des CVJM. Der vom CVJM angestellte hauptamtliche Jugendsekretär, der die Jugendarbeit der Gemeinde verantwortet, wird fast ausschließlich über Spenden von Mitgliedern der Thomasgemeinde finanziert.

Mit dem Pfarrerwechsel im Jahr 2000 sind aber neue Konzepte erarbeitet und erprobt worden, die spürbar dazu beigetragen haben, dass die Besucherzahlen im Gottesdienst angestiegen sind. Zu solchen neuen Projekten gehört die Analyse der Gemeindearbeit nach dem Modell von Christian A. Schwarz (»Gemeinden natürlich entwickeln«), mit dem die Stärken (Maximum-Faktoren) und die Schwächen der Gemeinde (Minimum-Faktoren) im Ältestenkreis näher beleuchtet und reflektiert worden sind. Zu den damaligen Minimum-Faktoren zählten vor allem die Arbeit in ganzheitlichen Kleingruppen und der Gottesdienst, während die größte Stärke der Gemeinde die gabenorientierte Mitarbeiterschaft war. An beiden Aspekten ist im Anschluss an die Erhebung vordringlich gearbeitet worden.

Die Kooperation von CVJM und Kirchengemeinde vor allem im Gottesdienst ist in dieser Phase noch stärker geworden. Es gab mit dem Beginn des Wachstumsprozesses zunehmend Möglichkeiten für Ehrenamtliche, den Gottesdienst mitzugestalten und über die Jugendarbeit etwa mit ungewöhnlichen Medien (Filmen o. Ä.) im Gottesdienst zu berichten.

3 GOTTESDIENSTWACHSTUM UND GEMEINDEWACHSTUM

3.1 Gemeindeaufbau aus dem Gottesdienst

Im Anschluss an die Gemeindeanalyse im Jahr 2000 ist nach neuen Gottesdienstformen gesucht worden, um den Sonntagsgottesdienst für mehr Menschen lebendig und einladend zu gestalten. Dabei ist bewusst an der traditionellen Gottesdienstzeit festgehalten worden und es ist kein alternatives Gottesdienstprogramm zu anderen Zeiten entstanden.

Alle zwei Monate wird aber ein »anderer« Gottesdienst sonntags um 10.00 Uhr gefeiert, den die Gemeinde »G online« genannt hat, in dem zwei Moderatoren durch den Gottesdienst führen, Anspiele stattfinden, neuere Lieder gesungen oder zu dem Gastreferenten eingeladen werden. Parallel findet eine Kinderbetreuung statt. Die Gottesdienste werden von einem großen Mitarbeiterstamm vorbereitet und geleitet. In der Anfangszeit fand der »G online« sonntagsabends statt, was aber zu einem enormen Mitarbeiteraufwand geführt hat. Der klassische Sonntagsgottesdienst fand an dem entsprechenden Sonntag trotzdem statt. Inzwischen findet der »G online« alle zwei Monate zur traditionellen Gottesdienstzeit statt, der Vorbereitungsaufwand ist geringer geworden, das sehr aufwendige Büffet, das es gab, als der Gottesdienst abends gefeiert wurde, wurde vereinfacht. Die Formen beider Gottesdienste haben sich inzwischen einander angenähert – der »G online« ist »traditioneller« geworden, weil er die Experimentierphase verlassen hat und sich Formen konsolidiert haben, während der Sonntagsgottesdienst auch andere Elemente in die Liturgie aufgenommen hat: Es gibt für das Gloria Lobpreislieder, die ein kleines Singteam intoniert, nach jedem Gottesdienst findet ein Kirchencafé statt, mehrmals im Jahr ein gemeinsames Mittagessen.

Wichtig ist, dass der Gottesdienst, sowohl in seiner Form als »G online« als auch als klassischer Gottesdienst, grundsätzlich im Zentrum der Gemeindearbeit steht und von den Mitfeiernden auch so wahrgenommen wird. Dabei ist er zugleich eine Zeit der Erfahrung von Gemeinschaft: Menschen, die zum ersten Mal den Gottesdienst besuchen, werden gezielt angesprochen und begrüßt und in die Gemeinschaft der Gemeinde eingeführt. Zwei »Nachgeher« etwa achten besonders auf Menschen, die neu in der Gemeinde sind, und sorgen dafür, dass sie Gesprächsmöglichkeiten finden.

3.2 JUGENDARBEIT

Die Jugendarbeit in Rastatt wird seit den 70er Jahren vom CVJM verantwortet. Praktisch von Anfang an ist ein Hauptamtlicher in der Verantwortung der Jugendarbeit in der Gemeinde angestellt, dessen Stelle ausschließlich aus Spenden finanziert wird. Die Kooperation von Gemeinde und CVJM ist inzwischen sehr eng; zum Teil bestehen personelle Überschneidungen im CVJM-Vorstand und dem Ältestenkreis. Eine weitere Vernetzung ergibt sich daraus, dass der Konfirmandenunterricht von beiden Hauptamtlichen (Pfarrer und CVJM-Sekretär) gemeinsam mit vier Ehrenamtlichen geleitet wird. Eine Konkurrenz oder ein Nebeneinander gibt es nicht. Die Zusammenarbeit wird als fruchtbar und vertrauensvoll beschrieben.

Die Kinderarbeit beginnt in zwei unterschiedlichen Kindergottesdienstgruppen, die von Ehrenamtlichen geleitet werden. Für Jugendliche vor der Konfirmation gibt es zwei unterschiedliche Jungscharangebote, die in den Konfirmandenunterricht münden und an die Konfirmandenzeit anschließend in einen Jugendkreis (format-C) führen. Weiterführend gibt es einen

Jugendkreis für Ältere (GPS) und einen Jugendbibelkreis (Connect). Die Arbeit für Jugendliche ist erst seit etwa dem Jahr 2000 fest installiert, weil es in den Jahren vorher nicht genug Jugendliche in der Gemeinde gab. Als Möglichkeit zur Mitarbeit wird zurzeit ein spezieller Kindergottesdienst am Sonntagmorgen unter Beteiligung vieler jugendlicher Ehrenamtlicher erprobt. Die Mitarbeit von Jugendlichen am Konfirmandenunterricht ist von den Hauptamtlichen erwünscht, wobei die Ehrenamtlichen von den Hauptamtlichen gezielt berufen werden. Jugendliche werden auf ihre Gaben angesprochen und in einem bestimmten Bereich der Mitarbeit eingesetzt, was im Bereich der Kinderarbeit einfacher ist als im Jugendbereich, weil sich dort für viele Mitarbeiter ein Ort findet, der ihren Gaben entspricht.

Für die Jugendmitarbeiter des CVJM gibt es Schulungen und regelmäßige Mitarbeitertreffs, während die übrigen Ehrenamtlichen der Gemeinde, die nicht in der Jugendarbeit mitarbeiten, nach Bedarf geschult werden. Im Jahr 2007 gab es in der Thomasgemeinde 120 Ehrenamtliche, die einmal im Jahr eingeladen werden zu einem Fest, damit die Wertschätzung der Gemeinde gezeigt wird und die einzelnen Mitarbeitenden in ihren Einsatzbereichen wahrgenommen werden. »Das gibt das gemeinsame Ganze.«

3.3 Arbeit in kleinen Gruppen

Als Minimum-Faktor war am Beginn des derzeitigen Wachstumsprozesses benannt worden, dass es zu wenig Arbeit in kleinen Gruppen miteinander gab. Inzwischen sind sechs Hauskreise entstanden, darüber hinaus bestanden vorher schon ein Bibelgesprächskreis und ein Seniorenkreis. Zentral dabei sind das gemeinsame Gebet, das Gespräch und die Gemeinschaft miteinander. Ein monatlich stattfindender Männerkreis (»Männer-Mono«) ermöglicht Männern regelmäßige intensivere Begegnungen miteinander, in denen Gemeinschaft wächst. Einmal jährlich gibt es ein Männerwochenende. Für Kinder und Jugendliche gibt es auf Freizeiten die Möglichkeit, »miteinander zu leben« und Gemeinschaft zu erleben. Das stärkt auch die Mitarbeiter für ihren ehrenamtlichen Dienst.

Eltern, die ihr Kind zur Taufe anmelden, werden mit den Paten an drei Taufelternabenden auf die Taufe vorbereitet. Am letzten dieser Abende wird gemeinsam eine Taufkerze für den Täufling gebastelt. Nicht alle Eltern, die an diesem Projekt teilgenommen haben, sind für einen regelmäßigen Gottesdienstbesuch zu gewinnen gewesen. Gleichwohl haben einige nach der Taufvorbereitung den Weg in einen Glaubenskurs (»Starterkurs«), der sich am Alpha-Kurs orientiert, gefunden und sind von dort aus auch in die Gottesdienste gekommen. In den Taufkursen wird vermittelt, was die Taufe bedeutet, auch die Möglichkeit zum Taufaufschub und zur Segnung wird erläutert.

Nach der letzten Gemeindeanalyse hat sich gezeigt, dass die Minimum-Faktoren der Gemeinde aus dem Jahr 2000 inzwischen zu Maximum-Faktoren geworden waren. Auf der anderen Seite hat sich als derzeitiger Minimum-Faktor der Aufbau von liebevollen verbindlichen Beziehungen erwiesen, an dem die Gemeinde in Zukunft arbeiten und neue Wege suchen will.

3.4 Leitbild und Gebet

Das gemeinsame Gebet wird in Rastatt als zentral benannt. Schon in den Kinder- und Jugendgruppen werden die Teilnehmenden an die Form der Gebetsgemeinschaft herangeführt, es gibt Gebetskreise, Gebet in den Hauskreisen und viel Gebet für die Arbeit der Hauptamtlichen. Ein Kreis von Frauen trifft sich regelmäßig zum Gebet für die Gemeinde, Einzelne treffen sich regelmäßig zum Gebet für die Hauptamtlichen. »Das Gebet zieht sich durch die Kreise hindurch.«

Während das Gebet darum als innere Mitte der Gemeindearbeit beschrieben wird, dem Gottesdienst als äußere Mitte und Gemeinschaftserlebnis korrespondierend, orientiert sich die Gemeinde an der inhaltlichen Mitte eines gemeinsam gefundenen Leitbildes:

> Als Gemeinschaft von Christinnen und Christen wissen wir uns in der Thomasgemeinde von Jesus Christus in fünffacher Weise beauftragt (Mt 22,37–39; 28,19 f.):
>
> 1. Evangelisation: Wir sollen zum Glauben an Jesus einladen.
> 2. Gemeinschaft: Wir sollen unseren Glauben miteinander leben.
> 3. Jüngerschaft: Wir sollen Jesus immer ähnlicher werden.
> 4. Anbetung: Wir sollen Gott mehr und mehr lieben.
> 5. Dienst: Wir sollen anderen Menschen dienen.

3.5 Konzentration auf junge Menschen und Distanz von der Tradition

Auf Grund der Geschichte, von der die Thomasgemeinde geprägt ist, konzentriert sich die Gemeindearbeit auf die Arbeit vornehmlich mit jungen Menschen, Kindern, Jugendlichen und Familien, und hat die Tendenz, Senioren weniger anzusprechen als andere Gemeinden. Senioren haben zwar die Gemeinde nicht in Scharen verlassen, es gab aber Schwierigkeiten mit Neuerungen, etwa den Lobpreisliedern im Gottesdienst oder einer ab und zu präsenten Band von Jugendlichen in den Gottesdiensten. »Aber wir haben nicht wahrgenommen, dass die Älteren nicht mehr kommen.« Die, die nachkommen, sind trotzdem eher jüngere Menschen. An dieser Stelle wird die Vielfalt der Gemeinden in Rastatt als bereichernd empfunden. »Wir können nicht alles für alle machen.« Ältere Menschen, die sich in der Thomasgemeinde nicht zu Hause fühlen, werden vielmehr gezielt an andere Gemeinden in Rastatt gewiesen, die besser zu ihren geistlichen Bedürfnissen passen könnten.

Auf Grund seiner eigenen Prägung verspürt der derzeitige Pfarrer eine Affinität zur Arbeit der Freien Evangelischen Gemeinde und kann manche traditionelle landeskirchliche Bedürfnisse daher weniger befriedigen als die Pfarrer seiner Nachbargemeinden.

Fazit: eine junge lebendige Gemeinde mit Nähe zur Freikirche

Auf Grund der traditionell starken CVJM-Jugendarbeit ist die Thomasgemeinde stark von der Arbeit mit jungen Menschen geprägt. Hier kann der volkskirchliche Charakter von Kirche verloren gehen, wenn die Gruppe der Älteren aus dem Blick der Arbeit gerät. »Wer als älterer Mensch bleiben will und sich schwertut mit der Gemeindearbeit, der hat es schwer.« Auf der anderen Seite kommen viele junge Menschen nach. Diese Situation wird als Spagat empfunden, zumal von jüngeren Senioren nur wenige für die Gemeindearbeit zu gewinnen sind. Aber: »Die, die bewusst sagen: ich komme nicht, sind schon so lange Christen, dass sie sich woanders Nahrung suchen.« Dass sie gehen, wird darum als legitim empfunden.

Die Gemeinde beeindruckt auf Grund ihrer Lebendigkeit und des Anspruchs, Menschen nachzugehen und sie einzuladen, ihnen Gemeinschaftserlebnisse zu vermitteln und mit ihnen Gottesdienst zu feiern. Der Mut zum Experimentieren beeindruckt, hinterlässt aber auch den Eindruck einer bewusst gesuchten Distanz zur »quadratisch, praktisch, guten« Arbeit der Landeskirche. Dass die so eingeschworene Gemeinschaft es in Zukunft schafft, sich stets für Menschen zu öffnen und sie einzuladen und sich nicht selbst genug zu sein, ist zu hoffen.

Evangelisch-lutherische Kirchengemeinde Heilige Dreifaltigkeit – Salzgitter

Ort:	Salzgitter (Stadtteil Bad)
Einwohnerzahl:	21735, davon 19000 Evangelische (87,4%)
Bundesland:	Niedersachsen
Landeskirche:	Braunschweig
Gemeindegröße 2003:	2355
Gemeindegröße 2006:	2241
Gottesdienstbesuch 2003:	45
Gottesdienstbesuch 2006:	69
Wachstum:	53,3%
Anschrift:	Evangelisch-lutherische Kirchengemeinde Heilige Dreifaltigkeit, Friedrich-Ebert-Str. 42, 38259 Salzgitter (Bad); Telefon: 05341/35728
E-Mail:	KG.Hl.Dreifaltigkeit@t-online.de

1 DIE SITUATION DER KIRCHENGEMEINDE HEILIGE DREIFALTIGKEIT

Am südlichen Rand von Salzgitter Bad liegt die Kirchengemeinde der Heiligen Dreifaltigkeit. Sowohl die Kirchengemeinde selbst als auch ihr Kirchbau entstanden erst in den 60er Jahren des 20. Jahrhunderts. Im Jahre 2007 konnte die für die Verhältnisse von Salzgitter vergleichsweise junge Gemeinde den 40. Geburtstag ihres Kirchengebäudes samt angeschlossenem Gemeindezentrum mit einem großen Gemeindefest und Festgottesdienst feiern. Durch zügige Erschließung und Bebauung der Südstadt von Salzgitter Bad in den 50er Jahren wuchs die damalige Gemeinde so stark an, dass die Einrichtung einer weiteren Pfarrstelle mit einer eigenen Gemeinde nötig wurde. In den neuen Wohnungen und Häusern, die in dem aufstrebenden Stadtteil Salzgitter Bad entstanden, einem der 31 Stadtteile, aus denen sich die weitläufige Stadt Salzgitter zusammensetzt, ließen sich viele Familien mit Kindern nieder, die nun größtenteils selbst Familien gründeten und wiederum mit ihren Kindern in Salzgitter Bad leben.

2 WACHSTUMSIMPULSE

Auf die Frage, welche Impulse dafür verantwortlich sind, dass sowohl ihr Gottesdienstbesuch als auch die Zahl ihrer Mitarbeiter wächst, kann die Heilige Dreifaltigkeitsgemeinde keine klare Antwort geben. Es zeigt sich, dass es kein bewusstes Ereignis war, das dazu führte, dass sich wieder mehr Menschen von ihr angesprochen fühlen. Vielmehr sind es eine Reihe kleinerer Veränderungen, die in ihrer Summe eine große Wirkung haben. Von entscheidender Bedeutung ist das mit der Arbeit des neuen Pastors entstandene Selbstverständnis der Gemeinde, nicht nur bei sich bleiben zu wollen, sondern auch ganz bewusst auf die Menschen in deren jeweiligen individuellen Lebenssituationen zuzugehen. So ist in den letzten Jahren die Zahl der Kasualien stark gestiegen, weil diese, soweit theologisch vertretbar, nun individueller gestaltet werden, und auch die Terminwünsche der Betroffenen so weit wie möglich Berücksichtigung finden. Dieses Bemühen der Gemeinde, die Lebensumstände der Menschen ernst zu nehmen und ihnen in ihrer Lebenssituation entgegenzukommen, führt zu großen Erfolgen. Sogar Menschen aus anderen Gemeinden finden über die Amtshandlungen ihren Weg in die Dreifaltigkeitsgemeinde.

Eine besondere Rolle bei der Mitgliedergewinnung kommt auch dem zur Gemeinde gehörigen Kindergarten zu, der zudem in der politischen Gemeinde sehr gut angenommen wird. Dieser Kindergarten ist durch das persönliche Engagement seiner Mitarbeiter so beliebt, dass er bei Weitem mehr Kinder aufnehmen könnte, als Plätze vorhanden sind, und dies, obwohl in Salzgitter an anderen Stellen Kindergartenplätze leer stehen. Die Gemeinde weiß die Bedeutung ihres Kindergartens sehr zu schätzen, stehen doch hinter jedem Kind zumeist zwei Elternteile, die durch ihr Kind eine neue Kontaktmöglichkeit zur Kirche finden. Daher betreibt die Gemeinde eine intensive Zusammenarbeit mit dem Kindergarten, sei es, dass der Pastor dort Gottesdienste hält, sei es, dass der Kindergartenchor in den Gottesdiensten der Gemeinde singt. Da der Kindergarten selbst aus allen Nähten platzt, wurde sogar eine Kindergruppe in das Gemeindehaus verlagert. Für den hohen Qualitätsstandard des Kindergartens, den die Gemeinde als Aushängeschild für ihre Arbeit sehr fördert, sind vor allem zwei Faktoren wichtig: Zum einen gibt es das »Phänomen der langen Zeiträume«, was bedeutet, dass ein besonderes Augenmerk auf der Kontinuität in der Stellenbesetzung des Kindergartens liegt. Manche Eltern, die nun ihre Kinder in den Kindergarten bringen, besuchten selbst schon den Kindergarten und hatten dieselbe Erzieherin wie jetzt ihre Kinder. Diese Kontinuität bringt zum einen eine hohe Verlässlichkeit, zum anderen aber auch das Gefühl, in der Gemeinde beheimatet zu sein.

Ferner gibt es in der Gemeinde ein spürbares Bemühen, »auf gleicher Augenhöhe« zu sein, was bedeutet, dass sowohl der Pastor als auch die anderen hauptamtlichen Mitarbeiter als auch der Kirchenvorstand gleichberechtigt miteinander umgehen und geschwisterlich versuchen, Entscheidungen im Einvernehmen miteinander zu treffen. Hierzu gehört, dass in den Kirchenvorstandssitzungen alle Hauptamtlichen anwesend sein dürfen und auch Rederecht besitzen. Somit können sich auch die Mitarbeiter des Kindergartens direkt in die Entscheidungen der Gemeinde einschalten, so dass nicht »über sie«, sondern »mit ihnen« entschieden wird. Hierzu gehört, dass der Kirchenvorstand seine Entscheidungen auch in anderen Gemeindegruppen regelmäßig erläutert. Das Ziel, nicht über die Köpfe der Menschen hinweg zu entscheiden, gilt auch für die Predigt im Gottesdienst. Das Bemühen darum, »das Evangelium in einer verständlichen Sprache mit Bezug zum derzeitigen Leben der Menschen« zu predigen, führt zunehmend mehr Menschen in die sonntäglichen Gottesdienste als in vergangener Zeit, in der die Gemeinde noch nicht diese Ausrichtung hatte. Neben dem normalen Sonntagsgottesdienst bietet die Gemeinde besondere gottesdienstliche Veranstaltungen an, die zielgruppenorientiert noch genauer auf die Bedürfnisse der Menschen abgestellt sind, wie z. B. Krabbelgottesdienste, Tauferinnerungsgottesdienste, einen Martinsgottesdienst, Begrüßungsgottesdienste für die neuen Kindergartenkinder, Taizé-Andachten, ein wöchentliches Mittagsgebet in der Kirche oder jährlich den besonderen Lichtergottesdienst »Kirche im Kerzenschein«, dem sich ein gemeinsamer Verzehr von Zwiebelkuchen und Prosecco anschließt.

Ein weiteres Element, das wiederum auf die Menschen in ihrer Lebenssituation eingeht, ist die seelsorgliche Beratung für Menschen mit Gesprächsbedarf, dem sich die Gemeinde nicht verschließt. Dieses Angebot wird gut kommuniziert und festigt die Bindung vieler Menschen an die Gemeinde.

Zudem helfen andere Aktivitäten der Gemeinde bei der Mitgliedergewinnung. So entschloss sich der Kirchenvorstand, den Gemeindebrief nicht mehr nur an Interessierte, sondern flächendeckend an alle Haushalte im Gemeindegebiet zu verteilen. Die gestiegenen Kosten durch die erhöhte Auflage versucht die Gemeinde durch Werbung im Gemeindebrief abzudecken. Dabei wird genau geprüft, wer im Gemeindebrief werben darf. Wichtig ist der Gemeinde dabei, dass der Gemeindebrief auch alle Ansprechpartner in der Gemeinde enthält, so dass es Interessierten einfach gemacht wird, zur Gemeinde in Kontakt zu treten. Mit Hilfe eines kleinen »Herzlich-Willkommen-Grußes«, auf dessen Rückseite sich eine Selbstbeschreibung der Gemeinde befindet, versucht die Gemeinde, Kontakt zu allen neu in ihr Gemeindegebiet Zugezogenen herzustellen.

Außerdem versendet die Gemeinde an alle getauften Kinder bis zu ihrem vierten Lebensjahr regelmäßig zu ihrem Tauftag einen Gruß der Kirchengemeinde, der sie, und dementsprechend ihre Eltern, an ihre Taufe erinnert und zum Besuch eines Tauferinnerungsgottesdienstes einlädt. Dass das Konzept, über die Kinder die Eltern anzusprechen, erfolgreich ist, zeigt die Statistik, die vermerkt, dass fast die Hälfte derjenigen, die neu zur Gemeinde stoßen, junge Erwachsene sind. Menschen, die neu in die Gemeinde kommen, sollen schnell eine Heimat in ihr finden können. Hierfür sorgt die generelle Haltung der Gemeinde, dass unbekannte Personen zielstrebig angesprochen werden. Auch der monatlich stattfindende ›Kirchkaffee‹ im Anschluss an den Gottesdienst trägt zu dieser kontaktfreudigen Stimmung bei.

3 GEMEINDELEBEN

Die Gemeinde der Heiligen Dreifaltigkeitskirche ist in vielfältiger Weise engagiert. So gibt es den traditionellen Bereich des kirchlichen Lebens, wie z. B. die Chöre, die neben der gottesdienstlichen Begleitung auch pro Jahr ein bis zwei – sehr beliebte – Chorkonzerte geben. Es gibt die Frauenhilfe, in der sich schon seit vielen Jahren mehr als 50 Mitglieder treffen und die durch ihre regelmäßigen Treffen das soziale Netzwerk der Gemeinde unterstützt und fördert. Hierbei wird, wie auch bei den vielen anderen Aktivitäten der Gemeinde, auf die persönliche Wertschätzung jedes Einzelnen großer Wert gelegt. Zudem gibt es noch einen Frauenkreis, komplementär

Ev. luth. Kirchengemeinde Heilige Dreifaltigkeit

Haben Sie schon unseren Kirchturm gesehen? Er fällt sicher auf! Vielen dient unser Kirchturm als Treff- und Orientierungspunkt im Süden von Salzgitter-Bad. Mit dem Kreuz oben darauf ist er schon von weit her zu sehen. Aber wir würden uns auch freuen, wenn Sie unsere Kirche und unsere Gemeinde einmal aus der Nähe kennenlernen würden. Wir haben eine „moderne" Kirche. Sie wurde 1967 eingeweiht. In ihrer äußeren Form steht sie in engem Zusammenhang mit dem Namen unserer Gemeinde.

Gott will kein ferner Gott sein. „Er schlägt sein Zelt mitten unter uns auf." Deshalb ist unser Kirchengebäude der Form eines Zeltes nachempfunden. Gott begegnet uns auf „dreifaltige" Weise: Im Schöpfer, in Jesus Christus und dem heiligen Geist. Hieran will die Form des Dreiecks erinnern, die an vielen Stellen unseres Kirchengebäudes sichtbar wird, nicht zuletzt in unseren wunderschönen Glasfenstern. Die Dreifaltigkeit Gottes bildet auch die Grundlage für die bildliche Darstellung auf unserer Altarwand.

Als Gemeinde sind wir vielfältig offen und engagiert. Wir feiern unterschiedliche Formen von Gottesdiensten. Neben den traditionellen Bereichen kirchlichen Lebens, wie z. B. Frauenhilfe, Männerkreis, Senioren-Kreisen und Kirchenmusik, legen wir einen besonderen Schwerpunkt auf die Arbeit mit Kindern. Unser Kindergarten an der Hubertusstraße ist ein fester Bestandteil unserer Gemeinde. Hieran schließen sich Kindergruppen und vielfältige Angebote für Schulkinder an. Der Vorkonfirmandenunterricht liegt bei uns bereits am Ende der Grundschulzeit. Auch bieten wir Freizeiten für Kinder und auch für Familien an. Als Kirchengemeinde fühlen wir uns verantwortlich für die Menschen, die in unserem Umfeld wohnen. Wir haben einen Besuchsdienst, und mit Hilfe unseres Zivildienstleistenden betreuen wir ältere Menschen. Besonders haben wir uns der Wiederbeheimatung der Deutschstämmigen aus den Ländern der ehemaligen Sowjetunion verschrieben, die in den letzten Jahren zugezogen sind. Als Gemeinde wollen wir aber auch über unseren Kirchturm hinausschauen. Deshalb pflegen wir eine intensive Partnerschaft mit unseren Partnergemeinden in Hoyerswerda und Nunspeet in den Niederlanden. Wir pflegen Kontakte zu einem Straßenkinderprojekt bei Sao Paulo in Brasilien. Ihm fließt ein Teil des Erlöses unserer Weltladenarbeit zu, in der wir mit dem Verkauf von fair gehandelten Produkten einen Beitrag zu etwas mehr Gerechtigkeit in dieser Welt leisten.

hierzu gibt es auch in der Gemeinde einen sich regelmäßig treffenden Männerkreis. Ein sehr beliebter Kreis ist der Gitarrenkreis, der sich in die Gestaltung der zahlreichen normalen und auch besonderen Gottesdienste, wie Vorstellungsgottesdienste der Konfirmanden, Gottesdienste mit dem Kindergarten, und auch Feiern von Gemeindegruppen wie Seniorenkreis und Frauenhilfe mit einbringt. Zurzeit besteht dieser Kreis aus ca. 30 Teilnehmern zwischen zehn und 65 Jahren. Dieser Kreis, der zunächst aus einer Anfängergruppe und einer Fortgeschrittenengruppe bestand und nun in einer Gruppe zusammen spielt, verbindet die Generationen miteinander und sorgt mit seinen modernen, neuen Kirchenliedern für frischen Schwung. Zu den besonderen Aktivitäten der Gemeinde, die auch das Interesse vieler kirchenferner Menschen weckte, zählte die Übertragung der Fußballspiele während der Fußballweltmeisterschaft 2006 im Gemeindesaal. Ein besonderes Ereignis anlässlich des Kirchenjubiläums war ein großer Ball in der Kirche.

Die Heilige Dreifaltigkeitsgemeinde versteht sich bei all ihren Aktivitäten als einen »Raum des Lebens«, in dem alle Menschen so angenommen werden, wie sie sind, und sich jeder nach seinen Talenten und Fähigkeiten einbringen kann. So versucht sie, bei all ihren Veranstaltungen, die Schwelle für Interessierte möglichst niedrig zu halten, so dass es ihnen leicht fällt, Kontakt zu Gemeinde aufzunehmen.

4 DIE KONFIRMANDENARBEIT

Im Unterschied zu anderen Gemeinden, die ein einjähriges oder zweijähriges Konfirmanden-Modell haben, hat sich die Heilige Dreifaltigkeitsgemeinde für ein Modell entschieden, dass sich über viele Jahre erstreckt und versucht, wiederum durch das »Phänomen des langen Zeitraumes«, den Jugendlichen eine »Beheimatung« in der Gemeinde zu ermöglichen. In dem Wunsch, für möglichst jede Altersgruppe als Kirche präsent zu sein, beginnt die Konfirmandenzeit schon in der 5. Klasse, also im Alter von etwa zehn Jahren mit einem wöchentlichen Treffen und dem Besuch des Sonntagsgottesdienstes. Die Vorkonfirmanden werden darüber hinaus eingeladen, in diesem und im folgendem Jahr an den verschiedenen Gruppen, wie z. B. Mädchengruppe oder Gitarrenkreis, und an Freizeiten teilzunehmen. Im dritten Jahr der Konfirmandenzeit findet ein Gemeindepraktikum statt, währenddessen die Konfirmanden die anderen Bereiche der Gemeinde kennen lernen. Sie entscheiden sich dabei für einen Bereich des Gemeindealltages, in dem sie aktiv mitarbeiten, sei es im gemeindeeigenen Weltladen, in der Redaktion des Gemeindebriefes oder in einer der Gemeindegruppen. Im vierten Jahr findet der Unterricht an verabredeten Blocktagen statt. An die Unterrichtsblöcke schließt sich zumeist ein Gottesdienst zum Thema an. Zusätzlich findet eine vier- bis fünftägige Freizeit statt. Vorbereitet und durchgeführt wird die Konfirmandenarbeit von einen Team bestehend aus der pädagogischen Mitarbeiterin, dem Zivildienstleistenden der Gemeinde, mehreren ehrenamtlichen Mitarbeitern, jugendlichen Teamern und dem Pastor. Durch das intensive, aber auch arbeitsintensive Konfirmandenmodell bekommen diese und die Gemeinde einen guten Kontakt zu den jungen Menschen. Die Mühen der Beziehungsarbeit werden dann belohnt, wenn die Konfirmanden nach ihrer Konfirmation den Kontakt zur Gemeinde halten, indem sie z. B. selbst als Teamer bei den Blocktagen oder Freizeiten dabei sind.

5 BEZIEHUNGEN NACH AUSSEN

Die Heilige Dreifaltigkeitsgemeinde ist sich auch ihrer Verantwortung für die Welt um sie herum bewusst und will daher bewusst über ihren Kirchturm hinausschauen. Ihr Leben im Inneren soll auch nach außen ausstrahlen. Da die Gemeinde ihre Verantwortung für Gerechtigkeit in dieser Welt ernst nimmt, wurde im Eingangsbereich der Kirche ein Weltladen eröffnet, der fair gehandelte Waren wie Kaffee, Tee, Schokolade und Schmuck verkauft, um einen kleinen Teil zur weltweiten Gerechtigkeit beizutragen. Ein Teil des Erlöses des Weltladens fließt einem Straßenkinderprojekt in Sao Paulo/Brasilien zu, zu dem auch direkter Briefkontakt besteht. Der Weltladen arbeitet zudem mit Schulen zusammen und organisiert Vorträge in den Gemeindegruppen. Mit Spendenmitteln konnte im Jahr 2004 ein Weltkugelleuchter angeschafft werden, der meist neben der Kanzel steht und die Gemeindemitglieder einlädt, Kerzen anzuzünden. Die Weltkugel bringt dabei der Gemeinde bei ihren Veranstaltungen immer auch die Verantwortung für die ganze Schöpfung zum Bewusstsein. Mit ihren beiden Partnergemeinden Hoyerswerda und dem holländischen Nunspeet pflegt die Gemeinde eine intensive Partnerschaft. Den intensiven Austausch mit zwei anderen Kirchengemeinden, die sich teilweise in einer völlig anderen Situation befinden als die Heilige Dreifaltigkeitsgemeinde, empfindet die Gemeinde als sehr bereichernd, da er auch immer wieder zur Reflexion der eigenen Situation anregt und manche Problematik wieder ins rechte Licht rückt. Sichtbar werden die Ergebnisse dieses Austausches dadurch, dass die an einem gemeinsamen Wochenende in Auseinandersetzung mit Psalm 121 von den Teilnehmern hergestellten Kunstobjekte im Kirchenraum ihren Platz fanden.

Fazit: Eine Gemeinde, offen für das Leben

Die Gemeinde der Heiligen Dreifaltigkeitskirche wurde durch keine großen, sondern vielmehr durch kleine Weichenstellungen verändert, die aber eine große Wirkung haben. Ein wichtiges Faktum für das Gemeindewachstum ist das intensive Bemühen, die Lebensumstände der Menschen, die etwas von ihr wollen, mit in ihre Arbeit einzubeziehen. Dies hat zu einer Umkehrung der Verhältnisse führt. Nicht sie müssen sich mehr an die Gemeinde anpassen, die Gemeinde passt sich vielmehr an ihre Bedürfnisse an. Ein großer Erfolgsfaktor der Gemeinde ist der eigene Kindergarten, den die Gemeinde nutzt, um über ihre Kinder wieder die Eltern an die Kirche heranzuführen.

Aber auch die Schwerpunktlegung auf die Konfirmandenarbeit zeigt gute Erfolge. Bei beiden Punkten spielt die hohe Motivation in der Mitarbeiterschaft der Gemeinde eine große Rolle. Diese wird durch eine enge, von Vertrauen geprägte Zusammenarbeit aller positiv gefördert und führt dazu, dass sich die Menschen mit ihrem Leben wiederum gern in die Gemeinde einbringen.

Evangelische Kirchengemeinde
St. Reinoldi Rupelrath

Ort:	Solingen
Einwohnerzahl des Stadtteils:	ca. 6000, davon 2477 Evangelische (41%)
Bundesland:	Nordrhein-Westfalen
Landeskirche:	Evangelische Kirche im Rheinland
Gemeindegröße 2003:	2557
Gemeindegröße 2006:	2565 (inkl. 88 Umpfarrungen)
Wachstum:	0,3%
Gottesdienstbesuch 2003:	228
Gottesdienstbesuch 2006:	289
Wachstum:	23,8%
Adresse:	Opladener Str. 5–9, 42699 Solingen; Telefon: 0212/62713
Homepage:	www.rupelrath.de

1 ZUR GEGENWÄRTIGEN SITUATION DER GEMEINDE IN DER REGION

Die Gemeinde St. Reinoldi Rupelrath liegt im Ortsteil Aufderhöhe am westlichen Stadtrand von Solingen, einem traditionellen Standort der Klingenindustrie. Weitläufige Villenbebauung wechselt sich mit kleineren Eigenheimen ab und deutet auf ein gehobenes Wohnniveau hin. Entsprechend ist die wirtschaftliche Situation in diesem Stadtteil: Akademiker, Beamte und Angestellte verfügen vielfach über gute bis sehr gute Einkommen. Die Nachkriegsbebauung wird zunehmend attraktiv für jüngere Familien, die die einstigen Bauherren ablösen. Daneben gibt es noch immer kleine, verstreute, inzwischen von der Stadt baulich integrierte Hofschaften, denen die Kirchengemeinde ihre Keimzelle verdankt: die St. Reinoldi Kapelle, deren Anfänge ins 14. Jahrhundert zurückreichen.

Die Gemeinde hat noch nicht gegen den demographischen Wandel anzukämpfen. Noch immer werden mehr Kinder aus der eigenen Gemeinde getauft, als Gemeindeglieder beerdigt werden. Auch Ein- und Austritte halten sich meistens die Waage. Was sich jedoch negativ bemerkbar macht, ist der Wegzug junger Menschen. Die Arbeitsplätze sind in den letzten Jahren weniger geworden. Auch Studienmöglichkeiten gibt es nicht vor Ort. Die Liste der Zweitwohnsitze spricht hier eine deutliche Sprache.

Solinger gelten eher als unkirchlich. Wenig hat auf sie von der pietistisch-erweckten Frömmigkeit des angrenzenden Oberbergischen Landes abgefärbt. 39% der Solinger gehören keiner der beiden großen christlichen Konfessionen an.

2 DER BEGINN DES WACHSTUMS UND SEINE LANGE DAUER

Das Wachstum der Gemeinde hat 1978 – dem Dienstantritt des jetzigen Stelleninhabers – mit der Einführung eines missionarischen Gemeindeaufbaus und der unten beschriebenen Impulse begonnen. Wenige erinnern sich an die Situation davor. Die Gemeindearbeit war auf die zentrale Person des Pfarrers zugeschnitten, der alles bis in die Details regelte und bestimmte. Der Gottesdienstbesuch hielt sich auf niedrigem Niveau (ca. 40 Personen im Durchschnitt). Der Kirchenchor kämpfte ums Überleben, die Jugendarbeit befand sich in einer Nullpunktsituation. Außer einer funktionierenden Frauenhilfe gab es nur wenige Aktivitäten. Man blieb unter sich und begnügte sich mit dem Status quo. Dementsprechend waren die ersten Dienstjahre sehr auf die Person des Pfarrers zugeschnitten. Was sich aber durch eine zusätzliche Hauptamtliche für die Jugendarbeit, vor allem aber auch die Schulung ehrenamtlich Mitarbeitender und schon allein durch das beginnende Wachstum änderte. Trotzdem prägt die enge Vertrautheit mit dem Pfarrer noch immer die Atmosphäre. So erweisen sich seine 29 Dienstjahre in einer sich wandelnden Gemeinde als Vorteil. Er selbst hebt als positiven Faktor hervor: »In den langen Jahren ist Vertrauen gewachsen.« Er kennt seine Gemeinde, fast jeden Einzelnen. So konfirmiert er schon die Kinder seiner ehemaligen Konfirmanden. Die negativen Seiten seiner langen Amtsperiode ignoriert er nicht. Sie werden aber zum Teil ausgeglichen durch das kreative Engagement der Ehrenamtlichen und der anderen Hauptamtlichen. Der Pfarrer, die Pastorin im schon zehn Jahre währenden Sonderdienst, der Jugenddiakon sind unterschiedliche Charaktere, arbeiten methodisch völlig anders und ergänzen sich so. Die Unterschiedlichkeit der Hauptamtlichen gepaart mit der inneren Freiheit und Gelassenheit, diese Unterschiede auch nebeneinander stehen zu lassen, wird gerade als Stärke gesehen und ist sicherlich ein Erfolgsfaktor.

3 DIE EINHEIT VON GLAUBE UND LEBEN IN EINER MISSIONARISCHEN GEMEINDE

St. Reinoldi Rupelrath versteht sich als missionarische Gemeinde. Wie sie Mission begreift, entfaltet sie theologisch fundiert folgendermaßen: Sie will allen von Gottes gütiger Verheißung erzählen, die Menschen so anspricht:

- »Du bist ein wunderbares Wesen«, d. h., Gott hat den Menschen mit Würde und Ehre ausgestattet. Er muss sich das nicht erst verdienen.
- »Du bist nicht verloren«, d. h., Gott gibt keinen auf. Die Liebe im Kreuz und die Macht der Auferstehung reden davon.
- »Du bist zur Freiheit befreit.« Jesus Christus macht frei von der Herrschaft der Mächte und frei zur Verantwortung für die Welt.

Mission ist nun die Bemühung, dass Menschen diese Zusage Gottes hören und in ihrem Leben lernen, ihr zu vertrauen. Es gilt, dieses große ›Ja‹ Gottes im Leben und Reden, mit Handeln und Worten einander auszurichten und geduldig auf das ›Ja‹ des Menschen zu warten. Erfolgt dieses nicht, ist das zu respektieren ohne Enttäuschung. Jegliche Form menschlichen Drucks für Gottes Botschaft wird abgelehnt. Ebenso hat Evangeliumsverkündigung in die Freiheit zu führen und nicht in die Zwangsjacke gesetzlicher Verengung und moralisierender Postulate. Dementsprechend orientiert sich der Gemeindeaufbau nicht an vollen Kirchen, das Köpfezählen ist dem Ansatz fremd. Es geht um den Einzelnen und seine Nachfolge in der Gemeinschaft.

Als so verstandene missionarische Gemeinde ist sie zugleich diakonisch und seelsorglich, voller Verantwortung für die Welt.

Daraus folgt die Einheit von Glauben und Leben, vom Lobpreis am Sonntag und vom Dienst im Alltag. Man versteht sich in Rupelrath als Gemeinschaft im Glauben wie im Leben.

Darum kann man und will man keine Profilgemeinde im Sinne des EKD-Impulspapiers sein. Profiliert ist man gewiss. Die aber von einer Profilgemeinde erwartete Übernahme von Aufgaben für andere Gemeinden ist nicht das ursprüngliche Rupelrather Konzept. Menschen, die von außen kommen, nimmt man gerne auf. Man will bewusst nicht unter sich bleiben, doch die Angebote zielen nicht auf Eventbesucher. Man baut auf die familiäre Atmosphäre im Stadtteil und seiner Kirche.

Anregungen hat man viele bekommen. Man hört, liest, fragt andere Gemeinden, lernt voneinander. Eine Idee wird interessant, wenn andere schon gute Erfahrungen damit gemacht haben. Konzepte übernimmt man nicht einfach. Kritisch kehrte man z. B. von einem Willow Creek-Kongress zurück. Man hat Gutes und Bedenkenswertes gefunden, aber es wurde auch sehr konsequent ausgewählt. So ist man auch im Bereich des Methodischen offen und flexibel und dadurch auch integrierend.

4 GLAUBENKURSE ALS STETS NEUER WACHSTUMSIMPULS

Der von der Arbeitsgemeinschaft Missionarische Dienste der EKD angebotene Glaubenskurs »Christ werden – Christ bleiben« erwies sich nach einigen weniger erfolgreichen Versuchen mit anderen Formen der Evangelisation als für die Gemeinde passend (bisher acht Kurse). Die Durchführung des Glaubenskurses wird ehrenamtlich organisiert und geleitet.

Die Teilnehmer hatten vor dem Kurs oft wenig Kontakt zur Gemeinde. Sie werden gezielt angesprochen, öfters sind es Konfirmandeneltern, die bewusst die Konfirmandenzeit ihrer Kinder begleiten und irgendwann an den Punkt kommen, an dem sie mehr wissen wollen als ihre Kinder. Über die bloße Vermittlung der Inhalte des Glaubens wird in der Gruppe Gemeinschaft erfahren. Am Ende des Kurses entschließen sich viele zum Besuch eines Hauskreises. Oftmals erwächst daraus auch eine aktive Mitarbeit in der Gemeinde. Vertiefung des Wissens um Glaubensinhalte, der Aufbau von Beziehungen, die Gewinnung von Mitarbeitenden und das Leben des Glaubens in der Gemeinschaft fließen in diesen Glaubenskursen zusammen und bilden eine Konstante in der Gemeindearbeit.

5 FREIZEITEN UND HAUSKREISE ALS ORTE DER GEMEINSCHAFT

Ein weiterer Impuls aus der Anfangszeit waren die Gemeindefreizeiten. Man lebte zusammen, man las zusammen in der Bibel, sprach über ihren Bezug zum eigenen Leben und man fuhr auch zusammen in Urlaub. Dabei kam es nicht so sehr auf die touristischen Ziele an, sondern auf die Verbindung des Erlebens mit dem eigenen Glauben. Hier erfuhr man sich noch mehr als tragende Gemeinschaft. Später kamen Studienfahrten hinzu. Inzwischen ist es für viele nicht mehr der Urlaub, eher ein Zusatz. Darum wich man terminlich auf das Frühjahr oder den Herbst aus.

Die nach Altersgruppen unterteilten Jugendfreizeiten finden inzwischen zwar noch getrennt, aber alle an einem gemeinsamen Ort statt. Dass dadurch der Mitarbeitereinsatz optimiert werden kann, ist nur ein Nebeneffekt, wichtig sind die Gemeinschaft über die Altersgruppen hinweg und das Vorbild der älteren Jugendlichen für die jüngeren.

Ebenso wie die Freizeiten gehören die inzwischen zwölf Hauskreise, jeder mit neun bis 14 Teilnehmern, zu den Anfangsimpulsen. Oft als Weiterführung von Glaubenskursen erfüllen sie eine den Freizeiten ähnliche Aufgabe. Sie sollen den Einzelnen nicht herausnehmen aus seinem Alltag, sondern das religiöse Erleben und Deuten in das Alltägliche hineinbringen. Geleitet und organisiert werden die Hauskreise von Ehrenamtlichen.

6 DIE ÖFFNUNG DER GEMEINDE ALS WACHSTUMSFAKTOR

Eine wesentliche Etappe im Wachstumsprozess war die Öffnung der Gemeinde für Distanzierte und Nicht-Evangelische. Verglichen mit den Glaubenskursen, die auf eine ähnliche Zielgruppe abzielen, sind die nun beschriebenen Angebote unverbindlicher und niederschwelliger. Wesentliche Absicht ist es, Distanzierte an die Gemeinde heranzuführen, das Kirchengebäude vorzustellen, zu zeigen, welch sinnvolle und gute Arbeit in der Kirche geleistet wird – und welche Botschaft sie verkündigt. Auch wenn sich die Formen vom traditionell Kirchlichen entfernen, bei der Verkündigung werden keine Abstriche gemacht oder Light-Versionen präsentiert.

Die erste größere geglückte Reihe war »Talk à la Carte«: Interessante Zeitgenossen werden eingeladen und interviewt. Der Kirchenraum verwandelt sich dabei in ein großes Bistro. Getränke und auch Kulinarisches werden angeboten. Die Bandbreite der Themen und Gäste ist groß, sie reicht von einer Fußballnationalspielerin aus der Gegend bis zu einer Muslimin aus dem Iran, die von ihrer Arbeit bei Amnesty International erzählt.

Ist es angebracht, über den Glauben zu reden, ist es gut, es wird aber nicht erzwungen. Wichtiger als das Thema ist der Gast.

Die Reihe »Talk à la Carte« wird inzwischen in unregelmäßigen Abständen fortgesetzt, abhängig davon, ob interessante Zeitgenossen zur Verfügung stehen. Dieselbe Funktion erfüllt seit zehn Jahren eine besondere Gottesdienstreihe. Viermal im Jahr gibt es den »Elf-Uhr Gottesdienst«, vergleichbar in anderen Gemeinden mit einem Begrüßungsgottesdienst für Suchende. Geprägt ist er von moderner Musik (Band, Chor), durch Moderatoren statt Liturgen. Er wird medial durch Bilder oder Filme aufbereitet oder durch ein Anspiel erläutert und verdeutlicht. Auch die Uhrzeit – eben 11 Uhr – kommt dem modernen Lebensgefühl entgegen. Anschließend gibt es eine Bewirtung. Damit dafür keine(r) während des Gottesdienstes in der Küche stehen muss, hat das Catering-Team schon vorab beim Pizza-Service eine Bestellung aufgegeben. Die meisten bleiben auch gerne zum Essen, viele kommen dabei über Gott und die Welt ins Gespräch. Genau das ist die Absicht: Glaubens- und Lebensgemeinschaft.

Dieses Angebot erreicht mühelos die Zielgruppe der jungen Familien, aber auch sehr viele Jugendliche und eine stattliche Anzahl an Senioren nehmen dieses Angebot wahr. Viele von den Letztgenannten sind möglicherweise auch froh, zu Hause nicht allein essen zu müssen. Die meisten kommen auch in andere Gottesdienste. Doch laden sie regelmäßig Freunde und Bekannte ein, die so in die Gemeinde eingeführt werden.

Presse- und Öffentlichkeitsarbeit unterstützen diese Öffnung und haben nach außen wie nach innen einen unschätzbaren Informationswert. Auch hier wird wieder in Teams gearbeitet. Eines pflegt den Kontakt zur Presse. Eine von einem Team um den Jugenddiakon gestaltete, aufwendige und aktuelle Website informiert und lädt zeitnah ein. Der attraktive Gemeindebrief mit farbigem Umschlag blickt zurück und kündigt frühzeitig an. Was aber entscheidend und erfolgreich ist, ist der persönliche Kontakt. Man spricht den Nachbarn, den Arbeitskollegen an und geht mit ihm in den »Elf-Uhr Gottesdienst«. Presse- und Öffentlichkeitsarbeit ist also eher eine flankierende Maßnahme, für die Öffnung der Gemeinde und für die Außendarstellung aber ist sie ein unverzichtbares Element.

7 DER GOTTESDIENST ALS VERSAMMLUNG DER GEMEINDE

In der Gemeinde ergänzen unterschiedliche, an Zielgruppen orientierte Gottesdienste die zentrale Feier am Sonntag:

Jugendgottesdienste werden wöchentlich am Freitagabend in den gut ausgebauten Jugendräumen gefeiert. Für den großen vierteljährlichen Ju-

gendgottesdienst »On fire« mietet man sich eine Disco, die am Sonntagabend eh geschlossen ist. So gibt man den Jugendlichen die Möglichkeit, das
»Sonntagabendloch« zu füllen, und schafft auch den nötigen Raum für die
oft 500 Personen zählende Gruppe.

In den letzten Jahren hat sich zusätzlich eine eigene Gottesdienstform
gebildet. Aus gewohnten und beliebten Elementen des Jugendgottesdienstes
wurde für die der Jugendzeit inzwischen Entwachsenen ein eigener Wor-
ship-Gottesdienst mit ausgeprägtem Anbetungsteil geformt. Neuerdings
wird halbjährlich ein Meditationsgottesdienst, geprägt von den Formen und
dem Liedgut aus Taizé, angeboten.

Doch sollen diese unterschiedlichen Gottesdienste nicht parallel zueinander existieren, sich nicht mehrere Gottesdienstgemeinden bilden. Das
Gottesdienstangebot wird ineinander verzahnt. So wird das Thema des »Elf-
Uhr Gottesdienstes« nach einigen Wochen im Gottesdienst wieder aufgenommen. Dieser »Nachschlagsgottesdienst« wird als solcher auch angekündigt und gezielt beworben. So soll an den ›normalen‹ Gottesdienst
herangeführt werden. Dieser wird auch immer wieder durch die anderen
Formen bereichert, sei es durch neue liturgische Stücke, neu arrangierte
Choräle oder Musik. Jeder der Hauptamtlichen hat in einer Gottesdienstform bedingt durch die Zielgruppenorientierung seinen Schwerpunkt, keiner ist darauf aber festgelegt. Die Verzahnung der Gottesdienstformen lebt
auch vom personellen Austausch der Verkündiger.

Zielgruppengottesdienste haben zwar andere Formen, andere Methoden, es ist den Rupelrather Verantwortlichen aber wichtig, dass die Menschen immer dieselbe Botschaft erkennen. Die inhaltliche Identität der Botschaft ist die Brücke, die alle anderen Formen mit der zentralen Feier am
Sonntagmorgen verbindet. Darum schätzt man die Gefahr, den traditionellen Gottesdienst durch die anderen Formen zu entwerten, als gering ein.
Das Verhältnis von Haupt- und Zielgruppengottesdiensten ist also in allen
Bereichen auf Austausch und Durchlässigkeit angelegt und führt letztlich
zum Sonntagsgottesdienst als der zentralen Versammlung der Gemeinde hin.

8 KINDER- UND JUGENDARBEIT

In der Kinder- und Jugendarbeit gab es zwei Aufbrüche:

Der erste basiert auf einer bekannten Erfahrung: Junge Familien signalisieren z. B. bei Taufgesprächen Interesse, den sonntäglichen Gottesdienst zu
besuchen. Was sie daran hindert, ist die Frage: »Wohin mit den Kindern?« Es
gab am Anfang keine Kinderbetreuung und der Kindergottesdienst begann
erst nach dem Hauptgottesdienst um 11.00 Uhr. Die Problematik war klar:
»Wer junge Familien für den sonntäglichen Gottesdienstbesuch gewinnen

will, muss diese Frage klären.« So ist in der Rupelrather Gemeinde die Parallelität von Gottesdienst, Kindergottesdienst und Kleinkinderbetreuung entstanden und damit der Weg zu einer erheblichen Verjüngung der Gottesdienstgemeinde.

Auch Kinderbibelwochen weisen den Kindern den Weg in den Kindergottesdienst. Ein weiterer wesentlicher Faktor ist auch die Kindergartenarbeit. Der Pfarrer geht einmal pro Woche in den Kindergarten und erzählt eine biblische Geschichte. Der Kontakt zum Pfarrer baut so Brücken zur Gemeinde.

Die Jugendarbeit hatte einen unspektakulären wie wirkungsvollen Anfang. Jugendliche, wie Ex-Konfirmanden, wurden zu einem neuen Jugendkreis eingeladen. Neben Kicker und Tischtennis sagte der Pfarrer in zehn Minuten, was ihm wichtig ist. Diese Mischung aus Spiel, Spaß, Gemeinschaft und Kurzandacht hat sich in veränderter Form durchgehalten. Die Jugendlichen, die mehr wissen wollten über Gott, Bibel und Glaube, lud er zu einem Jugendbibelkreis. Viele der späteren Mitarbeiter entstammen diesem Kreis.

Heute gibt es ein gut ausgebautes und geschmackvoll eingerichtetes Jugendcafé »Scandalon«, das an mehreren Tagen und Abenden geöffnet hat. Der Jugendgottesdienst am Freitag in den Jugendräumen ist fester Bestandteil. Jugendliche, die im Team mit dem Jugenddiakon diesen Gottesdienst vorbereiten, werden so an das gottesdienstliche Geschehen herangeführt. Größer angelegt ist der vierteljährliche Jugendgottesdienst »On fire«. Die gemeindeeigene »Worship-Band« gestaltet ihn musikalisch. Als die Kirche zu klein wurde, zog man 2005 in eine Disco um. Der Kirchenkreis war dort schon des Öfteren zu Gast mit christlichen Rockkonzerten. Inzwischen besuchen 500 Jugendliche den Gottesdienst. »On fire« stellt ein Highlight innerhalb der Jugendgottesdienste dar, ist aber vom Inhalt her im Grunde derselbe Gottesdienst wie alle anderen auch. Vergleichbar ist er in seiner Funktion mit dem Willkommensgottesdienst, die Reichweite ist aber in der recht mobilen Jugendszene eine weitaus größere (s. u.).

9 WEITE, OFFENHEIT UND KONKRETHEIT

Man ist sich seines Ziels und seiner Aufgabe bewusst, man hat aber eine gewisse Breite und Weite. Am Büchertisch liegen Bekehrungsschriften amerikanischer Machart neben recht weltlichen Ratgebern, die das Leben vereinfachen wollen. Ein Gedicht von Hans Dieter Hüsch steht im Gottesdienst neben einer Gebetsgemeinschaft. Es gab schon Jugendgottesdienste, bei denen zur Bekehrung aufgerufen wurde. Die gleichen Jugendlichen werden auch zum Kirchentag eingeladen. Anbetung und Lobpreis, wie man sie eher aus der charismatischen Tradition kennt, wechseln mit Taizé-Andachten ab.

Das hat nichts mit postmodernem Patchwork zu tun. Eher mit dem biblischen Grundsatz: Prüfet alles und das Gute behaltet. Das Gute ist im Falle dieser Gemeinde das, was ihren Zielen dient, ganz gleich, aus welcher Ecke der Frömmigkeit und Theologie es kommt. Diese Flexibilität in den Methoden bei einer strengen Ausrichtung auf das Ziel hat also durchaus integrative Kraft und fördert die Möglichkeit, sich über Jahrzehnte hinweg Schwankungen im Zuspruch und wechselnden Problemstellungen anzupassen.

In Rupelrath wird immer sehr konkret gesagt, dass es um die Belange des Glaubens und der Kirche geht. Einige Beispiele verdeutlichen dies: Vor der Reihe »Talk à la carte« wurde versucht, einen Stammtisch mit christlichen Themen in einem Gasthaus zu etablieren. Die Schwelle sollte niedrig gehalten werde. Der Zuspruch war gering. Bei »Talk à la carte« ist durch den Veranstaltungsort Kirche jedem Besucher klar, was ihn erwartet. Der Jugendgottesdienst wird nicht als Disco ausgegeben und an der einen oder anderen Stelle ein Anknüpfungspunkt bemüht. Es wird von Anfang an als ein Gottesdienst mit einer rockigen Band angekündigt. »Disco machen können andere besser«, wird gesagt im Wissen, dass gerade die Eindeutigkeit und Konkretheit eine Stärke des Angebots ist. Es wird durch und mit der Kirche geworben, die Besucher bekommen Kirche – und biblische Botschaft.

Weite, Offenheit und Konkretheit sind keine Wachstumsfaktoren für sich. Sie sind eine Grundhaltung, die in dieser Gemeinde für die ergriffenen Maßnahmen förderlich war.

10 MITARBEITER ALS TEAM

Am Anfang steht das Projekt. Es erfordert Teams. Teams generieren neue Projekte. Einmal angestoßen wird dieses System zum Selbstläufer. Manchmal sind Hauptamtliche Teammitglieder, das ist aber keine Bedingung. Gebets- und Kreativteams stehen gleichberechtigt neben Catering- oder Technikteams. Es gibt keine Hierarchie nach der Wertigkeit der Aufgaben. Auch Handarbeiter und Technikfreaks können ihre spezifischen Gaben einbringen. Die Teams haben untereinander eine lose Verbindung. Sie und die jeweiligen Ansprechpersonen sind bekannt. Ihr Know-how wird je nach den Erfordernissen der Projekte abgerufen. Mail und SMS drängen als Kommunikationsmittel mehr die Klassiker in den Hintergrund und sorgen für Flexibilität und zeitnahe Information. Es gibt gelegentliche Treffs für die 230 Mitarbeitenden und einmal pro Jahr eine Mitarbeiterfreizeit. Alle Teams

»unterstehen« direkt der Gemeindeleitung, eine Zwischenebene lehnt man ab.

Was sich so leicht und spielerisch anhört, war ein langer Weg. Der Ausgangspunkt war eine pfarrerzentrierte und unselbständige Mitarbeiterschaft. Der erste und entscheidende Schritt war, Verantwortung aus der Hand zu geben und Menschen durch unterschiedliche Maßnahmen zu schulen. Vertrauen in die eigenen Fähigkeiten musste wachsen, positive Erfahrungen mussten erst gemacht werden.

11 LEITSÄTZE

Der Leitbildprozess diente in den 90er Jahren der Selbstvergewisserung, der Bilanzierung, aber auch dem Aufbruch in einer Phase, in der der Zuspruch zu den Angeboten der Gemeinde stagnierte. Man hatte viel erreicht, aber es gab noch so viele Menschen, die erreicht werden mussten. Eigentlich »müsste man nach über zehn Jahren das Leitbild überarbeiten«, so wird schon ein nächstes Projekt angedacht.

---

1. Leitsatz: Was macht unsere Gemeinde in Zukunft als christliche Gemeinde erkennbar?

Wir sind … eine von Christus getragene und getriebene Gemeinde, die auf Menschen zugeht, sie einlädt und zum Glauben an und zum Leben mit Christus ermutigt.

2. Leitsatz: Wozu ist unsere Gemeinde an unserem Ort da?

Wir sind … dazu da, uns in einer heillosen Welt, die von zunehmender Einsamkeit und Kälte geprägt ist, einzumischen und heilsame Orte zu schaffen, an denen Menschen den Glauben suchen und ihn unverblümt leben und weitergeben können.

Die Leitsätze geben, neben den Aufgaben der Gemeinde vor Ort, auch den Außenbezug wieder. Sie ist dazu da, sich einzumischen. Neben vier z. T. diakonisch-missionarischen Projekten in der Dritten Welt erhebt die Gemeinde auch ihre Stimme für die Schwachen in Solingen. So nahm sie in der Öffentlichkeit Partei für Asylanten, die auf dem Gemeindegebiet untergebracht werden sollten, auch wenn aufgebrachte Zeitgenossen mit Kirchenaustritt drohten.

12 DIE KIRCHENGEMEINDE INNERHALB IHRER NACHBARN

Die Solinger Stadtteile sind zusammengewachsen. Parochiale Grenzen sind schwer einzuhalten. Das Rupelrather Konzept ist letztlich nicht über eine größere Entfernung hin zu realisieren. Konkurrenzsituationen zu den Nachbargemeinden versucht man zu vermeiden. Die Umgemeindungen sind oft eher Grenzbegradigungen. Ein Beispiel ist sprechend: Ein junger Mann, früher engagierter Jugendmitarbeiter in Rupelrath, kehrt nach Studium und Berufseingangsphase mit seiner Familie in seine Heimat zurück. Findet auch zufällig ein günstiges Häuschen in der Nähe. Die Kirche kann er bequem auch mit kleinen Kindern zu Fuß oder mit dem Fahrrad erreichen. Doch wohnt er jenseits der Grenze der Parochie. Er lässt sich umgemeinden.

Größere Ausstrahlung hat da »On fire«, zumal die Disco auf dem Gebiet der Nachbarpfarrei liegt. Hier kristallisiert sich heraus, dass die Gemeinde in diesem einen Bereich innerhalb der Region eine Funktion für andere Gemeinden wahrnimmt. Doch das kann man durch verlässliche Absprachen klären. Wurde das versäumt, hat dies schon zu Irritationen in der Nachbarschaft geführt.

13 RAHMENBEDINGUNGEN

Die Rahmenbedingungen sind inzwischen gut. Man hat sich von einigen Häusern (ehemalige Wohnungen für Gemeindediakon und Vikar etc.) außerhalb des Kirchenareals im Zuge einer Gebäudeoptimierung getrennt. Der Unterhalt erwies sich gemessen an den Mieteinnahmen als zu groß. Außerdem fehlte in der Kirchengemeinde das Know-how. Den Erlös legte man, entsprechend den Richtlinien der Rheinischen Landeskirche, so an, dass der Kapitalstock nicht aufgezehrt werden kann. Allerdings stehen die Zinsen der Gemeinde zur Verfügung.

Durch den Förderverein und die zahlreichen Spenden können die Stelle der ehemaligen Pastorin im Sonderdienst mit sechs Wochenstunden und etliche zusätzliche Projekte finanziert werden.

Ein Pfarrer z. A. ist zur persönlichen Unterstützung des Pfarrstelleninhabers da, weil dieser als Vertreter des Superintendenten übergemeindliche Aufgaben wahrnehmen muss. Der Jugenddiakon erhält Unterstützung durch eine gemeindefinanzierte Hilfskraft für die Jugendarbeit.

Die personelle und finanzielle Ausstattung ist vor allem auch Dank des Spendenaufkommens gut.

Fazit: Die Einheit von Glauben und Leben in einer missionarischen und offenen Gemeinde

Die Gemeindeglieder leben miteinander in ihrem Stadtteil und praktizieren ihren Glauben zusammen. Leben und Glauben bilden hier eine Einheit bis hinein in die Details des alltäglichen Lebens. Das Gemeindekonzept baut bewusst auf persönliche, nachbarliche Kontakte auf. Man hat ein klares, pietistisch geprägtes missionarisches Profil, hat aber vor allem im methodischen Bereich die Offenheit, Neues zu integrieren. Offenheit ist es auch, was die Gemeinde im Umgang mit Gemeindefremden auszeichnet. Man sorgt sich um sie, lädt ein, aber drängt nicht oder ist aufdringlich. Man zeigt konkret, wo man steht und wer man ist. Dies verhilft zu einer Leichtigkeit im Umgang miteinander.

Ein wesentlicher Wachstumsfaktor war die Öffnung der Gemeinde. Man verließ mit vielen Angeboten im Jugend- wie im Erwachsenenbereich das angestammte Terrain oder die üblichen Methoden und gewann Menschen.

Jakobusgemeinde Tübingen

Ort:	Tübingen
Einwohnerzahl:	83 605, davon Evangelische 36 059 (41,2 %)
Bundesland:	Baden-Württemberg
Landeskirche:	Evangelische Kirche in Württemberg
Gemeindegröße 2003:	1500
Gemeindegröße 2006:	1600
Wachstum:	7 %
Gottesdienstbesuch 2003:	330
Gottesdienstbesuch 2006:	330
Adresse:	Evangelisches Pfarramt Jakobus, Justinus-Kerner-Straße 2, 72070 Tübingen; Telefon: 07071/42681
Homepage:	www.jakobusgemeinde.de

1 DIE SITUATION DER JAKOBUSGEMEINDE IN DER REGION

Die Universitätsstadt Tübingen, südlich von Stuttgart, hat eine evangelische Gesamtgemeinde. Das heißt, die sieben einzelnen Gemeinden im Stadtgebiet Tübingen bilden eine Verwaltungseinheit, durch die die Vergabe und Verwaltung der finanziellen Mittel zentral wahrgenommen wird. Die Jakobusgemeinde ist unter den Evangelischen Kirchengemeinden in Tübingen die kleinste und hat das älteste Kirchengebäude, das unter Denkmalschutz steht. Das ist insofern auch für den Wachstumsprozess relevant, als der Zahl der Gottesdienstbesucher dadurch Grenzen gesetzt sind, die jedenfalls nicht durch bauliche Erweiterungen überwunden werden können.

Im Rahmen des Entwicklungs- und Wachstumsprozesses, der in den letzten 15 Jahren in der Jakobusgemeinde stattgefunden hat, haben sich viele Mitglieder anderer Kirchengemeinden in die Jakobusgemeinde umgemeinden lassen (ca. 300 Personen). Nach der Ordnung der Württembergischen Landeskirche bleiben sie damit jedoch weiterhin Mitglieder der Evangelischen Kirchengemeinde, auf deren Gebiet sie wohnen (Parochialprinzip), sie erhalten in der Gemeinde, in die sie sich umgemeinden lassen, lediglich das (aktive und passive) Wahlrecht. Bei der Zuweisung von der Kirchensteuermitteln spielen Umgemeindungen jedoch keine Rolle.

Das Einzugsgebiet der Jakobusgemeinde reicht (trotzdem) weit über die Grenzen ihrer Parochie hinaus, und zwar sowohl hinsichtlich der Mitgliederzahlen als auch im Blick auf die Gottesdienstbesucherzahlen. So gehören von den sonntäglichen Gottesdienstbesuchern nur etwa 15% zur Parochie der Jakobusgemeinde, während der ganz überwiegende Teil aus benachbarten Gemeinden in Tübingen und (teilweise weit) darüber hinaus kommt. Die ›abgebenden‹ Gemeinden empfinden diese Situation verständlicherweise als unerfreulich, weil sie den Eindruck haben, dass ihnen durch die kirchliche und insbesondere gottesdienstliche Arbeit der Jakobusgemeinde aktive Mitglieder abgeworben werden und insofern verloren gehen. Die daraus resultierenden Spannungen sind jedoch nicht Gegenstand offener Auseinandersetzungen, sondern schwelen eher im Untergrund. Zahlreiche Gemeindeglieder der Jakobusgemeinde waren jedoch vor ihrer Zugehörigkeit keine aktiven Kirchenmitglieder bzw. keine Mitglieder der Evangelischen Landeskirche.

2 DER BEGINN DES WACHSTUMSPROZESSES

Vor gut 15 Jahren hat sich der jetzige Gemeindepfarrer auf die vakante Stelle der Jakobusgemeinde beworben. Damals nahmen allsonntäglich ca. 50–60 Menschen in höherem Alter am Gottesdienst teil. Kirchliche Pläne sahen in dieser Situation eine Eingemeindung der Jakobusgemeinde in die Stiftskirchengemeinde vor. Der Pfarrer, der sich um die Stelle bewarb, brachte klare Vorstellungen, eine Gottesdienstkonzeption und ein Leitbild mit, deren Übernahme durch die Gemeinde für ihn die Bedingung der (dauerhaften) Übernahme dieser Pfarrstelle war. Der oberste Leitsatz für die Gemeindearbeit hieß dabei:

> »Das Ziel aller Bemühungen soll sein, dass möglichst viele Menschen durch eine einladende Gemeinde zu einem persönlichen Verhältnis zu Jesus als dem Christus gelangen.«

Im Anschluss an diesen Leitsatz wurden vier Regeln aufgestellt, die für die gesamte Gemeindearbeit als Leitbild gelten sollten:

> 1. Allgemeines Expertentum aller Glaubenden
> 2. Was nicht einfach geht, geht einfach nicht
> 3. Was nicht regelmäßig geschieht, wird in der Regel mäßig
> 4. Wer zum ersten Schritt einlädt, der muss auch den zweiten gehen

Die Vorgabe dieses Leitsatzes und dieser Regeln verband sich mit dem Konzept einer Gottesdienstreform (s. u. Ziff. 3), für dessen Kennenlernen und Erprobung der Gemeinde ein halbes Jahr Zeit gegeben wurde und über das sie dann abstimmen konnte. Durch die Annahme dieses Gottesdienstkonzepts mit einer Mehrheit von 96 % war die Bedingung erfüllt, die es dem neuen Gemeindepfarrer damals (1991/92) ermöglichte, in der Jakobusgemeinde zu bleiben und seine Gaben sowie seine Durchsetzungskraft im Interesse des Gemeindewachstums zur Geltung zu bringen. Innerhalb von zwei Jahren stieg der Gottesdienstbesuch auf durchschnittlich 330 Personen an und hält sich seitdem auf diesem Niveau. Dabei gab es durchaus auch einzelne Personen und kleinere Gruppen, die mit dem neuen Stil, der neuen Gottesdienstform und der neuen Konzeption von Gemeindearbeit nicht einverstanden waren und sich darum von der Jakobusgemeinde abwandten und z. B. in die Stiftskirche überwechselten. Da es gleichzeitig eine hohe Fluktuation in der Gemeinde (Studierende, Akademiker und die mobile Altergruppe zwischen 25 und 40) gibt, besagt die konstant gebliebene Zahl zugleich, dass regelmäßig neue Menschen zur Gemeinde hinzustoßen.

Das Naturell des Pfarrers, Wechselwirkungen zwischen Pfarrer und Verantwortlichen in der Gemeinde, aber auch die hohe Identifikation vieler mit der Gemeinde (Idealisierung) brachten es in der Folgezeit mit sich, dass es Konflikte und – teilweise schwere – Auseinandersetzungen gab, aber schließlich überwog die Zustimmung zur und Begeisterung über die Dynamik, die im Wirken des Pfarrers erkennbar wurde, und über den Zulauf, der sich in seiner Amtszeit einstellte.

Die Tatsache, dass diese Amtszeit in Kürze ablaufen wird, veranlasst die Jakobusgemeinde schon jetzt, in struktureller und personeller Hinsicht den Übergang und Wechsel so intensiv und bewusst vorzubereiten und zu gestalten, dass es möglichst nicht zu einem tiefen Einbruch oder Zusammenbruch der Arbeit kommt.

3 DER GOTTESDIENSTBESUCH ALS ZENTRUM DES GEMEINDELEBENS

Die Gottesdienstkonzeption, die der gegenwärtige Gemeindepfarrer bei seinem Amtsantritt (als Bedingung für sein Bleiben) mitbrachte, enthielt einerseits vielfältige liturgische Elemente, die aus der Tradition der Orthodoxie, aus Taizé und anderen geistlichen Bewegungen übernommen wurden sowie andererseits eine dynamische, rhetorisch-geschickte Gottesdienst- und Predigtgestaltung, die sich durch präzise Vorbereitung, gekonnte Darbietung und lebensnahe Inhalte auszeichnet. Dabei werden liturgische Überlieferungsstücke (etwa im Zusammenhang mit dem Abendmahl) bewusst sehr frei gestaltet, um sie zu aktualisieren. Anregungen zur Gottesdienstgestaltung (nicht zum Abendmahl) wurden von der Auferstehungs-Gemeinde in Mainz (s. o. S. 214–221) übernommen, zu der seitdem ein intensives und reges Partnerschaftsverhältnis mit wechselseitigen Besuchen, Austausch von Erfahrungen und Anregungen besteht.

Zu den Besonderheiten dieser Gottesdienste gehört, dass die Predigt bereits mehrere Tage vorher via Internet abgerufen und gelesen werden kann und dass im Gottesdienst selbst eine Vielzahl von kreativen Elementen Verwendung finden: künstlerische und szenische Darstellungen, Gesprächsphasen, spontane Gesänge während des Abendmahls. Auf diese Weise nimmt ein großer Teil der Gemeinde durch Gebet, Vorbereitung, Mitwirkung, Nacharbeit an der Gestaltung des Gottesdienstes teil.

4 VERTIEFUNG DES GLAUBENS

Über den einladenden Gottesdienst hinaus, der sehr viele Menschen erreicht, liegt ein weiterer Schwerpunkt der Gemeindearbeit in dem, was die Gemeinde selbst ›Vertiefung des Glaubens‹ nennt. Das geschieht einerseits in den – insgesamt 21 – gut durchorganisierten Hauskreisen, andererseits in den Glaubenskursen, die regelmäßig angeboten werden.

Im Blick auf die Hauskreise, die als wichtige Kleingruppen fest in die Gemeindearbeit integriert sind, sind vier Aspekte wichtig:

a) Es gibt vom Kirchengemeinderat beauftragte Hauskreisverantwortliche.
b) Jeder Hauskreis hat die Aufgabe, regelmäßig bei der Gottesdienstgestaltung mitzuarbeiten.
c) Alle Hauskreisverantwortlichen treffen sich regelmäßig.
d) Es gibt regelmäßig offene Hauskreisabende für alle, die einen Hauskreis suchen oder neu mit einem Hauskreis beginnen wollen.

Insbesondere dieser letzte Aspekt ist wichtig, um zu verhindern, dass die Hauskreise zu abgeschlossenen Einrichtungen werden, zu denen neu Hinzukommende nur schwer oder gar nicht Zugang finden können.

Das zweite Vertiefungselement sind die Glaubenskurse, insbesondere bisher die ›Alpha-Kurse‹, an denen ein Großteil der aktiven Gemeindeglieder bereits teilgenommen hat. Daraus ist inzwischen der Wunsch nach Fortsetzung und weiterer Vertiefung in Form von ›Beta-Kursen‹ entstanden, dem die Gemeinde nun auch nachkommen will.

5 MISSIONARISCHE DIAKONIE

In diesem äußeren Kreis der Gemeindearbeit geht es einerseits um diakonische Aktivitäten, die sich zwar auch auf den Nahbereich (Tübinger Tafel für Bedürftige), vor allem aber auf Partnerschaften mit anderen Weltgegenden (Afghanistan, Bolivien, Sri Lanka, Uganda) richten. Im Nahbereich des gemeindlichen Umfelds (also in der Parochie) überwiegt der missionarische Aspekt in Form von Besuchsdiensten, Kindergarten-, Konfirmanden- und Elternarbeit, Treffs und Begegnungsmöglichkeiten. Die Vielzahl dieser Angebote macht nachvollziehbar, dass und warum es in der Gemeinde 220 ehrenamtliche Mitarbeiterinnen und Mitarbeiter gibt, die in all diesen Bereichen tätig sind und der Vernetzung und regelmäßigen Schulung durch die Mitarbeiterreferentin der Gemeinde bedürfen und diese auch bekommen. Dazu gibt es ein »Mitmachbuch«, in welchem nach demselben Schema alle Gruppen der Gemeinde aufgelistet sind.

In ihrem Umfeld betreibt die Jakobusgemeinde auch eine intensive, qualitativ hochwertige Öffentlichkeitsarbeit in Gestalt eines Gemeindebriefs (›Lebenszeichen‹), der im Abstand von zwei Monaten als farbige Hochglanzbroschüre erscheint, sowie durch ein Willkommensbuch, das auf 32 Seiten über die Gemeindeaktivitäten, über Ansprechpartner und Adressen informiert.

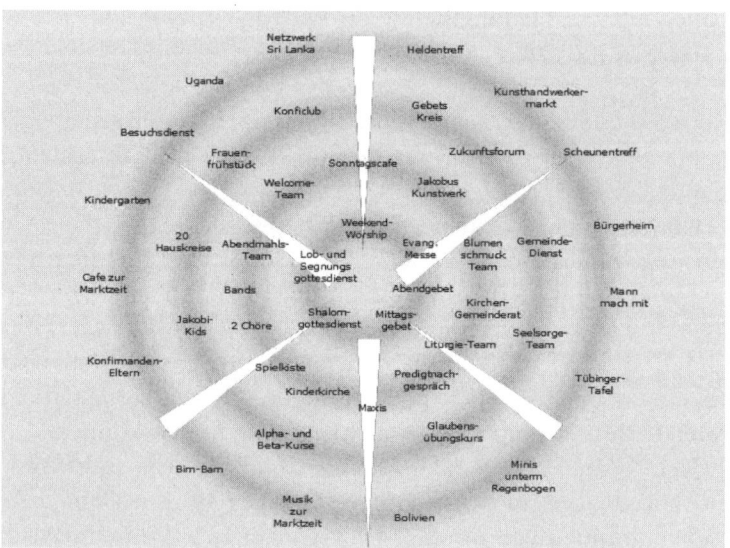

6 FINANZIERUNG DER GEMEINDEARBEIT

Schon aus der Situationsbeschreibung im ersten Abschnitt wurde deutlich, dass und warum diese Kirchengemeinde ihre vielfältigen Aktivitäten (und Stellen) nicht mittels der ›normalen‹ Zuweisungen aus dem Kirchensteueraufkommen alleine finanzieren kann, die ihr von der Gesamtkirchengemeinde bewilligt und zugewiesen werden. Diese Tatsache hat hier (wie andernorts auch) Ideen, Phantasie, Pläne und konkrete Aktionen freigesetzt, auf Grund deren die Jakobusgemeinde ihre Arbeit finanzieren kann.

So hat die Gemeinde sich in vier Faltblättern mit der Überschrift »Meine Jakobusgemeinde ist mir lieb & teuer!« mit beachtlichem Erfolg an Gemeindeglieder und andere Interessierte gewandt, um einerseits darzulegen, wofür das zur Verfügung stehende Geld ausgegeben wird, und um andererseits für ein größeres finanzielles Engagement der Gemeindeglieder und Sympathisanten zu werben.

In diesem Zusammenhang hat die Jakobusgemeinde (angeregt durch eine andere Gemeinde) auch eine Talente-Aktion veranstaltet, bei der jedem, der dies wollte, 10 Euro zur Verfügung gestellt wurden, verbunden mit der Einladung, dieses ›Talent‹ zum Wohl der Gemeinde einzusetzen und nach Möglichkeit zu vermehren, also – biblisch gesagt – »damit zu wuchern«. Dass dabei aus 2000 eingesetzten Euro schließlich 14000 zurückfließende Euro wurden, war der ökonomische Gewinn dieser Aktion. Die dabei entstandene Einsicht, auch mit bescheidenen Mitteln und dem eigenen Talent etwas für die Gemeinde beitragen zu können, war der noch wichtigere geistliche Gewinn, der dabei für viele entstand.

Viele Gemeindeglieder wurden durch diese Aktion zum ersten Mal mit ihren Talenten und Gaben für andere sichtbar und so trug die Aktion zu einer intensiveren Vernetzung und Vertiefung der Gemeinde bei. Die Aktion fand zudem in einer Phase statt, in der die Finanzpläne der Gesamtkirchengemeinde eine eher resignative Stimmung aufkommen ließen. Durch die Talente-Aktion wuchs ein neues Selbstbewusstsein und eine große Zuversicht in der Gemeinde.

Fazit: Eine Gemeinde gerät in Bewegung

Dass es gerade die Kleinen in sich haben können, weil sie es den Großen zeigen wollen, kann man an und in der Jakobusgemeinde in Tübingen in mehr als einer Hinsicht gut studieren. Eine in ihrer Daseinsberechtigung in Frage gestellte Gemeinde erwachte durch charismatische, liturgische, missionarische und andere Initiativen, die zunächst vor allem vom Pfarrer ausgingen, zu einer Vitalität und Dynamik, die für alle Beteiligten überraschend kam. Dazu passt es, dass das Gebet und das Rechnen mit dem Wirken des Heiligen Geistes (und seinen ›Überstunden‹) von Anfang an in dieser Wachstumsbewegung eine entscheidende Rolle spielten. Die Gemeinde präsentiert sich heute als ein lebendiger Organismus, in dem die Altersgruppe dominiert, die sonst im kirchlichen Leben eher vermisst wird: die Generation der 25–45-Jährigen, also die Menschen, die beruflich und familiär ›mitten im Leben‹ stehen und trotzdem (oder gerade deshalb?) in dieser Kirchengemeinde eine geistliche Heimat und ein lohnendes Betätigungsfeld gefunden haben.

Evangelische Kirchengemeinde Nierenhof

Ort:	Velbert
Einwohnerzahl des Stadtteils:	ca. 4750, davon 1900 Evangelische (40%)
Bundesland:	Nordrhein-Westfalen
Landeskirche:	Evangelische Kirche von Westfalen
Gemeindegröße 2003:	1900
Gemeindegröße 2006:	1900
Gottesdienstbesuch 2003:	314
Gottesdienstbesuch 2006:	360
Wachstum:	14,6%
Adresse:	Kohlenstr. 46, 42555 Velbert; Telefon: 02052/961493
Homepage:	www.kirche-nierenhof.de

1 ZUR GEGENWÄRTIGEN SITUATION DER GEMEINDE IN DER REGION

Nierenhof gehört kommunalpolitisch zur Stadt Velbert (86 000 Einwohner) und damit zum Rheinland. Die dortige Evangelische Kirchengemeinde bildet aber die südwestliche Ecke des Kirchenkreises Hattingen-Witten und ist damit Teil der westfälischen Landeskirche. Von dieser Lage hat der Ort in den letzten Jahren profitiert. Ehemals eine kleine Ansammmlung von Bauernhöfen, ist er durch Zuzüge aus den Großstädten Essen und Wuppertal angewachsen. Selbst das Ruhrgebiet ist durchaus für Pendler erreichbar. Einige Neubaugebiete des gehobenen Wohnniveaus sind entstanden. Doch hat Nierenhof seinen ländlichen Charme bewahrt.

Die Zahl der Gemeindeglieder verharrt im Moment bei ca. 1900. Eine leichte Abwanderung kann dadurch kompensiert werden, dass mehr Menschen getauft als beerdigt werden und dass die Kircheneintritte die Austritte übersteigen. Die zahlreichen Umgemeindungen (264) aus der näheren Umgebung (Radius ca. 10 km) werden in der westfälischen Landeskirche gesondert gezählt. Gerade sie sind Ausdruck eines »inneren« Gemeindewachstums, das im Folgenden dargestellt wird.

2 DIE PHASEN DES GEMEINDEWACHSTUMS

Nierenhof liegt in einer eher evangelisch geprägten Gegend, der Ort gehört aber nicht zum »Erweckungsgebiet« des Rheinlandes. 1926 wurde die Pfarrstelle eingerichtet, 1933/34 die Kirche und 1983/84 das Gemeindehaus gebaut.

Unterschiedliche Pfarrertypen prägten die Gemeinde mit ihren je eigenen Gaben:

Der erste Pfarrer versuchte, die Gemeinde am Ort zu etablieren. Er hatte sehr viele Außenkontakte, eine starke Präsenz in der Öffentlichkeit und kümmerte sich diakonisch um die Gemeinde. Noch heute schwärmt man von seinen zahlreichen Hausbesuchen. Sein Nachfolger (1954–1978) wurzelte im rheinischen Pietismus und im CVJM. Der Schwerpunkt seiner Arbeit war die geistliche Erneuerung. Heute erinnert man sich noch daran, wie er immer wieder seine Gebete abschloss: »Schenke uns Erweckung«. Er gründete den CVJM und scharte um sich einen Kern von Mitarbeitern, die noch heute das Grundgerüst der Ehrenamtlichen bilden. Sie trugen auch die Gemeinde durch die lange Vakanz 1978–1983. Sie war zwar schmerzlich, stärkte aber auch die Selbständigkeit und Eigenverantwortlichkeit der Ehrenamtlichen, Eigenschaften, die noch heute die Mitarbeiterschaft auszeichnen.

Die Zeit von 1983–1993 war wiederum eine Phase der Öffnung zum Ort und der intensiven Hausbesuche bei Beibehaltung des missionarischen Gemeindeaufbaus. Heute lobt man diesen Pfarrer dafür, dass er sehr viele Fernstehende an die Gemeinde herangeführt hat und die Gemeinde nach innen organisierte.

Phasen der Öffnung und Ausweitung wechselten sich ab mit Phasen der Konzentration. Strukturen wurden geschaffen, das Gemeindeleben missionarisch ausgerichtet. Damals wurde »der Boden für das Wachstum«, das ab Mitte der 90er Jahre messbar ist, »bereitet«.

Während 1993 – dem Amtsantritt des jetzigen Pfarrers – in der Gemeinde ein Hauskreis und ein Frauenbibelfrühstück existierten und im Durchschnitt 80 Gemeindeglieder die Gottesdienste besuchten, beteiligen sich heute 200 Gemeindeglieder in 25 Hauskreisen. Zu den Gottesdiensten kommen im Schnitt 360 Personen. Das Wachstum wird von allen Altersgruppen gleichermaßen getragen. Der Gottesdienst spiegelt die gute Durchmischung der Generationen wider, die auch in der Gemeinde zu finden ist. Auch ist die Gemeinde für Menschen aus der Nachbarschaft interessant geworden. Die Hälfte der Gottesdienstteilnehmer und der Ehrenamtlichen wohnt nicht in der Parochie.

Als wesentliche Wachstumsimpulse der letzten 14 Jahre werden genannt:

– klare Zielsetzung,
– geistliche Erneuerung des Einzelnen und der Gemeinde,
– Organisation und Strukturierung der Gemeinde.

Unter diese Punkte sollen im Folgenden zahlreiche Einzelmaßnahmen subsummiert werden.

3 DIE ZIELE DER GEMEINDEARBEIT – INHALTLICHE PROFILIERUNG

Pfeiler der Gemeindearbeit sind das Gebet und die Impulse von außen. Dabei ist die Bitte um geistliche Erneuerung aus der Anfangszeit paradigmatisch. Noch immer ist dies das Grundanliegen des gemeinsamen Gebets von Verantwortlichen und Gemeindegliedern für die Gemeinde und für jedes ihrer Glieder. Ein fester Ort des Gebets ist das wöchentliche Gebetsfrühstück (Dienstag, 6 Uhr) geworden.

Die Gemeindeleitung legt großen Wert darauf, dass die Mitarbeitenden Schulungen, Tagungen und Kongresse besuchen. Man hält so steten Kontakt zu Missionswerken. Prägend waren auch die Besuche der Willow Creek-Kongresse (s. u.). Außenkontakte sind auch wesentlicher Bestandteil einer langfristigen Mitarbeiterentwicklung.

Auf einer Mitarbeiterwoche wurde vor sieben Jahren das Ziel der Gemeindearbeit definiert: »Menschen sollen bei Jesus ein Zuhause finden und mit Jesus Leben gestalten.« Daraus wurden fünf biblisch begründete Aufträge abgeleitet:

- »Evangelisation: Auf allen Ebenen sollen Menschen auf Jesus und den Glauben angesprochen werden.
- Gemeinschaft soll erlebbar sein: z. B. in Hauskreisen und Kleingruppen.
- Nachfolge und Wachstum im Glauben.
- Mitarbeit: Jeder Christ soll auch Mitarbeiter sein.
- Gott loben und ehren in allen Aktivitäten der Gemeinde.«

4 »GEISTLICHE ERNEUERUNG« DES EINZELNEN UND DER GEMEINDE

»Die Gemeinde ist missionarisch aufgewacht«, so benennt man den Grund des Wachstums. Impulse können etliche genannt werden:

4.1 EVANGELISATION PRO CHRIST

Bereits viermal beteiligte man sich an der Satelliten-Evangelisation PRO CHRIST (1997, 2000, 2003 und 2006). Resonanz fand diese Form der Evangelisation vor allem unter der Mitarbeiterschaft. Man schätzt, dass drei Viertel der Ehrenamtlichen teilgenommen haben. Es gab aber auch Zuspruch von eher Distanzierten. Sie wurden zu Nachbesprechungsgruppen eingeladen, in denen die Grundlagen des Christseins besprochen wurden. Aus diesen Gruppen entstanden dann Hauskreise. Inzwischen sind mindestens 70 neue Mitarbeitende durch diese Aktionen gewonnen worden. Für die Nachhaltigkeit der Evangelisation sorgt die grundsätzlich missionarische Ausrichtung der Gemeinde. Den idealen Weg eines Christen beschreibt sie so: »Bekenntnis – Gemeinschaft im Glauben – Mitarbeit«. Und diese Mitarbeit ist wiederum auf die Gewinnung von Menschen aus. Die Evangelisation mündet in die missionarische Tätigkeit der Gewonnenen. Die Gemeinde versteht es also, die Dynamik von Mission aufzunehmen und in ihren Programmen, Veranstaltungen und Angeboten umzusetzen.

Bei der ersten PRO CHRIST-Kampagne überlegte man lange, wie man den Aufruf, nach vorne zu gehen und damit ein Bekenntnis abzulegen, vermitteln könne. Man diskutierte das Anliegen in den Kleingruppen und bereitete so die Aktion vor. Dass sich so viele, vor allem auch von den

Mitarbeitenden, für Jesus entschieden haben, berichtet man heute voller Dankbarkeit.

4.2 GLAUBENSKURSE FÜR JUNG UND ALT

Die Glaubenskurse »Christ werden – Christ bleiben«, »Leben mit Vision« und der Alpha-Kurs fanden Zuspruch und banden Menschen an die Gemeinde. Diese Erfahrung übertrug man auf den Jugendbereich. Die Jugendalphaabende werden jeweils von einem jugendlichen und einem erfahrenen Mitarbeiter gestaltet. Zur Werbung nutzt man die großen Gemeindeveranstaltungen. Berichte in der örtlichen Presse dienen dazu, allgemein zu informieren. Was letztlich zählt, ist die persönliche Einladung.

4.3 HAUSKREIS-ARBEIT

Viele der inzwischen 25 Hauskreise haben ihre Wurzeln in einem Glaubenskurs oder in PRO CHRIST. Die Hauskreise sind sozusagen das Folgeangebot. Geistliche Stärkung des Einzelnen im Rahmen der Kleingruppe ist das vornehmliche Ziel, denn viele »haben keine geistliche Prägung mehr«. Hauskreise haben eine Schlüsselstellung auf dem »idealen Weg« in die Gemeinde: »Hinwendung zu Jesus – Hauskreis – Mitarbeit«. Die christliche Gemeinschaft, die in der Kleingruppe erlebt wird, ist das Zwischenglied zwischen der eigenen Bekehrung und dem Aktivwerden in der Gemeinde und somit auch Basis der Mitarbeiterschaft.

4.4 MITARBEITERSCHAFT

Die 180 Ehrenamtlichen arbeiten in Teams zusammen. Ihre Zusammenarbeit ist durch Mitarbeitertage und -wochenenden, Kleingruppentreffen und den Gemeindebeirat institutionell geordnet. Durch fest umrissene Aufgabenbereiche soll eine Überforderung des Einzelnen vermieden werden. Man weiß in Nierenhof, dass die Mitarbeitenden »Luft zum Atmen und Freiräume brauchen«, ansonsten sind sie nicht für Neues offen oder empfinden es nur noch als zusätzliche Belastung, was letztlich – dies musste man nur in wenigen Fällen im Wachstumsprozess selbst erfahren – zu einer grundsätzlichen Abwehrhaltung gegenüber Neuem führt. Stattdessen setzt man hier auf die Kreativität der Mitarbeitenden, die immer wieder neue Ideen entwickeln oder Anregungen von außen in die Gemeinde hineintragen. Presbyterium und Pfarrer achten auf diese Freiräume, begleiten und regen immer wieder zum Besuch von Fortbildungsmaßnahmen an.

5 ORGANISATORISCHE UND STRATEGISCHE GRUNDENTSCHEIDUNGEN FÜR DAS WACHSTUM

5.1 ORIENTIERUNG AN ZIELGRUPPEN

In Nierenhof wollte man familien- und kinderfreundlicher werden. Damit junge Familien in den Gottesdienst kommen können, wird der Kindergottesdienst parallel zum Hauptgottesdienst gefeiert. Die große Resonanz führte zu einer Umstrukturierung des Kindergottesdienstes (s.u.)

Vor sechs Jahren wurde ein »Gästegottesdienst« eingeführt, mit dem die Gemeinde sich einladend an Kirchendistanzierte wendet. Er findet drei Mal im Jahr an Stelle des üblichen Sonntagsgottesdienstes statt und soll eine Feier sein, in die »die Gemeindeglieder ihre Freunde und Nachbarn gerne mitbringen«. Begrüßungsteams und speziell beauftragte Gemeindeglieder kümmern sich vor und nach dem Gottesdienst um die, die zum ersten Mal da sind oder die alleine zu sein scheinen. Diese persönlichen Kontakte sollen helfen, die Verbindung zur Gemeinde zu festigen. Denn, so weiß man zu berichten, »die meisten brauchen persönliche Kontakte. Nur wenn sie bekannte Gesichter finden, kommen sie wieder.«

Charakteristika des »Gästegottesdienstes« sind das Verzichten auf übliche liturgische Formen – lediglich Fürbitte, Vaterunser und Segen sind vorhanden –, stattdessen sind Moderation, das Fehlen des Talars, Anspiel, Lobpreis und moderne, von einer Band begleitete Lieder feste Bestandteile. Der Übergang in andere Formen des Gemeindeengagements gelingt oft. Dafür sorgen auch die Elemente, die aus dem »Gästegottesdienst« in den ›normalen‹ sonntäglichen Gottesdienst geflossen sind. Zwar feiert man hier mit Liturgen im Talar, doch sind den klassischen Elementen auch Lobpreis und Liedgut, das von der Band begleitet wird, beigemischt. Diese behutsame Veränderung des Gottesdienstes löste bei der Gemeinde kaum Ablehnung aus.

5.2 DIE VERÄNDERUNG DES KINDERGOTTESDIENSTES

Vor fünf Jahren startete man den strukturell veränderten Kindergottesdienst, mit Namen »Abenteuerland«. Parallel zum Gottesdienst der Erwachsenen versucht man in Kleingruppen – es gibt sogar für die Kleinsten eine eigene Spielgruppe – erlebnisorientiert in die biblischen Geschichten und Themen einzuführen. Pate stand das Promiseland-Konzept der Willow Creek-Gemeinde. Der Kindergottesdienstbesuch hat sich in dieser Zeit nahezu verdreifacht.

5.3 Die Intensivierung der Verbindung zum CVJM

Die ohnehin gute und immer gepflegte Verbindung zum CVJM wurde noch intensiviert. Die Leitung der Gemeinde und des CVJM wurden auch personell verschränkt. So verantwortet der CVJM ganz im Sinne der Gemeinde den gesamten Bereich der Kinder- und Jugendarbeit. Wie konsequent er die jungen Menschen an die Gemeinde heranführt, zeigt ein Detail: Auf der Empore der Kirche ist der Treffpunkt der Jugend. Hier hat auch der persönliche Austausch vor und nach dem Gottesdienst seinen Ort gefunden. So kann man in Nierenhof sagen: »Dadurch, dass unser Gottesdienst ein Treffpunkt für alle Generationen ist, entsteht ein starkes Zusammengehörigkeitsgefühl.«

5.4 Neubau einer Mehrzweckhalle

Die Kirche und das Gemeindehaus sind in gutem baulichen Zustand, aber oft für die Gottesdienste zu klein. Darum hat man vor einigen Jahren eine Mehrzweckhalle mit viel Eigenarbeit erstellt. Das hohe Spendeaufkommen (ca. 100 000 € pro Jahr) machte dies möglich. Die Halle ist ein »Zeichen der offenen Wege«. Denn sie wird auch von nicht-kirchlichen Gruppen gebucht. Die erzielten Einnahmen stehen dabei im Hintergrund. Wichtiger sind die Kontakte. Die Kirchengemeinde tritt ins Bewusstsein. Schwellen werden gesenkt. Dass inzwischen in der Halle immer mehr Gottesdienste gefeiert werden, ist für manchen sonntäglichen Kirchgänger gewöhnungsbedürftig. Fern geblieben ist aber deshalb noch niemand.

Hier zeigt sich die Dynamik von Wachstum auch in einer materiellen Hinsicht: Die kleine Gemeinde sammelt alljährlich viel Geld. Dieses Anwachsen der Spendensumme ist ein Produkt des Gemeindewachstums und gleichzeitig der Nährboden für neues Wachstum. Denn man investierte in Räumlichkeiten, um dem Wachstum gerecht zu werden, und man finanziert damit die Stelle eines Praktikanten in der Jugendarbeit, um auch in diesem Bereich mehr Menschen zu erreichen. Wachstum schafft also die Möglichkeiten für neues Wachstum und entwickelt so eine Dynamik.

6 DIE ADAPTION DES KONZEPT DER GEMEINDE AUS WILLOW CREEK UND DER WEG ZUR PROFILGEMEINDE

Was auf den Willow Creek-Kongressen die Nierenhöfer Gemeinde beeindruckte, war »die Ausstrahlung, die Ergriffenheit und die Liebe zu Jesus«. So ließ man sich gerne anregen, sich Distanzierten zuzuwenden. Die Kindergottesdienstarbeit bekam Impulse. Der »Gästegottesdienst« entstand. Schon vorher arbeitete man in und mit Kleingruppen, doch empfand man die Gemeinde als unstrukturiert. Durch Einflüsse aus Willow Creek wurde die Kleingruppenarbeit intensiviert, organisiert und auf alle Altersgruppen ausgedehnt. Diese Maßnahme strukturierte wiederum die gesamte Gemeinde und »festigte sie von innen heraus«. Auch die Aus- und Weiterbildung der Kleingruppenleiter trat vermehrt in den Blick.

Die Gemeinde in Nierenhof hat sich profiliert. Folglich kommen auch viele Menschen aus Nachbargemeinden zu ihr. Niemand wird abgeworben, es wird aber auch niemand weggeschickt. »Jeder kann sich die Gemeinde aussuchen, in die er will«, so sagt man und betont, dass es in geistlichen Dingen keine Konkurrenz gibt, da man – wie die anderen Gemeinden auch – der Sache Jesu dient. Auch gibt es mit den Nachbargemeinden klare Absprachen, Dimissoriale werden erteilt. Eigentlich hat diese Gemeinde alle Voraussetzungen, Profilgemeinde genannt zu werden. Trotzdem wehrt man sich gegen die Bezeichnung. Man hat die Erfahrung gemacht, als »Profilgemeinde für die Frommen« in eine bestimmte Ecke eingeordnet zu werden, was den Blick auf die parochiale Arbeit in Nierenhof verstellt. Man will Gemeinde vor Ort bleiben.

**Fazit: Eine Gemeinde aus allen Generationen
mit einer hohen Dynamik des Wachstums**

Diese Gemeinde versteht es, die Dynamik von Mission aufzunehmen und in ihren Programmen, Veranstaltungen und Angeboten umzusetzen. Auch in materieller Hinsicht schafft Wachstum die Möglichkeit für neues Wachstum und entwickelt so eine eigene Dynamik. Möglicherweise ist das sich so entfaltende Wachstum begrenzt. Diese Grenze hat aber die Gemeinde noch nicht erreicht. Das Beispiel Nierenhof kann allen Gemeinden Mut machen, die weder über Mittel noch über Mitarbeitende verfügen. Es bedarf oft nur eines kleinen Anstoßes, damit Wachstum Wachstum generiert.

Freilich ist Gemeindewachstum kein Selbstläufer. Der Boden wurde über Jahrzehnte bereitet. Die lange Dauer spricht auch für die Nachhaltigkeit dieses Prozesses und macht es möglich, dass Menschen über Jahre »mitgenommen« wurden, die jetzt für ein gutes Miteinander der Generationen sorgen.

Auch zeigt das Beispiel der Gemeinde, wie wichtig strukturelle und organisatorische Entscheidungen sind. Bei mancher bedauert man heute, dass man »sie zu lange hinausgezögert hat und nicht schnell genug und effektiv auf das Wachstum reagiert hat«. Doch brauchte es auch die Zeit, neue Ziele und Veränderungen zu kommunizieren.

So schnell und so rasant das Wachstum in den letzten zehn Jahren verlief, so lange hatte es gedauert, bis die Voraussetzungen geschaffen worden waren. Jahrzehntelange Arbeit mit unterschiedlichen, sich im Rückblick trefflich ergänzenden Maßnahmen brauchte es. Die Gemeinde wuchs sehr langsam oder stagnierte, wenn man nur die Zahlen betrachtet. Im Rückblick kann man dankbar für diese harte Zeit sagen, dass man nach »innen wuchs«, so gleichsam einen Wachstumsknoten schuf, der dann aufplatzte und zu diesem Wachstum führte.

Auswertung

1 WELCHE GEMEINDEN SIND GEWACHSEN? – SOZIOLOGISCHE BEOBACHTUNGEN UND ÜBERLEGUNGEN ZUM WACHSTUM

1.1 WO LIEGEN DIE WACHSENDEN GEMEINDEN? – EINE ORTSBESTIMMUNG

Wie die Karte am Ende des Buches graphisch zeigt, sind die wachsenden Gemeinden, die wir besucht und deren Wachstumsprozess wir analysiert haben, über viele Gliedkirchen der EKD verteilt. Das entspricht unserem Untersuchungsansatz. Aber der Umstand, dass in fast jeder Gliedkirche genügend Gemeinden zur Untersuchung zur Verfügung standen, ist bemerkenswert. Wachstum, so wie es hier verstanden wird, ist also nicht völlig abhängig von der geographischen Lage.

Die Größe einer Gemeinde ist zwar entscheidend für den Einsatz bestimmter Methoden, für das Wachstum ist sie jedoch unerheblich. Die Spanne reicht von kleinen Gemeinden mit gerade 500 Gemeindegliedern ohne eigene Pfarrstelle bis zur Großgemeinde, die das Zehnfache an Gemeindegliedern aufweist. Wichtiger als die Größe erscheint das Verhältnis der Zahl der Hauptamtlichen zur Gemeindegliederzahl: Bei allen Gemeinden war es recht günstig oder wurde durch Spendenmaßnahmen entsprechend gestaltet.

Betrachtet man nun die feineren Strukturen, so ergeben sich folgende Tendenzen:

Viele der untersuchten Wachstumsgemeinden liegen im grünen Gürtel um Ballungsräume. Zuzugs- und Neubaugebiete bieten Wohnraum für junge Familien. Die gleiche Klientel ist auch in einem anderen Umfeld zu finden: Gut sanierte, attraktive Großstadtquartiere, oft in der Nähe zu Universitäten, und das Leben mit Gleichgesinnten sind Kennzeichen dieser ›Trendgebiete‹. Viele Kirchengemeinden wussten die Gunst der Stunde zu nutzen, haben Wege gefunden, diese Bevölkerungsgruppe anzusprechen und sind auf diese Weise gewachsen.

Wachsen durch Zuzug – auch das konnte unsere Untersuchung herausstellen – ist ein häufiges Phänomen. Dabei ist Wanderung oft ein Zufallsprodukt, das von wirtschaftlichen und politischen Bedingungen abhängt, bei denen die Attraktivität von Gemeinden eine untergeordnete und durch andere Überlegungen überlagerte Rolle spielt. Interessant waren für unsere Studie diese Gemeinden nicht wegen ihres durch Wanderung bedingten

Wachstums an Gemeindegliedern, sondern auf Grund der Impulse und Initiativen, die dabei halfen, Zuzug in Gemeindebeteiligung zu verwandeln.

Ein weiterer Typus von Wachstumsgemeinden konnte ausgemacht werden: Unabhängig von der Umgebung, in der sie verortet sind, haben sie Schwerpunkte gebildet und über die Grenzen der Parochie hinaus Gleichgesinnte gesammelt. Diese Art des Wachstums profitiert davon, dass die Prägung der Gemeinde in der Region einzig ist und eine bestimmte Zielgruppe anspricht

Aber – und das ist das Ermutigende an der Untersuchung – es wachsen auch Gemeinden, die diese Merkmale nicht aufweisen. Wachstum kann sich also überall ereignen.

1.2 WELCHE PERSONENGRUPPEN WURDEN DURCH DEN WACHSTUMSPROZESS ERREICHT?

Wie bereits ausgeführt wurde, befinden sich viele Wachstumsgemeinden in gehobenen Wohngebieten der oberen Mittelschicht. Ihre Bewohner verfügen oft über gutes Einkommen und eine höhere Bildung, oft haben sie sich beruflich eine verantwortungsvolle Position erarbeitet. Neben diesem dominierenden Trend gibt es aber auch andere Milieus: Gemeindewachstum wird auch vom traditionellen »Bildungsbürgertum« getragen. Besonders hervorgehoben werden soll darüber hinaus, dass Gemeinden auch – allerdings seltener – in anderen Milieus wachsen. Auch Arbeitslose, Arbeiter, Spätaussiedler werden durch kirchliche Angebote erreicht.

Die Altersstruktur der Wachstumsgemeinden verstärkt die bisher genannten Beobachtungen. Oft wachsen ›junge‹ Gemeinden, bei denen Kinder und junge Familien überproportional vertreten sind. Doch Gemeindewachstum kann sich auch unter anderen Voraussetzungen ereignen: Viele Gemeinden starten Programme, mit denen sie sich an die neuen ›jungen Alten‹ wenden. Gerade die Gegensätzlichkeit dieser Zielrichtung ergibt für die Untersuchung das Ergebnis, dass die altersmäßige Zusammensetzung der Gemeinde für ein Gemeindewachstum im Grunde nicht von Bedeutung ist, sondern es vielmehr auf das entsprechende Angebot ankommt, das zur Gemeinde in ihrer Situation passt.

Bei der Frage nach dem kirchlichen Hintergrund der vom Gemeindewachstum angesprochenen Menschen haben wir Folgendes beobachten können: Am einfachsten waren für die wachsenden Gemeinden durchweg die kirchlich Verbundenen zu erreichen und zu mobilisieren. Mitunter wurden hierbei auch die konfessionellen Grenzen durchbrochen. Verfügte eine Gemeinde über eine genügend große Anzahl solcher gut ansprechbarer Personen, so verlief das Wachstum schnell und in erfreulichem Umfang. Aber Wachstum lässt sich nicht auf diese Personengruppen beschränken: Es gibt Gemeinden, die auch ohne kirchlich schon stark gebundene Menschen wachsen, und es gibt Gemeinden, die in einer fortgeschrittenen Phase des Wachstums über sie hinausgehen, indem sie versuchen, Konfessionslose und Personen, die nie mit der Kirche in Kontakt gekommen werden, zu erreichen. Beides haben wir, wenn auch mit unterschiedlicher Gewichtung, beobachten können: die Aktivierung von Kirchenmitgliedern, aber auch die Gewinnung neuer. Mitgliedergewinnung ist jedoch in keinem Fall das intendierte, direkte Ziel, sondern ein sich fast von selbst einstellender Effekt.

1.3 WACHSTUM ALS THEOLOGISCHE PLANUNGSAUFGABE

Mit dem Thema »Wachstum« wird in den von uns besuchten Gemeinden unterschiedlich umgegangen. Die Spanne reichte von geplanten, von Organisationsentwicklern begleiteten Prozessen bis zu Gemeinden, die betont haben, eigentlich eine ganz ›normale‹, den Menschen in ihrer Parochie zugewandte Gemeinde zu sein, ohne ›besondere‹ Programme und Aktionen. Zwischen diesen beiden Polen stehen Gemeinden, die über einen Leitbildprozess zur Frage nach Gemeindewachstum gekommen sind.

Darüber hinaus nahmen Gemeinden an unserer Untersuchung teil, bei denen der Wachstumsimpuls auf Grund einer äußeren Notwendigkeit zu Stande kam und einen Prozess anstieß, der eine ungeahnte – und vor allem nicht im Voraus geplante – Dynamik entwickelte.

Bei allen Gemeinden, die wir im Laufe unserer Untersuchung besucht, befragt und analysiert haben, haben wir die Bereitschaft angetroffen, sich offen mit dem Thema Wachstum auseinanderzusetzen und den Wachstumsprozess – sowohl Geplantes als auch stillschweigend Geschehenes – theologisch zu durchdenken und zu reflektieren.

1.4 DIE ÜBERTRAGBARKEIT DER KONZEPTE
   DER VORGESTELLTEN GEMEINDEN

Die Untersuchung hat sich gerne der großen Bandbreite an Gemeinden, die auf unsere Anfrage reagiert haben, angenommen: Es wurden weder »Leuchttürme« der Evangelischen Kirche noch Sondersituationen ausgespart. Denn unser Interesse lag nicht in der Übertragbarkeit von fertigen Konzepten, sondern in der Analyse von Impulsen und strukturellen Faktoren.

Auch stehen bei unserer Analyse Gemeinden, die erst am Anfang eines Wachstumsprozesses stehen, neben anderen, die schon weit fortgeschritten sind und inzwischen eine immense Größe aufweisen. Dies ermöglicht es, Wachstumsphasen aufzuzeigen, die helfen, sich zu vergleichen und einzuordnen. Es ist also durch den Ansatz der Untersuchung bedingt, dass vermutlich kein Konzept ohne Modifikation auf eine andere Gemeindesituation übertragbar ist, dass man aber von vielen etwas lernen kann. Was, davon handeln die folgenden Abschnitte dieser Auswertung.

2 WODURCH SIND GEMEINDEN GEWACHSEN? – IMPULSE UND AUSLÖSER DES WACHSTUMS

2.1 PROFILBILDUNG

Wachstum ging bei einem überwiegenden Teil der beobachteten Gemeinden mit einer Profilbildung einher. Manchmal wurde ein solcher Profilbildungsprozess bewusst initiiert, häufig wurden bereits vorhandene Schwerpunktsetzungen weiterentwickelt, manchmal reagierte man auch auf Anforderungen, die sich von außerhalb oder innerhalb der Gemeinde stellten (z. B. auf die Entstehung eines Neubaugebiets). In zahlreichen Gemeinden wurden Zielgruppen durch spezielle Angebote besonders angesprochen, was sich wiederum zum Motor für breiter aufgestellte Maßnahmen entwickelte.

Bei unserer Untersuchung haben sich zwei Arten der Profilbildung in besonderer Weise beobachten lassen:
– Gemeinden profilieren sich in frömmigkeitstypischer Weise oder
– sie widmen sich intensiver einem Arbeitsfeld.

In machen Phasen dieser Profilbildung ist es bei einigen Gemeinden vereinzelt zur Beendigung von bestimmten Arbeitszweigen gekommen. Die meisten der beobachteten Gemeinde aber bieten weiterhin die gesamte Bandbreite kirchlicher Arbeit an. In ihren profilierten Bereichen übernehmen sie Aufgaben von anderen Gemeinden, geben aber meistens keine Arbeitsfelder ab. Profilbildung bedeutet somit auch – das ist sowohl von Ehren- als auch von Hauptamtlichen in unseren Gesprächen immer wieder betont worden – Mehrarbeit. In einigen – vor allem bei sich frömmigkeitstypisch profilierenden – Gemeinden wurde sogar davon gesprochen, dass sich zwei unterschiedliche Formen von Gemeinde bilden, nämlich diejenige einer Richtungsgemeinde und diejenige einer Parochie. Trotz dieser Doppelstruktur konnte sich aber keine der analysierten Gemeinden eine Teilung vorstellen, sondern die aus der Profilierung entstehenden Spannungen werden häufig als positives Korrektiv und als Quelle für weitere Entwicklungen wahrgenommen.

Profilbildung, in welcher Ausprägung auch immer, hat sich also als ein starker Wachstumsimpuls erwiesen. In der Mehrzahl der Gemeinden, die wir im Rahmen des Projekts besuchten, führte dies aber nicht zu Profilgemeinden im Sinne des Impulspapiers der EKD: Die meisten Gemeinden engagieren sich weiterhin in der vollen Bandbreite kirchlicher Arbeitsfelder. ›Profilgemeinde‹ oder ›Vollsortimenter‹ – diese Alternative stellt sich darum nur in den wenigsten Situationen. Gewiss sind nicht alle Seiten einer Gemeinde stark, aber es gibt Stärken, die es lohnt auszubauen, denn – so wurde von einer Gemeinde betont – »einen Schatz, den es zu heben lohnt, haben viele Gemeinden«.

Zwei der Gemeinden, die wir besucht haben, leben in unmittelbarer Nachbarschaft von anderen »Profilgemeinden«. Wir haben darum die Frage diskutieren können, wie es den Nachbarn einer sich musikalisch oder frömmigkeitstypisch profilierenden Gemeinde ergeht. Auf diese Frage bekamen wir zur Antwort, dass sie von der Nachbarschaft profitieren: die eine Gemeinde, weil sie durch die Werbung für die Kirchenmusik ebenfalls in das Licht der Öffentlichkeit rückt, die andere, weil sie durch ihre andere frömmigkeitliche Ausrichtung einen deutlich anderen Akzent setzt. Beide Gemeinden wuchsen also neben einer profilierten Gemeinde und profitierten direkt oder indirekt von dieser. Dabei scheint ihre eigene Profilbildung eine wesentliche Rolle gespielt zu haben. Diese Schlussfolgerung muss allerdings im Bereich der Vermutung bleiben, weil die Menge von zwei Gemeinden für absolute Aussagen zu klein ist.

Eine Variante der Profilbildung sind die im Impulspapier »Kirche der Freiheit« so genannten ›Leuchttürme‹. Es sind Gemeinden, die Veranstaltungen für Besucher aus allen Teilen Deutschlands oder gar der Welt anbieten, die damit also eine überregionale Bedeutung für die Evangelische Kirche haben. Die Stellung dieser Gemeinden ist meist historisch gewachsen. Eine Betonung des jeweiligen Profils und das Werben damit führen oft zu Wachstum, zumal die gesellschaftlichen Rahmenbedingungen zurzeit dafür günstig sind, wenn man den gegenwärtig beobachtbaren Trend zum Besonderen und Großen berücksichtigt.

Nach unserer Beobachtung stehen »Leuchttürme« vor einer zweifachen Herausforderung: zum einen derjenigen, dass das gottesdienstliche Geschehen leicht in eine Spannung zum Gemeindeleben in Gruppen und Kreisen gerät, zum anderen, dass sich dort, wo ein solches Gemeindeleben in reichem Maße existiert, die Frage stellt, ob die Gottesdienste den Bedürfnissen der parochialen Gemeinde entsprechen. Während letzterem Anliegen in der Regel mit einem Parallelangebot an Zielgruppengottesdiensten begegnet wird, ist ersteres eine dauerhafte Frage an das Kirchenverständnis (Ekklesiologie).

2.2 LEITBILD- UND ZIELFINDUNGSPROZESSE

Leitbild- und Zielfindungsprozesse waren in den letzten 15 Jahren in vielen Gemeinden ein beliebtes und von manchen Landeskirchen vorgeschlagenes Mittel der Perspektiventwicklung. Die meisten hier dargestellten Gemeinden haben einen solchen Prozess mitgemacht. Der Impuls, der von diesem Prozess ausging, wirkte unterschiedlich: Er konnte eine Vergewisserung nach innen schaffen und zur Bilanzierung der eigenen Stärken und Schwächen anregen. Für manche Gemeinde stellte er nach einem ersten ungesteuerten Wachstum eine Zwischenstation und Reflexionsphase dar. Häufig führte er auch zu einem Aufbruch, sich bestimmten Zielgruppen und Arbeitsfeldern vermehrt zuzuwenden.

Eine wesentliche Frage, die sich in diesem Zusammenhang stellt, ist diejenige nach der Verbindlichkeit der formulierten Ziele und nach der Fortschreibung des Leitbildprozesses. Bedeutung erlangen Leitbilder nur, wenn sie für die Gemeinde verbindlich sind. Am deutlichsten wurde dies, wenn die Leitbilder nicht nur auf der Ebene der Gemeindeleitung diskutiert wurden, sondern auch in den Gruppen und Kreisen. Leiteten diese daraus eigene Leitsätze ab, erlangte der Prozess eine Breitenwirkung. Die Arbeit mit Leitbildern bleibt ein offener Prozess. Die Notwendigkeit, die Ziele nachzujustieren und immer wieder an die Entwicklung der Gemeinde anzupassen, ist in den Gesprächen deutlich geworden.

Leitbild- und Zielfindungsprozesse sind also dort, wo sie konsequent durchgeführt werden, Analyseinstrument und Impulsgeber und können bei Fortschreibung zum Steuerungsinstrument werden.

2.3 BEZIEHUNGSARBEIT UND GEMEINSCHAFTSBILDENDE MASSNAHMEN

Viele Gemeinden, die wir besucht haben, haben als Voraussetzung ihres Wachstums und als einen ersten Impuls für den Beginn des Wachstumsprozesses die »Öffnung der Gemeinde« benannt. Damit war häufig ein ganzes Bündel von Vorgängen gemeint: das Ausweiten der Angebote über die Kerngemeinde hinaus, das Einladen von Menschen aus dem persönlichen Umfeld oder die Kommunikation nach außen darüber, was die evangelische Kirche leistet und was sie für das Gemeinwesen bedeutet. Besuchsdienste und Hausbesuche stellen dabei immer wieder Impulse dar, deren ›Erfolg‹ oft nicht direkt messbar ist, die aber langfristig Bindungen an die Gemeinde schaffen. Denn häufig ist – vor allem in Pionierphasen – das direkte Ansprechen von Menschen Auslöser von Wachstum. In zahlreichen Gemeinden ist die Erfahrung gemacht worden, dass intensiv betriebene Beziehungspflege sich auszahlt.

Wichtig sind hierbei als unterstützende Außenvertretung der Gemeinde ihre Öffentlichkeitsarbeit und die sorgsame Pflege von Kristallisationspunkten, durch die sich Menschen kennen lernen können. Dazu gehören auch niederschwellige Angebote, die Menschen mit Kirche in Kontakt bringen.

Einige Gemeinde wissen von der Bedeutung von Gemeindefreizeiten und -fahrten in der Anfangsphase gleichsam als Verstärker von erfahrener

Gemeinschaft zu berichten. Was heute im Kinder- und Jugendbereich gang und gäbe ist, war für einige Gemeinden eine erfolgreiche Methode, Beziehungen zu festigen und damit für ihr Wachstum eine Grundlage zu schaffen. Touristische Ziele oder ein sorgsam vorbereitetes Kinderprogramm sind sicher Werbeeffekte, vielen kommt es aber, wie die Gemeinden berichten, auf die Erfahrung von Gemeinschaft an.

Gemeinschaft ist darum auch der Aspekt, der bei den unten geschilderten Maßnahmen wie Kirchenkaffee, gemeinsamen Mahlzeiten oder (Haus-) Kreisen besonders herauszustellen ist.

Zur Erfahrung von Gemeinschaft in einer wachsenden Gemeinde gehört aber auch die Wiederentdeckung der sozialdiakonischen Nachbarschaftshilfe: Die Gemeinde sorgt sich um ihre Glieder. Für Alte, Kranke, Alleinerziehende und jeden Menschen, der in die Lage kommt, Hilfe zu brauchen, ist die Gemeinde mit Besuchs- und Hilfsdiensten da. Häufig werden diese von Hauptamtlichen koordiniert, die manchmal noch die Bezeichnung ›Gemeindeschwester‹ tragen. Es gibt sogar Gemeinden, die an die traditionelle reformierte Tradition des Bezirksbeauftragten anknüpfen und einen Ansprechpartner in kirchlichen Dingen für einen Gemeindebezirk installieren. Dieser geht selbst helfend zur Hand oder vermittelt Hilfe. Vielleicht drückt sich in diesen Hilfsangeboten die Sehnsucht nach einer überschaubaren Welt jenseits der Anonymität aus. Die Gemeinden machen dabei die Erfahrung, dass Hilfe von den Menschen in der Gemeinde angenommen wird und auch Helfer relativ unkompliziert zu finden sind.

Als Beziehungsarbeit und gemeinschaftsbildende Maßnahmen lässt sich ein ganzes Bündel von Impulsen zusammenfassen, die zum Ziel haben, Menschen in die Gemeinschaft zu führen, ohne sie zu vereinnahmen. Die Suche nach Gemeinschaft ist dabei weniger ein Phänomen in dörflichen Gemeinden – dort vermisst man sie offenbar (noch) nicht –, sondern begegnet eher im städtischen, auch im kleinstädtischen Bereich. In Großstädten bilden inzwischen die ›Quartiere‹ eine Bezugsgröße, in der der Einzelne seine Beziehungen lebt. Dabei geht es nicht um Freundschaften – für sie nimmt man größere Entfernungen in Kauf –, sondern um die alltägliche Begegnung. In diesem Bereich wird auch die Kirche verortet – nicht als Parochie, sondern als Gemeinde im Stadtteil, als Bestandteil eines überschaubaren sozialen Gefüges.

Zu bedenken ist an dieser Stelle jedoch, dass zwar ein großer Teil von Menschen gerne Gemeinschaft erlebt, dass es aber auch Menschen gibt, die gerne Distanz wahren. Auch auf sie sollte Rücksicht genommen werden.

2.4 GLAUBENSKURSE ALS WACHSTUMSIMPULS

Wie wichtig die Beziehungsarbeit im Vorfeld ist, zeigen die Glaubenskurse. Denn die Teilnehmenden werden meist durch persönliche Einladung gewonnen. Freilich ist auch eine groß angelegte Werbeaktion förderlich und bereitet ein Umfeld der Akzeptanz.

Glaubenskurse werden in der Mehrzahl der untersuchten Gemeinden verwendet, wobei Material unterschiedlicher Couleur eingesetzt wird. Die Erfahrungen mit den einzelnen Kursen waren in den Gemeinden so unterschiedlich, dass man keine allgemeinen Schlüsse daraus ziehen kann, außer, dass der Kurs in seinen Sozialformen und seiner Frömmigkeitsausrichtung zu der Gemeinde passen muss. Es gab aber auch Gemeinden, für deren Klientel Glaubenskurse mit einer Anzahl verbindlicher Abende nicht das geeignete Angebot waren.

Die Abbrecherrate in den Kursen selbst ist naturgemäß sehr gering. Entscheidend dafür, ob aus dem Kurs auch ein Impuls für die Gemeindearbeit als Ganze hervorgeht, sind das Gruppenklima, die Person des Leitenden und die Nachfolgeangebote:

In den Gesprächen ist von zahlreichen Gemeinden hervorgehoben worden, wie wichtig es ist, dass die Teilnehmenden Kontakte knüpfen konnten und zu einer Gruppe zusammengewachsen sind. Von manchen Gemeinden wurden bewusst gemeinschaftsbildende Maßnahmen geplant (Mahlzeiten, Ausflüge etc.).

Bei den Glaubenskursen kommt unserer Beobachtung nach der Person des Leitenden eine besondere Bedeutung zu. Leitete etwa der Pfarrer den Kurs, so war er das natürliche Bindeglied zur Gemeinde. Wenn Ehrenamtliche diese Funktion übernahmen, wurde großer Wert darauf gelegt, dass sie die durch die Glaubenskurse neu oder wieder gewonnenen Gemeindeglieder bei Gemeindeveranstaltungen begleiten, vorstellen und einführen. Eine Gemeinde hat sogar ein Begegnungsforum in Form eines Cafés für diese Gelegenheit geschaffen.

Ein weiterer wesentlicher Faktor für Gemeindewachstum im Anschluss an einen Glaubenskurs ist das Nachfolgeangebot. Oft begegnete es uns als Hauskreis, in dem die Gemeinschaft des Glaubenskurses in eine andere Form überführt wurde. Die Gruppe blieb also bestehen, gab sich aber eine neue inhaltliche Ausrichtung. Wurde dies nicht intendiert, wurde für die Teilnehmenden individuell ein Platz in der Gemeinde gesucht.

Waren die meisten Glaubenkurse so organisiert, dass man sich über einen festgesetzten Zeitraum hin wöchentlich traf, so bot eine Gemeinde eine interessante Variante: Der ›normale‹ Rhythmus der Gemeindearbeit wurde unterbrochen, die Gemeinde widmete sich über einen bestimmten Zeitraum hinweg zusammen mit den neugierig gewordenen Zeitgenossen einem Thema oder einer Schrift. Dies war Thema im Gottesdienst und in wöchentlichen Gesprächs-, Vor- und Nachbereitungskreisen. Die frühe Durchmischung der durch die Kurse Gewonnenen mit den Gemeindegliedern ist hier das wesentliche Element. Ein solches Angebot kann keine einführende Darstellung der Grundinhalte des Glaubens leisten. Es ist deswegen anders als die meisten anderen Glaubenskurse kein ›Einsteigerangebot‹, kann aber unterschiedliche Menschen einer Gemeinde miteinander vernetzen und so Gemeinschaft und Gemeindewachstum schaffen.

2.5 EVANGELISATION

Vereinzelt spielte die (alle zwei bis drei Jahre stattfindende) Satellitenevangelisation PRO CHRIST in den Gemeinden eine Rolle. War sie in einer Gemeinde ein Impuls für das Wachstum, so gilt für sie in verstärktem Maße das, was schon über die Glaubenskurse gesagt wurde: Das Profil der Gemeinde muss mit der Ausrichtung von PRO CHRIST harmonieren. Um Menschen für die Gemeindearbeit zu interessieren und zu gewinnen, ist die persönliche Einladung neben der allgemeinen Werbung von hoher Bedeutung. Neben der bloßen Übertragung der PRO CHRIST-Veranstaltungen waren deswegen Gemeinschaftsangebote wie z. B. gemeinsame Abendessen förderlich und bildeten Nachfolgeveranstaltungen eine notwendige Ergänzung.

2.6 EXTERNE EINFLÜSSE UND IMPULSE

2.6.1 Landeskirchliche Hilfestellungen im Wachstumsprozess
Direkte Impulse von Seiten der Landeskirchen gibt es vor allem in der Form der missionarischen Dienste, die die Einführung von Glaubenskursen unterstützen, vereinzelt aber auch als Hilfestellungen durch Fortbildungen. Doch das Angebot der Landeskirchen, was Gemeindeaufbau und Kybernetik angeht, ist nach Aussage der besuchten Gemeinden noch nicht differenziert entwickelt.

Positiv wurden landeskirchliche Preise und Anerkennungen für gelungene Projekte bewertet. Zwar schauen sie immer auf gelungene und bereits abgeschlossene (Wachstums-)Projekte zurück, sind für die Mitarbeitenden aber eine große Motivation, die mancherorts auch Neues angestoßen hat. Darüber hinaus rückt die Anerkennung durch Preise die Gemeinden in das Licht der Öffentlichkeit, macht die Gemeindearbeit bekannt und weckt Neugierde.

2.6.2 Überparochiale Zusammenarbeit
Eine überparochiale Zusammenarbeit mit dem unmittelbaren Nachbarn haben wir bei den Gemeinden, die wir besucht haben, selten gefunden, weswegen es auch von Impulsen aus einer solchen Kooperation wenig zu

berichten gibt. Nach der Erfahrung der Gemeinden kann Kooperation nur gelingen, wenn kein Druck herrscht, sich gegeneinander profilieren und miteinander konkurrieren zu müssen. Meist ist das Klima zu sehr von zurückliegenden oder drohenden Stellenstreichungen und Gebäudeoptimierungsprogrammen geprägt. In der Nachbarschaft sehen sich viele als Konkurrenten. Wurde dieses Denken überwunden, konnten einige Gemeinden Gewinn aus der Zusammenarbeit ziehen. *Hier besteht für die Zukunft eine besondere Aufgabe und Chance, wenn es gelingt, parochieübergreifende, gemeinsame Wachstumsprozesse in Kirchenkreisen zu initiieren.*

Waren kooperierende Gemeinden weiter voneinander entfernt und passten ihre (angestrebten) Profile zusammen, holte man sich gerne Anregungen und praktische Hilfe voneinander. So kannten sich manche der hier untersuchten Gemeinden schon vor der Untersuchung und hatten bereits voneinander profitiert. In einem Fall ist über einem solchen Austausch eine regelrechte Partnerschaft entstanden.

2.6.3 Netzwerke von Gemeinden – Wachstum über die Gemeindegrenzen hinweg

Was sich häufig partiell und zufällig entwickelt, wird von einigen in der Studie vertretenen Gemeinden planmäßig betrieben: ein Netzwerk von Gemeinden mit einem ähnlichen Profil. Wachstum wird hier nicht mehr nur in der eigenen Gemeinde generiert. Die Bezugsgröße für Wachstum ist das Netzwerk. Zu einem wichtigen Kommunikationsmedium sind dabei Kongresse geworden, auf denen Gemeinden sich Impulse von den ›erfahrenen‹ großen Gemeinden holen. Diese Netzwerke sollen in Zukunft gemeinsame Großveranstaltungen tragen. Gegenwärtig kann noch nicht abschließend beurteilt werden, wie sich diese Netzwerke weiterentwickeln, sie scheinen aber insofern vergleichbar mit den landeskirchlichen Gemeinschaften zu sein, als sie in der verfassten Kirche einen eigenen Zusammenschluss über die jeweilige Ortsgemeinde hinaus bilden.

2.6.4 Die unterschiedliche Rezeption des Konzepts der Willow Creek-Gemeinde[1]

Die folgende Darstellung kann keinen umfassenden Überblick über die durch die Willow Creek-Gemeinde ausgelöste Bewegung geben, sie will vielmehr darstellen, wie unterschiedlich das Konzept aus Chicago in einigen der besuchten Gemeinden aufgenommen, verändert, angepasst und weiterentwickelt wurde. Da aber von den Gemeinden, die an unserer Studie teilgenommen haben, nicht wenige dezidiert Anstöße aus der Willow Creek-Gemeinde übernommen und umgesetzt haben, erscheint uns ein solcher Abschnitt notwendig.

---

1   Informationen hierzu unter http://www.willowcreek.de. Theologisch setzt sich mit dem Phänomen Willow Creek auseinander der kurze, informative Artikel von B. Hoffmann, Kirche XXL – Von der Megachurch zur Emerging Church, DtPfBl 107/2007, 469–474.

2.6.4.1 Die Seeker-Orientierung und die Veränderung des Gottesdienstes
Die Zielgruppe der Willow Creek-Gemeinde sind Suchende (seeker), die eine kirchliche Sozialisation mitbringen, deren Bindung zu einer Gemeinde aber abgebrochen ist. Oft entstammen diese der gebildeten Mittelschicht, sind durch Arbeitsplatzsuche entwurzelt, haben die Berufseingangsphase hinter sich und beginnen gut zu verdienen. Das Anwachsen der Familie wirft praktische Fragen auf, wie z. B. diejenige nach der Erziehung der Kinder. Es kann aber auch prinzipiell nach der Sinnhaftigkeit des Lebens gefragt werden. Diese grobe Skizzierung der Zielgruppe der Willow Creek-Gemeinde kann durch die Beobachtungen bei den Gemeinden fortgeschrieben werden, die wir im Rahmen dieser Studie besucht haben.

Die Willow Creek-Gemeinde rechnet sich keiner Konfession zu. Sie versteht sich vielmehr als ein Sammelbecken unterschiedlich konfessionell geprägter Menschen. Diese Ausrichtung haben wir bei unseren Gemeindenbesuchen nicht in dem Maße feststellen können. Die Gemeinden, die wir beobachtet haben, sind immer Ortsgemeinden, die eine konfessionelle Tradition haben. Sie sind deutlich erkennbar und bewusst evangelische Gemeinden. Ein überkonfessioneller Zug zeigt sich allerdings bei den (ehrenamtlich) Mitarbeitenden, die als ›Gemeindeglieder‹ wahrgenommen werden und sich auch selbst so verstehen, auch wenn sie faktisch ganz unterschiedliche Konfessionszugehörigkeiten aufweisen und nur zögernd mit der Zugehörigkeit zur Gemeinde auch den formalen Kirchenein- oder –übertritt vollziehen. Es gibt sogar ›Gemeindeglieder‹, die auf Grund theologischer Differenzen zur Landeskirche sich nur als »Mitglieder der Gemeinde« bezeichnen. Dieses Detail zeigt ein durchgängiges Merkmal der Willow Creek-Rezeption durch die deutschen Gemeinden: Die Seeker-Orientierung ist in den von uns besuchten Gemeinden ein Mittel, um Menschen an die ›Kerngemeinde‹ heranzuführen, sie ist nicht wie in der Willow Creek-Gemeinde das Wesen der Gemeinde selbst.

Diese Einschätzung bestätigt sich in der Adaption der sog. Seeker-Gottesdienste. Während diese beim amerikanischen Vorbild die zentralen Sonntagsgottesdienste sind und die ›Kerngemeinde‹ von Willow Creek ›ihren‹ Gottesdienst am Mittwochabend feiert, finden Seeker-Gottesdienste hierzulande höchstens einmal pro Monat, oft sogar nur einmal pro Quartal, meist zusätzlich zu einem ›normalen‹ sonntäglichen Gemeindegottesdienst statt.

Die Willow Creek-Gemeinde feiert ihren Seeker-Gottesdienst in einem Kongresszentrum, in dem eine Bühne den Altarraum ersetzt, das Kreuz und andere christliche Symbole (wie ein Taufstein, ein Altar etc.) fehlen, traditionelle liturgische Stücke wie gemeinsame Psalmgebete, das Vaterunser und der Segen durch andere Texte ersetzt werden, ein Moderator an die Stelle des Liturgen tritt, Anbetungslieder den Gottesdienst bestimmen, Kurzimpulse, Theaterstücke, Filme und Interviews zur Predigt hinführen bzw. sie illustrieren und erklären. Die Predigt selbst verlangt ihren Hörern viel ab, nicht nur die Länge, sondern auch die zahlreichen, das Thema entfaltenden Bibelzitate fordern ein breites Hintergrundwissen der Zuhörenden.

Die Gemeinden dagegen, die wir im Rahmen dieser Studie besucht haben, feiern ihren ›Seeker-Gottesdienst‹, den sie als Willkommens- oder Gästegottesdienst bezeichnen, bis auf zwei Ausnahmen im gewohnten Gottesdienstraum. Das Kreuz ist selbstverständlich zugegen. Es wird bewusst an christliche liturgische Traditionen, wie das gemeinsam gesprochene Vaterunser und den Segen zum Abschluss des Gottesdienstes, angeknüpft. Durch den Gottesdienst wird moderiert, während der Pfarrer sich oft auf die Predigt beschränkt. Diese geht, wie das amerikanische Vorbild, bewusst auf die Situation der Kirchendistanzierten und Suchenden ein und versucht durch existentielle, lebensnahe, aktuelle und auf die Zielgruppe zugeschnittene Themen und Beispiele dem Verkündigungsauftrag in dieser Form gerecht zu werden. Die Predigt wird ergänzt durch ein ›Interview‹ oder ›Kreuzverhör‹, in dem Fragen beantwortet werden, die durch die Predigt ausgelöst worden sind.

Die Erfahrungen mit dieser Art von Gottesdiensten in den von Willow Creek geprägten Gemeinden sind gut. Einige bezeichnen diesen Gottesdienst für ihre Gemeindesituation als Durchgangsstation. Denn die kirchlich geprägten, aber kirchendistanzierten jungen Familien sind in manchen Gegenden selten – wie im Osten – oder das Einzugsgebiet ist zu klein, als dass man immer neue Seeker ansprechen könnte. Im Hintergrund steht die Erfahrung, dass die meisten Menschen höchstens sechsmal einen »Seeker-Gottesdienst« besuchen, sich dann für eine andere Gottesdienstform entscheiden oder wegbleiben. Mancherorts ist der »Seeker-Gottesdienst« in ausgebauter Form zum ›Zweiten Programm‹ der gesamten Gemeinde geworden, bei dem die Suchenden eher die Minderheit bilden. Dabei schätzen es viele aktive Gemeindeglieder, erneut zum Suchen und Finden angeregt zu werden. Zudem bekommen diese Gottesdienste auf Grund der Vorbereitung und des gemeinsamen Essens den Charakter eines kleinen Gemeindefestes. Wir konnten aber auch das Phänomen beobachten, dass der ›Seeker-Gottesdienst‹ so den ›üblichen Gottesdienst‹ veränderte, dass dieser dessen Hauptaufgabe übernimmt: offen und einladend zu sein vor allem für Familien, eben eine Feier, in die »man gerne seine Nachbarn, Freunde und Kollegen mitnimmt«.

Die meisten Interessierten kommen durch Einladung aus dem Bekanntenkreis zu den »Seeker-Gottesdiensten«. Doch diese Möglichkeiten sind – handelt es sich nicht gerade um einen sehr mobilen Ballungsraum – irgendwann erschöpft. Um sich neue Beziehungsnetzwerke – auch bei Nicht-Christen – zu erschließen, gehen Gemeinden ungewöhnliche Wege. Das Repertoire geht vom Anbieten von Eltern-Kind-Gruppen ohne spezifisch religiöse Ausrichtung als Schwellensenker für Gemeindehaus und Gemeinde über das Werben im Fitnesscenter, gepaart mit intensiven Gesprächen mit dem dortigen Personal, bis hin zur Eröffnung eines Buchladens als Ort von Gesprächen und Seelsorge. Auch Kulturveranstaltungen in Bistroatmosphäre dienen dem Aufbau von Beziehungen, die die Grundlage für persönliche Einladungen in die Gemeinde bilden.

2.6.4.2 Promiseland[2] und die Reform des Kindergottesdienstes

Für die im Konzept der Willow Creek-Gemeinde zentrale Zielgruppenorientierung ist auch der Kindergottesdienst von großer Bedeutung. Die Kinder der Seeker und die der zahlreichen Mitarbeitenden feiern parallel ihren Gottesdienst. ›Promiseland‹ ist nicht nur ein verheißungsvoll klingender Name, sondern deutet das an, was immer wieder in den Gemeindebesuchen zum Ausdruck gebracht wurde: »Die Kinder sind unsere künftigen Mitarbeiter.« Entsprechend den Bedürfnissen einer Großgemeinde wurde ein Modell entwickelt, das auf einem geschickten Wechsel der Sozialformen beruht. Die Impulse werden im Plenum gesetzt, Vertiefung und Spaß und Spiel finden in Kleingruppen statt. Moderne Rhythmen laden zum Zuhören und Mitsingen ein. Bemerkenswert ist dabei das Mitarbeiterengagement, das eine hohe Betreuungsdichte ermöglicht.

Gerade mit seiner Erlebnisorientierung erinnert das Modell an die hierzulande schon lange erfolgreich praktizierten Kinderbibelwochen[3]. Folgerichtig hat eine unserer untersuchten Gemeinden eine bei ihr schon gut laufende Kinderbibelwoche der Einführung ihres neuen, an Promiseland orientierten Kindergottesdienstmodells vorangestellt. Dies verdeutlicht die Notwendigkeit der Abstimmung der unterschiedlichen Angebote aufeinander und die Bedeutung adäquater Folgeangebote. Auch zeigen die Beispiele der von Promiseland beeinflussten Gemeinden den Wert einer aufwendigen und personalintensiven Vorbereitung und Durchführung. Wenn die Aufgaben in diesem insgesamt aufwendigen Konzept jedoch überschaubar und zeitlich begrenzt sind und für Vertretung gesorgt werden kann, so lassen sich nach der Erfahrung der Gemeinden auch genügend Mitarbeiter für das Wachstum im Kindergottesdienst begeistern.

2.6.4.3 Kleingruppenarbeit

Hauskreise und intensive Kleingruppenarbeit sind in unterschiedlichen frömmigkeitstypischen Kontexten beheimatet. Auch in Deutschland gibt es eine lange Gemeinschaftstradition, die diese Formen pflegte. Die Begegnung mit Willow Creek führte oft zu einer Intensivierung dieses Bereichs

---

2   Informationen zu Promiseland in http://www.promiseland-online.de.
3   Informationen zu Kinderbibelwochen im Internet unter http://www.kinderbibel-wochen.de.

und zu einer Konzentration auf ihn. Christsein bedeutet hier vor allem das Engagement im Hauskreis. Dabei werden Gruppen und Kreise zu verbindlichen »ganzheitlichen« Kleingruppen. Geschätzt wird – auch wenn die Gemeinden in ihrer Rezeption eigene Wege gehen – am amerikanischen Vorbild die Organisation der Kleingruppen, ihre Betreuung und Begleitung, die Schulung der Leiter und das Coaching. Bei der jährlichen Auflösung und Neubildung der Kreise je nach Angebot, die in Willow Creek gepflegt werden, sind aber zahlreiche Gemeinden skeptischer. Diese Angebotsorientierung wird eher in städtischen Kontexten praktiziert, im ländlichen Bereich schätzt man die über Jahre gewachsene Gemeinschaft, die es nach langer Gewöhnung erst ermöglicht sich zu öffnen.

Die Willow Creek-Gemeinde hat einen ›idealtypischen‹ Weg entwickelt, auf dem Menschen über Seeker-Gottesdienste, Glaubenskurse und Hauskreisarbeit schließlich zur Gemeinde und zur Mitarbeit kommen. Nur wenige Gemeinden in Deutschland sind ihr an diesem Punkt genau gefolgt. Die erwähnten Elemente werden meist unabhängig voneinander angeboten, es gibt für sie aber keine festgelegte Reihenfolge, und zwischen einzelnen Glaubenskursen für unterschiedliche Stadien auf dem Weg zur verbindlichen Mitarbeit in der Gemeinde wird selten unterschieden. An der Grundidee – einer Art ›Personal- und Persönlichkeitsentwicklung‹ mit einem gezielten Förderprogramm auf hohem Niveau auch im ehrenamtlichen Bereich – wird aber festgehalten.

2.6.4.4 Organisation, Ausbildung, Schulung und Betreuung der Mitarbeitenden

Auch in diesem Bereich war die Begegnung mit der Willow Creek-Gemeinde für viele Gemeinden anregend: Das auf Promiseland zurückgehende D.I.E.N.S.T.-Seminar (»Dienen im Einklang mit Neigungen, Stärken und Talenten«) macht dem einzelnen Mitarbeitenden seine Stärken und Schwächen bewusst und hilft ihm, ein geeignetes Team für ihn zu finden. Dabei stehen weder das Einsatzgebiet im Vordergrund noch eine Lücke, die geschlossen werden muss, sondern die Gaben des Einzelnen. Ein Mitarbeiter brachte das im Gespräch so zum Ausdruck: Nicht die Fragen »Was nützt du?«, »Was kannst du?« stehen im Raum, sondern der Zuspruch: »Wenn du mitarbeiten willst, dann finden wir etwas für dich!«.

Mitarbeiter arbeiten grundsätzlich im Team. Der Einzelne wird vom Leiter des Teams begleitet und wächst in die Verantwortung und – meist über Stellvertretung – in Leitungsaufgaben hinein. Während über die Organisationsform ›Team‹ bei den von uns untersuchten, von Willow Creek geprägten Gemeinden Einvernehmen herrscht, gehen die Meinungen darüber auseinander, ob es für die Koordination der Teams einer Zusammenfassung in Bereiche mit eigener Leitung auf einer mittleren Leitungsebene bedarf oder ob sie unmittelbar der Gemeindeleitung verantwortlich sind. Diese Frage ist für das Verständnis von Pfarrbild, Gemeinde und ihrer Leitung von großer Bedeutung.

Die Schulung und Begleitung von ehrenamtlichen Mitarbeitern hat in vielen Gemeinden einen hohen Stellenwert. Oft kann dies bei den erreichten Dimensionen nicht mehr vom Pfarrer allein geleistet werden. Gemeinden gehen deswegen dazu über, teilweise über Mittel aus Fördervereinen einen eigenen Hauptamtlichen für diese Aufgabe einzustellen. Ziel ist es, entstehende Überforderungen, Unzufriedenheiten und Teamkonflikte frühzeitig zu erkennen, zu vermeiden oder möglichst schnell zu überwinden. Eine der untersuchten Gemeinden bietet sogar eigene Konfliktseminare an, deren Ziel es ist, die Qualität in der Mitarbeiterschaft und ihren Arbeitsfeldern zu sichern und zu steigern. Da es sich auch hier um einen ›ganzheitlichen‹ Ansatz handelt, der das jeweilige Arbeitsfeld und das eigene Glaubensleben umfasst, wird ein Niveau erreicht, das über das der Personalentwicklung vieler Unternehmen häufig hinausgeht.

2.6.4.5 Community Care und traditionelle Gemeindediakonie

Auf die Anregungen aus dem Community Care-Programm der Willow Creek-Gemeinde wurde schon eingegangen (2.3). Dahinter steckt der Gedanke, dass in einer Gemeinde alle füreinander da sind und insbesondere ein diakonischer Auftrag an Alten, Arbeitslosen, Alleinerziehenden, Kranken und Hilfebedürftigen besteht. Gemeinden entdeckten das oft verschüttete Arbeitsfeld der Gemeindediakonie.

2.6.4.6 Veränderungen in der Gemeinde durch das Konzept der Willow Creek-Gemeinde

Alle Gemeinden, die wir besucht und befragt haben, haben sich, auch wenn sie strukturell vom Konzept aus Willow Creek profitierten, von wesentlichen Teilen der Theologie der Willow Creek-Gemeinde distanziert: Benannt wurde zum Beispiel das Verständnis von Sünde, Kreuz und Leiden. Theologisch nehmen sie andere Traditionen auf: Oft ist es das Luthertum, gepaart mit pietistischen oder leicht charismatischen Elementen. Auf alle Fälle hält man an einer gewissen thematischen Breite und theologischen Weite fest. Es ist in den Gesprächen immer wieder betont worden, dass volkskirchliche Elemente für Gemeindearbeit unverzichtbar seien. Die Landeskirchen werden sogar als Voraussetzung für die darauf aufbauende Evangelisation gesehen. Darum verstehen sich die besuchten Gemeinden auch *nicht* als überkonfessionelle christliche Vereinigungen.

Freilich verändert unter Umständen die Rezeption des Willow Creek-Modells auch die Gemeinde, was in den betroffenen Gemeinden durchaus kontrovers diskutiert werden kann. Einige Beispiele:

– Durch die Strukturierung in Teams und die Bildung einer mittleren Leitungsebene für bestimmte Bereiche der Gemeindearbeit geht der von vielen geschätzt Kontakt zum Pfarrer verloren oder wird zumindest erschwert. Im Bereich der Seelsorge bringt dies eine Veränderung für die Gemeindeglieder mit sich. Die uneingeschränkte Ansprechbarkeit des Pfarrers wird ersetzt durch Seelsorgeteams und übergeordnete Bereichsleiter.

– Das Pfarrbild ändert sich. Der Pfarrer ist nicht mehr der, der für alles (und alle) da ist, sondern eher der, der alles organisiert und Aufgaben koordiniert. Er wird zum Begleiter der Begleiter. Der Generalist wandelt sich zum Spezialisten für Leitung, Planung und Lehre. In einer untersuchten Gemeinde wurde das mit einer griffigen Metapher verdeutlicht: Aus dem Hirten wird ein Rancher.

– Die Organisation der Gemeinde in Hauskreise, die geradezu zur einzigen Sozialform des Christseins werden, schließt Menschen aus, die eine solche Form der Nähe nicht wollen.

– Die Seeker-Orientierung stößt sich im Kern mit der kirchlichen Wirklichkeit in Deutschland. Denn das neutralere Wort ›Seeker‹ wird oft mit ›Kirchendistanzierter‹ oder ›Kirchenferner‹ übersetzt. Damit werden aber auch Menschen bezeichnet, die sich selbst als treue Evangelische bezeichnen würden, als Gemeindeglieder ihre Kirchensteuer zahlen, ab und an in die Kirche gehen und ihre Frömmigkeit nach außen unauffällig leben. Mit der Einschätzung dieses grob beispielhaft skizzierten Personenkreises als »Distanzierte« oder »Ferne« ändert sich das Verständnis von Gemeinde.

2.7 Personelle Wechsel und Vakanzsituationen als Auslöser für Neuaufbrüche

Mit diesem Bereich kommen wir zu den am wenigsten steuerbaren Einflüssen. Auslöser für Wachstum waren oft Stellenneubesetzungen nach Vakanzsituationen. Hier waren es sicher auch die jeweiligen neuen Stelleninhaber – in der Untersuchung begegneten wir ausnahmslos sehr engagierten Pfarrerinnen und Pfarrern –, vor allem aber die neuen Impulse, die sie am Anfang ihrer Amtszeit setzten. Es waren in diesem Stadium der Arbeit Anregungen von außen, weil man von den Erfahrungen profitierte, die die Neuen in einer anderen Gemeinde gesammelt hatten. Manchmal trifft ein Neubeginn auch mit einer langen Vakanzsituation zusammen, die von selbstbewussten Kirchenvorstehern getragen wurde. Gelingt die Zusammenarbeit mit dem neuen Stelleninhaber, was eine sehr sensible Situation der Absteckung der Machtverhältnisse bedeutet, ist gerade diese Gruppe sehr offen für neue Akzente.

2.8 Die Bedeutung von Identifikation im Wachstumsprozess

Die Identifikation mit einer Gemeinde, ihren Gebäuden oder den Personen, die in ihnen wirken, setzt einen langen Prozess der Prägung voraus. Dieser ist Voraussetzung dafür, dass bei einer Änderung einer Konstanten ein Impuls ausgelöst wird, der in Wachstum münden kann.

Am augenfälligsten war das im Laufe unserer Untersuchung bei Gemeinden, die mit ihren Nachbargemeinden verschmolzen werden sollten. Die Identifikation ging über die Struktur der Gemeinde, also ihre rechtliche Verfasstheit als Körperschaft: Die Selbständigkeit der Gemeinde sollte gewahrt bleiben. Die drohende Umsetzung der Verschmelzung war der Auslöser, die Gemeindeglieder breit angelegt zu informieren und zu sammeln. Menschen identifizierten sich mit ihrer Gemeinde, woraus Wachstum entstand.

Die Identifikation mit Gebäuden hat erfahrungsgemäß einen hohen emotionalen Wert. In der Untersuchung ist uns weniger die (negative) Variante begegnet, dass ein lieb gewordenes Gebäude aufgegeben werden musste, sondern vielmehr, dass auch der Bau neuer Gemeindezentren Kräfte freisetzte und Menschen, die sich mit dem Bau in zunehmender Weise identifizierten, motivierte und an die Gemeinde band. Besonders die Bauwerke, bei denen sich die Gemeinde in irgendeiner Weise einbringen konnte, weisen so einen hohen Grad an Identifikation der Menschen mit ihrer Gemeinde auf. Vereinzelt haben Gemeinden dies auch im alltäglichen Gemeindeleben zu nutzen gewusst, z. B. durch kirchenraumpädagogische Maßnahmen.

Das Heimischsein in liturgischen Formen des Gottesdienstes kann ebenfalls zu einem wichtigen Impuls einer Identifikation von Menschen mit ihrer Gemeinde werden, wenn bewusst alte Traditionen aufgenommen oder profiliert werden. Dabei geht es um das bewusste Feiern alter, lieb gewordener Traditionen oder um die produktive Auseinandersetzung mit ihnen. Denn sowohl von der bewussten Rezeption als auch vom Bruch mit Traditionen kann ein Impuls zu einer erneuten (und dann bewussten) Identifikation ausgehen.

Es hat sich häufig gezeigt, dass diese oft unbeachteten Grundlagen zu wenig genutzt werden und dass auch häufig nur sehr indirekt dabei geholfen wird, neue Identifikationsmöglichkeiten aufzubauen. Andererseits lösen Identifikationen oft Emotionen aus, die für manchen Veränderungsprozess hinderlich sind. Nicht zufällig haben viele Gemeinden, in denen umwälzende Veränderungen zu Wachstum geführt haben, wenig Traditionen. Trotzdem ist in anderen Gemeinden die Kollision mit Dingen, mit denen man sich identifiziert, zum Auslöser für Veränderungen geworden.

2.9 GEMEINDEARBEIT UND WACHSTUM

Bei fast allen Gemeinden, die wir besucht haben, konnten wir feststellen, dass der Begriff Gemeinde*arbeit* völlig zu Recht gebraucht wird. Wachstum geht mit intensiver Aktivität einher, die oft enorme Ausmaße annehmen kann. Um dies nicht misszuverstehen, müssen jedoch zwei – ganz unterschiedliche – Zusatzbemerkungen gemacht werden: Einerseits haben wir beobachtet, dass das große Arbeitspensum, wahrscheinlich weil es mit Wachstum verbunden ist und durch Wachstum belohnt wird, keine hektische, überanstrengte Atmosphäre erzeugt, sondern in der Regel mit sehr viel Fröhlichkeit und Heiterkeit verbunden ist. Andererseits ist uns von Anfang an bewusst gewesen (und auch immer wieder deutlich geworden), dass man den Zusammenhang zwischen Gemeindearbeit und Gemeindewachstum keinesfalls so interpretieren darf, als wäre fehlendes Wachstum ein Hinweis auf fehlende Arbeit oder Bemühung. Es gibt Pfarrer und Gemeinden, die sich abrackern – und das oft schon seit vielen Jahren – und trotzdem kein Wachstum, sondern Stillstand oder Rückgang erleben, und zwar aus ganz unterschiedlichen (oder überhaupt nicht erkennbaren) Gründen.

Dort, wo aus Gemeindearbeit Gemeindewachstum (beim Gottesdienstbesuch oder bei den Mitgliederzahlen) entsteht, wird das von den Gemeinden nicht als Verdienst oder Anspruch, sondern als Segen verstanden und dankbar angenommen. Würde diese Haltung verloren gehen, dann würde aus dem ›Wachsen gegen den Trend‹ eine gefährliche Angelegenheit. Dafür konnten wir aber – Gott sei Dank – keine Anzeichen wahrnehmen.

3 ORTE DES WACHSTUMS

Wenn in diesem Abschnitt von ›Orten des Wachstums‹ die Rede ist, dann sind damit gemeindliche Veranstaltungen gemeint, bei und in denen, wie unsere Analysen gezeigt haben, häufig zahlenmäßiges Wachstum erlebbar wird. Unter diesen Veranstaltungen ragt *eine* aus allen anderen heraus: der Gottesdienst. Er unterscheidet sich unseren Beobachtungen zufolge in seiner Bedeutung nicht nur quantitativ, sondern qualitativ von den vielen Gruppen und Kreisen, in denen unterschiedliche Altersgruppen, Geschlechter, spezifisch Interessierte oder Menschen aus unterschiedlichen Wohnbereichen regelmäßig zusammenkommen (Zielgruppenarbeit)[4] oder

---

4   Zwischen Gottesdiensten und Zielgruppenarbeit gibt es insofern Überschneidungen, als mancherorts auch Gottesdienste teilweise für bestimmte Zielgruppen (Kinder, Jugendliche, Senioren) angeboten werden. Da diese Zielgruppengottesdienste auf Grund ihrer Ausrichtung auf eine (Alters-)Gruppe zwar einen spezifischen Charakter erhalten, aber grundsätzlich

die sich zusammenfinden, um bestimmten Initiativen oder Unternehmungen (Projekte) zeitlich eng begrenzt oder auf längere Dauer zu ihrer Sache zu machen. Dem trägt der folgende Text durch seine Untergliederung Rechnung, indem zwischen ›Gottesdienst‹ (3.1), ›Zielgruppenarbeit‹ (3.2) und ›Projekte‹ (3.3) unterschieden wird.

3.1 Gottesdienst

Wenn es ein Vorurteil gibt, das durch unsere Befragungen, Gespräche und Analysen gründlich widerlegt wurde, dann ist das die Meinung, der christliche Gottesdienst sei nicht mehr zeitgemäß, es lohne sich darum auch nicht, in ihn allzu viel Zeit und Mühe zu investieren. Die an dieser Untersuchung beteiligten Gemeinden haben *durchweg* die Erfahrung gemacht, dass der Gottesdienst das Zentrum und Herzstück des Gemeindelebens und des Gemeindewachstums bildet. Diese Einsicht hat sich in einzelnen Fällen sogar *gegen* die mitgebrachte Überzeugung der Gemeinde durchgesetzt, sich ihr gewissermaßen aufgedrängt.

Dabei muss man freilich sogleich hinzufügen, dass sich der Gottesdienst in den meisten Fällen durch den Wachstumsprozess verändert hat, also nicht so blieb, wie er vor oder bei Beginn des Wachstums war. In nicht wenigen Fällen hat der ganze Wachstumsprozess sogar mit einer (mehr oder weniger tiefgreifenden) Veränderung des Gottesdienstes begonnen und von da aus andere Bereiche des Gemeindelebens erfasst, angesteckt und verändert. So war es oft ein neuer Pfarrer, der mit einer anderen Konzeption von ›Gottesdienst‹ in die Gemeinde kam und (erfolgreich) versuchte, die Gemeinde dafür zu gewinnen. Der Impuls zur Veränderung des Gottesdienstes konnte aber auch vom Kirchenvorstand, von einer Gemeindeversammlung bzw. -befragung oder von einem (neuen) Kantor ausgehen. Wichtiger als die Frage nach dem Impulsgeber ist der Blick auf die Elemente des Gottesdienstes, die besonders häufig genannt werden, wenn es um eine positive Veränderung im Sinne von größeren Besucherzahlen geht: mehr Lebendigkeit, intensivere Beteiligung und größere Freude der Gemeinde am Gottesdienst.

3.1.1 Die Rolle von Predigt und Liturgie

»Gut vorbereitete, ansprechende Predigten« sind ein wichtiger Wachstumsfaktor für den Gottesdienst. Das heißt, dass den Predigten, durch die Menschen die biblische Botschaft so vernehmen können, dass sich dadurch ein erhellender Bezug zu ihrem Leben herstellt, eine große Bedeutung zu-

---

für die Teilnahme aller Interessierten offen sind, werden sie hier dem ersten Unterabschnitt, also dem Gottesdienst, zugeordnet.

kommt. Es gibt aber auch noch andere Aspekte des gottesdienstlichen Lebens, die zu bedenken und möglicherweise zu verändern sind. Im Vordergrund steht dabei eindeutig die Liturgie. Dabei gibt es viele Varianten und Veränderungen des traditionellen Gottesdienstes. Aber es muss keine grundsätzlich von der Agende abweichende (und schon gar keine ›selbst ausgedachte‹) Liturgie sein, die von der Gemeinde gefeiert wird, sondern es kann der ›ganz normale Sonntagsgottesdienst‹ sein, der das Zentrum des Gemeindelebens und –wachstums bildet. Wie das? Dadurch, dass ihm erhöhte Aufmerksamkeit zugewandt, dass er liebevoller und/oder professioneller vorbereitet und gestaltet oder dem Verstehen der Gemeinde (unter Umständen mit Hilfe der Konfirmanden) näher gebracht wird. Die Aushändigung eines übersichtlichen, ansprechend gestalteten Ablaufplanes bzw. Gottesdienstprogramms gehört dabei in vielen Gemeinden zum gottesdienstlichen Standard. Bei all diesen Elementen kann man eine zunehmende Sensibilität für die ästhetische Gestaltung und Qualität von Gottesdiensten konstatieren. Dazu passt es auch, dass über die Wiederentdeckung der eigenen liturgischen Tradition hinaus vermehrt Anleihen bei anderen liturgischen Traditionen gemacht werden, unter denen zwei herausragen: die Orthodoxie und Taizé. Beide Impulsgeber stehen für ein Mehr an

Gesang bzw. Musik (s. u. 3.1.2),

Beteiligung der Gemeinde,

Emotionalität und

Feierlichkeit, wobei es sich häufig eher um den Typus fröhlicher als gedämpfter bzw. getragener Feierlichkeit handelt.

3.1.2 Musikalische Ausgestaltung des Gottesdienstes

Im gottesdienstlichen Leben vieler wachsender Gemeinden spielen Gesang und Kirchenmusik eine herausragende Rolle. Dabei handelt es sich einerseits um Instrumentalmusik (von der Orgeldarbietung über die Mitwirkung von Posaunenchören und Flötenkreisen bis zum Auftritt einer Band), andererseits um Gemeindegesang, der häufig auch über das Evangelische Gesangbuch hinausgeht und anderes Liedgut (vor allem aus Taizé, s. o. 3.1.1) einbezieht. Viele Gemeinden haben deshalb ein zweites, selbstverfertigtes Gesangbuch, das auch immer wieder durch neues Liedgut ergänzt und erneuert wird. Während der Abendmahlskommunion finden solche Lieder einen bevorzugten Ort im Gottesdienst. Bei manchen Gemeinden, insbesondere bei solchen, die charismatisch beeinflusst sind, spielen auch häufige Lobpreisgottesdienste oder Elemente daraus im gottesdienstlichen Leben eine besondere Rolle. Bei anderen wachsenden Gemeinden kommen hingegen solche Gottesdienstformen gar nicht vor.

Das Bild wäre jedoch unvollständig, wenn nicht auch erwähnt würde, dass die musikalische Gestaltung des Gottesdienstes einer der herausragenden Konfliktpunkte im Wachstumsprozess vieler Gemeinden ist bzw. war. Es ist kein Zufall, dass gerade an den Liedern und der Musik, die so stark mit dem Gefühl (auch mit dem Gefühl der Vertrautheit) verbunden sind, solche Konflikte aufbrechen. Insbesondere dort, wo in Gottesdiensten plötzlich lautstarke Bands mit Schlagzeugen auftraten, fühlten sich treue (vorwiegend ältere) Gemeindeglieder irritiert, befremdet und erkannten ›ihren Gottesdienst‹ nicht wieder. Am Umgang mit solchen Irritationen entschied sich in der Regel, ob diese Gottesdienstbesucher schließlich wegblieben (und sich vielleicht eine andere ›geistliche Heimat‹ suchten), oder ob man sich auf eine für alle akzeptable Kompromisslinie verständigen und so alle Gemeindeglieder und damit auch Geschmacks- und Altersgruppen einbinden konnte. Jugendliche wiesen in diesem Zusammenhang gern darauf hin, dass für sie die alten Kirchenlieder auch befremdlich und gewöhnungsbedürftig seien. In den meisten Fällen war es möglich, sich auf einer mittleren Linie gegenseitiger Akzeptanz zu begegnen, und nicht selten wird dies sogar als eine Bereicherung für beide Seiten erlebt.

3.1.3 Liturgen und/oder Moderatoren

Zu der besonderen Aufmerksamkeit auf die Liturgie gehört bei vielen wachsenden Gemeinden eine besondere Aufmerksamkeit für diejenigen, die als Liturgen (oder Moderatoren) für den Ablauf der Liturgie zuständig und verantwortlich sind. Dabei trennen sich hier die Wege der Gemeinden. Je stärker der Begriff ›Liturgie‹ betont wird, desto stärker wird häufig die Rolle des bzw. der ordinierten Geistlichen dabei betont. Damit spielt ein ›priesterliches‹ Element eine erhebliche Rolle. Das kann dann verbunden sein mit einer besonderen Amtstracht, zu der sehr oft die Stola, häufig auch der weiße Talar, also die Albe, gehören. Hier wird mit der Erkenntnis, dass auch Textilien Texte sind, die ihrerseits ›predigen‹, in spezifischer Weise ernst gemacht. Andere Gemeinden[5] wählen eher den Weg in Richtung ›Moderator‹, der kein Theologe sein muss und darum auch gerne ohne Talar, im modernen Outfit auftreten kann. Bei dieser Form von Leitung und Begleitung im Gottesdienst spielt auch der Faktor ›Humor‹ eine wichtige Rolle. Die alte freikirchliche Regel, dass in einem Gottesdienst mindestens einmal laut gelacht werden (können) müsste, wird hier normalerweise in die Praxis umgesetzt.

3.1.4 Abendmahl

Schon seit Jahren wird im Einzugsbereich der Evangelischen Kirche (anfangs mit einem gewissen Erstaunen) eine Zunahme und Intensivierung der Abendmahlsfrömmigkeit und -praxis registriert. D. h., während die Zahlen

---

5   Es gibt freilich auch Gemeinden, in denen der Pfarrer so multibegabt ist, dass er in der Lage ist, beide Rollen in (s)einer Person zu verkörpern.

der Gottesdienstbesucher noch sanken, nahmen und nehmen die Zahlen der Abendmahlsteilnehmer kontinuierlich zu; aber nicht nur das – auch die Häufigkeit der Abendmahlsfeiern erhöhte sich beträchtlich. So gibt es unter den wachsenden Gemeinden einige, die allsonntäglich Abendmahl feiern, und andere, die das zumindest erwägen oder planen. Dabei wird – soweit wir das feststellen konnten – überall darauf geachtet, dass nur ordinierte oder damit rechtmäßig beauftragte Personen Abendmahlsfeiern leiten. Aber an der Austeilung der Gaben und damit an der Gestaltung der Abendmahlsfeiern ist meist eine große Zahl von Mitarbeitenden beteiligt. Die Einladung von Kindern zum Abendmahl – nicht nur ihre ›Zulassung‹ – hat dabei praktisch überall den Status einer akzeptierten, als bereichernd empfundenen Praxis erlangt. In den meisten Fällen war und ist die ›Wiederentdeckung‹ des Abendmahls mit einer Zuwendung zu lutherischen Gottesdienst- und Abendmahlsformen verbunden, aber davon gibt es auch – bewusste oder unbewusste – Ausnahmen.

3.1.5 Zielgruppengottesdienste

Keine Einmütigkeit besteht zwischen den wachsenden Gemeinden hinsichtlich der Frage, ob es an Sonn- und Feiertagen nur *einen*, gemeinsamen Gottesdienst für die ganze Gemeinde geben soll, oder ob ein Angebot verschiedener Gottesdienste für unterschiedliche Alters- und Interessengruppen vorgehalten werden sollte. Das hängt naturgemäß auch von der Gemeindegröße ab. Für den *einen* Gottesdienst werden vor allem die beiden folgenden Argumente geltend gemacht: Im Gottesdienst soll die Einheit der Gemeinde erlebbar werden, und geteilte, schlecht besuchte Gottesdienste sind weniger einladend als ein richtig gut besuchter Gottesdienst, zu dem man unter Umständen frühzeitig kommen muss, um noch einen Sitzplatz zu finden. Andererseits wird aber auch darauf hingewiesen, dass manche Menschen überfüllte Gottesdienste nicht schätzen, weil diese das Gefühl auslösen (können): Auf mich kommt es nicht an. Gelegentlich wird der Versuch gemacht, beide Ansätze miteinander zu verbinden, und zwar entweder so, dass es sowohl den *einen* Hauptgottesdienst für die ganze Gemeinde (als Höhepunkt des Gemeindelebens am Sonntagvormittag) gibt als auch einige gelegentlich stattfindende Gottesdienste für bestimmte Zielgruppen, oder so, dass eine andere Gottesdienstform einmal im Monat/Quartal den ›normalen‹ sonntäglichen Gottesdienst ersetzt. Letzteres ist vor allem in kleinen Gemeinden zu finden. Generell ist zu beobachten, dass die Einführung von Zielgruppengottesdiensten auch den sonntäglichen Hauptgottesdienst verändert – entweder in Angleichung an die Zielgruppengottesdienste oder in bewusster Unterscheidung von ihnen.

Unter den wachsenden Gemeinden gibt es eine große Spannweite von der Gemeinde, die bewusst nicht einmal gesonderte Kinder- oder Jugendgottesdienste veranstaltet, sondern nur den *einen* Gottesdienst für alle Gemeindeglieder anbietet und gestaltet, bis zu der Gemeinde, in der in regelmäßigen Abständen zehn unterschiedliche Gottesdienste in unterschiedlichen Formen, für unterschiedliche Zielgruppen und zu unterschiedlichen Zeiten stattfinden. Dabei scheint neben dem Freitagabend (als Beginn des Wochenendes) der frühe Sonntagabend (zwischen nachmittäglichem Ausflug und abendlichem Fernsehprogramm) eine besonders günstige Gottesdienstzeit für ein ›Zweites Gottesdienst-Programm‹ zu sein. Insbesondere Gemeinden, die in einer Region mit hohem Freizeitwert und verlockenden Alternativangeboten am Wochenende liegen, könnten mit einem solchen Sonntagabend-Gottesdienst die Menschen erreichen, die gerne einen Gottesdienst besuchen würden, aber auch als Familie oder im Freundeskreis am Wochenende aktive Freizeitgestaltung praktizieren möchten. Der Sonntagabend an der Schwelle zur neu beginnenden Arbeits- oder Schulwoche ist dafür kein schlechter Zeitpunkt.

Fast überall, wo mehrere unterschiedliche Gottesdienste angeboten werden, haben sich zur Vorbereitung und Gestaltung der Gottesdienste (von der Erstellung des Programmheftes über die Begrüßung bis zur Verabschiedung) Teams von Mitarbeitenden gebildet, die auf diese Weise untereinander eine besondere Verbundenheit erleben, sich aber auch in ganz besonderer Weise mit dem Gottesdienstgeschehen identifizieren. Dort, wo es bewusst nur den *einen* Gottesdienst gibt, wird dieser in der Regel überwiegend in der professionellen Verantwortung der ordinierten oder beauftragten Amtsträger belassen.

3.1.6 Niedrigschwellige Gottesdienstangebote (vgl. dazu oben 2.6.4.1)

Die Rede von ›niedrigschwelligen‹ kirchlichen Angeboten kommt in den Gemeindeanalysen häufig vor. Damit sind Angebote gemeint, die durch Einladung, Raum- und Zeitplanung sowie inhaltliche und sprachliche Gestaltung für Menschen, die kirchlich ungeübt sind, das ›Kirchliche‹[6] nicht sprechen und verstehen oder Vorbehalte gegen Christentum und Kirche haben, einen möglichst leichten, unverkrampften Zugang eröffnen sollen. Dazu muss es auch gehören, bei nichts mitmachen zu müssen, was den Charakter eines Bekenntnisses hat, und am Schluss wieder unbehelligt von dannen ziehen zu können – so, wie man sich das auch selbst wünscht, wenn man sich von einer Organisation, der man eher distanziert (aber auch ein wenig interessiert) gegenübersteht, einen authentischen Eindruck verschaffen möchte.

---

6 Dieser Begriff wird hier im Sinne einer Fach- oder Fremdsprache gebraucht.

3.1.7 Das kommunikative Umfeld des Gottesdienstes

Dieses Umfeld beginnt, jedenfalls für diejenigen, für die der Gottesdienstbesuch nicht bereits eine vertraute, gute Gewohnheit ist, in der Wohnwelt. Welche Botschaft muss einen Menschen dort erreichen, um ihn zum Gottesdienstbesuch zu motivieren? Sicher am wenigsten die Mitteilung durch einen Handzettel im Briefkasten, dass die Gemeinde sich über vermehrten Gottesdienstbesuch freuen würde. Das zeigt ja nur, dass es sich offenbar um keine sehr attraktive Veranstaltung handelt. Diesen Weg wählen wachsende Gemeinden deshalb auch kaum. Wohl aber macht es offenbar insbesondere in Neubaugebieten Sinn, die hinzugezogenen, kirchlich noch nicht beheimateten Menschen persönlich einzuladen, sich dabei – als Pfarrer oder Mitarbeitende der Gemeinde – vorzustellen und so einen ersten Kontakt zu knüpfen. Ein solcher Kontakt kann ein Grund für einen Gottesdienstbesuch werden, und dann muss sich im Gottesdienst (in seiner Atmosphäre, Gestaltung und Verkündigung) für Menschen zeigen, ob sie sich angesprochen fühlen, ob es sich für sie lohnt, dafür am Sonntagmorgen früher aufzustehen, und ob sie folglich einen Grund haben, wiederzukommen. Menschen brauchen heutzutage üblicherweise einen Grund, warum sie einen Gottesdienst besuchen. Die Tatsache, dass er zur üblichen Zeit am üblichen Ort angeboten wird, ist für die meisten Menschen noch kein zureichender Grund, ihn zu besuchen. Die wachsenden Gemeinden, die wir besucht, befragt und analysiert haben, waren sich dessen in hohem Maße bewusst. Sie haben deswegen auf vielfältige Weise versucht, Menschen solche Gründe zu geben. Dazu gehören auch Befragungen in der Parochie: »Wie müsste ein Gottesdienst gestaltet sein, damit Sie ihn besuchen?« bzw. »Was müsste sich am Gottesdienst ändern, damit er für Sie interessant wird?« Dabei fühlen sich die so Befragten vermutlich dann ernst genommen, wenn ihre Antworten sorgfältig ausgewertet, auf ihre Realisierbarkeit hin theologisch geprüft und nach Möglichkeit umgesetzt werden, und wenn sie außerdem nach einer angemessenen Zeit auf demselben Weg eingeladen werden, sich selbst davon zu überzeugen, ob sich die Qualität des Gottesdienstes durch ihre Vorschläge verbessert hat.

Sebstverständlich ist bei fast allen untersuchten Gemeinden, dass sie großen Wert darauf legen, dass Menschen, die neu kommen, freundlich begrüßt, mit den nötigen Hinweisen und Informationen versorgt, aber nicht vereinnahmt werden. Dafür gibt es in den meisten Gemeinden Teams, die sich für diese Aufgabe auch anleiten und vorbereiten lassen. In diesen Kontext gehört auch der bereits oben (3.1.1) erwähnte Handzettel mit Gottesdienstablauf, durch den das Miterleben oder Mitfeiern des Gottesdienstes für Fremde erheblich erleichtert wird. Die Abwehr dieses Hinweises mit dem Satz: »Zu uns kommen doch gar keine Fremden«, könnte auch auf einem Zirkelschluss beruhen.

Zum kommunikativen Umfeld des Gottesdienstes gehört schließlich fast in allen Gemeinden der an den Gottesdienst anschließende Kirchenkaffee mit seinen spezifischen Möglichkeiten der Kontaktaufnahme, des Austausches und der Verabredung. Ein besonders belebendes Element sind dabei in der Regel die Kinder, die nun auch nicht mehr unter der Erwartung stehen, ihre Lautstärke und ihren Bewegungsdrang zu drosseln, sondern sich – spätestens jetzt – als voll zugehörig erleben können. Dabei sollte (und darf) es allerdings auch nicht ausgeschlossen oder schwer gemacht werden, nach einem eindrucksvollen Gottesdienst auf diese Möglichkeit des Austausches zu verzichten.

3.2 ZIELGRUPPENARBEIT

Von ›Zielgruppen‹ war bereits oben (3.1.5) im Zusammenhang mit Gottesdiensten die Rede. Das muss und soll hier nicht wiederholt werden, obwohl es zwischen beidem natürlich viele Berührungspunkte und Überschneidungen gibt, etwa dann, wenn die Arbeit einer Jugendgruppe sich auf die Vorbereitung und Veranstaltung von Jugendgottesdiensten konzentriert. In diesem zweiten Unterabschnitt der ›Orte des Wachstums‹ geht es um diejenigen Ergebnisse unseres Projekts, die zeigen, dass und unter welchen Bedingungen bei der Arbeit mit bestimmten Zielgruppen oder durch diese Arbeit Wachstum in einer Gemeinde entstehen kann, das unter Umständen auch auf andere Zielgruppen, auf den Gottesdienst und auf die ganze Gemeinde ausstrahlt. Das ist besonders dort der Fall, wo die einzelnen Gemeindegruppen untereinander ›vernetzt‹ sind – sei es durch den gemeinsamen Gottesdienst, sei es durch regelmäßige Treffen und Austausch zwischen denjenigen, die in den Gruppen besondere Verantwortung tragen, kurz: zwischen den Gruppenleitern.

3.2.1 Hauskreise

Hinsichtlich der Bedeutung (und Pflege) von Hauskreisen gehen die Einstellungen der wachsenden Gemeinden weit auseinander. Für einen großen Teil von ihnen sind Hauskreise das nach und neben dem Gottesdienst wichtigste Element der Gemeindearbeit, deren Infrastruktur und Wurzelgeflecht,[7] in dem lebendiges Christsein durch Bibellektüre und Gebet eingeübt, im offenen Gespräch miteinander geteilt und im Ringen um die

---

7 Bei der Auswertung kam bei uns der Gedanke auf, dass Hauskreise auch eine Art des Ersatzes von Familie und Freundeskreis sein könnten. Die These Schleiermachers, dass christliche Gemeinden nicht eine Ansammlung von Individuen, sondern von Familien bzw. Häusern sei, würde durch solche Gemeinden dementsprechend modifiziert und realisiert.

Wahrheit vertieft wird. Hier sind sie *die* Organisationsform von Gemeinde (»die Gemeinde besteht aus Hauskreisen«).

Für einen anderen, kleineren Teil spielen Hauskreise keine herausragende Rolle, sind eine Plattform der Begegnung unter anderen, erfassen auch nur einen Teil der aktiven Gemeindeglieder, werden eher als abgeschlossene Zirkel betrachtet oder sogar beargwöhnt. Unserer Beobachtung nach ist Letzteres vor allem dort der Fall, wo die Hauskreisarbeit irgendwann ›wildwüchsig‹ entstanden ist und nicht (durch Schulungs- und Fortbildungsangebote für Hauskreisleiter oder durch deren regelmäßigen Austausch untereinander) begleitet und gefördert wird. Wo solche Möglichkeiten der Begleitung und Förderung nicht bestehen (nicht gewollt oder nicht möglich sind), kann man die Einrichtung von Hauskreisen – auf Grund dieser Erfahrungen – nicht empfehlen. Dort, wo diese Möglichkeiten bestehen und durch Pfarrer oder kompetente Mitarbeiter praktiziert werden, stellt die Hauskreisarbeit offenbar ein vitales Element der Gemeindearbeit dar. Es schafft und erhält ihr einen umfassenden, festen, belastbaren Zusammenhang und Zusammenhalt.

Um die Gefahr der Klüngelbildung, die mit Hauskreisen immer verbunden ist, zu minimieren, gehen mehrere Gemeinden den Weg einer regelmäßigen formellen Auflösung und Neukonstituierung der Hauskreise (etwa im Jahresrhythmus), um – wie in Willow Creek (s. o. 2.6.4.3) – den individuell gewünschten Wechsel zwischen Hauskreisen und die Integration von Neuhinzugekommenen in Hauskreise zumindest zu erleichtern. Wo dies nicht möglich oder erwünscht ist, wird häufig versucht, diese Aufgabe durch Neugründung von Hauskreisen in Angriff zu nehmen. Der regelmäßige Erfahrungs- und Informationsaustausch zwischen den Hauskreisleitern kann dazu beitragen, dass die einzelnen Kreise sich nicht (allzu sehr) gegeneinander isolieren oder gar so etwas wie Hierarchien oder Rangordnungen ausbilden.

Eine gelegentlich praktizierte, sich offenbar empfehlende Möglichkeit der Vernetzung zwischen Hauskreisen und der ganzen Gemeinde besteht darin, dass Hauskreise im Wechsel die Verantwortung für die Vorbereitung und Gestaltung von einzelnen Gottesdiensten (zusammen mit dem Pfarrer) oder den Begrüßungsdienst übernehmen. Eine andere Möglichkeit, diesen Zusammenhang zu erleben, besteht dort, wo Menschen aus dem Freundeskreis oder aus der Nachbarschaft zunächst Zugang zu einem Hauskreis, dann aber via Hauskreis auch zum Gottesdienst der Gemeinde finden.

Eine Sondersituation bildet die Hauskreisarbeit in den östlichen Gliedkirchen der EKD. In der DDR-Zeit wurde das offene Angebot an Gruppen und Kreisen, um den Anschein einer genauen Abgrenzung zwischen Gemeinde und ihrer Umwelt zu wecken, automatisch zu so bezeichneten

›Hauskreisen‹. Diese Bezeichnung lebt auch dort weiter, wo es sich faktisch um Kreise handelt, die ein offenes Angebot im Gemeindehaus darstellen.

3.2.2 Frauen-, Männer- und Seniorenarbeit

Neben traditionellen Frauen- und Männerkreisen, in denen sich eher ältere Gemeindeglieder zum Austausch und/oder zu gemeinsamen Unternehmungen treffen oder trafen, ist in den wachsenden Gemeinden eine Neusortierung dieser Zielgruppenarbeit zu beobachten, die schon seit längerer Zeit stattfindet. Mit der erheblichen Zunahme der (gesunden) Lebenszeit wird die Zielgruppenarbeit mit Senioren (beiderlei Geschlechts) immer wichtiger und interessanter. Dabei tritt die Geschlechterdifferenz in ihrer Bedeutung gegenüber den altersspezifischen Fragen eher in den Hintergrund. Die Arbeit mit den Senioren des sog. dritten Lebensalters wird entsprechend von vielen Gemeinden als neue Herausforderung, Aufgabe und Chance wahrgenommen, z. B. durch offene Angebote (Vorträge, Gesprächsrunden, Stammtische, Café, Ausflüge) für die ›jungen Alten‹. Ausnahmen bestätigen die Regel.

Nicht im Gegensatz hierzu, wohl aber deutlich davon unterschieden haben sich in vielen wachsenden Gemeinden Gruppen für (eher jüngere) Frauen und Männer gebildet, die sich in ganz unterschiedlichen Formen und unter teilweise selbstironisierenden Namen (›Heldentreff‹) regelmäßig zusammenfinden, um ihre spezifischen Erfahrungen in der Phase des Lebens- und Familienaufbaus aus der Sicht des christlichen Glaubens zu thematisieren und miteinander zu teilen.

Orte des Wachstums sind diese Kreise und Gruppen nicht in einem exzessiven Sinn, wohl aber in einem begleitenden, stabilisierenden Sinn und in manchen Fällen auch dadurch, dass sie eine niedrigschwellige Zugangsmöglichkeit für Außenstehende eröffnen. Auch diese Gruppen übernehmen gelegentlich die Aufgabe, spezifische Gottesdienste vorzubereiten und zusammen mit Pfarrern zu gestalten.

3.2.3 Eltern-Kind-Gruppen

Es gibt wachsende Gemeinden, die ein geradezu immenses Angebot von Krabbelgruppen (ca. 30) vorhalten, das auch gerne in Anspruch genommen wird. Wo ein solcher Bedarf vorhanden ist, stellt sich natürlich die Frage, ob dem nicht eher durch eine Krippe in kirchlicher Trägerschaft entsprochen werden sollte, wobei aber die Kontaktmöglichkeiten zu den Eltern bei Krabbelgruppen vermutlich größer, häufiger und intensiver sind. Den bei vielen (jungen) Eltern vorhandenen Informations-, Beratungs- und Unterstützungsbedarf nehmen jedenfalls manche der befragten Gemeinden als eine spezifisch kirchliche Aufgabe wahr und machen entsprechende Angebote. Das setzt sich natürlich im Kindergarten- bzw. Kindertagesstättenbereich verstärkt fort. Viele wachsende Gemeinde unterhalten bewusst (mindestens) einen Kindergarten bzw. eine Kita und sehen darin nicht nur einen sozialen Dienst, sondern auch eine Aufgabe und Möglichkeit für christliche Bildungsarbeit. Ausweisbar wird dies in der Regel daran, ob und in welchem zeitlichen Umfang die Pfarrer im Kindergarten präsent sind und überdies Angebote zur Unterstützung und theologischen Fortbildung der Erzieherinnen machen. Über einen Kindergarten, der ein evangelisches Profil hat, kommen häufig auch viele Eltern (wieder) in Kontakt zu ihrer Kirchengemeinde, sei es durch Gespräche, Elternabende bzw. -seminare oder durch besondere Gottesdienste. Wenn oben (3.1.7) gesagt wurde, dass Menschen heutzutage üblicherweise einen Grund brauchen, um einen Gottesdienst zu besuchen, dann kann man hinzufügen, dass für sehr viele Eltern die Tatsache, dass ihr Kind (mit der Kindertagesstätte) an einem Gottesdienst teilnimmt, ein sehr guter Grund für einen Gottesdienstbesuch ist – und für die eventuell zugehörigen Großeltern natürlich nicht minder.

3.2.4 Kindergottesdienste und Kinderbibelwochen

Mit gutem theologischem Grund kann man die Auffassung vertreten, der Kindergottesdienst gehöre nicht zur Zielgruppenarbeit, sondern in den Teil über den Gottesdienst. Dort war auch schon – jedenfalls beiläufig (s. o. 3.1.5) – vom Kindergottesdienst die Rede, aber eben doch nur beiläufig. Das liegt daran, dass die Vielfalt dessen, was unter ›Kindergottesdienst‹ läuft, (auch) bei den wachsenden Gemeinden groß ist und dass manches davon eher unter ›Zielgruppenarbeit‹ als unter ›Gottesdienst‹ passt.

In vielen wachsenden Gemeinden findet der Kindergottesdienst parallel zum Erwachsenengottesdienst statt, wobei es in der Regel einen gemeinsamen Anfangsteil – unter Umständen mit einer kurzen Kinderpredigt – gibt, in dem deutlich wird, dass Kinder und Erwachsene miteinander Gottesdienst feiern und *eine* Gemeinde bilden. Gelegentlich wird auch der Schlussteil des Gottesdienstes (nach der Predigt oder nach dem Abendmahl) wieder gemeinsam gestaltet. Je größer der Einzugskreis wachsender Gemeinden ist, je weiter viele Gottesdienstbesucher also fahren müssen, um zum Gottesdienst zu kommen, desto größer ist naturgemäß das Interesse an einem Kindergottesdienst parallel zum Erwachsenengottesdienst. Für die Kindergottesdienstmitarbeiter bedeutet dies entweder, dass sie in der Regel nicht am Erwachsenengottesdienst teilnehmen können, oder, dass es mehrere Mitarbeitergruppen geben muss, die sich abwechseln. Eine Lösung für dieses Problem wird teilweise aber auch dadurch zu erreichen versucht, dass die Kinder aller Altersgruppen voll am Gemeindegottesdienst teilnehmen und dessen integraler Bestandteil sind. Dass sie dabei aber auch ›auf ihre Kosten kommen‹, erfordert freilich eine große pädagogische Meisterschaft, wenn es überhaupt möglich ist.

In anderen Fällen findet der Kindergottesdienst (auch ›Kinderkirche‹ oder ›Kinderstunde‹ genannt) an einem Wochentag, in der Regel am Samstagnachmittag statt. Das setzt voraus, dass die Familien in gut erreichbarer Entfernung um die Kirche wohnen, so dass kleinere Kinder leicht gebracht werden und größere Kinder alleine kommen können.

Eine immer wieder praktizierte und bewährte Form kirchlicher Kinderarbeit sind die Kinderbibelwochen[8], die teilweise in ökumenischer Verantwortung durchgeführt werden und sich offenbar überall eines großen Zuspruchs erfreuen. Inwieweit dadurch nicht nur ein kurzfristiger Bildungseffekt, sondern auch ein längerfristiger Bindungseffekt zur Kirche und zu ihrer Botschaft erzeugt werden kann, ist schwer festzustellen. Aber auch wenn Letzteres kaum oder gar nicht erreicht würde, ist diese Form der Vermittlung der christlichen Botschaft an Kinder offensichtlich eine sehr empfehlenswerte Möglichkeit.

3.2.5 Kirchenmusikalische Arbeit

Ein wichtiger Zweig der kirchlichen Kinderarbeit ist das Angebot von Kinderchören, Flöten- und Bläsergruppen, durch die Kinder nicht nur musikalische Früherziehung, Stimmbildung und Musikunterricht erhalten können, sondern auch christliches und anderes wertvolles Liedgut kennen lernen und durch die Mitwirkung im Gottesdienst an diesen herangeführt werden können. Mit alledem kann in Kindern die Freude an und die Liebe zur Musik geweckt werden, und das ist sowohl ein Wert in sich als auch ein Zugang zu grundlegenden Elementen des christlichen Glaubens. Die kulturelle und religiöse Bildung, die damit geleistet wird, verdient große Beachtung und ist in einer Zeit des Traditionsabbruchs eine wichtige Brücke zu tragfähigen Traditionen. So wird das auch in vielen wachsenden Gemeinden gesehen und mit durchweg gutem Erfolg praktiziert.

Diese Arbeit findet häufig ihre Fortsetzung in Jugend- und Posaunenchören oder in kirchlich orientierten Bands. So ist die Kirchenmusik heute oftmals eine Ergänzung zu oder sogar ein Ersatz für Jugendgruppen und -kreise und ermöglicht vielen Jugendlichen, einen als altersgerecht empfundenen Kontakt zur Kirche mit ihrem Auftrag und ihrer Botschaft herzustellen oder aufrechtzuerhalten.

Dadurch, dass dieser Zweig kirchlicher Arbeit in vielen wachsenden Gemeinden seine organische Fortsetzung in einer kirchenmusikalischen Arbeit findet, in die Erwachsene voll integriert sind oder die – etwa in Gestalt von Kirchenchören oder Kantoreien – sogar ganz überwiegend von Erwachsenen getragen wird, stellt die Kirchenmusik ein Kontinuitätselement in der kirchlichen Arbeit und Entwicklung dar, wie es seinesgleichen sucht. Über

---

8   Vgl. hierzu oben 2.6.4.2.

das Liedgut alter und neuer Meister sowie über die großen kirchenmusikalischen Werke der abendländischen Kulturgeschichte erhalten Menschen, die möglicherweise dem Glauben fernstehen, einen Kontakt zu biblischen Texten und christlichen Aussagen, die in ihrem Lebensraum sonst keine oder nur eine marginale Rolle spielen. Sie singen sich selbst damit Worte zu, die sich ihnen einprägen, sie begleiten und möglicherweise in ihrem Leben irgendwann einmal eine große Bedeutung und Wirksamkeit entfalten können.

3.2.6 Konfirmandenarbeit

Dass ausgerechnet die Konfirmandenarbeit ein Ort gemeindlichen Wachstums sein kann, hat auch uns überrascht, findet diese Arbeit doch in einem Lebens- und Entwicklungsabschnitt statt, in dem die Jugendlichen vor allem mit sich selbst und den neu auf sie zukommenden Herausforderungen und Erwartungen beschäftigt sind. Es scheint ein unabänderliches Gesetz zu sein, dass nach der Konfirmation zunächst einmal ein Kontinuitätsabbruch, ein ›Riss‹ und ›Moratorium‹ im Blick auf die Kirche folgt. Das stimmt jedoch so nicht, wie das Beispiel der Gemeinden zeigt, bei denen die Konfirmandenarbeit zu längerdauerndem Engagement und damit zu Gemeindewachstum führt. Ausschlaggebend ist dafür offenbar vor allem Zweierlei: zum einen eine andere Strukturierung des Konfirmandenunterrichts durch Konzentration auf größere Einheiten (etwa am Samstag), die mit Formen gemeinsamen Lebens und Erlebens, mit Aktivität und Erprobung zu tun haben; zum anderen (und vor allem) die Gewinnung der Konfirmierten als Mitarbeitende in den folgenden Konfirmandenjahrgängen. Offenbar ist es relativ leicht möglich, junge Menschen dafür zu gewinnen, dass sie das, was sie selbst in ihrem Konfirmandenunterricht gelernt haben, an andere, nachwachsende Konfirmanden (unter Anleitung und in kleinen Arbeitsgruppen) weitergeben und so alsbald die Verantwortung übernehmen, die ihnen durch die Konfirmation ja auch offiziell zuerkannt und zugesprochen wurde. An diesem Punkt machen wachsende Gemeinden eine – durchaus verallgemeinerungsfähige – Erfahrung: Es gibt erstaunlich viele Menschen, die sich für die Gemeindearbeit gewinnen lassen, wenn sie die Erfahrung machen, dass sie gebraucht werden, dass sie etwas einbringen können und dass ihnen etwas zugetraut wird. In exemplarischer Weise lässt sich das an den in diesem Band beschriebenen Formen von Konfirmandenarbeit studieren und lernen.

3.2.7 Jugendarbeit

Die kirchliche Jugendarbeit befindet sich EKD-weit nach allgemeiner Auffassung (ebenfalls) in einer schwierigen Situation, die sich nicht zuletzt aus einer Fülle attraktiver Konkurrenzangebote im Bereich von Unterhaltung, Sport, Freizeitgestaltung und Kultur erklärt. Zwar gibt es in vielen wachsenden Gemeinden Jugendkreise, Jugendclubs und andere Formen offener und halboffener Jugendarbeit, aber sie sind keine herausgehobenen Orte des Wachstums. Gut ›läuft‹ unserer Beobachtung nach kirchliche Jugendarbeit dort, wo es gelingt, eine guten Zusammenarbeit mit dem örtlichen CVJM zu pflegen, und wo es zu gegenseitigen verbindlichen Absprachen und zu einer vertrauensvollen Zusammenarbeit zwischen Gemeinde und CVJM kommt. Ähnliches gibt es freilich gelegentlich in wachsenden Gemeinden auch dort, wo es gelingt, (aus Spendenmitteln) einen hauptamtlichen Jugendmitarbeiter bzw. Gemeindepädagogen anzustellen, wenn zwischen ihm und den anderen Hauptamtlichen eine gute Kooperation gelingt. In den neuen Bundesländern begegnet man Formen von ›Junger Gemeinde‹, die ebenfalls Wachstum zu verzeichnen haben. All das belegt: Kirchliche Jugendarbeit ist heute zwar nicht einfach, aber sie ist möglich und kann selbst ein Wachstumsort werden.

3.3 PROJEKTE

Hätte unsere Untersuchung in den 70er Jahren des vorigen Jahrhunderts stattgefunden, dann wären Projekte, vor allem politisch und sozial ausgerichtete Projekte, vermutlich in der Auswertung einer der Hauptpunkte gewesen. Das hat sich in den zurückliegenden 30 Jahren beträchtlich geändert – nicht so, dass es diese Projektarbeit gar nicht mehr gäbe, sie ist fast überall noch vorhanden, aber sie ist – abgesehen von einigen Ausnahmegemeinden – eher an den Rand oder in den Hintergrund getreten. Man könnte das auch positiver formulieren: Von vielen Projekten, die einmal begonnen wurden, haben sich manche durch die zeitgeschichtliche Entwicklung erledigt, andere aber über die Zeiten hin bewährt, verstetigt und sind zum festen Bestandteil der Gemeindearbeit geworden.

Dabei handelt es sich einerseits – nach wie vor – um sog. Eine-Welt-Projekte als Nachfolger von Entwicklungshilfe- oder Dritte-Welt-Projekten, die durch die Erfahrung des Phänomens der Globalisierung sogar neuen theoretischen und praktischen ›Stoff‹ bekommen haben. Hierzu gehören auch die nach wie vor aktuellen Probleme von Migration und Asyl, deren größte und dramatischste Erscheinungsformen möglicherweise noch vor uns liegen. In diesen Kontext gehören auch die vielen, langfristig gepflegten und erhaltenen Patenschaften für kirchliche Projekte in Entwicklungsländern und Partnerschaften mit Kirchengemeinden in allen Teilen der Erde.

Sodann gibt es – auch in den wachsenden Gemeinden – zahlreiche Projekte, die ebenfalls politisch und/oder sozial motiviert sind, sich aber auf den Nahbereich der Gemeinde, also auf unser eigenes gesellschaftliches

Umfeld beziehen. Hierzu sind vor allem die Projekte zu zählen, durch die Menschen, die in Armut leben, mit Essen und Lebensmitteln versorgt werden, sei es im Sinne des ›Essens auf Rädern‹, sei es im Sinne der ›Tafel‹-Idee, durch die Verschwendung vermindert und Not gelindert werden können. Hierzu lassen sich auch ökologische Projekte zählen, die zu einem sparsameren, zukunftsfähigeren Umgang mit Energie und anderen Ressourcen anleiten und sich hierfür einsetzen wollen.

Schließlich gibt es im Bereich der wachsenden Gemeinden auch eine Vielzahl kultureller Projekte, in denen

– teilweise einzelne (bildende) Künstler ihr Können in den Dienst der Gemeinde und des Gottesdienstes stellen,
– Theater- oder Kabarettgruppen sich zu kurz- oder längerfristigem Engagement zusammenfinden,
– Gemeinden ihre Räume für experimentelle, avantgardistische Kunst zur Verfügung stellen und so gleichzeitig zu einer Begegnung zwischen Kirche und Kunst beitragen.

Mögen solche politischen, sozialen, kulturellen Projekte vor Jahrzehnten auch noch einen größeren Stellenwert besessen haben – ohne die mit diesen Projekten verbundene Zuwendung nach außen und die Öffnung in die Gesellschaft hinein verlören die christlichen Gemeinden für viele Menschen an Glaubwürdigkeit und Anziehungskraft. Darum kann man nur mit Freude konstatieren, dass es auch diese Orte des Wachstums gibt.

4 WIE GEWINNT WACHSTUM GESTALT? – FAKTOREN, MITTEL UND WEGE

Dieser Abschnitt stellt für das Wachstum förderliche Bedingungen dar. Damit betrachtet er zugleich die Ausformungen des Wachstumsprozesses, also die Art, wie das Wachstum Gestalt gewinnt.

4.1 DIE ROLLE DES GEBETS IM WACHSTUM

Das Gebet spielt nicht bei allen wachsenden Gemeinden eine besondere Rolle, aber dort, wo dies der Fall ist, steht es meist – zusammen mit dem Gottesdienst – im Zentrum des Gemeindelebens. Dabei könnte man darüber streiten, ob man es eher zu den Impulsen, zu den Orten oder zu den Wegen des Gemeindewachstums zählen sollte. Wenn wir uns für diese dritte und letzte Möglichkeit entschieden haben, so deshalb, weil das Gebet in den von uns besuchten Gemeinden primär als eine Lebensäußerung von wachsenden Gemeinden erlebt und verstanden wurde – dem Atemholen vergleichbar. Zwar gibt es die Erfahrung, dass dem Gemeindewachstum eine (lange) Phase des Gebets um Wachstum oder Erweckung voranging, aber der Normalfall ist eher der, dass dem Wachstum eine Intensivierung des Gebets in der Gemeinde parallel läuft. Das ist zugleich eine permanente Erinnerung daran, dass Wachstum sich nicht machen lässt, sondern eine Erfahrung ist, die – ungesucht oder gesucht, hellwach oder schlafend – zuteil wird und die gerade deshalb aufmerksamer Pflege bedarf.

So gibt es in vielen wachsenden Gemeinden Gebetskreise, die sich vor jedem Gottesdienst treffen und den Gottesdienst betend vorbereiten und ›tragen‹. Ebenso gibt es wöchentlich oder täglich zusammenkommende Gebetskreise und -gruppen, die wichtige Anliegen aus dem Leben der Gemeinde, der Stadt, des Landes, der Welt zum Inhalt des Gebets machen und dadurch auch als Gruppe einen festen Zusammenhalt bekommen. In diesem Zusammenhang spielen gelegentlich Hefte oder kleine Bücher eine Rolle, in die regelmäßig solche Gebetsanliegen eingetragen und so für das Gedächtnis präsent gehalten werden. Das reicht so weit, dass jeweils die Notleidenden, Kranken und Sterbenden in einem solchen Heft oder Büchlein verzeichnet sind – um niemanden zu vergessen. Man braucht keine große Phantasie, um sich vorzustellen, welch starker innerer Zusammenhalt dadurch in einer Gemeinde entstehen kann.

4.2 Die Bedeutung der Seelsorge im Wachstumsprozess

Viele der besuchten Gemeinden haben den Wert der Seelsorge im weiteren Sinn erkannt. Seelsorgende Gemeinden sprechen Menschen in ihren Sorgen und Nöten und in ihren jeweiligen Befindlichkeiten an. Sie sind auch da, wenn diese Ansprache etwas auslöst, wofür die Angesprochenen Hilfe und Unterstützung brauchen, und begleiten die betreffenden Menschen. Das braucht geschulte Mitarbeitende. Viele sind dazu bereit und besuchen die in jeder Hinsicht intensiven, von der Gemeinde organisierten Fortbildungen. So erfahren die künftigen Seelsorger auch selbst Seelsorge.

Verfügt eine Gemeinde über so ausgebildete Personen, die sich um andere kümmern, die zuhören und beraten, ändert sich beobachtungsgemäß das Klima in einer Gemeinde. Menschen fühlen sich in ihr aufgehoben und verstanden und kommen gerne immer wieder.

Über die gewohnte Besuchstätigkeit hinaus schaffen so ausgerichtete Gemeinden Gelegenheiten, in denen sich Menschen begegnen können. Niederschwellige Gruppen und Einrichtungen mit vordergründig ganz unkirchlichen Themen bieten hier eine Gelegenheit: Hinter Männerkochkursen kann ein solches Konzept stehen oder in einer Buchhandlung wird eine seelsorgliche Beratungstätigkeit geleistet.

4.3 WACHSTUMSFAKTOR MITARBEITERSCHAFT

Qualität, Vielseitigkeit, unterschiedliche Begabungen und natürlich eine ausreichende Anzahl von Menschen sind Eigenschaften, die für die Entwicklung der Mitarbeiterschaft unverzichtbar sind und von Gemeinden geschätzt und gefördert werden. Dabei haben wir beobachtet, dass je größer die Gemeinde ist, desto bedeutender die Mitarbeitenden werden. Ihr Stellenwert im Wachstumsprozess kann darum nicht hoch genug eingeschätzt werden. Der Kreis von ehrenamtlich Mitarbeitenden ist ein wesentlicher Faktor und eine Voraussetzung von Wachstum und gleichzeitig – und das mag für viele Gemeinden ermutigend sein – häufig ein Produkt des Wachsens. Denn mit dem Gemeindewachstum wächst häufig auch die Mitarbeiterschaft – quantitativ und qualitativ. Wachstum in der Mitarbeiterschaft geschieht einerseits automatisch, denn die wachsende Gemeinde zieht Menschen an, die sich engagieren wollen, andererseits haben die besuchten Gemeinden auch viel für ihre Mitarbeitenden getan. Was sind die Rahmenbedingungen für eine attraktive Mitarbeit?

4.3.1 Die ›Stellenbeschreibung‹

Eine Aufgabe, die Ehrenamtliche offenbar anspricht und zur Mitarbeit einlädt, sieht so aus: Sie ist klar umgrenzt und überschaubar. Sie lässt nicht nur genug Zeit für Beruf und Familie, sondern auch für anderes Engagement. Der Mitarbeitende kann eigenverantwortlich tätig sein, hat Gestaltungsspielraum in seinem Arbeitsbereich und kann ihn durch eigene Ideen vorantreiben. Die Aufgabe passt zu seinen Fähigkeiten. Er bringt Interesse in diesem Arbeitsbereich mit und erhält die Informationen, die er für sein Engagement braucht, zeitnah. Er weiß über die Strukturen der Gemeinde Bescheid und weiß, an wen er sich wenden muss. Er wird ausgebildet und begleitet. Seine Arbeit erfährt Wertschätzung. Die Verantwortung und die Arbeit kann er mit anderen teilen. Für Vertretung ist gesorgt, er muss sie sich nicht selbst organisieren. Viele Ehrenamtliche in den Gemeinden, die wir besucht haben, arbeiten deshalb am liebsten in Teams.

4.3.2 Gewinnung, Auswahl, Schulung und Begleitung von Mitarbeitenden

Die meisten Gemeinden gewinnen ihre ehrenamtlich Mitarbeitenden durch direkte Ansprache – entweder von anderen (ehrenamtlich) Mitarbeitenden oder den Hauptamtlichen. Dieser Vorgang birgt in sich auch das Moment der Wertschätzung, wenn Menschen signalisiert wird, dass sie etwas können, das wichtig für die Gemeinde ist. Aber es wurde auch immer wieder berichtet, dass Menschen sich auf Grund gelungener Gemeindearbeit engagieren wollen. Geschieht dies im größeren Maße, benötigt man eine »Jobbörse« für Ehrenamtliche, um nicht der Praxis zu verfallen, offene ›Stellen‹ durch den nächsten, der sich meldet, zu besetzen. Deswegen braucht es auch im ehrenamtlichen Bereich eine »Personalentwicklung«.

Neben der Gewinnung sind auch die Auswahl der Ehrenamtlichen und ihr Einsatz an der richtigen Stelle von Bedeutung. Viele Gemeinden legen großen Wert darauf, dass jeder Ehrenamtliche um seine Stärken und Schwächen, vor allem aber um seine Gaben und Interessen weiß. Häufig werden Seminare angeboten, in denen man unter Anleitung zu dieser Selbsterkenntnis gelangen kann. Auch um den richtigen Ort für die Mitarbeit zu finden, ist Beratung und Hilfe notwendig.

Ist dieser gefunden, so braucht es wiederum Anleitung: zum einen die persönliche Begleitung durch erfahrene Mitarbeiter im selben Arbeitsbereich, zum anderen die fachliche Schulung und geistliche Begleitung durch Hauptamtliche. Für die fachliche Entwicklung wird gerne auf landeskirchliche übergemeindliche Angebote zurückgegriffen oder der Austausch und die Kooperation mit anderen Gemeinden gesucht, um Mitarbeiterseminare zu organisieren. Neben der fachlichen schätzen Mitarbeitende auch die geistliche Begleitung. In unserer Studie werden zur Frage der Mitarbeiterentwicklung unterschiedliche Programme vorgestellt.

4.3.3 Informationsfluss

Mitarbeiter wollen und müssen informiert sein, so war der einhellige Tenor der besuchten Gemeinden. Ab einer gewissen Gemeindegröße ist dies aber nicht mehr zuverlässig persönlich zu leisten. Auch der ›normale‹ Gemeindebrief reicht häufig nicht aus. Neben den traditionellen Anschlagwänden und Korbablagen haben sich inzwischen Mailverteiler etabliert. Wenn die Mail nicht nur bei Bedarf kommt, sondern einen eigenen Turnus hat, wird Information zur geschätzten Gewohnheit und vermittelt das gute Gefühl der Informiertheit. Aufwendiger dagegen sind eigene Mitarbeiterbriefe oder gar Zeitungen. Gute Erfahrungen haben Gemeinden auch damit gemacht, bestimmte Informationen für Mitarbeiter zu archivieren, um sie auch späteren Mitarbeitern zugänglich zu machen. Die Pfarramtsregistratur reicht hierzu nicht aus.

4.3.4 Organisation und Struktur der Mitarbeiterschaft und ihre Wertschätzung

Die Organisation der Mitarbeitenden in Teams hat sich in Gemeinden der unterschiedlichsten Prägungen bewährt. Die Vorteile wurden bereits beschrieben, und die Problematik wurde aufgezeigt, die sich ergeben kann, wenn zwischen den Teams und der Gemeindeleitung eine Zwischenebene mit eigener Leitung etabliert wird (s. o. 2.6.4.4). Eine solche gestufte Struktur wird in vielen Gemeinden nur in bestimmten Arbeitsfeldern akzeptiert:

In der Kinder- und Jugendarbeit ist man sie gewohnt, bei der Seelsorge stößt sie immer wieder auf Skepsis.[9]

Hierarchien bergen in sich auch immer das Element des Aufstiegs und der damit verbundenen Wertschätzung. Im Jugendbereich haben sich gestaffelte Verantwortlichkeiten, die auch mit Titeln und Graden (etwa »Helfer« und »Mitarbeiter«) verbunden sind, bewährt, weil solche Maßnahmen dort ein steter Ansporn sind. Bei den Erwachsenen sind die besuchten Gemeinden zu Recht zurückhaltender. Wertschätzung muss hier feinsinniger zum Ausdruck gebracht werden, doch sollte sie nicht fehlen.

4.4 Evaluation als Wachstumsfaktor

Bedarfserhebungen und Feedback gehören zum festen Repertoire einiger Gemeinden. Neben der Angebots- und Qualitätskontrolle erreichen sie damit eine besondere Form der Gemeindebeteiligung und die Nutzung des Kreativitätspotentials der Gemeinde. Oft resultieren dann auch Bindungen daraus. Denn die so Befragten achten darauf, dass ihre Meinung Berücksichtigung findet. Deshalb muss man diese durch die Befragung ausgelöste Erwartung auch soweit wie möglich einlösen (siehe auch oben 3.1).

4.5 Wachstumsfaktor Gemeindestruktur

4.5.1 Strukturen von Gemeinde

In der Untersuchung sind fünf unterschiedliche Organisationstypen von Gemeinde vertreten:

– Die Parochialgemeinden, von denen einige ein spezielles Profil herausgebildet haben, aber ihr parochiales Angebot nicht aufgeben.
– Zwei Personalgemeinden beschränken sich auf ein spezielles Arbeitsfeld, in dem sie Aufgaben für andere übernehmen. Es war wohl kein Zufall, dass beide besuchten Personalgemeinden in Großstädten beheimatet sind.
– Eine selbständige Gemeinde und ihre benachbarte Gemeinde bilden zusammen Geschwistergemeinden. Sie sollen jeweils bestimmte Profile herausbilden, bestimmte Zielgruppen ansprechen und so als Tandem – nicht mehr als Einzelgemeinde – das gesamte Angebot kirchlicher Arbeit abdecken.

---

9 Unterschiedlich waren in unserer Studie die Befugnisse der zwischen Teams und Gemeindeleitung stehenden Bereichsleitungen. Die Delegation von Leitungs- und Entscheidungsverantwortung weg vom Kirchenvorstand hin zu einer Zwischenebene oder zu Ausschüssen bedarf bei vermögensrechtlichen, gebäudewirtschaftlichen und gottesdienstlichen Belangen der genauen rechtlichen Prüfung und Abstimmung.

– Eine Gemeinde gehört einem Verband selbständiger Kirchengemeinden an. Im Verband sollen Aufgaben (z. B. Gemeindebrief, Konfirmanden-arbeit, Chöre) gemeinsam wahrgenommen werden.

– Eine Gemeinde befindet sich in einer Stadt, in der die Parochialgrenzen aufgehoben sind. Glied der speziellen Gemeinde ist, wer sich anmeldet. Die Gemeinden haben jeweils ein eigenes, sich mit den Nachbarn ergän-zendes Profil und werben um die Evangelischen.

Letzteres entspricht einem Trend, der sich bei den besuchten Parochialge-meinden in den Großstädten abzeichnet. Die Parochiegrenzen werden durchlässiger. Gemeinden verstehen sich als Teil eines Ganzen und ent-wickeln gemeinsame Zukunftsperspektiven für alle. Sie stehen damit an der Schwelle zu neuen Strukturen.

4.5.2 Die Hauptamtlichen und die Organisation des Pfarramtes

Bei der Organisation des Pfarramtes ist ebenfalls der Trend zur Zusam-menarbeit zu beobachten. Sind in größeren Gemeinden mehrere Stellen vorhanden, verstehen sich die Hauptamtlichen als Team, das gemeinsam das Pfarramt leitet. Arbeitsteilung und Kollegialität sind dabei Selbstverständ-lichkeiten. Die Gemeinden profitieren von diesen kooperativen Arbeitsfor-men und wissen um ihren Wert. In großem Maße kann man dies auch über die Stellenteiler im Pfarramt sagen.

Neben den offiziellen Stellenteilern begegneten wir in den Gemeinden auch mitarbeitenden Ehepartnern – in der Untersuchung immer Ehe-frauen, oft Theologinnen –, die von der Gemeinde als gleichwertige An-sprechpartnerinnen gesehen wurden. Auch in dieser Hinsicht ändert sich das traditionelle Pfarrfrauenbild.

Gemeinden profitieren unserer Beobachtung nach davon, wenn Haupt-amtliche als Team zusammenarbeiten. Oft wurde bedauert, dass es in einigen Landeskirchen den gesetzlichen Rahmen dafür nicht gibt, dass unterschied-liche Berufsgruppen auch offiziell gleichberechtigt die Leitung des einen Pfarramtes wahrnehmen können.

4.6 WACHSEN IN GESAMTKIRCHLICHER PERSPEKTIVE

Viele ›unserer‹ Gemeinden sind gewachsen durch die Aktivierung ihrer eigenen Gemeindeglieder oder die ihrer Nachbarn. Doch was auf den er-sten Blick allenfalls wie eine Umverteilung der Kirchenmitglieder aussieht und damit in einer gesamtkirchlichen Perspektive kein Wachstum bedeuten würde, entpuppt sich bei genauerem Hinsehen als gesamtkirchliche Stabi-lisierung. Auch der Vorwurf des ›Fischens in fremden Teichen‹ hat sich in den allermeisten Fällen als nicht zutreffend erwiesen. Nur wenige aktive

Gemeindeglieder haben die Grenzen ihrer eigenen Gemeinde verlassen. Über berichtete Verwerfungen unter den Gemeinden in der Vergangenheit konnte man inzwischen an vielen Stellen hinwegkommen, weil genauere Absprachen getroffen werden und weil man sich vermehrt als Teil eines Ganzen versteht.

In einigen Gemeinden konnte zudem ein reger Zulauf von Freikirchlern festgestellt werden. Gerade das ist ein Hinweis darauf, wie wichtig auch frömmigkeitstypisch profilierte Gemeinden für das Gesamtbild sind.

Diese gesamtkirchliche Perspektive haben einige Gemeinden zugleich in anderer Hinsicht betont. Auf Grund ihrer geographischen und wirtschaftlichen Lage wandern junge Mitarbeiter in andere Gegenden und Gemeinden ab. Die abgebenden Gemeinden betonen: Wir bilden ganz bewusst Mitarbeitende für andere Gemeinden aus – und hoffen natürlich, dass sich die Mitarbeitenden dort auch weiterhin engagieren.

4.7 DIE BEDEUTUNG DER ÖKUMENE

Dass das Thema ›Ökumene‹ kaum an irgendeiner Stelle auftaucht, ist nicht allzu verwunderlich. Das hat mit dem Thema und Ziel dieser Untersuchung zu tun: Gemeinden wachsen offenbar in einem konfessionellen, nicht in einem ökumenischen Rahmen. Noch deutlicher gesagt: Beim Wachstum kooperieren Kirchen nicht, sondern sie konkurrieren miteinander. Das schließt freilich nicht aus,

– dass es Veranstaltungen (z. B. Kinderbibelwochen, Jugendgottesdienste, Chöre, Erwachsenenarbeit) gibt, die ökumenisch getragen sind und allen Partnern zugute kommen können,
– dass man sich am Wachstum einer Gemeinde, die einer anderen Konfession angehört, vorbehaltlos mitfreuen kann und
– dass es in Zukunft in manchen Gegenden die Herausforderung zu mehr ökumenischer Kooperation geben könnte, als wir uns heute vorstellen können.

Aber hier und heute gehört in den von uns untersuchten Gemeinden die Ökumene kaum irgendwo zu den Impulsen, zu den Orten oder zu den Mitteln und Wegen gemeindlichen Wachstums.

4.8 DIE ÄUSSEREN BEDINGUNGEN FÜR DAS WACHSTUM

4.8.1 Finanzen, Spenden, Sponsoring und alternative Finanzierungswege

Die finanziellen Rahmenbedingungen in den untersuchten Gemeinden sind entspannt und überwiegend sogar prächtig. Das liegt weniger an Kirchensteuerzuweisungen als vielmehr am eigenen Einwerben von Spendengeldern. In der Spitze überstiegen diese Mittel die landeskirchlichen Zuweisungen um das Dreifache.

Einige Gemeinden wurden auch unternehmerisch aktiv und mussten steuerrechtlich ihre Geschäftstätigkeit in eine gemeinnützige GmbH ausgliedern. Doch hier muss gesagt werden, um Missverständnissen vorzubeugen, dass die Geschäftstätigkeiten ein primär anderes Interesse als die Gewinnmaximierung hatten: Sie sollten der Verbreitung von christlichen Schriften dienen oder Möglichkeiten bieten, mit Menschen ins Gespräch zu kommen. Diese rechtliche Form erwies sich insofern als ideal für die Gemeinden, als sie für das Firmensponsoring bessere steuerliche Voraussetzungen als die sonst übliche Spendenquittung bietet.

Als weitere Rechtsform haben sich in manchen Gemeinden Gemeindeaufbauvereine gebildet, deren einziger Zweck darin besteht, Gelder für die gemeindliche Arbeit zu sammeln. Der Verein erfreut sich hoher Beliebtheit, gibt er den Gemeinden doch die Möglichkeit, jenseits von landeskirchlichen Genehmigungsverfahren Projekte ›intern‹ umzusetzen. Am deutlichsten wird das, wenn der Verein als Anstellungsträger fungiert. Kirchliche Zugangsbedingungen für bestimmte Berufsgruppen, tarifrechtliche Regelungen und die haushaltsrechtliche Verankerung im Stellenplan werden umgangen. Rechtliche Vorteile bietet die Vereinsform gegenüber der einer Kirchengemeinde keine. Sie stellt vielmehr eine strukturelle Doppelung und damit eine Parallelstruktur dar. Bei aller daran geäußerten Kritik muss das Dilemma aufgezeigt werden: Die Bedingungen der Landeskirchen für eigenfinanzierte Stellen werden oft als zu unflexibel geschildert, als dass sie die Dynamik solcher Wachstumsprozesse erfassen könnten. Hier sind Landeskirchen gefragt, adäquate Formen für das Engagement der Gemeinden zu finden, ohne die Dynamik zu gefährden.

Die Studie will bei der Frage der Finanzen ermutigen: Es gibt zahlreiche Möglichkeiten, Spenden und Sponsorengelder zu sammeln, und die Einsicht kann bestätigt werden, dass ein Werben mit konkreten, zukunftsweisenden Projekten immer wieder die Bereitschaft weckt, zu geben.

4.8.2 Gebäude

Die Gemeinden, die wir besucht haben, haben ausnahmslos ansprechende Gebäude. Die Attraktivität der Gebäude liegt dabei nicht so sehr am Baustil – jahrhundertealte Gebäude und Neubauten der letzten Jahrzehnte wechseln sich in unserer Studie ab –, sondern an der Art, wie mit diesen Rahmenbedingungen umgegangen wird. Die Gebäude sind meist in einem sehr guten baulichen Zustand, Schönheitsreparaturen werden zeitnah vorgenommen, die Grünanlagen sind gepflegt, Kirchen und Gemeindehäuser werden einladend geschmückt und wirken sauber. Sicher kommt niemand *deshalb* zur Gemeinde, aber viele Menschen kommen deshalb *lieber*. Zudem sind Gebäude auch eine Art der Öffentlichkeitsarbeit. Es liegt dabei in der Natur der Sache, dass wachsende Gemeinden ein angenehmes, aber oft auch drückendes Problem bekommen: Die Räumlichkeiten werden zu klein, und Gemeinden müssen neue Wege finden, mit zu wenig Platz für mehr Menschen zurechtzukommen.

Viele Gemeinden haben sich den beschriebenen Zustand mühsam erarbeitet. Auch schmerzhafte Gebäudeoptimierungsprogramme kamen bei den Besuchen zur Sprache und manchmal sogar drückende Baulasten. Einmal musste sogar ein neues Nutzungskonzept für ein historisches Kirchengebäude entwickelt werden. Doch war der Gestaltungswille zu spüren, die Räumlichkeiten zu finden, die zur Gemeinde und ihrem jeweiligen Konzept passen. Darin zeigt sich eine Einsicht, die sich einfach anhört, aber in den Gemeinden immer wieder von großer Bedeutung war: Die räumlichen Voraussetzungen haben oft mehr die jeweiligen Profile der Gemeinde bestimmt als manch anderer Faktor. Doch Neubauprojekte der Gemeinden zeigen auch, dass Immobilien keine unverrückbaren Rahmenbedingungen darstellen.

4.8.3 Stellung im öffentlichen Leben

Bei allen besuchten Gemeinden war eine Verankerung im öffentlichen Leben ihres Gemeinwesens zu erkennen. Ein Faktor in der Gesellschaft und der Kommune zu sein, hat sich als ein förderlicher Umstand im Wachstumsprozess herausgestellt. Dass man sich den verdienen oder immer wieder erarbeiten muss, davon wissen die Gemeinden zu berichten. Doch ist ein solcher Status erreicht, lenkt er die Blicke der Öffentlichkeit auf die Kirche, was Gemeinden etwa im Rahmen der Fußball-Weltmeisterschaft 2006 oder bei der Zusammenarbeit von Kirche und Kindergärten kreativ und einladend zu nutzen wissen.

4.9 ÖFFENTLICHKEITSARBEIT ALS FLANKIERENDE MASSNAHME

Öffentlichkeitsarbeit bereitet den Boden für das Gemeindewachstum, sie informiert breit gestreut und schafft ein allgemeines Wissen um Veranstaltungen und Angebote in der Gemeinde. Selten ist sie selbst Auslöser dafür, dass Menschen zur Gemeinde kommen, aber sie bereitet den Erfolg des persönlichen Ansprechens vor. Einmalige Effekte können mit neuen Medien erreicht werden, so konnte in einer Gemeinde via Internet aus mehreren Themen das der nächsten Sonntagspredigt ausgewählt werden. Die Kirche war voll und man hatte ein Forum geschaffen, auf dem sich die Gemeinde der Öffentlichkeit präsentieren konnte.

Klassisch sind die Pflege der Beziehungen zur örtlichen Presse, der professionell gestaltete Gemeindebrief, der Schaukasten als Blickfang und Plakate. Der stets aktuelle Internetauftritt ergänzt das Angebot. Bewährt haben sich auch Rundmails für bestimmte Zielgruppen, wobei darauf zu achten ist, dass die wesentliche Information schon im Betreff steht. Im Jugendbereich haben die Gemeinden auch gute Erfahrungen mit gezielten SMS gemacht.

Die Sorgfalt, mit der Gemeinden ihre Öffentlichkeitsarbeit betreiben, zeigte sich auch daran, dass sie oft einen oder mehrere ehrenamtliche Öffentlichkeitsbeauftragte haben.

5 WACHSTUMSPHASEN UND DER WANDEL DURCH WACHSTUM

Bei der Analyse der 32 Gemeinden stießen wir immer wieder bei der Schilderung des Ablaufs des Wachstums auf typische Phasen. Daraus lässt sich kein idealtypischer Verlauf eines Wachstumsprozesses (re-)konstruieren – dazu waren auch die Gemeinden zu unterschiedlich –, doch lassen sich Tendenzen ablesen, die zu beschreiben für andere Gemeinden hilfreich sein könnte. Das Wissen darum, in welcher Phase man sich befindet, kann klärend wirken, oder der Umstand, dass man sich in einer bestimmten Phase befindet, kann mitunter sogar tröstlich sein. Die im Folgenden beschriebenen Phasen laufen nicht immer in dieser Reihenfolge ab – hier wirkt die Darstellung grob vereinfachend – und sie laufen vor allem nicht von selbst ab, denn Wachstum ist hier kein natürlicher Mechanismus oder Automatismus, und zum Glück – wie schon in der Einleitung ausgeführt – kein Vorgang, der in menschlicher Verfügung steht.

5.1 DER WERT VON NULLPUNKTSITUATIONEN

Nullpunktsituationen waren in unserer Studie neben dem kontinuierlichen Anwachsen die am häufigsten genannte Ausgangslage für Wachstum. Wenn eine Gemeinde – oder ihr Kirchenvorstand – den Eindruck bekommt: »Wir sind ziemlich am Ende. So kann und soll es nicht weitergehen«, dann bietet das die Möglichkeit, neue Konzepte schnell und umfassend umzusetzen, z. B. im Anschluss an eine Wochenendfreizeit des Kirchenvorstandes. Die Bereitschaft für Neues ist dann in der Regel groß, die Dankbarkeit für jede Form des Engagements auch. Doch viele Nullpunktsituationen schließen oft auch die Aufgabe ein, vorhandene Verwundungen zu heilen, wozu großes Fingerspitzengefühl nötig ist. Gelingt dies, ist auch eine Sammlung der bereitwilligen Kräfte leicht möglich. Durststrecken kommen erst, wenn diese Pionierphase verlassen wird und es gilt, gemeinsame Konzepte für weiteres Wachstum zu finden.

5.2 KONZENTRATION, PROFILBILDUNG UND AUSWEITUNG

Über die Profilbildung wurde schon gesprochen. In manchen Gemeinden war diese Profilbildungsphase mit der Konzentration auf wenige Arbeitsfelder verbunden, folglich wurden mitunter einige andere Arbeitsfelder auch aufgegeben. Dem steht eine andere Beobachtung gegenüber. Gemeinden, oft auch nach einer Konzentrationsphase, fächern ihre Angebote dann wieder auf und weiten sie aus. So stehen in der Untersuchung Gemeinden, die sich auf den Kern kirchlicher Arbeit zurückziehen, neben anderen, die durch niederschwellige Angebote möglichst viele Menschen erreichen wollen. Viele dieser Veranstaltungen sind auf Gemeinschaft hin ausgerichtet. Es legt sich der Eindruck nahe, dass diese Phasen zwar nicht automatisch, aber doch regelmäßig aufeinander folgen: Nachdem sich ein Kern konstituiert hat und Gleichgesinnte gesammelt wurden, müssen Gemeinden für weiteres Wachstum Grenzen überschreiten.

5.3 STRUKTURELLE WACHSTUMSKNOTEN

Gemeinden haben die Erfahrung gemacht, dass sie sich trotz guter Programme – oft die gleichen, die später Wachstum brachten – anfangs nicht wie gewünscht entwickelt haben. Im Nachhinein sehen sie diese Phasen als sog. Wachstumsknoten, in denen, ohne dass viel zu sehen gewesen wäre, die Kraft für späteres Wachstum gesammelt wurde. Bei den Mitarbeitenden wird das oft am deutlichsten. Sie werden ausgebildet und schulen ihre Fähigkeiten, was zur Grundlage ihrer späteren Arbeit wird. Es gibt also Phasen, in denen die Voraussetzungen geschaffen werden, auf denen später aufgebaut werden kann. Im Anschluss an die biblischen Wachstumsmetaphern hieß es in Pfarrämtern schon immer: Es gibt Zeiten des Säens und des Erntens. Die Untersuchung konnte diese Weisheit anhand der Rückschau von im Moment wachsenden Gemeinden bestätigen.

Davon zu unterscheiden sind die Wachstumshemmnisse, die oft in den schlechten strukturellen oder materiellen Rahmenbedingungen liegen oder jedenfalls dort gesucht werden.

5.4 VERLUST VON GEMEINDEGLIEDERN DURCH DEN WACHSTUMSPROZESS

Im Wachstumsprozess kam es auch immer wieder zum Verlust von Gemeindegliedern und Mitarbeitenden. Neben Persönlichem und Auseinandersetzungen um die eingeschlagene Richtung wurden auch vermeidbare Fehler angesprochen, die es zu kennen lohnt:

Wenn bei der Einführung von Neuem zu schnell vorgegangen wird oder wenn zusätzliche Arbeit auf die wenigen Schultern verteilt wird, die schon am Alten schwer zu tragen haben, kommt es bei den Mitarbeitenden oft zu Überforderungen. Die Überhäufung mit Aufgaben kann zu Blockaden gerade gegenüber dem Neuen führen. Verstärkt wird dies, wenn bei Einführungsphasen das Alte abgewertet wird. Das verletzt die, die es getragen haben. Neuerungen versprechen also Akzeptanz, wenn sie gut kommuniziert werden und auf einer breiten Zustimmungsbasis stehen.

5.5 Nachhaltigkeit des Wachstums

Wachstumsprozesse sind oft von langer Dauer. Auch dies ist ein erfreuliches Ergebnis dieser Studie. Dabei waren neben engagierten Ehrenamtlichen auch Hauptamtliche solche Konstanten, die es verstanden haben, die Methoden und Angebote immer wieder den Anforderungen anzupassen und Programme gegebenenfalls nachzujustieren. Auch mitunter lange Amtszeiten von Pfarrern erwiesen sich häufig sogar als Vorteil, wenn es ihnen gelang, in Teams mit unterschiedlichen Charakteren eingebunden zu sein.

Ebenso wie Wachstum kann Nachhaltigkeit nicht produziert werden, aber aus dem schon Ausgeführten können leicht Maßnahmen abgeleitet werden, die den Boden für ein nachhaltiges Wachstum bereiten.

5.6 Bedeutung des Pfarrers in den unterschiedlichen Phasen

Bei manchen Gemeinden war es offensichtlich: In verschiedenen Phasen einer Gemeinde werden auch unterschiedliche Eigenschaften eines Pfarrers gefordert. In Pionierphasen geht es oft darum, Beziehungen zu gestalten und außerhalb der Gemeinde zu repräsentieren, Hausbesuche zu machen und wenige Menschen intensiv zu betreuen. Das konzeptionelle, strukturelle Denken ist oft erst später gefragt. Große Gemeinden dagegen fordern von Pfarrern die Fähigkeit ein, sich auf die Funktion der Leitung und der Lehre konzentrieren zu können. Da nur wenige Menschen alle diese Eigenschaften in ausgeprägter Weise in sich vereinen können, spricht so manche Gemeinde dankbar davon, dass sie jeweils zur richtigen Zeit vom passenden Pfarrertyp profitieren durfte. Wie oben schon ausgeführt, relativiert sich die Bedeutung dieser Problematik durch gleichberechtigte Arbeit im Team.

5.7 Der Wandel im Berufsbild Pfarrer und Küster (Kirchendiener, Messner)

Die Größe von Gemeinden kann nicht nur das Gemeindeleben verändern, sondern auch das Berufsbild des Pfarrers. Diese Veränderung wurde schon aufgezeigt anhand der vorangegangenen Überlegungen und die Passage über die Veränderungen in den Willow Creek-Gemeinden (siehe oben 2.6.4.6).

Aber auch das Küsteramt verändert sich in Gemeinden unterschiedlicher Couleur. Es wird oft aufgespalten in den Altardienst und in Reinigungsarbeiten. Letztere werden häufig fremd vergeben an Putzdienste. Der Altardienst wird von Ehrenamtlichen erledigt. Die freiwerdenden Stellen – oft gibt es Richtlinien, die eine Stellenvermehrung ausschließen – werden für andere Arbeitsfelder genutzt.

5.8 Die Dynamik von Wachstumsprozessen

Wachstum entfaltet eine eigene Dynamik. Viele kommen, weil viele schon da sind. Das ist die eine Seite. Eine andere ist die materielle. Die Gemeinden erhalten durch ihr Wachsen mehr finanzielle Möglichkeiten. Das Anwachsen der Spendensumme ist ein Produkt des Gemeindewachstums und gleichzeitig der Nährboden für neues Wachstum. Denn oft wird in Räumlichkeiten oder Stellen investiert, um dem Wachstum gerecht zu werden und mehr Menschen zu erreichen. Wachstum schafft also die Möglichkeiten für neues Wachstum und entwickelt so eine Dynamik. Eine weitere Seite besteht in der Motivierung der Mitarbeitenden. Wachstum zeigt ihnen den Nutzen ihrer Bemühungen auf einer sichtbaren Ebene. Die Beispiele in diesem Buch können allen Gemeinden Mut machen, die weder über Mittel noch über Mitarbeitende verfügen. Es bedarf oft nur eines kleinen Anstoßes, damit Wachstum generiert wird. Aber irgendeines Anstoßes – woher auch immer – bedarf es schon. Und es ist eine Aufgabe dieses Buches, über Anstöße, Impulse und Werkzeuge zu informieren, von denen andere Gemeinden bereits profitiert haben.

6 WACHSTUM AUS (UND ALS) PROTEST

Zu den Erfahrungen im Zusammenhang dieses Projektes, die auch zum Schmunzeln Anlass gaben, gehören die Berichte von mehreren Gemeinden, denen von Seiten ihrer Kirchenleitung mitgeteilt wurde, ihre bescheidene Arbeit und ihr mickeriges Leben rechtfertigten nicht länger den Aufwand einer eigenen Pfarrstelle etc., und die daraufhin aus Protest und aus Selbsterhaltungstrieb zu wachsen anfingen und bis heute wachsen.[10]

Das regt zu der Überlegung an, ob solche Stilllegungs- oder Fusionsbeschlüsse eine geeignete und empfehlenswerte kirchenleitende Maßnahme zur Generierung von Gemeindewachstum sein könnten. Ganz ausschließen können und möchten wir das auf Grund unserer Untersuchung nicht, aber wir würden doch zu einer behutsamen Anwendung dieser Maßnahme raten. Sie könnte durchschaut werden und dann ihre Wirkung verlieren. Und das wäre jedenfalls schade.

---

10 Ähnliches kennt man aus Ortschaften, denen man mitteilte, dass ihr Kirchengebäude abgerissen werden müsse.

Register

Übersichtskarte
der analysierten Gemeinden

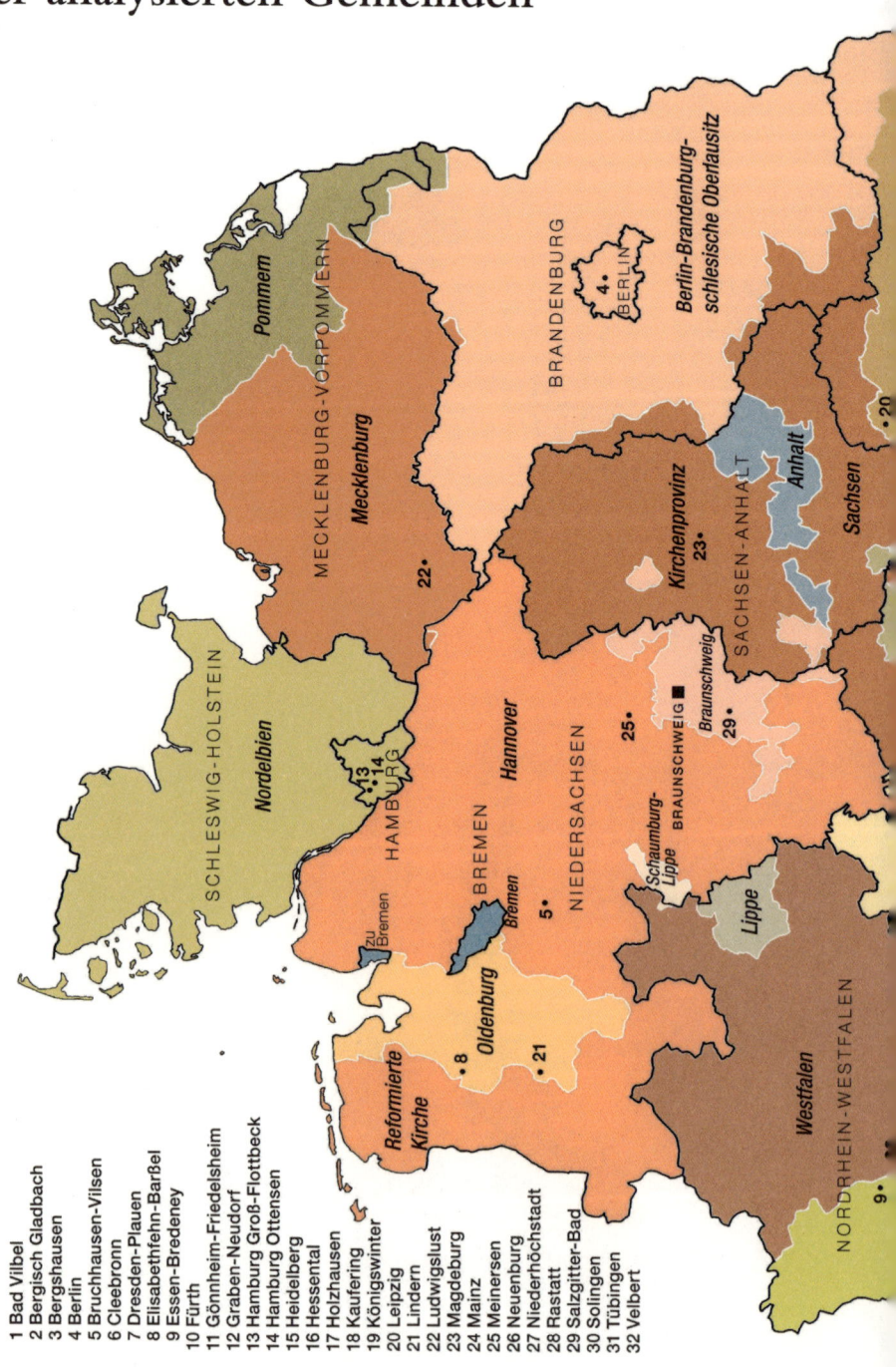

1 Bad Vilbel
2 Bergisch Gladbach
3 Bergshausen
4 Berlin
5 Bruchhausen-Vilsen
6 Cleebronn
7 Dresden-Plauen
8 Elisabethfehn-Barßel
9 Essen-Bredeney
10 Fürth
11 Gönnheim-Friedelsheim
12 Graben-Neudorf
13 Hamburg Groß-Flottbeck
14 Hamburg Ottensen
15 Heidelberg
16 Hessental
17 Holzhausen
18 Kaufering
19 Königswinter
20 Leipzig
21 Lindern
22 Ludwigslust
23 Magdeburg
24 Mainz
25 Meinersen
26 Neuenburg
27 Niederhöchstadt
28 Rastatt
29 Salzgitter-Bad
30 Solingen
31 Tübingen
32 Velbert

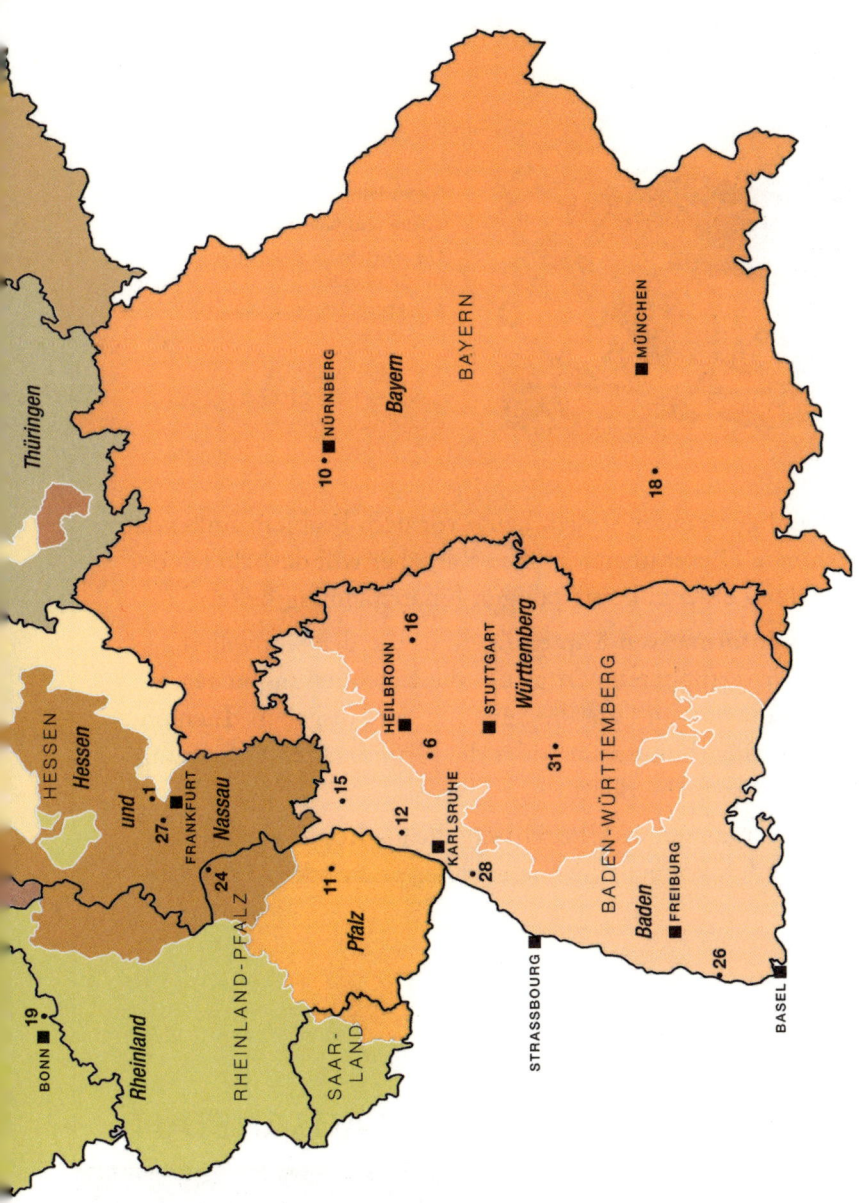

Thüringen

Hessen

Hessen
und
Nassau

27• ■1
FRANKFURT

HESSEN

19 ■•
BONN

Rheinland

RHEINLAND-PFALZ

24•

SAAR-
LAND

11•
Pfalz

•15

•12

KARLSRUHE

•28

STRASSBOURG

BAYERN

Bayern

10 •■ NÜRNBERG

■ MÜNCHEN

18•

•16
HEILBRONN■
•6

STUTTGART■

Württemberg

31•

BADEN-WÜRTTEMBERG

Baden

■ FREIBURG

•26

BASEL ■

359